普通高等教育"十三五"规划教材

华信经管创新系列

Accounting of Commercial Enterprises

商品流通会计学

魏永宏 编著

電子工業出版社
Publishing House of Electronics Industry
北京·BEIJING

内容简介

本书在各章节的逻辑结构安排上，充分体现了商品流通企业会计的核算特点。按照商品流通企业会计核算方法的顺序层层展开，使读者在循序渐进中掌握商品流通企业会计的基本知识和实践操作，突出了商品流通企业会计的实务应用性。全书共15章：总论，货币资金与国内结算，商品批发与商品期货业务核算，商品零售业务核算，外币业务与国际贸易结算，国际贸易进口业务核算，国际贸易出口业务核算，联营与连锁经营业务核算，商品流通企业核算方法的基本业务应用，商品流通企业核算方法的其他业务应用，商场、超市、网络销售及其促销业务的核算，商品流通企业日常费用支出的核算，商品流通企业融资与利润分配的核算，商品流通企业投资、固定资产与长期待摊费用的核算，商品流通企业财务报表的编制。

本书可作为普通高等院校会计学、财务管理、审计学等各专业的相关课程教材，也可作为财务工作者或从事经济管理工作的非会计人员的参考读物。

图书在版编目(CIP)数据

商品流通会计学 / 魏永宏编著. —北京：电子工业出版社，2017.8

ISBN 978-7-121-32148-1

I. ①商… II. ①魏… III. ①商业会计—高等学校—教材 IV. ①F715.51

中国版本图书馆CIP数据核字(2017)第161165号

策划编辑：王二华
责任编辑：裴　杰
印　　刷：天津嘉恒印务有限公司
装　　订：天津嘉恒印务有限公司
出版发行：电子工业出版社
　　　　　北京市海淀区万寿路173信箱　　邮编：100036
开　　本：787×1 092　1/16　印张：19.75　　字数：505千字
版　　次：2017年8月第1版
印　　次：2017年8月第1次印刷
定　　价：50.00元

凡所购买电子工业出版社图书有缺损问题，请向购买书店调换。若书店售缺，请与本社发行部联系，联系及邮购电话：(010)88254888，88258888。

质量投诉请发邮件至 zlts@phei.com.cn，盗版侵权举报请发邮件至 dbqq@phei.com.cn。

本书咨询联系方式：(010)88254532。

前　言

商品流通企业会计是我国会计体系中较为重要的行业会计之一，特别是随着我国国民经济的迅猛发展以及改革开放的进一步深入，商品流通企业日益繁荣，完善的商品流通企业会计核算便逐渐走上了前台，它对商品流通企业健康发展以及确保国家税收都具有十分重要的意义。

《商品流通会计学》运用新的《企业会计准则》，反映我国当前会计理论与实务的最新发展。并在充分借鉴和吸收相关已有教材和最新理论成果的基础上，本书在各章节的逻辑结构安排上，体现商品流通企业会计的核算特点。按照商品流通企业会计核算方法的顺序层层展开，使读者在循序渐进中掌握商品流通企业会计的基本知识和实践操作，突出了商品流通企业会计的实务应用性。本书在编撰过程中力求避免不同课程教材在内容上的交叉重复，防止理论与实践相脱节，并遵循教学规律，以注重培养学生的创新能力和适应专业能力为目标，以期满足不同专业不同层次人员的需要。

本书在商品批发方面，不仅介绍了商品购销存的会计实务，还介绍了商品期货的会计实务；在商品零售方面，不仅介绍了商场、超市等有店铺零售的会计实务，还介绍了网购、团购等无店铺零售的会计实务；随着市场经济的不断发展，商品促销方式也灵活多样，在相关章节介绍了多种促销方式的会计处理。除此之外，本书还介绍了进出口业务的会计实务，并根据相关的法律、法规、政策、制度，本着必需、适用的原则，有针对性地介绍了商品流通会计的理论内涵，同时突出了商品流通会计的实践运用环节。

本书可作为普通高等院校会计学、财务管理、审计学等各专业的相关课程教材，也可作为会计工作者或从事经济管理工作的非会计人员的参考读物。

希望本教材能够对商品流通会计教学和商品流通会计实务有所贡献。

本教材在撰写过程中参阅了国内同行的优秀论著,并得到电子工业出版社的支持与帮助，在此一并致以诚挚的谢意。

由于编著者水平有限，书中难免有疏漏和不妥之处，敬请广大读者批评指正。

魏永宏

目　录

第一章

总论

【学习目标】

1. 了解商品购销业务以及基本的会计理论。
2. 掌握商品流通会计的特征以及资金运动的特点。
3. 理解商品流通会计与工业会计的区别。
4. 理解商品流通会计核算的基本前提。
5. 理解商品流通会计信息的质量要求。
6. 掌握商品流通会计的会计要素与会计科目。
7. 理解商品流通会计人员的任务与组织。

第一节　商品购销概述

近年来，随着商品经济和信息技术的高速发展，涌现了很多新兴的商品流通经营方式。连锁经营已家喻户晓，网络经营也得到了突飞猛进的发展。各种形式的连锁商店(城)、网上商店(城)分别出现在大街小巷和网络店铺街上。可见，商品流通的时空范围日益扩大，已经从实体商店扩大到不受地点和时间限制的网络商店(城)；商品流通的组织日益复杂化，从单一的商店发展到跨国商业集团或者连锁形式日益多样化，自营、联营、连锁经营、网上经营、代购代销等形式层出不穷。

商品流通是商品流通企业的核心业务，商品流通主要包括商品购进、商品销售和商品储存三个环节。商品流通按照商品流通企业的经营方式可以分为自营商品流通和联营商品流通。自营商品流通是指商品流通企业先购后销的业务流程，自己先垫付资金购进商品，后通过销售商品并结算收回货款，一般包括购、销、存三个环节。联营商品流通是指商品流通企业先销后购的业务流程，商品先由生产厂家运到商品流通企业的营业场所并配备销售人员进行商品销售，商品流通企业负责销售收款，之后与生产者进行商品购进处理并结算进货款，一般包括购、销两个环节。

商品流通实现了社会商品从生产环节到消费环节的价值转移和价值补偿，最大限度地满足消费者的不同需要，因此，商品流通成为连接生产与消费的纽带。及时、有效地组织商品流通业务，缩短商品流通时间，降低流通费用，实现利润最大化成为商品流通企业的主要目标。无论商品流通的形式如何变化，都离不开商品购销环节。

一、商品流通体系

商品流通体系有利于商品流通促进生产、引导生产，带动实体产业不断发展，创造更多的社会财富。商品流通促进生产，主要体现为它的先导性作用。一方面，商品流通能够及时反映社会需求，具有很强的商品供求信息反馈功能，可以将市场信息直接反馈给生产领域，达到引导生产的目的；同时商品流通自身的流通功能为生产环节提供保障。另一方面，商品流通可以优化各类要素资源配置，提高生产效率。商品流通体系包括物流、资金流、信息流，如果这几大块分散、不成体系，就很难实现流通效率的提高。商品流通体系的重点内容包括以下几个方面。

1. 促进新型商业发展

发展连锁经营。连锁经营打破了传统商品的流通模式，最大限度地缩短了流通过程，降低了流通成本。这一经营方式也改变了传统的批零关系、厂商关系、零零关系和店群关系。

建设现代物流配送体系。配送是连锁经营方式、电子商务模式的关键环节，它的核心是通过统一采购、统一配送，达到最大限度降低成本的目标。大力建设现代物流配送体系，既能够以大型连锁企业的自采自配为主导，也可以利用社会力量，发展第三方物流；还可以引导有条件的大型生产企业开展以供应链管理为核心的产、供、销一体化的物流模式。建设现代物流配送体系，着眼点应在于构建连锁经营、网上交易、厂家直销、批发市场配送网络体系。

促进电子商务发展。电子商务存在多方面的问题，特别是税收、质量管理等方面的问题尤为突出。因此，要充分考虑发挥政府的宏观规划和指导作用，加强政府有关部门之间的相互协调，保障电子商务有关政策、法规和标准的连续性和一致性，引导电子商务的健康发展。

2. 发展社区商业

以扩大内需为目标，以现代化、大型的流通企业集团为主导，以中小型商业为基础， 是零售商业网络体系布局的关键所在：在这一体系建设中，要以城市分级商业中心为主导，以社区商业为基础，以商业街和专业市场为特色，完善业态结构、功能配套。

3. 积极推进内外贸一体化

以建立内外贸一体化管理的组织机构为主导，充分发挥各种协会的作用，逐步实现市场观念、运行机制和交易规则的规范化、一体化和国际化，尊重专业分工，发挥各自优势，立足国内市场，积极开拓国际市场，构建与国际接轨的国内统一市场。

二、商品流通企业的类型

商品流通企业自身的特点主要包括：第一，以商品的购、销、运、存为基本业务；第二，对经营的商品基本不进行加工或只进行浅度加工；第三，商品流通企业的商业利润主要来自生产企业的让渡；第四，经营周期短，资金周转快。这些特点决定了商品流通企业的经营过程主要包括供应过程与销售过程，没有生产过程。商品流通企业承担将商品由单纯的生产领域向大众消费领域转换的职能，以此来满足社会消费的需要。

商品流通企业的组织形式，按其在商品流通中所处的地位和作用不同，可以分为批发企业和零售企业两种类型。

1. 批发企业

批发企业，是指从生产企业或其他类型企业购进商品，供应给零售企业或其他批发企业用以转售，或供应给其他企业用以进一步加工的商品流通企业。它处于商品流通的起点或中间环节，是组织大宗商品销售的经济组织，是组织城乡之间、地区之间商品流通的桥梁。

根据2011年7月发布的《中小企业划型标准规定》，批发业小企业和微型企业的标准为：从业人员5人及以上200人以下，且营业收入1 000万元及以上5 000万元以下的为小型企业；从业人员5人以下或营业收入1 000万元以下的为微型企业。

2. 零售企业

零售企业，是指从批发企业或生产企业购进商品，销售给个人消费，或销售给企事业单位等用以生产和非生产消费的商品流通企业。它处于商品流通的终点，直接面向广大消费者，是直接为人民生活服务的基层商品流通企业。

零售企业按其经营商品种类的多少，可分为专业性零售企业和综合性零售企业。专业性零售企业是指专门经营某一类或几类商品的零售企业，如钟表、眼镜、交通器材、家用电器、照相器材、金银首饰等商店。综合性零售企业是指经营商品类别繁多的零售企业，如百货、食品、服装鞋帽、五金、日用杂货、综合商店等。

根据2011年7月发布的《中小企业划型标准规定》，零售业小企业和微型企业的标准为：从业人员10人及以上50人以下，且营业收入100万元及以上500万元以下的为小型企业；从业人员10人以下或营业收入100万元以下的为微型企业。

商品零售企业的业态有多种表现形式，如百货商场、超市等。零售企业在商品销售过程中，有多种促销形式，如打折、送现金券、买一赠一、以旧换新等。本书将会在第十一章详细介绍这些业务的会计处理。

三、商品购销的交接方式

在商品购销业务活动中，商品的交接方式一般有送货制、提货制和发货制三种。

(1)送货制，是指销货单位将商品送到购货单位指定的仓库或其他地点，由购货单位验收入库的一种方式。

(2)提货制，又称取货制，是指购货单位指派专人到销货单位指定的仓库或其他地点提取并验收商品的一种方式。

(3)发货制，是指销货单位根据购销合同规定的发货日期、品种、规格和数量等条件，将商品委托运输单位，由铁路或公路、水路、航空运送到购货单位所在地或其他指定地区，如车站、码头、机场等，由购货单位领取并验收入库的一种方式。

商品流通企业可以根据购销双方的实际需要签订购销合同，确定具体的商品交接方式，每种交接方式都有相应的会计处理方法。

四、商品购销的入账时间

为了使商品流通部门内各企业统一会计处理口径，以保证经过汇总后商品购销指标的正确性，需要各商品流通企业明确规定商品购销的入账时间。

商品购销的过程，是商品所有权的转移过程，因此，商品购销的入账时间，以商品所有权转移的时间为依据。也就是说，购货方以取得商品所有权的时间，作为商品购进的入账时间；销货方以失去商品所有权的时间，作为商品销售的入账时间。

1. 商品购进的入账时间

商品购进以支付货款或收到商品的时间为入账时间。在商品先到、货款尚未支付的情况下，以收到商品的时间作为购进的入账时间。因为商品到达，并验收入库，购货方即有权安排商品。同时供货方也取得了向购货方收取货款的权利。在货款先付、商品后到的情况下，以支付货款的时间作为商品购进的入账时间，因为购货方收到供货方的发货凭证后，支付了货款，说明购货方已取得商品的所有权。

根据上述商品购销交接方式，商品流通企业的商品购进入账时间包括以下几种情况。

(1)本地购进商品，采用现金、支票、本票、商业汇票等结算方式的，货款支付并取得发货证明，即刻入账；商品入库，货款未付，月末估计入账，下月红字冲回。

(2)异地购进商品，采用委托收款或托收承付结算方式的，款付时，入账；货到，款未付，暂不入账，月末估计入账，下月红字冲回。

2. 商品销售的入账时间

商品销售以发出商品、收取货款的时间，或以发出商品、取得收取货款权利的时间作为入账时间。

根据上述的商品购销交接方式和商品流通转账方式，商品流通企业的商品销售入账时间包括以下几种情况：

(1)采用现金、支票、本票、商业汇票等结算方式的，款到时，入账。

(2)采用托收承付结算方式的，办妥委托银行收款手续时，入账。

(3)采用汇兑结算方式的，发出商品并取得交通运输部门的商品运输证明时，入账。

(4)采用分期收款方式的，发出商品时，入账。

通常，商品流通小企业在发出商品且收到货款或取得收款权利时，确认销售商品收入。

(1)销售商品采用托收承付方式的，在办妥托收手续时确认收入。

(2)销售商品采取预收款方式的，在发出商品时确认收入。

(3)销售商品需要安装和检验的，在购买方接受商品及安装和检验完毕时确认收入。如果安装程序比较简单，可在发出商品时确认收入。

(4)销售商品采用支付手续费方式委托代销的，在收到代销清单时确认收入。

(5)销售商品以旧换新的，销售的商品作为商品销售处理，回收的商品作为商品购进处理。

五、商品购销的转账结算

商品流通企业在日常购销活动中，经常发生非现金结算。这些结算业务，需要通过银行办理转账结算。中国人民银行负责制定统一的支付结算制度，各商业银行可以在此基础上结合实际情况，制定具体管理实施办法。国内转账结算业务有多种结算方式，客户主要使用票据、银行卡、汇兑、托收承付、委托收款等方式进行货币支付及资金清算。

1. 汇票

汇票是出票人签发的、委托付款人在见票时或者在指定日期无条件支付确定的金额给收款人或者持票人的票据。汇票按出票人分为银行汇票和商业汇票。

(1)银行汇票。银行汇票是出票银行签发的、由其在见票时按照实际结算金额无条件支付给收款人或者持票人的票据。银行汇票是自付票据，出票银行即银行汇票的付款人，银行汇票的代理付款人是代理本系统出票银行或跨系统签约银行审核支付汇票款项的银行。

(2)商业汇票。商业汇票的出票人是在银行开立存款账户的法人。在银行开立存款账户的法人和其他机构之间，必须具有真实的交易关系或债权债务关系，才能使用商业汇票。商业汇票在同城和异地均可使用，付款人为汇票承兑人。根据承兑人的不同，商业汇票可分为商业承兑汇票和银行承兑汇票。前者由银行以外的付款人承兑，后者由银行承兑。

2. 本票

本票是出票人签发的、承诺自己在见票时无条件支付确定的金额给收款人或者持票人的票据。本票按出票人分为商业本票和银行本票，这里所说的本票是指银行本票。

申请人使用银行本票，向银行填写“银行本票申请书”，填明收款人名称、申请人名称、支付金额等事项并签章。出票银行受理银行本票申请书，收妥款项后签发银行本票，交给申请人。申请人将银行本票交付给本票上记明的收款人。收款人可以将银行本票背书转让给被背书人。

持票人将银行本票和进账单送交开户银行，银行审查无误后办理转账。若持票人凭票取现，银行审查后办理付现手续。对于他行签发的不定额本票，兑付银行将通过同城票据交换提交签发行。由于银行办理定额本票业务属代理性质，出票行需将其向本票申请人收取的款项划缴中央银行，而兑付行代中央银行垫付的款项应向中央银行收回。

3. 支票

支票是出票人签发的、委托办理支票存款业务的银行在见票时无条件支付确定的金额给收款人或者持票人的票据。

如果出票人和持票人均在同一银行开户，银行受理持票人解入的本行支票，在审查无误后，即可将款项划入收款人账户。如果出票人不在该行开户，持票人开户行应将支票通过票据交换系统提交支票付款行，付款银行在收到支票后，经审查无误，即应办妥支付手续，持票人开户行在收妥款项后入账。持票人也可以直接向付款银行提示付款。出票人在付款行处的存款足以支付支票金额时，付款行应当在见票当日足额付款。

4. 银行卡

银行卡是一种使用十分方便的非现金结算工具。持卡人在发卡银行开立银行卡存款账户，并存入一定的备用金后，可在特约商户利用银行卡购物或支付劳务费用。持卡人应提交银行卡和身份证件，但持卡人凭密码在销售点终端上消费、购物，可免验身份证件。特约商户受理银行卡，需审查该卡是否为本单位可受理的银行卡，是否在有效期内，是否未列入支付名单等事项。经审查无误后，商户在签购单上压卡，填写实际结算金额、用途、持卡人身份证件号码、特约单位名称和编号。如结算金额超过支付限额，商户应确认发卡银行是否有授权，然后由持卡人在签购单上签名确认。特约单位在每日营业终了，将当日受理的银行卡签购单汇总，并填写汇总单和进账单，连同签购单一并送交收单银行办理进账。

5. 汇兑

汇兑是汇款人委托银行将款项支付给收款人的结算方式。单位和个人各种款项的结算，均可使用汇兑结算方式。汇兑按凭证传递方式的不同分为信汇和电汇两种，由汇款人选择使用。汇款人签发汇兑凭证，凭证上需记载汇款金额、收款人名称、汇款人名称、汇入地点、汇入行名称、汇出地点、汇出行名称等事项，并表明委托银行从自己账户中支付一笔款项汇给收款人。汇出银行受理汇款人签发的汇兑凭证，经审查无误后，应及时将信汇凭证连同联行报单邮寄给汇入银行，或依据电汇凭证向汇入行拍发电报，并向汇款人签发汇款回单。对于开立存款账户的收款人，汇入银行应将汇给收款人的款项直接转入其账户，并向其发出收账通知。未在银行开立存款账户的收款人，凭信、电汇的取款通知向汇入银行支取款项。

6. 托收承付

托收承付是根据购销合同由收款人发货后委托银行向异地付款人收取款项，由付款人向银行承认付款的结算方式。办理托收承付结算的款项必须是商品交易的款项，以及因商品交易而产生的劳务供应的款项。

收款人将托收凭证和所附发运证件或其他符合托收承付结算的有关证明和交易单证送交银行。收款人开户银行审查无误后，将托收凭证及交易单证寄付款人开户银行。对方银行收到托收凭证及其附件后，通知付款人。承付货款分为验单付款和验货付款两种。验单付款的承付期通常在一周之内，付款人在承付期内未向银行表示拒绝付款，银行即视为承付，并在承付期满的次日将款项按照收款人指定的划款方式，划给收款人。验货付款的承付期为 10 天之内，或由收付双方商定。付款人收到提货通知后，应立即向银行交验提货通知。银行在承付期满的次日将款项划给收款人。

7. 委托收款

委托收款是收款人委托银行向付款人收取款项的结算方式。单位和个人凭已承兑商业汇票、债券、存单等付款人债务证明办理款项的结算，均可以使用委托收款结算方式。委托收款在同城、异地均可办理。收款人首先应签发委托收款凭证，载明委托收款金额、付款人和收款人名称、委托收款凭据名称及附寄单证张数等事项，并将凭证及有关收款依据提交开户行。开户行审查后，将凭证及有关收款凭证寄交付款人开户行，后者审查无误后办理付款。

8. 国内信用证

国内信用证是指开证行依照申请人的申请开出的、凭符合信用证办法的单据支付的付款承诺。信用证为不可撤销、不可转让的跟单信用证。此处所称的信用证办法适用于国内企业之间商品交易的信用证结算。

(1)国内信用证只限于办理转账结算，不得支取现金。

(2)信用证与作为其依据的购销合同相互独立，银行在处理信用证业务时，不受购销合同的约束。

(3)一家银行作出的付款、议付或履行信用证项下其他义务的承诺不受申请人与开证行、申请人和受益人之间关系的制约。受益人在任何情况下，不得利用银行之间或申请人和开证行之间的契约关系。

(4)在信用证结算中，各有关当事人处理的只是单据，而不是与单据有关的货物及劳务。

第二节　商品流通企业会计概述

一、商品流通企业会计的定义与特征

1. 商品流通企业会计的定义

商品流通企业的主要经济活动是将产品从生产领域转移到消费领域，以促进生产发展和满足社会需要，从而实现商品的价值并获得利润。如何反映这些经济活动的经济实质呢？这就需要专门的会计处理模式来完成这一任务，商品流通会计应运而生。会计是以货币为主要计量单位，反映和监督一个单位经济活动的一种经济管理工作。它是适应一定时期的商业发展需要而产生的，并与经济的发展密切相关。

简单来说，商品流通企业会计是以商品流通企业为会计主体、以商品流通的交易或事项为会计对象的一种行业会计。它是应用价值管理形式，具有反映和监督两大职能，预测经济前景和参与经济决策，旨在提高商品流通企业经济效益和日常运营效率的经济管理活动。

由此看来，商品流通企业会计，是以货币为主要计量单位，运用一套专门的程序和方法，对商品流通企业的经济活动进行全面、连续、系统、综合的会计处理，提供必要的会计信息的系统。

2. 商品流通企业会计的特征

会计是通用的商业语言，商品流通企业会计也不例外。商品流通企业会计作为一种行业会计，在会计方面与其他行业会计一样具有反映和监督的共同职能，但从商品流通运行规律与会计的结合来看，商品流通企业会计以商品流通业务为中心，反映和管理商品资金的筹集、运用和资金的收回，其会计处理重点和管理方法显然与其他行业不同。从商品流通的日常运营情况来看，商品流通企业会计主要有三大特征。

(1)成本计算具有特殊性。商品流通企业不生产产品，不存在产品生产成本的结转问题。商品流通企业会计以商品流通业务为中心，对商业资本的筹集、投资、运营和管理等业务进行会计处理。

(2)存货的会计处理存在特殊性。零售商品存货的日常会计处理，可以采用“售价金额”会计处理方法，即按照商品的售价在“库存商品”账户下进行会计处理，商品售价与进价之间的差额通过“商品进销差价”账户来进行，期末再将进销差价在已销商品与期末结存商品之间进行分配，以确定本期销售商品成本与期末结存商品的成本。

(3)进货费用处理方法特殊。商品流通企业对进货费用的处理有较大的灵活性。商品流通企业在采购商品过程中发生的运输费、装卸费、保险费以及其他可归属于存货采购成本的费用等进货费用，应当计入存货采购成本，可以直接计入购进商品的进价成本中，也可以设置账户进行归集，期末根据所购商品的存销情况进行分摊。对于已售商品的进货费用，计入当期损溢；对于尚未出售商品的进货费用，计入期末存货成本。至于金额较小的进货费用，由于商品品种、规格繁多，流转频率快，没必要将其合理且精确地分配到每件商品中，而可以在发生时直接计入销售费用。

二、商品流通企业会计的对象

在商品经济条件下，会计对象是一个会计主体经济活动中的价值运动(资金或资本活动)。这个运动的过程与结果，是能用货币金额来计量并用文字进行描述的。

商品流通企业的会计对象是商品流通企业的资金运动。商品流通企业的资金运动包括资金的投入、资金的循环与周转和资金的退出三个阶段，如图 1-1 所示。

此外，从图 1-1 可以看出，第一，商品流通企业的资金循环存在着连续性和并存性， 这是企业经营活动正常进行的基本前提；第二，商品流通企业的资金运动存在交替性，由商品购买阶段经过商品的销售阶段到利润的分配阶段，依次交替进行，由货币资金形态转化为商品资金状态，再转化为货币资金状态；第三，资金运动和商品运动存在统一性，即商品价值流动和商品实物流动基本保持一致。

具体到外贸企业，会计对象如图 1-2 和图 1-3 所示。外贸企业所从事的商品流通活动，与一般的商品流通企业有很大不同，外贸企业的商品流通，要通过国内、国际两个市场，涉及国内、国际两种价格，使用本国货币与外币两种以上的货币。因此，外贸企业经营过程中的货币资金运动形态表现为“外币—人民币”或“人民币—外币”的转换过程。

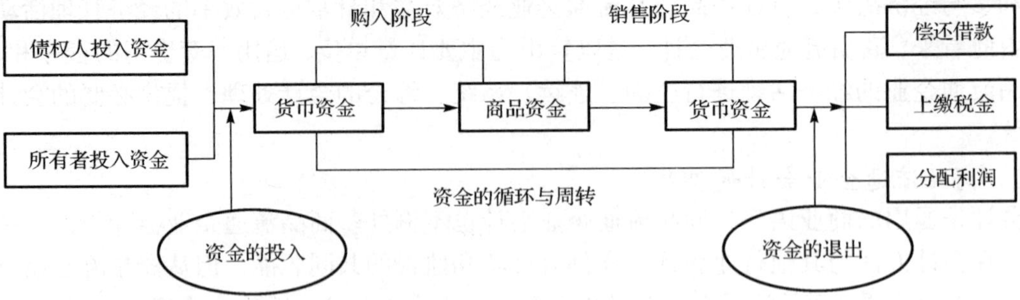

图 1-1　商品流通企业的资金运动

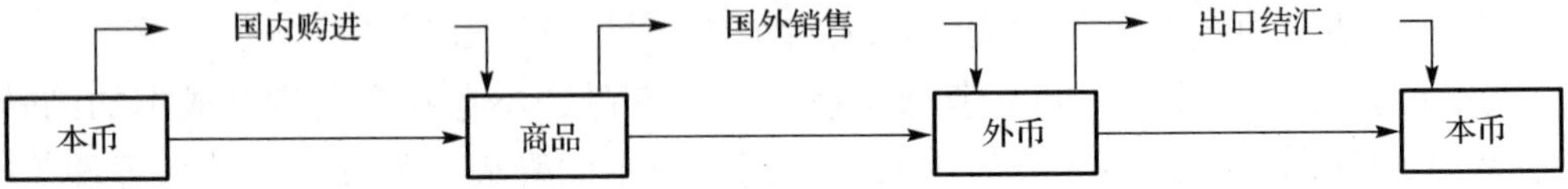

图 1-2　出口业务资金运动

图 1-3　进口业务资金运动

三、商品流通企业会计的要素

商品流通企业作为市场经济中的一个机体，为了正常地进行经营活动，必须具备一定的物质资源和劳动力资源。从图 1-1 可以看出，企业取得这些资源所需的资金有两大来源：一是企业所有者的投资；二是企业向债权人的借款。商品流通企业利用这些资源购进、储存、销售商品。商品销售取得收入、创造的价值得以实现。实现的收入中一部分用于补偿经营耗费，维持企业日常运营，剩余部分形成企业利润，其中一部分以税金的形式上缴国家，税后利润要按规定的分配顺序，弥补企业以前年度亏损。在提取公积金之后，要向投资者分配一定的利润，作为投资者投资的收益。

商品流通企业生产经营活动中各种经济资源的增加、减少等变化，都表现为价值形态及总量的变化，它具体表现为各种会计要素。

会计要素是会计处理内容的具体化，是会计报表内容的基本框架。商品流通企业的会计要素共分为六项：资产、负债、所有者权益、收入、费用和利润。这六项会计要素之间既有共性，使其相互联系在一起，又各有自己的特征和定义，分别说明企业经济活动的某一侧面。

商品流通小企业会计要素也分为六大类，即资产、负债、所有者权益、收入、费用和利润，在资产、负债和费用的具体内容上与大中型企业有所不同。

商品流通小企业的资产按照其流动性，可分为流动资产和非流动资产。流动资产包括库存现金、银行存款、短期投资、应收及预付款项、存货等。非流动资产包括长期债券投资、长期股权投资、固定资产、无形资产、长期待摊费用等。

商品流通小企业的负债按照其流动性，可分为流动负债和非流动负债。流动负债包括短期借款、应付及预收款项、应付职工薪酬、应交税费、应付利息等。非流动负债包括长期借款、长期应付款等。

商品流通小企业的费用包括营业成本、营业税金及附加、销售费用、财务费用、管理费用等。

四、商品流通企业会计的确认基础和计量属性

商品流通企业会计确认与计量是指对企业会计报表中各个项目进行质的规定和数量化处理的过程，即确认某一经济业务何时记入特定会计主体的会计报表、记入哪张报表、记多少的问题。会计确认基础与计量属性的规定为会计人员解决上述问题提供了合理的标准。

1．会计确认基础

商品流通企业会计的确认、计量和报告，以权责发生制为基础。权责发生制也称应计制，它是合理确认会计期间收入和费用的重要原则。在多数教材中通常将其含义概括为：凡属于本会计期间的收入和费用，不论其款项是否收付，均作为本期的收入和费用处理；凡不属于本期的收入和费用，即使其款项已在本期收取或支付，也不作为本期的收入和费用处理。可见，在权责发生制下，收入的实现、费用的支出与款项的收付没有必然的联系。

权责发生制以是否取得收款权利和是否形成付款责任为标准来确认收入与费用的记账基础。它能够更合理地反映商品流通企业不同期间的经营业绩；我国会计准则要求企业以权责发生制为基础进行确认、计量和报告。在会计处理中，由于需要借助会计人员的专业判断，从而使利润的确认和计量带有主观性，因此会计利润计算的客观与否，在一定程度上取决于会计人员对权责发生制的理解程度和执行的自觉性。另外，需要强调的是，使用权责发生制计算的利润与当期现金净流量是脱节的，会计信息使用者应特别关注权责发生制的这些影响。

2．会计计量属性

商品流通企业在将符合确认条件的会计要素登记入账并列报于财务报表时，按照规定的会计计量属性进行计量，确定其金额。

会计计量属性包括历史成本、重置成本、可变现净值、现值和公允价值。在历史成本计量下，资产按照购置时支付的现金或现金等价物的金额，或者按照购置资产时所付出的对价的公允价值进行计量；负债按照因承担现时义务而实际收到的款项或资产的金额，或者承担现时义务的合同金额，或者按照日常活动中为偿还负债预期需要支付的现金或现金等价物的金额进行计量。在重置成本计量下，资产按照现在购买相同或相似资产所需支付的现金或现金等价物的金额进行计量；负债按照现在偿付该项债务所需支付的现金或现金等价物的金额进行计量。在可变现净值计量下，资产按照其正常对外销售所能收到现金或现金等价物的金额扣减该资产至完工时估计将要发生的成本、估计的销售费用以及相关税费后的金额进行计量。在现值计量下，资产按照预计从其持续使用和最终处置中所产生的未来净现金流入量的折现金额进行计量；负债按照预计期限内需要偿还的未来净现金流出量的折现金额进行计量。在公允价值计量下，资产和负债按照市场参与者在计量日发生的有序交易中，出售资产所能收到或者转移负债所需支付的价格进行计量。

商品流通企业在对会计要素进行计量时，一般采用历史成本。例如，企业购入存货，以所购入资产发生的实际成本作为资产计量的金额。在某些情况下，为了提高会计信息质量，

实现财务报告目标，企业会计准则允许采用重置成本、可变现净值、现值、公允价值计量，从而保证所确定的会计要素金额能够取得并可靠计量。在实际应用中，这四种方法主要依据会计人员的职业判断，缺少历史成本的客观性、中立性和可验证的优点，有些计量属性如公允价值会由于其操作上的困难而在实务中受到制约。会计计量属性的差异性赋予了会计人员很大的职业判断空间。

五、商品流通企业的会计科目

(一) 会计科目的含义

会计科目是指为记录各项经济业务而对会计要素按其经济内容所确定的名称，它是对会计对象的具体内容进行分类核算的项目。

任何一个商品流通企业都会发生各种各样的交易或者事项，而这些交易或者事项都属于会计核算对象的内容。例如，用银行存款购买商品、用现金发放职工工资、用银行存款偿还银行借款、将商品对外销售取得主营业务收入等。这些交易或者事项性质各不相同，为了能从数量上核算这些交易或者事项，了解会计对象增减变动的内容，先将会计对象分解成资产、负债、所有者权益、收入、费用和利润六大会计要素。但是这些要素只是概括说明了会计对象的基本内容，仅仅将会计对象划分到这个层次仍然难以满足处理交易或者事项的要求。这就需要采用一定的方法对会计要素的内容进行具体分类核算来确定项目的名称，即确定会计科目。

(二) 商品流通企业会计科目的设置要求

设置会计科目就是对会计要素构成内容，按照其性质的差别及其管理上的要求进行归类，分为若干项目，并按每一具体项目的性质标志确定核算名称的一种专门方法。商品流通企业设置会计科目既要考虑各个会计要素的性质特征，又要满足有关各方经营管理上的需求，还要方便会计日常核算工作。为了更好地发挥会计科目的作用，设置会计科目应符合以下要求。

1. 会计科目设置要结合商品流通企业特点

商品流通企业的特点是由经济业务的特点所决定的。不同类型的商品流通企业的经济业务存在一定的差别，设置会计科目应先根据不同企业的类型，并结合商品流通方法来考虑。例如，采用售价金额核算法的零售企业，应该设置“商品进销差价”科目，而采用进价金额核算法的批发企业通常不设置此科目。在不影响对外提供统一财务报告的前提下，商品流通企业可以根据实际情况自行增设或减少某些会计科目。

2. 会计科目设置要简单实用

会计科目是对会计要素内容的细分，每一个会计科目都有其特定的核算内容。每一会计科目要编制固定的号码，称为会计科目编号。我国一般采用四位数字编号，其中第一位数字表示会计科目的类别，分别按照资产类科目、负债类科目、共同类科目、所有者权益类科目、成本类科目、损溢类科目等顺序排列，并在各类科目之间留有一定的空号，以便在新增设会计科目时应用。为了便于填制会计凭证汇总资料和编制会计报表，在设计会计科目时，必须使其名称与其核算内容相一致，做到文字简练，含义明确，通俗易懂，简繁得当。

3. 会计科目设置符合会计电算化的需要

随着现代社会经济的迅猛发展，会计电算化已代替手工操作或机械操作，成为会计工作的主流，会计科目是会计核算的基础，也是计算机处理会计数据的主要依据。为了便于会计电算化处理，要求会计科目的名称、编码、核算内容应统一。尤其是在进行会计电算化初始化工作时，为了减少初始设置工作，科目的层次和内容要尽可能统一且稳定。明细科目的设置原则应尽量考虑计算机处理的特点。科目的编码应加以缜密的考虑，使制度规定的编码体系满足数据编码具有系统性、通识性等基本要求。对于明细科目较多的总账科目，可在总账科目与明细科目之间设置二级科目或多级科目。

(三) 商品流通企业的具体会计科目

商品流通企业的会计科目，按照其反映的经济内容，可以划分为资产类科目、负债类科目、共同类科目，所有者权益类科目、成本类科目和损溢类科目六个大类，损溢类科目又可分为费用类科目和收入类科目两个小类。商品流通企业会计科目如表 1-1 所示。

表 1-1　商品流通企业会计科目

编号	会计科目名称	编号	会计科目名称
	一、资产类	1603	固定资产减值准备
1001	库存现金	1604	在建工程
1002	银行存款	1605	工程物资
1012	其他货币资金	1606	固定资产清理
1101	交易性金融资产	1701	无形资产
1121	应收票据	1702	累计摊销
1122	应收账款	1703	无形资产减值准备
1123	预付账款	1801	长期待摊费用
1131	应收股利	1811	递延所得税资产
1132	应收利息	1901	待处理财产损溢
1221	其他应收款		二、负债类
1231	坏账准备	2001	短期借款
1401	受托代销商品	2101	交易性金融资产
1402	在途物资	2201	应付票据
1403	原材料	2202	应付账款
1406	库存商品	2203	预收账款
1407	发出商品	2314	委托代销商品款
1408	委托代销商品	2211	应付职工薪酬
1410	商品进销差价	2221	应交税费
1411	委托加工物资	2231	应付利息
1412	周转材料	2232	应付股利
1461	存货跌价准备	2241	其他应付款
1521	持有至到期投资	2601	长期借款
1522	持有至到期投资减值准备	2602	应付债券
1523	可供出售金融资产	2801	长期应付款
1524	长期股权投资	2802	未确认融资费用
1525	长期股权投资减值准备	2811	专项应付款
1526	投资性房地产	2901	递延所得税负债
1531	长期应收款		三、共同类
1601	固定资产	3001	总部往来
1602	累计折旧	3002	基层往来

续表

编号	会计科目名称	编号	会计科目名称
	四、所有者权益类	6101	公允价值变动损溢
4001	实收资本	6111	投资收益
4002	资本公积	6301	营业外收入
4101	盈余公积	6401	主营业务成本
4103	本年利润	6402	其他业务成本
4104	利润分配	6403	营业税金及附加
	五、成本类	6601	销售费用
5002	进货费用	6602	管理费用
5201	劳务成本	6603	财务费用
5101	制造费用	6701	资产减值损失
	六、损溢类	6711	营业外支出
6001	主营业务收入	6801	所得税费用
6051	其他业务收入	6901	以前年度损溢调整

第三节　商品流通企业会计的任务与组织

一、商品流通企业会计的任务

商品流通企业会计的任务是由会计的两大职能确定的，它取决于会计对象的特点和经济管理的要求。商品流通企业主要在流通领域中从事商品购销活动，其会计核算的任务主要是对经营资金及其运动进行核算和管理，并促进企业改善经营管理，提高经济效益。其任务包括以下几个方面。

(一) 维护国家的政策法令和财务制度

商品流通企业会计在对经济活动进行核算的同时，要监督企业对国家政策、法令和财务制度的执行情况，促使企业严格按照国家的政策办事，及时制止不法行为，遵守财经纪律，正确、及时、完整地反映企业的经济活动和经营成果，为企业的经营决策和投资者等提供可靠的会计信息。

(二) 扩大商品流通，加强经济核算，提高经济效益

商品流通企业是自主经营、自负盈亏的经济实体，面对激烈的市场竞争，必须加强经济核算，扩大商品流通。通过商品流通企业会计的全面核算，控制商品流通企业期间费用的支出，严格审查各项费用的发生，防止贪污和浪费行为的发生，并通过分析和比较，发现经营管理中存在的问题，寻求增加商品收入、降低费用的有效途径，以提高企业的经济效益。

(三) 加强计划和预算，合理和节约使用资金

商品流通企业的一切经济活动在很大程度上受市场价值规律的影响。因此，对商品流通企业资金的筹集和使用，必须加强计划和预算，防止脱节和浪费。财务部门也应当在商品流通企业内部实行人、财、物的综合利用，节约人力、财力和物力，把握企业的采购环节的货源和销售环节的价格，有效使用资金。

(四)保护商品和其他各项资产的安全和完善

商品流通企业通过会计工作对商品和各项财产物资的收入、发出和结存进行全面核算和监督。要建立和健全商品收入和发出的手续，以及各项财产物资的收入、领用和报废手续。定期或不定期地对商品流通企业的库存商品进行盘点，若发生商品损耗、损坏和溢余短缺情况，应查明原因及时处理，以保护商品和其他各项财产物资的安全与完善，维护投资者的利益。

(五)参与企业的预测和决策，加强企业管理

在商品的市场行情瞬息万变的今天，商品流通企业会计要懂得运用所学知识，通过对会计信息的检查分析，预测企业经济前景，控制企业经营全过程，参与经营计划和决策的制定工作，以提高企业的管理水平。

二、商品流通企业会计的组织

正确地组织会计工作，有利于提高会计工作的质量和效率，也是完成商品流通企业任务的重要组织保证。商品流通企业会计工作的组织主要包括会计机构的设置、会计人员的配备和会计制度的制定。

(一)会计机构的设置

会计机构是商品流通企业为领导和直接从事会计工作而专设的职能部门。会计机构的设置应当坚持精简节约的原则，做到既能保证工作质量，满足工作需要，又能节约人力、物力和财力。实际工作中，大中型商品流通企业应结合企业会计业务的实际需要设置财务部、处、科等机构；小型商品流通企业的会计业务需要设置会计机构的，可以设置财务室、组等机构，也可以在有关机构中设置会计人员，并指定会计主管人员；不具备设置会计机构和会计人员条件的小型企业，应当委托中介机构代理记账。

(二)会计人员的配备

会计机构由专职的会计人员组成。商品流通企业的会计人员包括企业领导层中的总会计师，会计主管人员，会计工作人员，附属单位或部门的专职核算人员等。企业应该在会计机构内部合理设置会计工作岗位，包括会计主管、出纳、商品核算、非商品财产物资核算、费用及工资管理核算、资金往来核算、财务成果核算、总账报表、审核和档案管理。

从事商品流通企业会计工作的人员，必须取得会计从业资格证书。单位机构负责人和会计主管人员还应该具备会计师以上专业技术资格或从事会计工作三年以上；会计人员的调动或离职，必须办清交接和监交手续。会计岗位可以一人一岗，一人多岗或一岗多人，但出纳不得监管收入、费用、债权债务账目的登记工作。实际工作中，大中型商品流通企业会计人员较多，岗位分工较细；小型商品流通企业会计人员较少，岗位分工较粗，经常一人多岗，但会计工作人员不得少于两名。

(三)会计制度的制定

商品流通企业的会计工作除依据国家统一的会计制度、会计行政法规和会计规章等外，还要建立内部财会管理制度，主要包括：

1. 建立内部财务会计制度

财务部门应该根据统一的财务制度和会计制度，建立和健全商品流通企业的成本、费用管理制度和会计核算制度，从加强和整顿会计基础工作的要求出发，实现会计科目、凭证、账簿和报表的规范化管理。通过内部财务会计制度的制定，保证审核、检查凭证的合法性和真实性；严格记账、对账、结账的手续；建立健全会计档案制度等，实行会计工作规范化。

2. 建立内部会计监督和审计制度

商品流通企业应建立内部会计监督制度，以维护财经纪律，保护财产安全和保证账目的财务报表的可靠性。对货币资金的收支、商品的进销存业务、重大对外投资、资产处置、资金调度和其他重要经济业务等重大项目建立监督制度；在财务部门以外，建立内部审计部门或者配备审计人员，对企业的会计记录、财务报表和会计制度的执行情况进行内部检查、监督和稽核，以促进企业经营管理和提高经济效益。

3. 健全和完善会计电算化

会计电算化的建立，是提高会计工作效率的重要前提，尤其是在商品流通企业中的会计数据处理、分析和管理方面，显示出电算化强大的功能。目前，我国大部分商品流通企业已经使用计算机进行会计数据处理，实现了会计电算化。商品流通企业要在实行会计电算化的基础上，进一步健全并完善计算机的维修保养制度，改进程序设计，加强文件管理，不断提高计算机操作技术水平，努力实行系统化和网络化。

第四节　商品流通企业会计方法概述

商品流通企业的会计处理，既要反映商品的使用价值，又要反映商品的价值。反映商品的使用价值，要对商品分类进行实物数量核算，反映各种商品数量进、销、存增减变化情况；反映商品的价值，要以货币为计量单位，反映商品进、销、存金额的增减变化情况。商品流通企业类型较多，它们的规模大小不同，经营方式、经营商品的品种不同，购销对象也不同。

商品流通企业根据各自经营的特点和管理的需要，对商品流通业务的会计处理，采用了各种不同的方法，归纳起来主要分为进价法和售价法两种类型。进价法和售价法又各分为金额核算和数量核算两种。商品的金额核算和数量核算是互相联系的。

一、进价法

进价法是指以库存商品的购进价格来反映和控制商品购进、销售和储存情况的一种会计处理方法。这种方法可再分为进价金额法和数量进价金额法。

1. 进价金额法

进价金额法是指库存商品总分类账户和明细分类账户都只反映商品的进价金额，不反映实物数量的一种方法。

进价金额法是以进价金额控制库存商品进、销、存的一种方法，主要包括如下内容。

(1)库存商品总分类账和明细分类账一律以进价入账，只记金额，不记数量。

(2)库存商品明细账按商品大类或柜组设置，对需要掌握数量的商品，可设置备查簿。平时销货会计处理，只计算销售收入，不计算销售成本。月末采取“以存计销”的方法，通过实地盘点库存商品，倒挤商品销售成本。其计算公式为：

本期商品销售成本=期初库存商品进价总额+本期进货总额-期末库存商品进价金额

以购入货物和发票账单同时到达为例，其会计处理流程如图 1-4 所示。

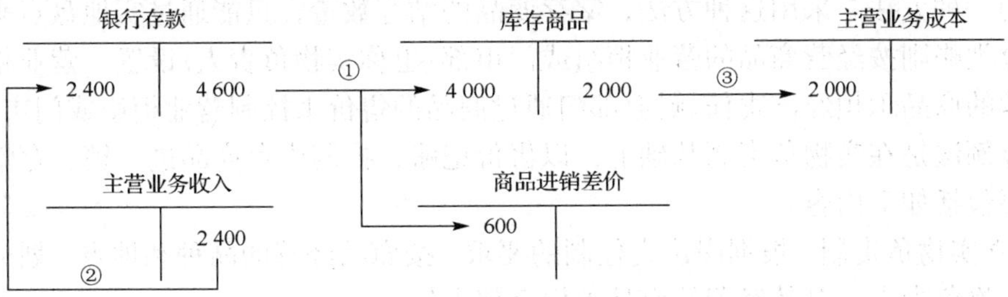

图 1-4　商品购进货单同行的会计处理流程

这种方法的优点是记账手续简便，工作量小。采用这种方法，由于缺乏实物数量的记载，必须通过实地盘点库存商品，计算出期末结存金额后，才能倒挤商品销售成本。而且由于平时不能反映商品进、销、存的数量，并且月末采用盘存计销的办法，将商品销售成本、商品损耗和差错事项混在一起，因此不易发现企业经营管理中存在的问题。

2. 数量进价金额法

数量进价金额法是指库存商品的总分类账户和明细分类账户除均按进价金额反映外，同时明细分类账户还必须反映商品实物数量的一种核算方法。采用这种方法，可以根据已销商品的数量按进价结转商品销售成本。

数量进价金额法是以实物数量和进价金额两种计量单位，反映商品进、销、存情况的一种方法，主要包括如下内容。

(1)“库存商品”的总分类账和明细分类账统一按进价记账。总分类账反映库存商品进价总值；明细分类账反映各种商品的实物数量和进价金额。

(2)“库存商品”明细账按商品的编号、品名、规格、等级分户，按商品收、付、存分栏记载数量和金额，数量要求采用永续盘存法计算。

(3)根据企业经营管理需要，在“库存商品”总分类账和明细分类账之间，可设置“库存商品”类账目，按商品大类分户，记载商品进、销、存金额。

(4)在业务部门和仓库设置商品账，分户方法与“库存商品”明细账相同，记载商品收、付、存数量，不记金额。

(5)根据商品的不同特点，采用不同方法定期计算和结转已销商品的进价成本。

数量进价金额法的优点是能够按品名、规格来反映和监督每种商品进、销、存的数量和进价金额的变动情况，有利于加强对库存商品的管理与控制；能全面反映各种商品进、销、存的数量和金额，便于从数量和金额两个方面进行控制。但由于每笔进、销货业务都要填制凭证，按商品品种逐笔登记明细分类账，记账工作量较大，手续较烦琐，一般适用于规模较大、经营金额较大、批量较大而交易笔数不多的大中型批发企业，也适用于部分专业性零售企业。

二、售价法

售价法是指以库存商品的销售价格来反映和控制商品购进、销售和储存情况的一种会计处理方法。这种方法可再分为售价金额法和数量售价金额法。

1. 售价金额法

售价金额法是指库存商品总分类账户和明细分类账户都只反映商品的售价金额，不反映实物数量的一种方法。采用这种方法，宰存商品的结存数量，只能通过实地盘点来掌握，其商品明细分类账则按经营商品的营业柜组或门市部(也称实物负责人)设置。营业柜组或门市部对其经营的商品承担经济责任。财会部门通过商品的售价来控制营业柜组或门市部的商品。

售价金额法是在实物负责制基础上，以售价记账，控制库存商品进、销、存情况的一种方法，主要包括如下内容。

(1)建立实物负责制。根据岗位责任制的要求，按商品经营的品种和地点，划分为若干柜组，确定实物负责人，对其经营的商品承担全部责任。

(2)售价记账，金额控制。库存商品的进、销、存一律按销售价格入账，只记金额，不记数量，库存商品总分类账反映售价总金额，明细分类账按实物负责人分设，反映各实物负责人所经营的商品的售价金额，在总账控制下，随时反映各实物负责人的经济责任。

(3)设置“商品进销差价”账户。由于“库存商品”账户按售价反映，而商品购进支付的货款是按进价计算的，因此，设置“商品进销差价”账户，以反映商品进价与售价之间的差价，正确计算销售商品的进价成本。

(4)加强物价管理。商品按售价核算后，如遇售价变动，就会直接影响库存商品总额，因此，必须加强物价管理，明码标价。

(5)健全商品盘点制度。“库存商品”明细分类账按售价记账，没有数量控制，只有通过盘点才能确定实际数量，因此，必须加强商品盘点，才能检查库存商品账实是否相等及其实物负责人的工作质量和经济责任。

采用售价金额法时，会计处理流程如图 1-5 所示。

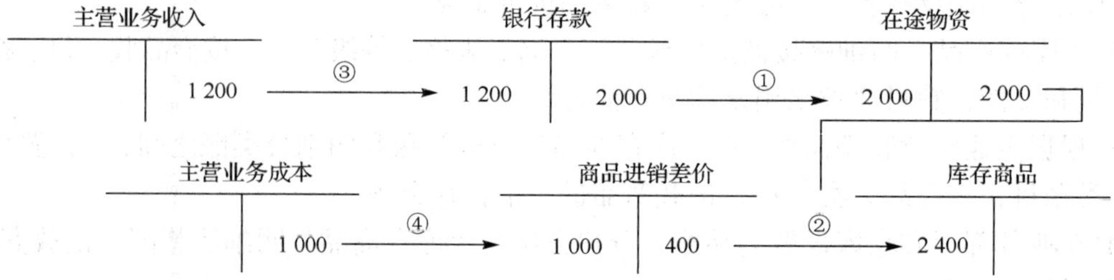

图 1-5　商品售价金额法会计处理流程图

采用售价金额法，可以简化会计处理手续，减少工作量，是零售企业商品会计处理的主要方法。其不足之处是由于只记金额，不记数量，库存商品账不能提供数量指标以控制商品进、销、存情况，一旦发生差错，难以查明原因。

2. 数量售价金额法

数量售价金额法是指库存商品除总分类账户和明细分类账户均按售价金额反映外，同时明细分类账户还必须反映商品实物数量的一种方法。采用这种方法，必须按每一商品的品名、规格设置商品明细账，以随时掌握各种商品的结存数量。

数量售价金额法是以实物数量和售价金额两种计量单位，反映商品进、销、存情况的一种方法。主要内容基本与数量进价金额核算法相同，都是按商品品种设明细账，实行数量和金额双重控制。其不同之处有如下两点。

(1)“库存商品”总分类账、类目账和明细账均按售价记账。

(2)设置“商品进销差价”账户，记载售价金额和进价金额之间的差额，定期分摊已销商品进销差价，计算已销商品进价成本和结存商品的进价金额。

由于采用售价记账，逢商品售价变动，就要盘点库存商品，调整商品金额和差价，工作量较大。因此，数量售价金额法一般适用于经营金额较小、批量较少的小型经营批发企业，以及经营零售企业的库存商品和贵重商品的会计处理。

复习思考题

1. 商品流通体系包括哪些内容？
2. 商品购销的交接方式有哪些？
3. 如何确定商品购进和商品销售的入账时间？
4. 商品流通企业会计有哪些特征？
5. 商品流通企业会计的会计基础是什么？
6. 商品流通企业会计的计量属性是什么？
7. 什么是售价金额法？它包括哪些内容？
8. 商品流通企业转账结算方式有哪些？

第二章

货币资金与国内结算

【学习目标】

1. 理解货币资金的意义和分类。
2. 掌握我国现行的库存现金管理制度及相关业务的会计核算。
3. 掌握银行存款业务的会计核算。
4. 掌握企业国内转账结算方式及业务核算。

第一节　货币资金概述

一、货币资金的意义

货币资金是指企业的经营资金在循环周转过程中停留在货币形态的资产。货币资金是企业流动性最强的资产，是流动资产的重要组成部分。企业在开展经济活动中发生的资金筹集、购销货款结算、债权债务清偿、购置固定资产和无形资产、工资发放、费用开支、税金缴纳、股利支付和对外投资等交易或事项，都是通过货币资金的收付实现的。

商品流通企业拥有货币资金的数量多少，标志着偿债能力和支付能力的大小，是投资者分析、判断财务状况的重要指标。因此，企业必须保持一定的货币资金持有量，确保企业具有直接支付能力，使企业经济活动得以顺利进行。同时，企业还必须加强对货币资金的核算和管理。

商品流通企业的外贸业务面临着国内和国际两个市场，在购销货结算中，既有人民币资金的收付业务，又有外币资金的收付业务。根据我国外汇管理的有关规定，商品流通企业的出口业务实现的销售收入，既可以保留现汇，也可以在国家指定的专业银行结汇。商品流通企业的进口业务所需要的外汇，有现汇的企业，可以直接用现汇支付；没有现汇或现汇不足的企业，可以按照有关规定在国家的外汇指定银行购汇支付。本章仅阐述人民币资金业务，有关外币资金业务将在第五章中阐述。

二、货币资金的分类

货币资金按某存放地点和用途不同，可分为现金、备用金、银行存款和其他货币资金四类。

1. 现金

现金有广义和狭义之分。广义的现金即货币资金；狭义的现金即库存现金，是指企业财务部门为了备付日常零星开支而保管的现金。在此阐述的是狭义的现金。

2. 备用金

备用金是指企业拨付所属有关职能部门用于收购农副产品、日常零星开支、收款部门用于现金结算的找零等所必需的周转金。

3. 银行存款

银行存款是指企业存放在银行或其他金融机构的各种款项,包括人民币存款和外币存款。

4. 其他货币资金

其他货币资金是指企业除现金、备用金和银行存款以外的各种存款,包括银行本票存款、银行汇票存款、信用卡存款、外埠存款和信用证保证金存款等。

第二节 库存现金

库存现金通常是指存放于企业财务部门，由出纳人员保管的现款。它是企业流动性最强的资产。商品流通企业应当严格遵守国家的相关现金管理制度，正确进行现金收支的核算，监督现金使用的合法性与合理性。

一、库存现金限额的管理

我国颁布的《现金管理暂行条例》规定，各企业都要核定库存现金限额。库存现金限额是指为了保证企业日常零星开支的需要，允许企业留存现金的最高数额。库存现金限额原则上根据该企业 3～5 天的日常零星开支的需要来确定，边远地区和交通不发达地区可以适当地放宽，但最多不得超过 15 天的日常零星开支。

库存现金限额由企业提出计划，报开户银行审核批准。经核定的库存现金限额，企业必须严格遵守，超过部分应于当日终了前送存银行。企业需要补充或减少库存现金限额时，必须向开户银行提出申请，由开户银行核定。

二、库存现金收入的管理

企业收入的现金，在一般情况下必须于当天解存银行，如当天不能及时解存银行的，应于次日上午解存银行，不得予以坐支。坐支是指企业从经营业务所收入的现金中直接进行支付。

企业因特殊情况需要坐支现金的，应当事先报经开户银行审查批准，由开户银行核定坐支范围和限额。企业应定期向银行报送坐支金额和使用情况。

三、库存现金支出的管理

按照财务制度规定，企业可以在下列 8 个项目上支用现金。

(1) 职工的工资和各种工资性津贴。

(2) 个人劳动报酬。

(3) 支付给个人的各种奖金，包括根据国家规定颁发给个人的科学技术、文化艺术、体育等各种奖金。

(4) 各种劳保、福利费用及国家规定的对个人的其他现金支出。

(5) 收购单位向个人收购农副产品和其他物资支付的价款。

(6) 出差人员必须随身携带的差旅费。

(7) 结算金额较小的零星开支。

(8) 中国人民银行确定需要支付现金的其他支出。指因采购地点不确定、交通不便、抢险救灾以及特殊情况等，办理转账结算不便，必须使用现金的单位，经开户银行核准后支用的现金。

凡不在上述支付范围内的，应通过银行办理转账结算。企业应按照规定的用途使用现金，不准用不符合财务制度的凭证顶替现金；不准单位之间相互借用现金；不准谎报用途套取现金；不准利用银行账户代其他单位和个人存入或支取现金；不准将单位收入的现金以个人名义存入储蓄；不准保留账外公款；禁止发行变相货币；不准以任何票券代替人民币在市场上流通。

四、库存现金的内部控制制度

为了加强库存现金的管理，应坚持“钱账分管”的内部控制制度。企业现金的收付保管，应由专职或兼职的出纳人员负责。出纳人员除了登记现金日记账和银行存款日记账外，不得兼办费用、收入、债务、债权账簿的登记工作，以及稽核和会计档案的保管工作，以有利于彼此制约，相互监督，杜绝现金收付中的弊端。

五、库存现金的核算

(一) 账户与账簿的设置

商品流通企业应设置“库存现金”账户对库存现金进行总分类核算。“库存现金”是资产类账户，用以核算库存现金的收入、付出和结存。企业收入现金时，记入借方；企业付出现金时，记入贷方；期末余额在借方，表示企业库存现金的结存数额。

为了加强对库存现金的核算与管理，详细地掌握企业库存现金收付的动态和结存情况，企业还必须设置“现金日记账”，按照现金收支业务发生的时间先后，逐日逐笔进行登记，并逐日结出余额，以便与实存现金相核对，做到日清日结、账款相符。

(二) 库存现金的业务核算

1. 库存现金收支业务的核算

商品流通企业如发生库存现金收入时，应借记“库存现金”账户，贷记“银行存款”“主营业务收入”等账户；反之，如发生库存现金支出时，则借记对应账户，贷记“库存现金”账户。

【例 2-1】 东华公司 8 月份发生了以下与库存现金相关的经济业务:

(1) 企业从银行提取现金 5 000 元。

借：库存现金	5 000	
贷：银行存款		5 000

(2) 企业将现金 6 000 元存入银行。

借：银行存款	6 000	
贷：库存现金		6 000

(3) 企业销售商品取得货款现金收入 10 000 元，增值税税率为 17%，税款 1 700 元。

借：库存现金　　11 700

　　贷：主营业务收入　　10 000

　　　　应交税费——应交增值税(销项税额)　　1 700

(4) 行政管理部门报销办公费用 500 元。

借：管理费用　　500

　　贷：库存现金　　500

(5) 企业技术人员李某预借差旅费 1 500 元。

借：其他应收款　　1 500

　　贷：库存现金　　1 500

2. 库存现金清查业务的核算

商品流通企业如发生库存现金账实不符，发现有待查明原因的现金短缺或溢余时，应先通过“待处理财产损溢”账户核算。

(1) 如果发现库存现金短缺时,应借记“待处理财产损溢”账户,贷记“库存现金”账户；反之，如发生库存现金溢余时，则借记“库存现金”账户，贷记“待处理财产损溢”账户，以保持账款相符。

(2) 待查明原因，按管理权限报经批准后，根据情况处理：

对于短缺的库存现金如决定由责任人或保险公司赔偿时，则借记“其他应收款”账户；如无法查明原因，决定由企业列支时，应借记“管理费用”账户；贷记“待处理财产损溢”账户。

对于溢余的库存现金，经批准转账时，应借记“待处理财产损溢”，如应支付给有关人员或单位，贷记“其他应付款”账户；如无法查明原因，贷记“营业外收入”账户。

【例 2-2】 东华公司在进行清查时，发现短款 600 元，原因待查。

(1) 发现现金短款时：

借：待处理财产损溢　　600

　　贷：库存现金　　600

(2) 经查上述短款中 500 元属于出纳失误造成的，由张某赔偿；其余短款无法查明原因，经批准做管理费用处理：

借：其他应收款——张某　　500

　　管理费用——短款　　100

　　贷：待处理财产损溢　　600

【例 2-3】 东华公司在进行清查时，发现长款 800 元，原因待查。

(1) 发现现金长款时：

借：库存现金　　800

　　贷：待处理财产损溢　　800

(2) 经查上述长款中 500 元属于少付给员工王某的款项；其余长款无法查明原因，经批准做营业外收入处理：

借：待处理财产损溢　　800

　　贷：其他应付款——王某　　500

　　　　营业外收入——长款　　300

第三节 银行存款

一、银行存款账户的开立

银行存款是指企业存入银行或其他金融机构的各种款项。我国银行存款包括人民币存款和外币存款两种。商品流通企业应根据业务的需要，按照规定在其所在地银行开设账户，进行存款、取款和各种收支转账业务的结算。企业在银行开户时，应填制开户申请书，并提供当地工商行政管理部门核发的营业执照正本等有关文件。企业的银行存款账户分为基本存款账户、一般存款账户、临时存款账户和专用存款账户四类。

基本存款账户，是指主要用于企业办理日常转账结算和现金收付的账户。企业只能选择一家银行的一个营业机构开立一个基本存款账户，企业的工资、奖金等现金的支取，只能通过该账户办理。一般存款账户是企业因借款或其他结算需要在基本存款账户开户银行以外的其他银行的营业机构开立的银行结算账户，该账户可办理转账结算和存入现金，但不能办理现金支取。临时存款账户是企业因临时经营活动需要并在规定期限内使用而开立的账户，如企业异地商品展销、临时性采购商品所需资金等。专用存款账户是企业因特定用途需要开立的账户，如基本建设项目专项资金、农副产品收购资金等。企业的销货款不得转入专用存款账户。

二、银行存款的管理

企业在办理存款账户以后，在使用账户时应严格执行银行结算纪律的规定。其具体内容包括：合法使用银行账户，不得出租、出借账户；不得利用银行账户进行非法活动；不得签发没有资金保证的票据或远期支票套取银行信用；不得签发、取得和转让没有真实交易和债权债务的票据，套取银行或他人的资金；不准无理拒绝付款，任意占用他人资金。

商品流通企业银行存款收入的来源主要有投资者投入企业的现款；商品销售收入和提供劳务的收入、其他业务收入及营业外收入取得的款项等；企业从银行或其他金融机构取得的短期借款和长期借款；企业发行债券取得的现款。

商品流通企业银行存款的支付范围主要有支付购进商品的款项；购置其他各项流动资产和固定资产、无形资产的款项；支付各项费用、缴纳税金、支付其他业务支出、罚金、滞纳金等营业外支出的款项及对外短期投资和长期投资的款项等。

三、银行存款的核算

（一）账户与账簿的设置

商品流通企业应设置“银行存款”账户对银行存款进行总分类核算。“银行存款”是资产类账户，用以核算企业银行存款的存入、付出和结存。企业向银行存入款项时，记入借方；企业从银行支付款项时，记入贷方；期末余额在借方，表示企业银行存款的结存数额。

为了加强对银行存款的核算与管理，及时详细地掌握银行存款的收付动态和结存情况，以及便于与银行账目核对，商品流通企业还必须设置“银行存款日记账”，按照银行存款收支业务发生时间的先后顺序逐笔进行登记，逐日结出余额，并与银行存款总分类账户相核对，以做到账账相符。

（二）银行存款的业务核算

商品流通企业如发生银行存款收款时，应借记“银行存款”账户，贷记“库存现金”“主营业务收入”“应收票据”等对应账户；反之，如发生银行存款付款时，则借记对应账户，贷记“银行存款”账户。

1. 银行存款收款的核算

【例 2-4】 东华公司 8 月 15 日发生以下与银行存款有关的收款经济业务：

(1)企业将现金 8 000 元存入银行。

借：银行存款	8 000	
贷：库存现金		8 000

(2)企业销售商品取得货款收入 10 000 元，增值税税率为 17%，税款 1 700 元，收到银行结算通知。

借：银行存款	11 700	
贷：主营业务收入		10 000
应交税费——应交增值税(销项税额)		1 700

2. 银行存款付款的核算

【例 2-5】 东华公司 8 月 15 日发生以下与银行存款有关的付款经济业务：

(1)开出转账支票，支付采购商品的运费 1 500 元。

借：进货费用——运费	1 500	
贷：银行存款		1 500

(2)购进商品一批，价款 20 000 元，税款 3 400 元，商品已验收入库，当即开出转账支票付讫。

借：库存商品	20 000	
应交税费——应交增值税(进项税额)	3 400	
贷：银行存款		23 400

第四节 备 用 金

一、备用金的管理

备用金是指企业拨付所属有关职能部门用于收购农副产品、日常零星开支，收款部门用于现金结算的找零等所必需的周转金。

企业对备用金实行定额管理。备用金的定额应由有关职能部门或工作人员根据工作需要提出申请，经财务部门审核同意，报经开户银行审批后确定。一经确定，不得任意变更。使用备用金的部门和工作人员应根据用款情况，定期或不定期地凭付出现金时取得的原始凭证向财务部门报账，财务部门收到报账的付款凭证时，应审核其是否符合财务制度规定的现金支用范围，审核无误后，根据付款凭证的金额拨付现金，以补足其备用金定额。

如果企业备用金业务很少，也可不单独设置“备用金”科目，而通过“其他应收款——备用金”科目核算。

二、备用金的核算

“备用金”是资产类账户，用以核算企业内部周转使用的备用金。企业拨付内部职能部门或个人备用金时，记入借方；企业收回备用金时，记入贷方；期末余额在借方，表示企业备用金的结存额。

商品流通企业单独设置“备用金”科目的财务部门根据核定的定额拨付有关部门备用金,除了增加或减少拨入的备用金数额外,使用或报销有关备用金支出时不再通过“备用金”科目核算。有关部门发生备用金支出后，凭付出现金取得的原始凭证或原始凭证汇总表向财务部门报账，经财务部门审核无误后，补足其原有备用金的数额。

【例 2-6】 东华公司经银行核准，拨付总务部门备用金定额 1 000 元。

(1)8 月 1 日，签发现金支票 1 000 元，拨付总务部门备用金定额。

借：备用金——总务部门	1 000	
贷：银行存款		1 000

(2)8 月 6 日，总务部门送来报账发票，其中：招待客户费用 480 元、快递费 135 元、账页 85 元，市内交通费 168 元，财务部门审核无误，当即以现金补足其备用金定额。

借：管理费用——业务招待费	480	
——其他费用	388	
贷：库存现金		868

第五节　国 内 结 算

一、国内结算概述

商品流通企业开展经济活动，必然与国内企业发生经济往来，因此需要通过结算来拨付清偿款项。国内结算的方式有现金结算和转账结算两种。

现金结算是指企业在社会经济活动中使用现金进行货币给付的行为。转账结算又称非现金结算，是指在社会经济活动中，企业通过银行使用票据、信用卡和汇兑、托收承付、委托收款等结算方式进行货币给付及其资金清算的行为。票据和结算凭证是办理转账结算的工具。

由于转账结算具有方便、通用、迅速和安全的特点，因此，企业的各项结算业务，除按照国家现金管理的规定可以采用现金结算外，都必须采用转账结算。

转账结算的基本原则：银行和企业办理转账结算，都必须遵守“恪守信用，履约付款；谁的钱进谁的账，由谁支配；银行不予垫款”的原则。

企业使用票据和结算凭证，必须符合下列规定：

(1)必须使用按中国人民银行统一规定印制的票据凭证和结算凭证。

(2)签发票据、填写结算凭证要标准化、规范化，要素要齐全、数字要正确、字迹要清晰、不错漏、不潦草、防止涂改，票据的出票日期要使用中文大写，单位和银行的名称要记全称或规范化简称。

(3)票据和结算凭证的金额、出票或签发日期、收款人名称不得更改。而票据和结算凭证上的其他记载事项，原记载人可以更改，但应由原记载人在更改处签章证明。

(4)票据和结算凭证金额以中文大写和阿拉伯数字同时记载，二者必须一致。

(5)票据和结算凭证上的签章和其他记载事项要真实准确，不得伪造、变造。

二、国内转账结算

国内转账结算的方式有支票、银行本票、银行汇票、商业汇票、信用卡、汇兑、托收承付和委托收款八种。国内转账结算方式如图 2-1 所示。

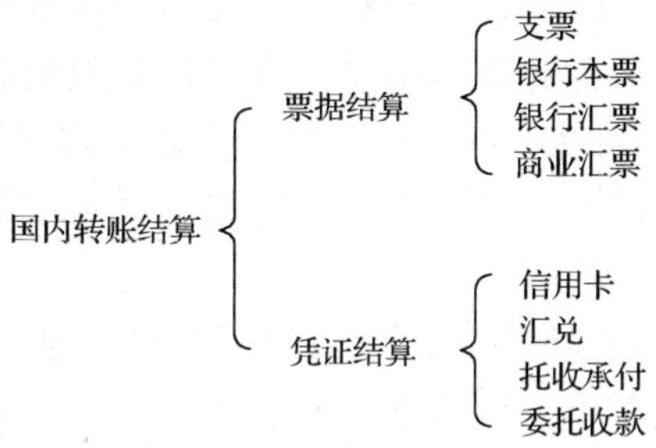

图 2-1　国内转账结算方式分类

(一)支票结算

1. 支票结算概述

支票是指出票人签发的、委托办理支票存款业务的银行在见票时无条件支付确定的金额给收款人或者持票人的票据。

支票的种类：支票根据支付票款的方式不同，可分为普通支票、现金支票和转账支票三种。现金支票是指专门用于支取现金的支票。转账支票是指专门用于转账的支票。这两种支票在票面上端分别印明“现金”“转账”字样。普通支票是指既可以转账也可以支取现金的支票。由于普通支票未限定支付方式，所以采用画线来区分用于转账或用于支取现金。如用于转账，应在支票左上角画两条平行线，未画线的则可用于支取现金。

支票的开户：开立支票存款账户，申请人必须使用其本名，提交证明其身份的合法证件，并应当预留其本名的签名式样或印鉴，以便付款银行在支付票款时进行核查。开立支票存款账户和领用支票，应当有可靠的资信，并存入一定的资金。

支票的特点：支票结算作为流通手段和支付手段，具有清算及时、使用方便、收付双方都有法律保障和结算灵活的特点。它适用于单位和个人在同一票据交换区域(同城)的商品交易、劳务供应、资金调拨和其他款项的结算等。

2. 支票结算的主要规定

(1)支票应由财务部门统一管理，并指定专人妥善保管。支票和印章要由不同人员分别保管。作废的支票也不得丢失，注销后应与存根一起保存。

(2)支票填写要规范，内容要完整。签发支票应使用蓝黑墨水、墨汁或碳素墨水填写；支票必须记载表明支票字样、无条件支付的委托、确定的金额、付款人名称、出票日期和出票人签章六项内容；支票的金额和收款人名称可以由出票人授权补记；支票上的大小写金额和收款人不得更改，其他项目需要更改时，必须加盖印鉴。

(3)支票的提示付款期限为10天，自出票日起算，如到期日遇有节假日则顺延。收款单位收到支票后，应由财务部门加盖企业预留银行的印鉴，并在有效期内将支票联同填制的“银行进账单”送存开户银行，过期支票，银行拒绝受理。

(4)禁止签发空头支票、远期支票和签章与预留银行签章不符的支票；银行对签发空头支票和签章与预留银行签章不符的支票，除予以退票外，并按票面金额处以5%但不低于1 000元的罚款，同时持票人有权要求出票人支付支票金额2%的赔偿金。

(5)禁止签发未填写内容和金额的空白支票。商品流通企业如事先不能确定采购商品的数量和金额而需签发转账支票时，经单位领导和财务部门主管批注签字后，可以不填金额，但必须填明开票日期、收款单位名称和款项用途，规定付款限额和报销期限。

(6)现金支票可向银行申请挂失。在银行受理挂失前的经济损失，由挂失单位负责。如果空白支票或已签发的转账支票遗失，可向开户银行和收款单位提出协助防范的申请，但不能向银行申请挂失。

(7)转账支票的持票人可以在中国人民银行总行批准的地区通过背书将支票权利转让给他人。背书是指在票据背面或者单上记载有关事项并签章的票据行为。接收背书支票的收款人为被背书人。已背书转让的支票，背书应当连续。但出票人在支票上记载“不得转让”字样的支票和用于支取现金的支票不得转让。

(8)收款人、被背书人受理支票时应审查支票收款人是否确为本单位或本人；支票是否在提示付款期限内；支票上必须记载的事项是否齐全；出票人签章是否符合规定；大小写金额是否一致、出票日期是否使用中文大写；出票金额、出票日期、收款人名称是否更改；更改的其他记载事项是否由原记载人签章；支票正面是否记载“不得转让”的字样等。

3. 支票结算的核算

企业签发现金支票后，留下存根联作为取款或付款的入账依据，凭支票联向开户银行提取现金，或者通过银行支付款项。企业签发转账支票后，留下存根联作为付款的入账凭证，然后将支票联送交收款人，收款人据以填制“进账单”，一式两联，然后连同支票联一并送交其开户银行，取回银行加盖收款章的进账单收账通知联，作为收款的入账凭证。收款人开户银行留存另一联进账单，将支票联转交出票人开户银行划转款项。

商品流通企业签发现金支票提取现金时，根据支票存根联借记“库存现金”账户，贷记“银行存款”账户；购进商品以转账支票支付货款和增值税额时，根据进货凭证和支票存根联，借记“在途物资”和“应交税费”账户；贷记“银行存款”账户。根据商品验收入库凭证，借记“库存商品”账户；贷记“在途物资”账户。

商品流通企业销售商品收到客户支付货款和增值税额的转账支票并解存银行时，根据进账单收账通知联和销货凭证，借记“银行存款”账户，贷记“主营业务收入”和“应交税费”账户。

【例2-7】 东华公司8月16日发生以下经济业务：

(1)签发现金支票一张，提取现金5 000元。

借：库存现金	5 000	
贷：银行存款		5 000

(2)购进商品一批，价款10 000元，增值税额1 700元，商品已验收入库，开出转账支票付讫。

借：库存商品　　10 000
　　应交税费——应交增值税(进项税额)　　1 700
　　贷：银行存款　　11 700

(3)销售商品价款4 000元，税款680元，收到转账支票。

借：银行存款　　4 680
　　贷：主营业务收入　　4 000
　　　　应交税费——应交增值税(销项税额)　　680

(二)银行本票结算

1. 银行本票结算概述

银行本票是指由银行签发的，承诺自己在见票时无条件支付确定的金额给收款人或者持票人的票据。

银行本票分为不定额本票和定额本票两种。定额银行本票面额为1 000元、5 000元、10 000元和50 000元。银行本票可用转账，注明“现金”字样的银行本票可以向出票银行支取现金。

银行本票具有信誉高、支付能力强，并有代替现金使用功能的特点。它适用于企业在同一票据交换区域(同城)内的商品交易、劳务供应和其他款项的结算。

2. 银行本票结算的主要规定

(1)银行本票必须记载表明“银行本票”的字样、无条件支村的承诺、确定的金额、收款人名称、出票日期、出票人签章等事项。

(2)银行本票的出票人在持票人提示见票时，必须承担付款的责任。

(3)申请人应向出票银行填写“银行本票申请书”，填明收款人名称、申请人名称、支付金额、申请日期等项目并签章。

(4)银行本票自出票日起，提示付款期限为1个月，最长不得超过2个月。在付款期限内银行见票即付，不能挂失；超过付款期限的银行本票，不能再向银行转账或支取现金，但可以由申请单位到签发本票的银行办理退款手续。

(5)遗失的不定额银行本票，在付款期满后1个月，确认未被冒领后可以办理退款手续。

(6)银行本票持票人可以通过背书将银行本票权利转让给他人，具体转让办法与支票相同。

(7)收款人、被背书人受理银行本票时应审查银行本票的收款人是否确为本单位或本人；本票是否在提示付款期内；本票必须记载的事项是否齐全；出票人签章是否符合规定，不定额银行本票是否有压数机压印的出票金额，并与大写出票金额一致；出票金额、出票日期、收款人名称是否更改，更改的其他记载事项是否由原记载人签章证明；银行本票正面是否有“不得转让”的字样。

3. 银行本票结算的核算

商品流通企业需要使用银行本票时，应填制银行本票申请书，银行受理后，为企业签发银行本票。企业取得银行本票时，根据银行本票申请书存根联借记“其他货币资金——银行本票”账户；贷记“银行存款”账户。企业购进商品以银行本票支付货款和增值税额时，根据进货凭证，借记“在途物资”和“应交税费”账户，贷记“其他货币资金——银行本票”账户。

【例 2-8】 东华公司采购商品，发生下列经济业务：

(1) 8 月 20 日，填制银行本票申请书 23 400 元，银行受理后，收到同等数额的银行本票，财务部门根据银行本票申请书存根联，做分录如下：

借：其他货币资金——银行本票　　23 400

　贷：银行存款　　23 400

(2) 8 月 23 日，向华美公司购进商品一批，货款 20 000 元，增值税额 3 400 元，款项一并以面额 23 400 元的银行本票支付，做分录如下：

借：在途物资——华美公司　　20 000

　　应交税费——应交增值税(进项税额)　　3 400

　贷：其他货币资金——银行本票　　23 400

(3) 8 月 24 日，上项商品验收入库，做分录如下：

借：库存商品　　20 000

　贷：在途物资　　20 000

商品流通企业销售商品收到客户支付货款和增值税额的银行本票，经审查无误后，应在银行本票上加盖背书，并据以填制“进账单” 一式两联，然后一并送交开户银行。经银行审核无误后，在进账单上加盖收款章，取回收账单收账通知联，届时，根据销货凭证和进账单收账通知联，借记“银行存款”账户，贷记“主营业务收入”和“应交税费”账户。

【例 2-9】 东华公司向御龙商厦销售商品一批，货款 30 000 元，增值税额 5 100 元，收到面额 35 100 的银行本票，存入银行，做分录如下：

借：银行存款　　35 100

　贷：主营业务收入　　30 000

　　　应交税费——应交增值税(销项税额)　　5 100

(三) 银行汇票结算

1. 银行汇票结算概述

银行汇票是指出票银行签发的，由其在见票时按照实际结算金额无条件支付给收款人或者持票人的票据。

银行汇票的特点：银行汇票具有使用面广泛、通汇面广、使用方便、灵活安全、兑现性强的特点。它适用于同城或异地单位和个人之间的商品交易和劳务供应等。

2. 银行汇票结算的主要规定

(1) 银行汇票一律记名，必须记载表明“银行汇票”的字样、无条件支付的委托、确定的金额、付款人名称、收款人名称、出票日期、出票人签章等事项；申请人应向出票银行填写“银行汇票申请书”，填明收款人名称、汇票金额、申请人名称、申请日期等事项并签章。

(2) 银行汇票的提示付款期限为出票日起 1 个月(不分大月、小月，统一按付款期限的对应日计算，到期日遇到节假日则顺延)。

(3) 汇款人申请办理银行汇票，应向签发银行填写“银行汇票申请书”，详细填明兑付地点、收款单位名称、用途和金额等项内容。汇款人异地办理转账结算或支取现金均可采用银行汇票。

(4) 签发票据的银行受理“银行汇票申请书”时，收妥款项后再据以签发银行汇票。对需要支取现金的，在汇票“汇票金额”栏先填写“现金”字样，再填写汇款金额，加盖所规定的印章，并用压数机压印汇款金额，将汇票和解讫通知交给汇款人。

(5)收款人收到银行汇票向银行送存时，必须同时提交银行汇票和解讫通知，并填写进账单。其开户银行留下其中一联进账单和银行汇票，将解讫通知和多余款收账通知寄往签发银行，签发银行凭解讫通知入账。

(6)银行汇票兑付的金额应在出票金额以内，将实际结算金额和多余金额准确、清晰地填入银行汇票和解讫通知的有关栏内。未填明实际结算金额和多余金额或实际结算金额超过出票金额的，银行不予受理。更改实际结算金额的银行汇票无效。如果汇票上有多余金额，则由签发银行退回汇款企业。

(7)持票人可以通过背书将银行汇票权利转让给他人，银行汇票具体转让办法与支票不再重述。

(8)收款人受理银行汇票时除了要审查与受理银行本票相关内容外，还要审查银行汇票和解讫通知是否齐全、汇票号码和记载的内容是否一致。

3. 银行汇票结算的核算

商品流通企业需要使用银行汇票时，应填制一式数联的“银行汇票申请书”，并在支款凭证联上加盖预留印鉴，留下存根联作为入账依据，并将其余各联送交签发银行。银行凭支款凭证收取款项，然后据以签发银行汇票，将银行汇票和解讫通知两联凭证交给企业。企业取得这两联凭证后，根据银行汇票委托书存根联，借记“其他货币资金——银行汇票”账户，贷记“银行存款”账户。

当企业持银行汇票和解讫通知采购商品，支付商品货款、增值税额及运杂费时，借记“在途物资”和“应交税费”账户，贷记“其他货币资金——银行汇票”账户；若采购商品有余款退回，则借记“银行存款”账户。

【例 2-10】 东华公司去山东采购商品，发生下列经济业务:

(1)9 月 1 日，填制银行汇票申请书 50 000 元，银行受理后，收到同等数额的银行汇票及解讫通知。根据银行汇票申请书存根联，做分录如下:

借：其他货币资金——银行汇票	50 000	
贷：银行存款		50 000

(2)9 月 6 日，向山东电器公司购进商品一批，共计货款 40 000 元，增值税额 6 800 元，运杂费 1 200 元，一并以面额 50 000 元的银行汇票付讫，余额返回，做分录如下:

借：在途物资	41 200	
应交税费——应交增值税(进项税额)	6 800	
银行存款	2 000	
贷：其他货币资金——银行汇票		50 000

商品流通企业在销售商品或提供劳务后，收到对方的银行汇票时，对银行汇票审查无误后，应在汇票金额栏内填写实际结算金额，多余的金额应填入“多余金额”栏内。如是全额解付的，应在“多余金额”栏内写上零，然后在汇票上加盖在银行的预留印鉴，填写进账单解入银行。经银行审核无误后，在进账单上加盖收款章，企业取回进账单收账通知联，据以借记“银行存款”账户，贷记“主营业务收入”和“应交税费”账户。

收款方开户银行留下另一联进账单和银行汇票，将解讫通知和多余款收账通知寄往签发银行，签发银行凭解讫通知入账；将多余款收账通知联送交付款方，付款方将其作为退回余额的入账凭证。

【例 2-11】东华公司向御龙商厦销售商品一批，货款 20 000 元，增值税额 3 400 元，收到面额 23 400 元的银行汇票，款项存入银行。

借：银行存款	23 400	
贷：主营业务收入		20 000
应交税费——应交增值税(销项税额)		3 400

(四) 商业汇票

1. 商业汇票结算概述

商业汇票是指出票人签发的、委托付款人在指定日期无条件支付确定的金额给收款人或者持票人的票据。

商业汇票根据承兑人的不同，可分为商业承兑汇票和银行承兑汇票两种。商业承兑汇票是指由出票人(收款人或付款人)签发、经付款人承兑的票据；银行承兑汇票是指由出票人(付款人)签发并经其开户银行承兑的票据。承兑是指汇票付款人承诺在汇票到期日支付汇票金额的票据行为。

商业汇票作为一种商业信用，具有信用性强和结算灵活的特点。它在同城、异地均能使用。在银行开立账户的法人以及其他组织之间必须具有真实的交易关系或债权债务关系，才能使用商业汇票。出票人不得签发无对价的商业汇票，用以骗取银行或者其他票据当事人的资金。

2. 商业汇票结算的主要规定

(1) 商业汇票必须记载表明“商业承兑汇票”或“银行承兑汇票”字样、无条件支付的委托、确定的金额、付款人名称、收款人名称、出票日期、出票人签章等事项。

(2) 商业汇票的付款期限最长不超过 6 个月，付款期限应当清楚、明确；商业汇票应按照规定提示承兑，其提示付款期限为自汇票到期日起 10 日。

(3) 商业承兑汇票的付款人或银行承兑汇票的出票人应于汇票到期日前，将票款足额交存其开户银行。商业承兑汇票到期日，付款人存款账户不足支付或汇票上签章与预留银行签章不符时，其开户银行应填制付款人未付款通知书，连同商业承兑汇票提交持票人开户银行转交持票人。银行承兑汇票的出票人到期日未能足额交存票款时，承兑银行除凭票向持票人无条件付款外，并对出票人尚未支付的汇票金额按每天 0.5%计收利息。

(4) 持票人可以通过背书将商业汇票权利转让给他人。

(5) 收款人、被背书人受理商业汇票时应审查商业汇票的收款人是否确为本单位或本人；必须记载的事项是否齐全；出票人、承兑人签章是否符合规定；大小写金额是否一致；出票日期是否使用中文大写；出票金额、出票日期、收款人名称是否更改，更改的其他事项是否由原记载人签章；汇票正面是否记载“不得转让”字样。

3. 商业汇票结算的核算

商业汇票分为不带息商业汇票的核算和带息商业汇票的核算两种。

(1) 不带息商业汇票的核算。当商品流通企业采购商品，以不带息商业汇票抵付采购商品货款和增值税额时，借记“在途物资”和“应交税费”账户，贷记“应付票据”账户。

【例 2-12】东华公司向华美公司购进商品一批，共计货款 30 000 元，增值税额 5 100 元，当即签发 2 个月期限的不带息商业承兑汇票抵付账款。

借：在途物资　　30 000

　　应交税费——应交增值税(进项税额)　　5 100

　　贷：应付票据——面值(华美公司)　　35 100

商品流通企业签发的不带息商业汇票到期兑付票款时，则借记“应付票据”账户，贷记“银行存款”账户。

当商品流通企业销售商品，在收到对方抵付货款和增值税额的不带息商业汇票时，借记“应收票据”账户，贷记“主营业务收入”和“应交税费”账户。

【例 2-13】东华公司销售给御龙商厦商品一批，共计货款 40 000 元，增值税额 6 800 元，当即收到对方抵付款项的不带息商业汇票，期限为 2 个月。

借：应收票据——面值(御龙商厦)　　46 800

　　贷：主营业务收入　　40 000

　　　　应交税费——应交增值税(销项税额)　　6 800

商业汇票的持票人包括收款人或被背书人，俟汇票到期日，填制委托收款结算凭证连同商业承兑汇票或银行承兑汇票及解讫通知一并送交开户银行办理收款。执票人凭取回的委托收款收账通知联，借记“银行存款”账户，贷记“应收票据”账户。

(2) 带息商业汇票的核算。商品流通企业签发的带息商业汇票，应于期末按照事先确定的利率计提利息，并将其列入“财务费用”账户。

【例 2-14】9 月 20 日，东华公司将 1 个月前签发并承兑给华美公司的 3 个月期限的带息商业汇票 50 000 元，按 6‰的月利率计提本月应负担的利息。

借：财务费用——利息支出　　300

　　贷：应付票据——利息(华美公司)　　300

带息商业汇票到期汇兑本息时，根据票据面值和计提的利息，借记“应付票据”账户；根据本期应负担的利息，借记“财务费用”账户；根据支付的本息，贷记“银行存款”账户。

【例 2-15】11 月 20 日，东华公司 3 个月前签发给华美公司带息商业汇票已到期，金额为 50 000 元，月利率 6‰，当即从存款户中兑付本息。

借：应付票据——面值(华美公司)　　50 000

　　　　　　——利息(华美公司)　　600

　　财务费用——利息支出　　300

　　贷：银行存款　　50 900

应付票据到期，如企业无力支付票据，应按应付票据的账面价值，借记“应付票据”账户，贷记“应付账款”账户。倘若是带息的应付票据，转入“应付账款”账户以后，期末不再计提应付利息。

为了加强对应付票据的管理，企业除了按收款人设置明细分类账户进行核算外，还应设置“应付票据备查簿”，详细记载每一应付票据的种类、号数、签发日期、到期日、票面金额、票面利率、合同交易号、收款单位名称以及付款日期和金额等详细资料。应付票据到期结清时，应在备查簿内逐笔注销。

商品流通企业收到的带息商业汇票，期末应按商业汇票的面值和票面月利率计提利息，届时借记“应收票据”账户，贷记“财务费用”账户。

【例 2-16】 7月20日，东华公司将1个月前收到的御龙商厦签发并承兑的带息商业汇票（期限为3个月，面值为50 000元）按6‰的月利率计提利息。

借：应收票据——利息（御龙商厦） 300

贷：财务费用——利息支出 300

带息商业汇票到期收到本息时，根据收到的本息借记“银行存款”账户，根据票据面值和计提的利息贷记“应收票据”账户，将本期应收的利息冲减“财务费用”账户。

【例 2-17】 东华公司3个月前收到御龙商厦的带息商业汇票一张，面值50 000元，月利率6‰，已经到期，收到本息，存入银行。

借：银行存款 50 900

贷：应收票据——面值（御龙商厦） 50 000

——利息（御龙商厦） 600

财务费用——利息支出 300

为了加强对应收票据的管理，以有利于及时向承兑人兑现，以及当汇票遭到拒绝承兑时及时行使追索权，企业除了按付款人设置明细分类账进行核算外，还应设置“应收票据备查簿”，逐笔登记每一应收票据的种类、号数和出票日期、票面金额、票面利率、交易合同号和付款人、承兑人、背书人的单位名称、到期日期、收回日期和金额，如贴现的应注明贴现日期、贴现率和贴现净额，并将结清的应收票据在备查簿内逐笔注销。

(3) 商业汇票的贴现及核算。贴现是指票据持票人在票据到期前为获得票款，向银行贴付一定的利息，而将商业汇票的债权转让给银行的一种票据转让行为。

商业汇票的收款人在需要资金时，可持未到期的商业汇票向其开户银行申请贴现。

当商业汇票的收款人持未到期的商业汇票向其开户银行申请贴现时，银行审查同意后，将按票面金额扣除从贴现日至汇票到期日的利息后，予以贴现。企业将商业汇票向银行贴现的贴息及贴现所得的计算公式为：

$$贴息=票据到期值\times月贴现率\times\frac{实际贴现天数}{30天}$$

$$贴现所得=票据到期值-贴息$$

实际贴现天数是按贴现银行向申请贴现人支付贴现所得之日起至汇票到期前一日止。

无息商业汇票到期值即票面值，而带息商业汇票到期值是票面值加上到期的利息，利息的计算公式为：

$$带息商业汇票到期利息=票面值\times月利率\times\frac{汇票期限}{30天}$$

$$票面到期值=票面值+到期利息$$

【例 2-18】 9月30日东华公司将9月10日收到的御龙商厦的带息商业汇票一张，金额为50 000元，月利率为6‰，到期日为10月30日，向银行申请贴现，月贴现率为6.3‰。

$$票据到期值=50\ 000+50\ 000\times6‰\times\frac{50}{30}=50\ 500（元）$$

$$票据贴息=50\ 500×6.3‰×\frac{30}{30}=318.15（元）$$

$$贴现所得=50\ 500-318.15=50\ 181.85（元）$$

根据计算的结果，做分录如下：

借：银行存款	50 181.85	
贷：应收票据——面值(御龙商厦)		50 000
财务费用——利息支出		181.85

若计算的结果到期利息小于贴现利息，其差额则应列入“财务费用”账户的借方。

商品流通企业已贴现的商业承兑汇票，在到期日承兑人的银行存款账户不足支付时，其开户银行应立即将汇票退给贴现银行。贴现银行则将从贴现申请人账户内收取汇票到期值，届时借记“应收账款”账户，贷记“银行存款”账户。

(五)信用卡结算

1. 信用卡结算概述

信用卡是指商业银行向个人和单位发行的，凭以向特约单位购物、消费和向银行存取现金，且具有消费信用的特制载体卡片。

信用卡的种类如下：

(1)信用卡按是否需要交存备用金，可分为贷记卡和准贷记卡。贷记卡是指发卡银行给予持卡人一定的信用额度，持卡人可在信用额度内先消费、后还款的信用卡。准贷记卡是指持卡人须先按发卡银行要求，交存一定金额的备用金，当备用金额不足以支付时，可以在发卡银行规定的信用额度内透支的信用卡。

(2)信用卡按使用的对象不同，可分为单位卡和个人卡。单位卡又称商务卡，是指发卡银行向单位发行的以商务为核心的信用卡。个人卡是指发卡银行向自然人发行的信用卡。

(3)信用卡按信誉等级分为金卡和普通卡。

单位或个人申领信用卡应按规定填制申请表，连同有关资料一并送交发卡银行。符合条件并按银行要求交存一定金额的备用金(贷记信用卡不需要交存备用金)后，银行为申领人开立信用卡存款账户，并发给信用卡。发卡银行可根据申请人的资信程度，要求其提供担保。担保方式可采用保证、抵押或质押。

信用卡的特点：信用卡具有安全方便、可以先消费后付款的特点。它适用于单位和个人的商品交易和劳务供应的结算，同城、异地均能使用。

2. 信用卡结算的主要规定

(1)单位卡账户的资金一律从其基本存款账户转账存入，不得交存现金，也不得支取现金；单位卡不得用于100 000元以上的商品交易和劳务供应款项的结算。

(2)信用卡仅限于合法持卡人本人使用，持卡人不得出租或转借信用卡。

(3)特约单位受理信用卡，审查无误后，在签购单上压卡，填写实际结算金额、用途、特约单位名称和编号，然后交持卡人在签购单上签名确认，并将信用卡和签购单回单交还给持卡人。

(4)信用卡的透支额度由商业银行自行确定。金卡最高不得超过10 000元，普通卡最高不得超过5 000元，透支期限最长为60天。

(5)特约单位受理信用卡应审查的事项包括:受理的信用卡是否确为本单位可受理的信用卡;信用卡是否在有效期内,是否列入“止付名单”;签名条上是否有“样卡”或“专用卡”等非正常签名的字样;信用卡是否有打孔、剪角、毁坏或涂改的痕迹等。

3. 信用卡的结算程序

特约单位在信用卡审查无误后,在签购单上压卡,填写实际结算金额、用途、特约单位名称和编号,然后交持卡人在签购单上签名确认,并将信用卡和签购单回单交还给持卡人。在每日营业终了,将当日受理的信用卡签购单汇总,计算手续费和净计金额,并填写计汇单和进账单,连同签购单一并送交收单银行办理进账。

4. 信用卡结算的核算

商品流通企业在银行开户存入信用卡备用金时,借记“其他货币资金——信用卡存款”账户,贷记“银行存款”账户。在开户时支付的手续费,应列入“财务费用”账户。企业持信用卡支付商品货款、增值税额或费用时,根据购进商品或支付费用的凭证和签购单回单,借记“在途物资”“应交税费”或“管理费用”等账户,贷记“其他货币资金——信用卡存款”账户。

【例 2-19】 东华公司在建设银行开立信用卡存款账户。

(1)3 月 1 日,存入信用卡备用金 10 000 元,发生开户手续费 40 元,一并签发转账支票付讫。

借:其他货币资金——信用卡存款	10 000	
财务费用	40	
贷:银行存款		10 040

(2)3 月 5 日,购进商品一批,货款 8 000 元,增值税额 1 360 元,以信用卡存款付讫。

借:在途物资	8 000	
应交税费——应交增值税(进项税额)	1 360	
贷:其他货币资金——信用卡存款		9 360

特约商品流通企业销售商品,受理客户用信用卡结算时,应取得客户签字的签购单,当日营业终了,根据签购单存根联汇总后,编制计汇单,计算总计金额,根据发卡银行规定的手续费率,计算手续费,总计金额扣除手续费后为净计金额,并按净计金额填制进账单,然后一并送交开单银行办理进账,取回进账单回单入账。届时根据进账单金额借记“银行存款”账户,根据计汇单上列明的手续费借记“财务费用”账户;根据发票上列明的商品货款及增值税额与计汇单上的总计金额,贷记“主营业务收入”和“应交税费”账户。

【例 2-20】 公司采用信用卡结算销售商品一批,货款 50 000 元,增值税额 8 500 元,信用卡结算手续费率为 5‰。根据销售发票、签购单存根联及计汇单回单和进账单回单,做分录如下:

借:银行存款	58 250	
财务费用——手续费	250	
贷:主营业务收入		50 000
应交税费——应交增值税(销项税额)		8 500

(六)汇兑结算

1. 汇兑结算概述

汇兑是指汇款人委托银行将其款项支付给收款人的结算方式。

汇兑按其凭证的传递方式不同，分为信汇和电汇两种，可由汇款人选用。信汇是银行将信汇凭证通过邮局寄给汇入银行。这种传递方式费用低，但收款较慢。电汇是银将电汇凭证通过电报或其他电信工具向汇入银行发出付款通知。这种传递方式收款快，但费用较高。

汇兑结算具有适用范围大，服务面广，手续简便，划款迅速和灵活易行的特点。它适用于异地各单位和个人之间的商品交易、劳务供应、资金调拨、清理旧欠等各种款项的结算。

2. 汇兑结算的主要规定

(1)采用汇兑结算方式，付款单位汇出款项时，应填写银行印制的汇款凭证，列明收款单位名称、汇款金额和汇款的用途等项目，送达开户银行。委托银行将款项汇往收款单位的开户银行。收款单位的开户银行将汇款汇入收款单位存款账户后，转送汇款凭证一联通知收款单位收款。

(2)汇款人签发汇兑凭证必须记载表明“信汇”或“电汇”的字样、无条件支付的委托、确定的金额、收款人名称、汇入地点、汇入银行名称、汇款人名称、汇出地点、汇出银行名称、委托日期和汇款人签章等事项。

(3)未在银行开立存款账户的收款人凭信、电汇取款通知向汇入银行支取款项时，必须交验本人的身份证件，在信、电汇凭证上注明证件名称、号码及发证机关，并在“收款人签章”处签章。银行审查无误后，以收款人的姓名开立临时存款账户，只付不收，付完清户，不计付利息。需要转汇的，应由原收款人向银行填制汇兑凭证，并由本人交验其身份证件。

3. 汇兑结算的核算

汇款人委托银行办理汇款，应填制一式数联的信汇、电汇结算凭证，送交开户银行。银行审查无误，同意汇款时，在回单联上加盖印章后退回汇款人，作为其汇款的入账依据。开户银行留下一联，其余各联传递到收款方开户银行。收款方开户银行留下一联，将收款通知联转交收款人，作为其收款的入账依据或取款的凭证。

企业汇出款项采购商品时，凭信汇、电汇凭证回单联，借记“应付账款”账户，贷记“银行存款”账户；收到采购商品的凭证时，根据凭证上列明的货款、增值税额及商品的运杂费，借记“在途物资”“应交税费”账户，贷记“应付账款”账户。

【例 2-21】 (1)5 月 1 日，东华公司向丽美公司函购商品一批。填制电汇结算凭证，汇出金额 26 000 元。

借：应付账款——丽美公司	26 000	
贷：银行存款		26 000

(2)5 月 10 日，丽美公司发来函购商品，并收到其附来的发票和运杂费凭证，开列货款 20 000 元，增值税额 3 400 元，运杂费 800 元，并收到退回余款 1 800 元，存入银行。

借：在途物资	20 800	
应交税费——应交增值税(进项税额)	3 400	
银行存款	1 800	
贷：应付账款——丽美公司		26 000

商品流通企业收到购货方汇入购买商品的信汇、电汇收款通知联时，据以借记“银行存

款”账户，贷记“应收账款”账户；当企业将商品发给购货方时，借记“应收账款”账户，并根据商品的货款、增值税额和为其支付的商品运杂费分别贷记“主营业务收入”“应交税费”和“银行存款”账户。

【例 2-22】 东华公司承接御龙商厦函购商品业务。

(1)8 月 5 日，收到银行转来电汇收账通知一张，金额 50 000 元，系御龙商厦汇来函购商品的款项。

借：银行存款　　50 000

　　贷：应收账款——御龙商厦　　50 000

(2)8 月 15 日，御龙商厦函购的商品，货款 40 000 元，增值税额 6 800 元，委托运输公司代运，当即签发转账支票支付时装运杂费 1 200 元，并返回多余现金 2 000 元，商品已运出，做销售入账。

借：应收账款——御龙商厦　　50 000

　　贷：主营业务收入　　40 000

　　　　应交税费——应交增值税(销项税额)　　6 800

　　　　银行存款　　3 200

(七)托收承付结算

1．托收承付结算概述

托收承付是指根据购销合同由收款人发货后，委托银行向异地付款人收取款项，由付款人向银行承认付款的结算方式。

托收承付结算具有物资运动与资金运动紧密结合,由银行维护收付双方正当权益的特点。它适用于商品交易，以及因商品交易而产生的劳务供应。代销、寄销、赊销商品的款项，不得办理托收承付结算。

托收承付的结算包括托收和承付两个阶段。其中，托收是指销货单位(收款人)委托开户银行收取结算款项的行为。在托收阶段，销货单位根据合同发货，取得发运证件后，填制托收承付结算凭证。托收承付结算凭证一式数联，连同发票、托运单和代垫运费等单据，一并送交开户银行办理托收手续。承付是指购货单位(付款人)在承付期内，向银行承认付款的行为。在承付阶段，购货单位开户银行将托收承付结算凭证及所附单证，送交购货单位通知承付货款。购货单位根据合同核对单证或验货后，在规定的承付期内，向银行承认付款，银行则据以划转款项。

2．托收承付结算的主要规定

(1)办理托收承付结算的收付双方必须签有符合《中华人民共和国合同法》的购销合同，并在合同上订明使用托收承付结算方式；收款人办理托收，必须具有商品确已发运的证件(包括铁路、航路、公路等运输部门签发的运单、运单副本和邮局包裹回执)。

(2)办理托收每笔金额的起点为 10 000 元，新华书店系统每笔金额的起点为 1 000 元。

(3)签发托收承付凭证必须记载表明“托收承付”的字样；确定的金额；付款人名称、账号及开户银行名称；收款人名称账号及开户银行名称；托收附寄单证张数或册数；合同名称、号码；委托日期和收款人签章等。收款人按照签订的购销合同发货后，应将托收凭证并附发运证件和交易单证送交银行，委托银行办理托收。

(4)付款人收到托收承付结算凭证后，应在承付期内审查核对，安排资金。承付货款的方式有验单承付和验货承付两种。

验单承付是指付款方接到开户银行转来的承付通知联及有关单证等，与合同核对相符后应承付货款，承付期为 3 天。从付款人开户银行发出承付通知的次日算起(承付期内遇法定节假日顺延)。在承付期内，如未向银行表示拒绝付款，银行即作为默认承付，于期满的次日由购货单位的账户将款项转出。

验货承付是指付款单位除了收到开户银行转来的承付通知联及有关单证外，还必须等商品全部运到并验收入库后才承付货款，承付期为 10 天，从运输单位发出提货通知的次日算起。

(5)付款人若发现收款人的托收款不符合托收承付结算的有关规定可以拒绝付款；拒付货款需要填写“拒付理由书”交银行办理，但拒付后的商品必须妥善代管，直至交付销货单位。

(6)付款人在承付期满日银行营业终了时，如无足够资金支付，其不足部分按逾期付款处理。付款人开户银行根据逾期付款金额和天数，按每天 0.5‰计算逾期付款赔偿金。

3. 托收承付结算的核算

销货方在发货后成为收款人，收款人应填制一式数联的托收承付结算凭证，连同销货凭证及运单等一并送交银行。有关单证经审核无误后，银行在回单联上加盖业务公章，退给收款人，表示同意托收。银行留下一联，其余三联连同有关单证一并寄交付款人开户银行，付款人开户银行留下两联，将付款通知联及有关单证送交付款人。付款人验单付款后，以付款通知联作为付款的入账凭证，付款人开户银行留下一联，将收账通知联通过收款人开户银行转交收款人，作为其收款的入账凭证。

商品流通企业异地销货采用托收承付结算方式，一般要委托运输单位运送货物，则要支付给运输单位运杂费，这笔运杂费一般是由购货方负担的。销货方在垫付时，应借记“应收账款”账户，贷记“银行存款”账户。

收款人在办理托收时，应将垫付的运杂费与销货款、增值税额一并向购货方托收，届时根据银行退回的托收承付结算凭证存根联借记“应收账款”账户；根据销货凭证和收回代垫运杂费凭证分别贷记“主营业务收入”“应交税费”和“应收账款”账户。当银行转来托收承付结算凭证收账通知联时，表示托收款已回笼。届时据以借记“银行存款”账户，贷记“应收账款”账户。

【例 2-23】 东华公司销售给长白山商厦商品一批。

(1)2 月 10 日，签发转账支票 1 500 元，为长白山商厦代垫商品的运杂费。

借：应收账款——代垫运杂费	1 500	
贷：银行存款		1 500

(2)2 月 12 日，将销售给长白山商厦的商品货款 30 000 元，增值税额 5 100 元，连同垫付的运杂费 1 500 元一并向银行办理托收手续，根据托收承付结算凭证回单联及有关单证，做如下分录。

借：应收账款——长白山商厦	36 600	
贷：主营业务收入		30 000
应交税费——应交增值税(销项税额)		5 100
应收账款——代垫运杂费		1 500

(3)2 月 15 日，收到银行转来长白山商厦承付款项及运杂费的收账通知，金额为 36 600 元。

借：银行存款　　　　　　　　　　　　　　　　　　36 600

　　贷：应收账款——长白山商厦　　　　　　　　　　　　36 600

付款人在购进商品支付款项时，根据购进商品凭证和商品运杂费凭证借记“在途物资”和“应交税费”账户，贷记“银行存款”账户。

(八)委托收款

1. 委托收款概述

委托收款是指收款人委托银行向付款人收取款项的结算方式。

委托收款结算具有恪守信用、履约付款、灵活性强和不受结算金额起点限制的特点。它适用于单位和个人凭已承兑的商业汇票、债券、存单等付款人债务证明办理款项的结算，同城、异地均可使用。

委托收款结算包括托收和付款两个阶段。在托收阶段，收款人委托开户银行收款时，应填制银行印制的“委托收款凭证”，提供必要的收款依据。收款人的开户银行受理委托收款以后，将委托收款凭证寄交付款人开户银行。由付款人开户银行审核，并通知付款人。在付款阶段，付款人在接到银行付款通知和相关附件后，应在规定的付款期内付款。如付款期内未向银行提出异议，银行视作同意付款，并在付款期满的次日将款项转账付给收款人。

2. 委托收款结算的主要规定

(1)收款人签发委托收款凭证必须记载表明“委托收款”的字样；确定的金额；付款人名称、账号及银行名称；收款人名称、账号及开户银行名称；委托收款凭据名称及附寄单据张数；委托日期和收款人签章等。收款人办理委托收款应向银行提交委托收款凭证和有关债务证明；付款人应在接到银行转来的委托收款凭证付款通知及债务证明后，通知银行付款。

(2)付款人在3天付款期内未向银行表示拒绝付款，银行则视作同意付款，在付款期满的次日上午银行开始营业时，将款项划给收款人；付款人审查有关债务证明后，对收款人委托收取的款项拒绝付款的，必须在3天付款期内填写“拒绝付款理由书”，并连同有关债务证明送交开户银行，由其寄给被委托银行转交收款人。银行不负责审查拒付理由书。

(3)委托收款收回的方式有邮划和电划两种，由托收方选用。

3. 委托收款的核算

收款人在收到托收款项时，借记“银行存款”账户，贷记“应收票据”等有关账户。付款人收到委托付款的付款通知支付款项时，借记“应付票据”等有关账户，贷记“银行存款”账户。

此外，在同城范围内，收款人收取公用事业费或根据国务院的规定，可以使用同城特约委托收款。收取公用事业费必须具有收付双方事先签订的经济合同，由付款人向开户银行授权，并经开户银行同意，报经中国人民银行当地分支行批准。

【例 2-24】 东华公司销售给云南丽江商厦商品一批。贷款 10 000 元，增值税 1 700 元。

(1)东华公司委托开户银行办理托收，托收款现已收到。

借：银行存款　　　　　　　　　　　　　　　　　　11 700

　　贷：应收票据——云南丽江商厦　　　　　　　　　　11 700

(2)云南丽江商厦收到付款凭证支付货款。

借：应付票款——东华公司　　　　　　　　　　　　11 700

　　贷：银行存款　　　　　　　　　　　　　　　　　　11 700

复习思考题

1. 简述库存现金的限额管理和内部控制制度。
2. 分述各种银行存款账户的用途。
3. 什么是转账结算？谈谈转账结算的原则和种类。
4. 企业使用票据和结算凭证必须符合哪些规定？
5. 支票有哪些种类？支票结算有哪些特点？
6. 分述银行本票和银行汇票结算的特点。
7. 什么是商业汇票？它有哪些种类？商业汇票结算有哪些特点？
8. 什么是信用卡？简述信用卡的分类及特点。
9. 分述汇兑、托收承付和委托收款等结算的特点。

第三章

商品批发与商品期货业务核算

【学习目标】

1. 掌握商品购进的会计处理。
2. 掌握采购费的会计处理。
3. 掌握商品销售的会计处理。
4. 掌握商品盘点的会计处理。
5. 掌握商品期货的会计处理。

2014年1月，包括批发零售业等在内的大中型企业开始执行《企业产品成本核算制度(试行)》(小企业参照执行)。商品流通企业应当充分利用现代信息技术，编制、执行企业产品成本预算，对执行情况进行分析、考核，落实成本管理责任制，加强对产品生产事前、事中、事后的全过程控制，加强产品成本核算与管理各项基础工作。

批发零售企业一般按照商品的品种、批次、订单、类别等确定成本核算对象。批发零售企业一般设置进货成本、相关税费、采购费等成本项目。进货成本，是指商品的采购价款。相关税费，是指购买商品发生的进口关税、资源税和不能抵扣的增值税等。采购费，是指运杂费、装卸费、保险费、仓储费、整理费、合理损耗以及其他可归属于商品采购成本的费用。采购费金额较小的，可以在发生时直接计入当期销售费用。

商品流通企业应当按照权责发生制的原则，根据管理要求结转成本。批发零售企业发生的进货成本、相关税金直接计入成本核算对象成本；发生的采购费，可以结合经营管理特点，按照合理的方法分配计入成本核算对象成本。采购费金额较小的，可以在发生时直接计入当期销售费用。批发零售企业可以根据实物流转方式、管理要求、实物性质等实际情况，采用先进先出法、加权平均法、个别计价法、毛利率法等方法结转产品成本。

批发行业是流通网络的节点和枢纽，连接生产和消费，广泛渗透于生产资料和生活资料等各个领域。它将交易次数集约化，降低交易成本，提高交易效率，消除生产与消费在时间和空间上的分离，实现了商品的最终消费。可以说，批发行业的快速发展是一个地区商品流通水平提高的重要标志，对联系产销、协调供需、平抑物价、引导生产均有重要的作用。

批发企业的特点是经营的品种不是很多，交易次数不甚频繁，但是每次交易量比较大，常常跨区经营。一般地，批发企业通常采用数量进价金额核算法。

第一节　购进商品的核算

一、商品购进的内容

1. 本地商品购进

本地商品购进，是指商品流通企业向当地的生产企业或批发企业进货。本地购进，在支付货款和运输方面都比较简单，一般不需要复杂的结算方式。在交货方面，一般采用“送货制”或“提货制”交接货方式接收商品。货款大多采用支票结算和委托收款结算方式。进货时，由业务部门根据供货单位的专用发票核对所列商品的品名、规格、数量、单价、金额是否与合同规定相符。如由于专用发票联次不足，可填制一式多联“收货单”。经核对无误后，存根联由业务部门留存；收货联由仓库凭以验收商品和登记商品保管账；结算联由财会部门凭以结算货款；记账联经仓库收货加盖“收货”章后转财会部门凭以记账。

2. 异地商品购进

异地商品购进，是指商品流通企业向外地的生产企业或批发企业进货，异地购进，在支付货款和运输方面都比较复杂。在交货方面，一般采用“发货制”交接货方式接收商品。在货款结算方面，大多采用托收承付、委托收款、商业汇票、银行汇票、汇兑等结算方式。

二、商品购进的账户设置

商品购进时，如果付款与验收商品入库同日完成，则直接记入“库存商品”账户；如果先付款、后验收商品入库，则付款时先记入“在途物资”账户，验收入库时再转入“库存商品”账户。

“在途物资”账户属于资产类账户，用来进行以下业务的会计处理：商品购入、在途、验收入库和货款结算以及计算商品采购成本。商品流通企业从国内采购或国外进口的各种商品，不论是否进入本企业仓库，凡是通过本企业结算货款的，都在该账户进行会计处理。其借方登记购入商品付款数；贷方登记转入“库存商品”账户的商品采购成本，期末借方余额表示企业在途商品的实际采购成本。

“库存商品”账户属于资产类账户，用来进行以下业务的会计处理：全部自有的库存商品，包括存放在仓库、门市部和寄存在外库的商品，委托其他单位代管、代销的商品，陈列展览的商品等。借方登记由“在途物资”账户转来购入商品的采购成本及盘盈的金额；贷方登记商品销售及盘亏的金额，期末借方余额表示库存商品的实存数额。该账户可按商品类别、品名、规格等设置明细账。

【例 3-1】 北京朝批公司是一家批发企业，为增值税一般纳税人，增值税税率为 17%。公司 2015 年 7 月 1 日购入甲商品 50 000 个，进货单价为 40 元，当日根据增值税专用发票、账单通过银行转账支付了价税款，同时商品验收入库。

北京朝批公司的会计处理如下：

借：库存商品　　2 000 000

　　应交税费——应交增值税(进项税额)　　340 000

　　贷：银行存款　　2 340 000

如果公司 7 月 8 日收到商品验收入库，假设该公司采用实际成本法，则会计处理如下：

7 月 1 日付款时：

借：在途物资　　2 000 000

　　应交税费——应交增值税(进项税额)　　340 000

　　贷：银行存款　　2 340 000

7 月 8 日入库时：

借：库存商品　　2 000 000

　　贷：在途物资　　2 000 000

三、采购费的会计处理

采购费，是指商品流通企业在购进环节发生的各项费用，包括由企业负担的运输费、装卸费、修理费、包装费、保险费等。要准确地界定采购费，必须注意采购费、销售费用的区别，如差旅费、工资等费用发生在商品的购进环节上的，才能作为采购费，否则计入管理费用、销售费用。小型批发企业在购买商品过程中发生的费用(包括运输费、装卸费、包装费、保险费、运输途中的合理损耗和入库前的挑选整理费等)，记入“销售费用”账户。在实际工作中，大中型批发企业对采购商品过程中的采购费具体如何处理，需要会计人员的职业判断。

商品流通费按其经济性质可以分为生产性商品流通费用和纯粹商品流通费用两类。生产性流通费用是生产过程在流通领域的继续而产生的费用，这种费用创造商品价值，计入商品的成本。商品流通企业的采购费就是生产过程在流通领域的继续而发生的费用，属于生产性流通费用，计入商品的成本。但是，长期以来在我国商品流通企业会计处理中，通常不把采购费记入商品存货的成本，而是将本期发生的采购费全部计入当期损溢，由当期负担。采用这种处理方法时，如果某些商品的采购费数额较大，就会影响本期财务状况和经营成果的真实性，此时需要分摊商品流通费用。

大中型商品批发企业购进商品时，可选择一定标准(如存销比例、营业收入比例)将每批商品的采购费分配计入每种商品的采购成本。大中型商品批发企业虽然购进次数较频繁，每次购进的商品种类较多，但每种商品的数量较大，采购费容易分清归属。

一些商品批发小企业购进商品时，由于采购的商品种类较多而每种商品的数量较少，每批采购费分配的工作量较大，每月实际发生的采购费总额也较大，如果直接计入当期损溢，会造成库存商品实际成本与账面价值偏差较大。因此，可在平时购进商品时，将采购费先通过“库存商品——采购费”账户进行归集，待月末时，根据本月商品销售额，采用一定方法计算出已销商品应分配的采购费，并将其转入“主营业务成本”账户。

平时购进时，会计处理如下：

借：库存商品——某商品
　　　　　　——采购费
　　应交税费——应交增值税(进项税额)
　　贷：银行存款等

到月末时，再将本月通过“库存商品——采购费”明细账归集起来的采购费在已销商品与期末结存商品之间分配。其分配方法是：

本月采购费分配率=(期初结存商品采购费+本期购进商品采购费)÷(期初结存商品总成本+本期购进商品总成本)×100%

本月已销商品应分配的采购费=本月商品销售额×本月采购费分配率

然后，将本月已销商品应分配的采购费转入“主营业务成本”账户，其会计处理如下：

借：主营业务成本
　　贷：库存商品——采购费

除了上述两种处理方法之外，还可以将采购费直接计入当期损溢，列入销售费用中。

【例 3-2】 北京朝批公司是一家批发企业，为增值税一般纳税人，增值税税率为 17%。

2015 年 9 月 10 日采购一批甲商品 20 000 千克，进货单价 10 元，发生运费 5 000 元(不考虑增值税)，款项均以银行存款支付，商品同时验收入库。9 月共出售该商品 16 000 千克，月末结存 4 000 千克。

(1)会计处理方法一。

商品购进时：

借：库存商品——甲商品　　200 000

　　　　　　——采购费　　5 000

　　应交税费——应交增值税(进项税额)　　34 000

　　贷：银行存款　　239 000

月末按存销比例分摊采购费时：

本月已销商品分摊的运杂费=5 000×16 000 ÷ 20 000=4 000(元)

月末结存商品分摊的运杂费=5 000×4 000 ÷ 20 000=1 000(元)

借：主营业务成本　　4 000

　　库存商品　　1 000

　　贷：库存商品——采购费　　5 000

这样处理后，月末库存商品的成本=4 000×10+1 000=41 000(元)

(2)会计处理方法二。

商品购进时：

借：库存商品——甲商品　　205 000

　　应交税费——应交增值税(进项税额)　　34 000

　　贷：银行存款　　239 000

单位商品成本=205 000 ÷ 20 000=10.25(元/千克)

月末库存商品的成本=4 000×10.25=41 000(元)

(3)会计处理方法三。

商品购进时：

借：库存商品——甲商品　　200 000

　　销售费用　　5 000

　　应交税费——应交增值税(进项税额)　　34 000

　　贷：银行存款　　239 000

月末库存商品的成本=4 000×10=40 000 (元)

这种会计处理方式便于操作，不必逐一计算采购成本，减少了会计人员会计处理的工作量，但存在以下几方面缺点。

① 商品流通企业无论采用数量进价金额法还是采用售价金额法，在编制资产负债表时，存货成本都是按买价列入存货项目内，存货账面价值不实。

② 当期购入商品当期没有销售完时，该批商品的采购费已经从其他商品的销售收入中得到补偿，已销商品的成本是按照原进价结转的，这会导致当期利润表不准确。

③ 采购费较高时，会引起年度利润大起大落，不能够如实反映各期的经营成果。

商品流通企业往往一次购进多种商品，需对不同存货根据特点和对企业的作用、所占地位，结合存货日常管理的要求选择不同的会计处理方法。

首先，结合存货日常管理进行采购费分配，根据存货特点和所占比重将商品进行分类。将金额大、品种少的存货设定为第一类；金额一般、品种数量相对较多的设定为第二类；存货品种繁多、价值金额较小的设定为第三类。

其次，针对每类存货选择不同的采购费会计处理方法。第一类存货对企业非常重要，采用个别计价法进行收发的会计处理，先按大类设置二级明细账，再按存货个别类设置三级明细账。同时直接将采购费在购进时分配记入个别存货采购成本。其他商品按产品的品种设置三级明细账，先将采购费归集，期末再按产品品种在已销和未销产品之间进行分摊。对第二类存货，企业可以在购货时先归集，期末再按品种进行分配。然后，再在已销和未销商品中进行分配。如果该类存货种类较多，按大类设置存货和采购费的二级明细账，对大类进行成本和采购费的归集和分配；如果该类存货的种类较少，按大类设置二级明细账，同时按品种设置三级明细账，采购费在期末按品种进行分配。第三类存货品种多、金额小，从总体上进行管理即可。根据该类存货特点，凡是划分为该类存货的采购费不再进行分配，按照大类设置明细账，对采购费进行归集，期末在已销售与未销售商品间进行分配。若该类存货归集的采购费较小，可直接记入当期损溢。

四、商品购进业务的会计处理

1. 本地购进商品的会计处理

本地商品购进，由于企业与供货单位在同一城市，商品验收与货款结算一般在同一天办理。

【例 3-3】 天汇公司是北京的一家商品流通企业，2015 年 8 月 4 日从本市新海内衣厂购进男棉毛衫 2 000 包(一包 10 件)，每包单价 86 元，共计 172 000 元；进项税税率为 17%，计 29 240 元。价税合计 201 240 元，商品全部到达，并验收入库。贷款以转账支票支付。

财会部门根据仓库交来的“收货单”和供货单位的“专用发票”以及转账支票存根，进行会计处理如下：

借：库存商品——男棉毛衫	172 000	
应交税费——应交增值税(进项税额)	29 240	
贷：银行存款		201 240

如果商品验收入库和支付货款不是同时进行的，有以下两种情况。

(1) 支付货款，商品未到，会计处理如下：

借：在途物资——男棉毛衫	172 000	
应交税费——应交增值税(进项税额)	29 240	
贷：银行存款		201 240

商品到达后，验收入库，会计处理如下：

借：库存商品——男棉毛衫	172 000	
贷：在途物资——男棉毛衫		172 000

(2) 商品验收入库，货款采用商业汇票结算方式，会计处理如下：

借：库存商品——男棉毛衫	172 000	
应交税费——应交增值税(进项税额)	29 240	
贷：应付票据		201 240

商业汇票到期付款，会计处理如下：

借：应付票据　　201 240

　　贷：银行存款　　201 240

2. 异地购进商品的会计处理

异地商品购进，由于商品流通企业与供货单位不在同一城市，商品由供货单位委托运输部门发运，而托收凭证由银行通过邮寄传递。因此，商品与托收结算凭证到达企业的时间可能会出现三种情况：一是托收凭证先到，商品后到；二是商品先到，托收凭证后到；三是托收凭证和商品同时到达。这三种情况的会计处理方法有所不同。同时，按“发货制”要求，购进商品的运费由供货单位垫付，并随同货款一并向企业托收。

(1)托收凭证先到，商品后到。即托收承付结算凭证已到而商品尚在运输途中。财会部门根据银行转来的托收凭证和专用发票，经业务部门核对合同无误后承付货款。

【例 3-4】 中新公司是一家商品批发公司，2015 年 7 月 28 日向上海百货批发公司购入洗衣粉 40 000 袋，单价 2.50 元，进项税税率为 17%，价税共计 117 000 元，供货单位代垫运费 1 000 元，货款结算采用托收承付结算方式。

① 接到银行转来上海百货批发公司的托收凭证、“发货单”结算联和代垫运费清单，经审核无误，中新公司的会计处理如下：

借：在途物资——洗衣粉　　100 930

　　应交税费——应交增值税(进项税额)　　17 070

　　贷：银行存款　　118 000

对商品流通企业外购商品等货物所支付的运输费用，以运费结算单据(普通发票)所列运费金额 7%的扣除率计算进项税额，准予扣除，但随同运费支付的装卸费、保险费等其他杂费不得计算扣除进项税额。

本例进货运费 1 000 元，应抵扣 7%的增值税款，计 70 元，因此列支进货成本 930 元，应交税费为 17 070 元(100 000×17%+1 000×7%)。

② 商品运到，经仓库点验入库，根据仓库送来的“收货单”和供货单位的专用发票，审核无误后，会计处理如下：

借：库存商品——洗衣粉　　100 930

　　贷：在途物资——洗衣粉　　100 930

(2)商品先到，托收凭证后到。即商品已到而托收凭证未到，尚不能承付货款。这种情况暂不进行会计处理，月末按暂估进价记账。

【例 3-5】 承【例 3-4】上海百货批发公司的货物于 7 月到达中新公司。

中新公司的会计处理如下：

借：库存商品——洗衣粉　　100 000

　　贷：应付账款——上海百货　　100 000

① 下月初对月末尚未付款的商品用红字冲回。

借：库存商品——洗衣粉　　100 000(红字)

　　贷：应付账款——上海百货　　100 000(红字)

② 接到银行转来托收凭证、专用发票和代垫运费清单，经审核无误，承付货款。

中新公司的会计处理如下：

借：在途物资——洗衣粉　　100 930

应交税费——应交增值税(进项税额)　　17 070

贷：银行存款　　118 000

同时，根据仓库“收货单”和供货单位的专用发票，审核无误后，中新公司的会计处理如下：

借：库存商品——洗衣粉　　100 930

贷：在途物资——洗衣粉　　100 930

(3)托收凭证与商品同日到达。即承付货款和商品点验入库手续可以在同一天内办完，不存在商品在途和不能承付货款，可以按本地商品购进处理。财会部门在接到银行转来的托收凭证、专用发票、代垫运费清单和仓库送来的“收货单”后，经审核无误承付货款。

【例 3-6】 承【例 3-5】上海百货批发公司的托收凭证与商品同日到达。

中新公司的会计处理如下：

借：库存商品——洗衣粉　　100 930

应交税费——应交增值税(进项税额)　　17 070

贷：银行存款　　118 000

3. 购进商品溢余和短缺的会计处理

商品购进后，商品流通企业应严格验收数量和质量。在验收时如发现实收数多于或少于应收数量，即为购进商品溢余和短缺。

商品流通企业购进商品发生溢余和短缺情况，由验收部门会同运输单位作出详细记录和鉴定证明，并填制“商品溢余(短缺)报告单”报有关部门作为清查和处理的依据。

商品流通企业购进商品发生溢余和短缺，在未查明原因以前，先按商品实收数入库，并根据“商品溢余(短缺)报告单”在“待处理财产损溢——待处理流动资产损溢”账户处理溢余或短缺商品。“待处理财产损溢——待处理流动资产损溢”账户的借方登记商品短缺发生数和商品溢余转销数；贷方登记商品溢余发生数和商品短缺转销数；借方余额表示尚未处理的商品短缺数额；贷方余额表示尚未处理的商品溢余数额。

用“待处理财产损溢”账户进行处理时，一般不考虑增加增值税进项税额，但若购进商品发生毁损与短缺，属于正常性的情况，可以减少增值税进项税额；属于非正常情况的，则不得抵扣。

(1)购进商品发生溢余的会计处理。

【例 3-7】 京糖有限公司是一家糖酒批发公司，2015 年 10 月 10 日从外地的津糖厂购进红糖 4 000 千克，每千克 10 元，计价款 40 000 元，增值税税率为 17%，另供货方垫付装卸费 900 元，采用托收承付结算方式结算货款。

① 收到银行转来托收凭证，经审核无误，承付货款及装卸费。

京糖有限公司的会计处理如下：

借：在途物资——红糖　　40 900

应交税费——应交增值税(进项税额)　　6 800

贷：银行存款　　47 700

② 商品运到，经点验实收数量为 4 100 千克，溢余 100 千克，计价 1 000 元，原因待查。

京糖有限公司的会计处理如下：

借：库存商品——红糖　　41 900

贷：在途物资——红糖　　40 900

待处理财产损溢——待处理流动资产损溢　　1000

③ 经查明原因，上述红糖溢余，其中 20 千克属自然升溢，80 千克属供货单位多发，经与对方联系，同意补作购进，货款已汇出。按规定，运输途中商品自然升溢，作为京糖公司收益处理。供货单位多发，根据供货方补来的专用发票补付货款及进项税额。如果不同意该公司购进，则转为代管商品。

对于多发的 80 千克红糖，京糖有限公司购进，会计处理如下：

借：待处理财产损溢——待处理流动资产损溢　　800

应交税费——应交增值税(进项税额)　　136

贷：银行存款　　936

(2)购进商品发生短缺的会计处理。

【例 3-8】 承【例 3-7】假设点验商品，实收数量为 3 900 千克，短缺 100 千克，原因待查。

① 收到银行转来托收凭证，经审核无误，承付货款及装卸费。

京糖有限公司的会计处理如下：

借：在途物资——红糖　　40 900

应交税费——应交增值税(进项税额)　　6 800

贷：银行存款　　47 700

② 商品运到，经点验实收数量为 3 900 千克，短缺 100 千克，计价 10 00 元，原因待查。京糖有限公司的会计处理如下：

借：库存商品——红糖　　39 900

待处理财产损溢——待处理流动资产损溢　　1 000

贷：在途物资——红糖　　40 900

③ 经查明原因，上述红糖短缺，其中 20 千克系运输途中自然损耗；40 千克为供货方少发。经与对方联系，同意补发商品(商品已运到)；另 40 千克属运输单位责任事故，经联系，同意赔偿损失。按规定，运输途中商品自然损耗，作经营费用处理；供货单位少发商品，经与对方联系，要求补发商品或退还货款；事故损失属于运输部门责任，由运输单位赔偿；如属责任人事故，由责任人负责赔偿，转入“其他应收款”账户；属于该公司责任，作“销售费用”处理。

按红糖短缺原因，京糖有限公司的会计处理如下：

借：销售费用　　200

库存商品——红糖　　400

其他应收款　　400

贷：待处理财产损溢——待处理流动资产损溢　　1 000

短缺商品属于本企业作为费用或损失处理的，其价值应包括增值税在内，同时要转出抵扣的进项税额。但收到的赔偿金不作进项税额转出处理。理由：《增值税暂行条例》第十条第二款规定：“非正常损失的购进货物及相关的应税劳务的进项税额不得从销项税额中抵扣。”而《增值税暂行条例实施细则》第二十四条规定：“非正常损失是指因管理不善造成被盗、丢失、霉烂变质的损失。”

第二节　销售商品的核算

批发商品销售业务主要包括发出商品和结算货款两个环节。批发商品销售业务涉及供货单位内部的业务、储运、物价、财会等部门，各部门之间相互配合，共同完成。

批发商品销售的业务程序与商品交接货和结算方式有着密切的联系。在进行销售收入的会计处理时，首先要确认和计量商品销售收入。

一、商品销售收入确认条件与计量

1．商品销售收入的确认条件

商品流通企业销售商品时确认收入包括以下五个条件。

(1)商品流通企业已将商品所有权上的主要风险和报酬转移给买方。如果一项商品发生的任何损失均不需要本企业承担，带来的经济利益也不归本企业所有，则意味着该商品所有权上的风险和报酬已经转移。

实际判断时有三种情况：一是通常情况下所有权上的风险和报酬的转移会伴随着所有权凭证的转移或实物的交付而转移；二是某些情况下所有权凭证或实物已交付给买方，但所有权上的风险和报酬并未发生转移，如有退货条款(或回购条款、安装条款)、委托代销（支付手续费)等；三是在特殊情况下，还会存在所有权上的风险和报酬已发生转移，但实物尚未交付(如代保管)。以上情况均在所有权上的风险和报酬发生转移时确认收入。

(2)商品流通企业既没有保留通常与所有权相联系的继续管理权，也没有对已售出的商品实施有效控制。商品流通企业将商品所有权上的主要风险和报酬转移给买方后，如仍然保留通常与所有权相联系的继续管理权，或仍然对售出的商品实施控制，则此项销售不能确认相应的销售收入。

(3)相关的经济利益很可能流入商品流通企业。在销售商品的交易中，与交易相关的经济利益即为销售商品的价款。销售商品的价款能否有把握收回，是收入确认的一个重要条件。商品流通企业在销售商品时，如估计价款收回的可能性不大，即使收入确认的其他条件均已满足，也不确认收入。

(4)商品流通企业收入的金额能够可靠地计量。收入能否可靠地计量，是确认收入的基本前提；收入不能可靠计量，则无法确认收入。商品流通企业在销售商品时，售价通常已经确定。但销售过程中由于某种不确定因素，也有可能出现售价变动的情况，所以新的售价未确定前不确认收入。

(5)相关的已发生或将发生的成本能够可靠地计量。通常情况下，销售商品相关的已发生或将发生的成本能够合理地估计。如果不能合理估计相关的已发生或将发生成本，则已收到的价款确认为负债。如订货销售，订货销售是指商品流通企业已收到买方全部或部分货款，但库存无现货，需要通过制造或通过第三方交货。在这种销售方式下，商品流通企业尽管已收到全部或部分货款，但商品尚在制造过程中或仍在第三方，相关的成本不能可靠地计量，因此只有在商品交付时才能确认收入。预收的货款作为负债处理。

商品流通企业销售商品应同时满足上述五个条件，才能确认收入。任何一个条件没有满足，即使收到货款，也不能确认收入。

在会计处理上，商品流通企业确认销售收入时有一些具体的应用。

首先，下列商品销售，通常按规定的时点确认为收入，有证据表明不满足收入确认条件的除外。

(1)销售商品采用托收承付方式的，在办妥托收手续时确认收入。

(2)销售商品采用预收款方式的，在发出商品时确认收入，预收的货款确认为负债。

(3)销售商品需要安装和检验的，在购买方接受商品以及安装和检验完毕前，不确认收入；待安装和检验完毕时，确认收入。如果安装程序比较简单，可在发出商品时确认收入。

(4)销售商品采用以旧换新方式的，销售的商品按照销售商品收入确认条件确认收入，回收的商品作为购进商品处理。

(5)销售商品采用支付手续费方式委托代销的，在收到代销清单时确认收入。

其次，采用售后回购方式销售商品的，收到的款项确认为负债；回购价格大于原售价的，差额在回购期间按期计提利息，计入财务费用。有确凿证据表明售后回购交易满足销售商品收入确认条件的，销售的商品按售价确认收入，回购的商品作为购进商品处理。

最后，采用售后租回方式销售商品的，收到的款项确认为负债；售价与资产账面价值之间的差额，采用合理的方法进行分摊，作为折旧费用或租金费用的调整。有确凿证据表明认定为经营租赁的售后租回交易是按照公允价值达成的，销售的商品按售价确认收入，并按账面价值结转成本。

2. 商品销售收入的计量

商品流通企业销售商品满足收入确认条件时，按照已收或应收合同或协议价款的公允价值确定销售商品收入金额。在会计处理上，商品流通企业按照从购货方已收或应收的合同或协议价款确定销售商品收入金额，但已收或应收的合同或协议价款不公允的，要按照公允价值进行纳税调整。合同或协议价款的收取采用递延方式，实质上具有融资性质的，按照应收的合同或协议价款的公允价值确定销售商品收入金额。应收的合同或协议价款与其公允价值之间的差额，在合同或协议期间内采用实际利率法进行摊销，计入当期损溢。

商品流通小企业收入的入账金额：

(1)商品流通小企业按照从购买方已收或应收的合同或协议价款，确定销售商品收入金额。

(2)销售商品涉及现金折扣的，按照扣除现金折扣前的金额确定销售商品收入金额。现金折扣应当在实际发生时，计入当期损溢。

(3)销售商品涉及商业折扣的，按照扣除商业折扣后的金额确定销售商品收入金额。

二、商品销售业务的会计处理

1. 本地销售商品的会计处理

本地商品销售，一般采用“提货制”或“送货制”，货款结算大多采用支票、委托收款结算方式。

采用“提货制”交接货方式，一般由购货单位派采购员到供货单位去选购商品，由供货单位的业务部门填制统一规定的“专用发票”，如联次不够，可增开补充联或另开发货单作附件。除留下存根联备查外，其余各联交购货单位采购员办理结算货款和提货手续。供货单位财会部门在收到货款后，在“发票联”上加盖收款戳记，留下“记账联”，其余联次退还给购货单位采购员到指定的仓库提货。

采用“送货制”交接货方式，一般有两种做法：一种是购货方先付货款，然后由供货方将商品送到购货方；另一种是根据供货合同，供货方先将商品送至购货方，经购货单位验收后支付货款。采用第一种做法，其业务程序与提货制商品销售的业务程序基本相同，其中送货运费根据合同或由供货方负担，或由供货方定期向购货方结算。采用第二种做法，一般要有一个送货验收的过程，其业务程序是：由供货单位业务部门根据购销合同或要货单，填制“专用发票”，留下存根联备查，其余各联交储运部门向仓库提货送往购货单位，将发票联、税款抵扣联交购货单位凭以验收商品、结算货款。当购货方验收商品后，由送货人员将对方验收凭证带回，连同记账联转财会部门。货款由财会部门办理托收，或由购货方通过银行转来。

批发企业在销售商品后，按照专用发票列明的价税金额收款。若收取转账支票、银行本票的，在存入银行时，借记“银行存款”账户；如果收取的是已承兑的商业汇票，则借记“应收票据”账户；如果收取的是现金，则借记“库存现金”账户；如果尚未收到款项，则借记“应收账款”账户，按照专用发票列明的货款，贷记“主营业务收入”账户，按照列明的增值税税额，贷记“应交税费”账户。然后计算出销售商品的进价成本，结转时，借记“主营业务成本”账户，贷记“库存商品”账户。

【例 3-9】 2015 年 7 月，北京欧派服装公司发生下列销售业务。

(1)销售男装 100 套，每套 600 元，货款为 60 000 元，增值税税额为 10 200 元，价税合计 70 200 元，收到转账支票存入银行。北京欧派服装公司的会计处理如下：

借：银行存款	70 200	
贷：主营业务收入——男装		60 000
应交税费——应交增值税(销项税额)		10 200

(2)男装每套进价成本为 500 元，共计 50 000 元，予以结转。北京欧派服装公司的会计处理如下：

借：主营业务成本——男装	50 000	
贷：库存商品——男装		50 000

2. 异地销售商品的会计处理

批发企业的异地销售商品主要是将商品销售给其他地区的批发企业、生产企业或者零售企业，一般采用“发货制”交接货方式。其业务程序一般由供货单位的业务部门填制“专用发票”，留下存根联备查，其余各联交储运部门向仓库提货，并办理商品发运手续。商品发运时，储运部门将发票联和税款抵扣联连同商品发运证明、垫付运杂费清单，一并送交财会部门。财会部门审核无误后留下记账联，其余凭证据以向开户银行办理托收货款手续。财会部门根据托收凭证回单联和记账联进行会计处理。

异地商品的销售业务，商品要委托运输单位运往购货单位，至于支付给运输单位的运费，根据购销合同规定，一般由购货单位负担。购货单位垫付运费时，借记“应收账款”账户，然后连同销货款、增值税款一并通过银行向购货单位办理托收。

【例 3-10】 2015 年 8 月，北京欧派服装公司根据购销合同开出专用发票，销售给济南服装公司男装 1 000 套，每套 600 元，货款共计 600 000 元，增值税税额 102 000 元，商品委托运输公司运送，并且发生了下列业务。

(1)8 月 25 日，运输公司开来运费凭证 2 000 元，当即用转账支票支付。北京欧派服装公司的会计处理如下：

借：应收账款——应收代垫运费　　　　2 000
　　贷：银行存款　　　　2 000

(2)8 月 28 日，北京欧派服装公司凭借专用发票和运费凭证，共计 704 000 元，向济南服装公司收取货款。北京欧派服装公司的会计处理如下：

借：应收账款　　　　704 000
　　贷：主营业务收入——男装　　　　600 000
　　　　应交税费——应交增值税(销项税额)　　　　102 000
　　　　银行存款　　　　2 000

(3)8 月 31 日，收到银行转来济南服装公司承付的收款通知。北京欧派服装公司的会计处理如下：

借：银行存款　　　　704 000
　　贷：应收账款　　　　704 000

3. 拒付货款或拒收商品的会计处理

在采用发货制，并采用托收承付结算方式时，商品已经发送，并向银行办妥托收手续后，即视为商品销售。当购货单位收到托收凭证时发现内附专用发票列示的商品与合同不符，或者与商品的数量、规格、质量等不符，会发生拒付货款或者拒收商品的情况。此时需要根据不同情况进行处理。

商品少发的处理有两种情况：补发商品，在商品发运后，收到购货单位货款、增值税税额及垫付运费时，借记“银行存款”账户，贷记“应收账款”账户；不再补发商品，则由业务部门填制红字专用发票，作销货退回处理。

发票开错的，业务部门填制红字专用发票，财会部门作销货退回处理。

质量不符合要求，或品种、规格发错的，储运部门入库，财会部门根据转来的红字专用发票作销货退回处理，退回商品的运费列入“销售费用”账户。

【例 3-11】 2015 年 8 月 4 日，大河制冷销售公司销售给华光商厦空调机 100 台，每台 2 000 元，货款共计 200 000 元，增值税 34 000 元，代垫运费 4 000 元，货款已经支付。

(1)8 月 12 日，向银行办妥托收销货款、增值税税额和代垫运输费的手续。大河制冷销售公司的会计处理如下：

借：应收账款　　　　238 000
　　贷：主营业务收入　　　　200 000
　　　　应交税费——应交增值税(销项税额)　　　　34 000
　　　　银行存款　　　　4 000

(2)8 月 18 日，银行转来收账通知，华光商厦支付货款、增值税款及运费 214 200 元。同时收到“拒绝付款理由书”，拒付其中 10 台的货款、增值税款及运费 23 800 元。大河制冷销售公司的会计处理如下：

借：银行存款　　　　214 200
　　贷：应收账款　　　　214 200

(3)8 月 30 日，查明 10 台空调质量不符合标准，已退回，业务部门转来红字发票，财会部门审核无误。大河制冷销售公司的会计处理如下：

借：主营业务收入　　　　20 000

应交税费——应交增值税（销项税额）　　3 400
销售费用　　400
贷：应收账款　　23 800

随着微利时代的来临，制造商加大了对渠道的掌控，经销商势力大增和新型商业渠道的崛起，使得批发企业不断受到上下游企业的挤压。存货增加，应收账款逾期严重，生存条件日趋困难，批发企业只有通过开展信用销售，扩大销售规模，才能在夹缝中寻求生存。但是，随着零售商付款周期的不断延长，批发企业的资金被严重占压，不断影响着其经营效率。拖欠供应商货款成为普遍现象，这不仅增加了批发商的经营成本，而且加剧了批发商的资金周转压力；而现有银行体系无法满足中小批发商迫切的融资需求，以及商务信用体系不健全造成的制约、企业自身信用风险管理存在的不足等因素也制约着批发业的进一步发展。

三、商品销售成本的计算和结转

1. 商品销售成本的计算

在实际工作中，为了简化会计处理手续，一般商品流通企业的商品销售成本只局限于已销售商品的购入价，而其在流通领域中继续追加的费用，则作为销售费用处理。

按照商品销售成本计算的程序分，有顺算成本和逆算成本两种。顺算成本是先计算各种商品的销售成本后，再计算各种商品的结存金额。这种方法一般采用逐日结转，所以工作量较大。逆算成本又称倒挤成本，是先计算各种商品的期末结存金额，然后据以计算商品销售成本。这种方法一般采用定期结转，所以工作量较小。

计算商品销售成本直接关系到期末库存商品的价值及企业的经营成果是否正确，需要根据各企业的特点，采用适当的方法，正确地计算商品销售成本。一旦确定了计算商品销售成本的方法后，在同一会计年度内不得随意变更。

商品流通企业可以根据实物流转方式、管理要求、实物性质等实际情况，采用个别计价法、先进先出法、月末一次加权平均法、移动加权平均法、毛利率法等方法结转产品成本。

(1) 个别计价法。个别计价法又称分批实际进价法，是认定每一件或每一批商品的实际进价，计算该件或该批商品销售成本的一种方法。在整批购进分批销售时，可以根据该批商品的实际购进单价乘以销售量来计算商品销售成本。其计算公式如下：

商品销售成本=商品销售数量×该件（批次）商品购进单价

采用个别计价法对每件或每批购进的商品分别存放，并分户登记库存商品明细账。对每次销售的商品，在专用发票上注明进货件别或批次，便于按照该件或该批的实际购进单价计算商品销售成本。

采用个别计价法计算商品销售成本，可以逐日结转商品销售成本。按照这种方法计算的商品销售成本最为准确，但计算起来工作量较大，适用于能分清进货件别或批次的库存商品、直运商品、委托代销商品和分期收款发出商品等。

(2) 先进先出法。先进先出法是根据先购进先销售的原则，以先购进商品的价格，先作为商品销售成本的一种计算方法。这种方法根据需要，可以用顺算成本的方法逐日结转成本，也可以用逆算成本的方法定期结转成本。

采用顺算成本方法计算商品销售成本的具体做法是：先按最早购进商品的进价计算，销售完了，再按第二批购进商品的进价计算，依次类推。如果销售的商品属于前后两批购进的，并且单价又不相同，就要分别用两个单价计算。

先进先出法是假定先收入的存货先发出，并根据这种假定的成本流转顺序来确定发出存货及期末存货的实际成本。

【例 3-12】 云程商贸公司 2015 年 1 月甲商品的购销业务如表 3-1 所示。

表 3-1 云程商贸公司 2015 年 1 月甲商品的购销业务

日 期	收 入		发出数量（件）	结存数量（件）
	数量（件）	单位成本（元）		
1 月 1 日存货	200	20		200
1 月 8 日购入	400	22		600
1 月 14 日发出			300	300
1 月 18 日购入	600	24		900
1 月 25 日发出			600	300
1 月 31 日购入	800	26		1 100

先进先出法的计算如表 3-2 所示。

表 3-2 甲商品存货明细账

单位：元

<table>
<tr><th rowspan="2">日期</th><th rowspan="2">摘要</th><th colspan="3">收入</th><th colspan="3">发出</th><th colspan="3">结存</th></tr>
<tr><th>数量（件）</th><th>单位成本</th><th>总成本</th><th>数量（件）</th><th>单位成本</th><th>总成本</th><th>数量（件）</th><th>单位成本</th><th>总成本</th></tr>
<tr><td>1 月 1 日</td><td>期初余额</td><td></td><td></td><td></td><td></td><td></td><td></td><td>200</td><td>20</td><td>4 000</td></tr>
<tr><td>1 月 8 日</td><td>购货</td><td>400</td><td>22</td><td>8 800</td><td></td><td></td><td></td><td>200
400</td><td>20
22</td><td>4 000
8 800</td></tr>
<tr><td>1 月 14 日</td><td>销售</td><td></td><td></td><td></td><td>200
100</td><td>20
22</td><td>4 000
2 200</td><td>300</td><td>22</td><td>6 600</td></tr>
<tr><td>1 月 18 日</td><td>购货</td><td>600</td><td>24</td><td>14 400</td><td></td><td></td><td></td><td>300
600</td><td>22
24</td><td>6 600
14 400</td></tr>
<tr><td>1 月 25 日</td><td>销售</td><td></td><td></td><td></td><td>300
300</td><td>22
24</td><td>6 600
7 200</td><td>300</td><td>24</td><td>7 200</td></tr>
<tr><td>1 月 31 日</td><td>购货</td><td>800</td><td>26</td><td>20 800</td><td></td><td></td><td></td><td>300
800</td><td>24
26</td><td>7 200
20 800</td></tr>
</table>

可见，先进先出法计算出的发出存货成本为 20 000（即 6 200+13 800）元，期末存货成本为 28 000（即 7 200+20 800）元。

通过【例 3-12】，可对先进先出法有如下认识。

① 由于多数情况下商品的实体流转是先进先出的顺序，因此，先进先出法计算的商品的价值流转与商品的实体流转基本一致，保证了价值流和商品流动一致，存货计价不易受主观因素的影响。

② 在资产负债表上，以最近的重置成本反映期末存货，更能够反映存货的现行价值。

③ 利润表中的销售成本是按较早的存货成本确定的，与按现行市价确认的销售收入缺乏准确的配比，在物价上涨时期发出存货的成本较低，因而会虚增利润；反之，会低估利润。

④ 如果不存在人为和自然损耗等因素影响，定期盘存制和永续盘存制下计算出的存货发出成本和期末存货成本的结果是一样的。

用先进先出法计算商品销售成本，由于期末结存商品金额是根据近期进价成本计价的，因此，它的价值接近于市场价格，但每次销售都要根据先购进的单价计算，工作量较大，一般适用于收、发货次数不多的商品。

(3) 月末一次加权平均法。月末一次加权平均法是指在一个计算期内（一般为一个月），综合计算每种商品的加权平均单价，再乘以销售数量来计算商品销售成本的一种方法。其计算公式如下：

月末一次加权平均单价=(期初结存商品金额+本期购入商品金额-本期非销售发出商品金额)÷(期初结存商品数量+本期购入商品数量-本期非销售发出商品数量)

本期商品销售成本=本期商品销售数量×月末一次加权平均单价

在计算公式中，本期非销售发出商品数量和金额，是指除销售以外其他的商品发出，包括分期收款发出商品、发出加工商品、盘缺商品等。这些非销售发出的商品，在发生时，在库存商品账户予以转销，所以在期末计算加权平均单价时要扣除。

在日常工作中，由于计算加权平均单价往往不能整除，计算的结果必然会产生尾差。为了保证期末库存商品数额的准确性，可以采用逆算成本的方法。其计算公式如下：

期末结存商品金额=期末结存商品数量×加权平均单价

本期商品销售成本=期初结存商品金额+本期购入商品金额-本期非销售发出商品金额-期末结存商品金额

采用月末一次加权平均法计算出来的商品销售成本较为均衡，也较为准确，但计算的工作量较大，一般适用于经营品种较少，或者前后购进商品的单价相差幅度较大，并定期结转商品销售成本的企业。

月末一次加权平均法是以存货的数量为权数计算存货的平均单位成本，借以确定发出存货成本和期末结存成本的存货计价方法。

相对于先进先出法，月末一次加权平均法计算出的发出存货和期末存货的成本反映了一种平均水平，月末一次加权平均单位成本对本期所有存货成本都具有代表性。该方法的缺点是加大了会计人员计算加权平均单位成本的工作量。

(4) 移动加权平均法。移动加权平均法是指以各次购入数量和金额与各次购入前的数量和金额为基础，计算出移动加权平均单价，再乘以销售数量来计算商品销售成本的一种方法。

永续盘存制下存货的加权平均单位成本叫移动加权平均单位成本，即每次购入的存货成本如与账面的单位成本不同，便根据现有可供销售存货总成本及对应的数量，计算出新的加权平均单位成本，用于下次购进存货前发生销售业务时计算销售成本。该加权平均单位成本会随着商品的购进而不断变化，因此称其为移动加权平均单价。

移动加权平均法的计算公式如下：

移动加权平均单价=(本次购入前结存商品金额+本次购入商品金额)÷(本次购入前结存商品数量+本次购入商品数量)

商品销售成本=商品销售数量×移动加权平均单价

【例 3-13】 承【例 3-12】移动加权平均法的计算如表 3-3 所示。

表 3-3　甲商品存货明细账

单位：元

日期	摘要	收入			发出			结存		
		数量(件)	单位成本	总成本	数量(件)	单位成本	总成本	数量(件)	单位成本	总成本
1月1日	期初余额							200	20	4 000
1月8日	购货	400	22	8 800				600	21.33	12 800
1月14日	销售				300	21.33	6 400	300	21.33	6 400
1月18日	购货	600	24	14 400			13 866	900	23.11	20 800
1月25日	销售				600	23.11		300	23.11	6 934
1月31日	购货	800	26	20 800				1 100	25.21	27 734

其中：$21.33=\dfrac{4\,000+8\,800}{200+400}$；$23.11=\dfrac{6\,400+14\,400}{300+600}$；$25.21=\dfrac{6\,934+20\,800}{300+800}$。

这样，期末存货成本为 27 734 元；发出存货成本为 6 400+13 866=20 266(元)。

采用移动加权平均法计算出来的商品销售成本比加权平均法更为均衡和准确，但计算起来的工作量较大。

(5)毛利率法。毛利率法是根据本期商品销售收入乘以上季度实际毛利率，或本季度计划毛利率，推算出商品销售毛利，进而推算商品销售成本的一种方法。其计算公式如下：

本期商品销售毛利=本期商品销售收入×上季度实际毛利率

本期商品销售成本=本期商品销售收入−本期商品销售毛利

上列计算公式可以简化如下：

本期商品销售成本=本期商品销售收入×(1−上季度实际毛利率)

【例 3-14】 某公司近年来的销售毛利率平均为 35%，当年的期初存货为 150 000 元，本期购进购货成本为 500 000 元，本期销售收入为 850 000 元，期末存货成本的估算过程如表 3-4 所示。

表 3-4　期末存货成本的估算过程

单位：元

期初存货成本	150 000
本期购货成本	500 000
本期可供销售存货成本	650 000
本期销售收入	850 000
减：估计毛利(850 000×35%)	297 500
估计销售成本	552 500
估计的期末存货成本	97 500

为使估计的期末存货成本尽可能准确，按存货项目逐项估计毛利率，或按毛利率相近的存货分类确定存货成本。

采用毛利率法，不是按库存商品品名、规格逐一计算商品销售成本，而是按商品类别进行计算，大大简化了企业的计算工作。由于同一类别内商品的毛利率不尽相同，因此，计算出来的商品销售成本也不够准确，一般适用于经营商品品种较多、按月计算商品销售成本有困难的企业。

2. 商品销售成本的结转

按照商品销售成本的结转方式分，有分散结转和集中结转两种。分散结转是按每一库存商品明细账户逐户计算出商品销售成本，逐户转销，然后加总后作为类目账结转商品销售成本的依据。采用这种方法，账簿记录清楚完整，有利于加强对各种商品的经营业绩进行分析考核，但工作量较大。集中结转是期末在每一库存商品明细账上只结出期末结存金额，再按类目加总后作为类目账的期末结存金额，然后在类目账上计算并结转商品销售成本。这种方法可以简化计算和记账手续，但账簿记录不够完整，只能按商品类别来考核分析其经营业绩。

按照商品销售成本结转的时间分，有逐日结转和定期结转两种。逐日结转是逐日计算出商品销售成本后，逐日从“库存商品”账户上转销，故又称随销随转。这种方法能随时反映库存商品的结存金额，但工作量较大。定期结转是在期末集中计算出商品销售成本后，从“库存商品”账户上一次转销，故又称月末一次结转。这种方法，工作量较小，但不能随时反映库存商品的结存金额。

第三节 储存商品的核算

一、库存商品账户的设置与登记方法

批发企业财会部门为了加强对库存商品的管理和控制，正确计算库存商品的期末库存额与商品销售成本，采取数量进价金额法进行会计处理，对库存商品实行总账、类目账、明细账三级控制。

1. 库存商品类目账

库存商品类目账，是指按商品类别分户设置，登记其收入、发出与结存情况的账簿。一般采用数量金额三栏式账页，它是处于总账与明细账之间的二级账户。由于批发企业商品品种规格繁多，通过类目账可以加强和完善对商品明细账的数量和金额的双重控制，有利于账账之间的核对，如有不符时，可缩小查找的范围；通过类目账集中计算商品销售成本，可以简化计算工作，减轻工作量，同时还有利于掌握各类商品进、销、存的动态和毛利，为企业领导经营决策提供依据。

库存商品类目账的登记方法，因企业计算和结转商品销售成本的时间不同而有所区别。逐日结转商品销售成本的企业，根据每日收入与发出商品的数量和金额登记库存商品类目定期结转商品销售成本的企业，根据每日收入与非销售发出商品的数量和金额登记库存商品类目账，对于每日销售的商品平时只登记数量，待月末计算出商品销售成本后，再将金额一次记入库存商品类目账。

2. 库存商品明细账

库存商品明细账是指按商品的品名、规格、等级分户设置，登记其收入、发出和结存情况的账簿。一般采用数量金额三栏式账页，以反映和控制每种商品的数量和金额。

由于企业的商品销售成本主要是通过库存商品明细账进行计算的，因此要求库存商品明细账能够正确地反映商品的购进、销售和结存的情况。而库存商品明细账的记账方法与一般明细账有所不同，现说明如下。

(1)购进——根据商品入库凭证记入该账户收入方的购进数量、单价和金额栏。

(2)销售——根据商品销售的发货凭证，记入该账户的发出方。若逐日结转成本，登记销售数量栏，不登记单价和金额；若定期结转成本，则平时只登记销售数量栏，不登记单价和

金额栏，销售成本金额在月末一次登记。

⑶进货退出——根据进货退出凭证，用红字记入该账户收入方的购进数量和金额栏，表示购进的减少，并用蓝字登记单价。

⑷销货退回——根据销货退回凭证记入该账户的发出方。若逐日结转成本，用红字登记销售数量栏和金额栏，用蓝字登记单价栏；若定期结转成本，平时只用红字登记销售数量栏，不登记单价和金额栏，红字表示销售的减少。

⑸购进商品退补价——将退补价款的差额记入收入方的单价和金额栏，退价用红字反映，补价用蓝字反映。

⑹商品加工收回——根据商品加工成品收回单记入该账户收入方的其他数量、单价和金额栏。

⑺商品发出加工——根据商品加工发料单记入该账户发出方的其他数量、单价和金额栏。

⑻商品溢余——根据商品溢余报告单记入该账户收入方的其他数量、单价和金额栏。

⑼商品短缺——根据商品短缺报告单记入该账户发出方的其他数量、单价和金额栏。

库存商品明细账反映的是会计库存。会计库存以商品验收数量入库作为商品收入的数量，以商品销售的入账数量作为商品发出的数量。财会部门通过会计库存全面掌握商品资金的运用情况，据以了解库存商品动态，加强商品资金管理。

3. 商品保管账

商品保管账是储运部门按不同货号、品名、规格和等级分户，记载保管商品收、发、存数量的明细账。商品保管账只登记数量，不登记金额，反映的是保管库存。

保管库存以商品验收入库作为商品收入，不论货款是否结算，以商品出库作为商品发出。储运部门通过保管库存，掌握仓库中商品收、发、存的数量，明确物资保管责任。

4. 商品调拨账

商品调拨账是业务部门按不同货号、品名、规格和等级分户，登记可供调拨销售商品收、发、存数量的明细账。商品调拨账也只登记数量，不登记金额，反映的是可调库存。

可调库存又称业务库存，以商品验收入库作为商品收入，不论商品是否出库，货款是否结算，以开出专用发票作为商品发出。业务部门通过可调库存，掌握随时可以调拨销售的库存商品数量。

异地商品销售业务在采用发货制的情况下，从业务部门开单到提货发运办妥托收手续，一般不可能在当天完成。可调库存以开出专用发票作为商品发出，而会计库存以办妥托收手续商品销售成立时才作为商品发出。由于双方入账时间不一致，因此，将处在开出专用发票到办妥托收手续前的商品称为待运商品。可调库存加上待运商品，等于会计库存。

综上所述，财会、储运和业务三个部门都从自身的需要对库存商品进行了明细分类会计处理。在实际工作中，为了简化记账手续，财会部门和业务部门也可以合并设置一套库存商品明细账，实行“两账合一”。具体做法是在库存商品明细账的“存放地点”栏内，设立“待运”分栏。异地销售业务在开出专用发票时，将商品从原存放地点栏转入待运分栏内，作为“移库”处理，不改变库存商品明细账内的结存数量。当该批商品办妥托收手续作商品销售处理时，再注销待运分栏内的数量。这样，库存商品明细账内的结存数量表示会计库存，待运分栏内的数量表示待运商品，各仓库内数量之和则为可调拨库存。

由于计算机的普遍运用，利用计算机软件管理库存商品，已被很多企业采纳。在一些管理水平较高的企业，ERP 得到运用，这样，整个企业对商品储存情况了如指掌，既便于库存管理，也便于企业进销存管理。

对库存商品明细账的设置，一般业务部门设商品调拨账，只记数量，不记金额；仓储部门设商品保管账，也只记数量，不记金额；财会部门设一套完整的库存商品账，即除设置库存商品总账和明细账外，还按库存商品类别设置类目账。形成库存商品总账以金额控制库存商品类目账，库存商品类目账以数量、金额控制库存商品明细账的格局。在实际操作时，可以“三账分设”，即业务部门、仓储部门、财会部门各设一套账，以相互牵制和严密管理；也可“两账合一”，即仓库设保管账，财会部门和业务部门的商品账合并设置。“三账合一”即库存商品明细账、商品调拨账、商品保管账合并设置一套商品明细账，既登记数量，又登记金额。

二、商品盘点短缺和溢余的会计处理

批发企业储存的大量商品在储存过程中，由于自然条件或人为原因，可能会引起商品数量上的短缺或溢余以及质量上的变化，因此，必须建立和健全各项规章制度，并采取财产清查的措施，以确保商品的安全。财产清查是提高商品储存质量的必要手段，它的方法主要是进行定期盘点和不定期盘点。

盘点时，要根据商品的特点，采用不同的盘点方法和操作规程，避免发生重复盘点、遗漏盘点和错误盘点的现象。盘点以后，由保管人员负责填制“商品盘存表”，先根据账面资料填写商品名称、规格、单价及账存数量，再填列实存数量。“商品盘存表”上账存数与实存数如不相符，填制“商品盘点短缺溢余报告单”一式数联，其中一联转交财会部门。

为了反映商品流通企业在财产清查中查明的各种存货的盘盈、盘亏和毁损情况，设置“待处理财产损溢”账户，借方登记存货的盘亏、毁损金额及盘盈的转销金额，贷方登记存货的盘盈金额及盘亏的转销金额。商品流通企业清查的各种存货损溢，在期末结账前处理完毕，期末处理后，“待处理财产损溢”账户余额表示尚未处理的存货清查。

商品流通企业发生存货盘盈时，借记“库存商品”等账户，贷记“待处理财产损溢”账户；在按管理权限报经批准后，借记“待处理财产损溢”账户，贷记“管理费用”账户。

商品流通企业发生存货盘亏及损毁时，借记“待处理财产损溢”账户，贷记“库存商品”等账户。在按管理权限报经批准后作如下会计处理：对于入库的残料价值，记入“原材料”等账户；对于由保险公司和过失人的赔款，记入“其他应收款”账户；扣除残料价值和应由保险公司、过失人赔款后的净损失，属于一般经营损失的部分，记入“管理费用”账户；属于非正常损失的部分，记入“营业外支出”账户。

商品批发小企业盘盈存货实现的收益，计入营业外收入；盘亏存货发生的损失，计入营业外支出。

三、商品削价和商品非正常损失的会计处理

商品削价包括残损变质商品削价和冷背呆滞商品削价两种。

残损变质商品是指在进销环节及保管过程中，因运输装卸不慎、保管不当、包装不善等原因，而造成残次损坏或霉烂变质的商品。对此，商品流通企业应及时查明商品残损变质的程度和数量，以及发生的原因和责任。

冷背呆滞商品是指花色、品种、质量不适合当时当地消费市场需要的商品。这主要是由于企业经营不善、信息不灵、盲目采购商品等因素造成的。

当这两类商品需要削价时，由有关部门填制“商品削价报告单”，并按规定的审批权限，报经有关职能部门批准后再进行处理。

商品削价后的售价不论是否小于原进价，均不进行会计处理，其削价损失直接体现在商品经营损溢内。

商品流通企业的商品遭受火灾、水灾等非正常损失时，其购进时所发生的进项税额不能从销项税额中抵扣，因此，要按规定从进项税额中转出。届时，按非正常损失商品的金额及其进项税额借记“营业外支出”账户；按非正常损失商品的金额贷记“库存商品”账户。

【例 3-15】 精工针织品公司因火灾损失毛巾一批，合计金额为 1 000 元，进项税额为 170 元，经批准作为公司损失处理，做会计处理如下：

借：营业外支出　　1 170

　　贷：库存商品——毛巾类　　1 000

　　　　应交税费——应交增值税(进项税额转出)　　170

存货的库存周期长短影响着存货的流动性和质量，库存周期过长的商品自然会使存货的变现能力降低：只有合理地保持各项存货的比例，商品存货才能及时实现销售，从而使存货顺利变现。对存货流动性的考核，一般通过存货周转天数、存货周转次数和营业周期三个指标，结合企业的经营情况，以及三项指标发展趋势的对比情况来进行分析。

第四节　商品期货的核算

商品期货是指标的物为实物商品的期货合约，主要包括金属期货、农产品期货、能源期货等。商品期货属于衍生金融工具的一种。商品期货投资业务的会计处理是运用会计的基本原理和方法，结合期货业务的特点，应用于参与期货交易企业的专业化会计实务。其会计处理的内容主要包括资金调拨、交易费用、保证金追加和收回、合约金额、套期保值确认、持仓盈亏和平仓盈亏等业务。

一、商品期货概述

随着我国经济逐步融入国际经济体系，资本和商品的价格风险日益突出，利用期货交易特有的规避价格风险和价格发现功能可以有效地转移和分散风险。当前，我国许多企业、机构已经把期货市场当作转移价格风险的场所，利用期货合约的价格，通过期货市场进行保值；同时，有些企业、机构利用期货市场的价格发现功能，只在期货市场上持有双向交易头寸(套利)或持有单向交易头寸(投机)赚取因商品基差异常而产生的利润或从期货合约的价格变化中获利。现实中，企业从事商品期货投资的主要方式有套期保值和投机套利。套期保值是指以回避现货价格波动风险为目的的交易行为。投机是指以获取合约价差收益为目的的交易行为。套利在交易形式上与套期保值相同，区别在于套期保值是在现货市场和期货市场上同时买入卖出合约，而套利只是在期货市场上买卖合约。

1．期货交易概念

期货交易是在现货交易的基础上发展起来的，通过在期货交易所买卖标准化的期货合约而进行的一种有组织的交易方式。期货合约是指由期货交易所统一制订的，规定在将来某一特定的时间和地点交割一定数量和质量实物商品或金融商品的标准化合约。所谓标准化合约是指合约的数量、质量、交货时间和地点等都是既定的，唯一的变量是价格。

在期货市场中，大部分交易者买卖的期货合约在到期前，又以对冲的形式了结。也就是说，买进期货合约的人，在合约到期前又可以将期货合约卖掉；卖出期货合约的人，在合约到期前又可以买进期货合约来平仓。先买后卖或先卖后买都是允许的。一般来说，期货交易中进行实物交割的只是很少的一部分。

期货交易的对象并不是商品(标的物)的实体，而是商品(标的物)的标准化合约。

期货交易的目的是转移价格风险或获取风险利润。

2. 期货交易的基本特征

期货交易的基本特征可以归纳为以下几个方面。

(1)合约标准化。期货交易是通过买卖期货合约进行的，而期货合约是标准化的。期货合约标准化指的是除价格外，期货合约的所有条款都是预先由期货交易所规定好的，具有标准化的特点。期货合约标准化给期货交易带来极大便利，交易双方不需对交易的具体条款进行协商，从而节约交易时间，减少交易纠纷。

(2)交易集中化。期货交易必须在期货交易所内进行。那些处在场外的广大客户若想参与期货交易，只能委托期货经纪公司代理交易。

(3)双向交易和对冲机制。双向交易，也就是期货交易者既可以买入期货合约作为期货交易的开端(称为买入建仓)，也可以卖出期货合约作为交易的开端(称为卖出建仓)，也就是通常所说的“买空卖空”。与双向交易的特点相联系的还有对冲机制，具体来说就是买入建仓之后可以通过卖出相同合约的方式解除履约责任，卖出建仓后可以通过买入相同合约的方式解除履约责任。期货交易的双向交易和对冲机制的特点，吸引了大量期货投机者参与交易，投机者有双重的获利机会：期货价格上升时，可以通过低买高卖来获利；价格下降时，可以通过高卖低买来获利，并且投机者可以通过对冲机制免除进行实物交割的麻烦，投机者的参与大大增加了期货市场的流动性。

(4)杠杆机制。期货交易实行保证金制度，也就是说交易者在进行期货交易时只需缴纳少量的保证金，一般为成交合约价值的5%～10%，就能完成数倍的合约交易。期货交易的杠杆机制使期货交易具有高收益、高风险的特点。

(5)每日无负债结算制度。在每个交易日结束后，对交易者当天的盈亏状况进行结算，在不同交易者之间根据盈亏进行资金划转，如果交易者亏损严重，保证金账户资金不足，则要求交易者必须在下一日开市前追加保证金，以做到“每日无负债”。为了有效地防范风险，将因期货价格不利变动给交易者带来的风险控制在有限的幅度内，从而保证期货市场的正常运转。

3. 期货市场的功能

期货市场在稳定与促进市场经济发展方面有以下功能。

(1)回避价格风险。期货市场最突出的功能就是为生产经营者提供回避价格风险的手段。即生产经营者通过在期货市场上进行套期保值业务来回避现货交易中价格波动带来的风险，锁定生产经营成本，实现预期利润。也就是说，期货市场弥补了现货市场的不足。

(2)发现价格。在市场经济条件下，价格是根据市场供求状况形成的。期货市场上来自四面八方的交易者带来了大量的供求信息，标准化合约的转让又增加了市场流动性，期货市场中形成的价格能真实地反映供求状况，同时又为现货市场提供了参考价格，起到了“发现价格”的功能。

(3)有利于市场供求和价格的稳定。首先，期货市场上交易的是在未来一定时间履约的期货合约。它能在一个生产周期开始之前，就使商品的买卖双方根据期货价格预期商品未来的供求状况，指导商品的生产和需求，起到稳定供求的作用。其次，由于投机者的介入和期货合约的多次转让，使买卖双方应承担的价格风险平均分散到参与交易的众多交易者身上，降低了价格变动的幅度和每个交易者承担的风险。

(4)节约交易成本。期货市场为交易者提供了一个能安全、准确、迅速成交的交易场所，提高交易效率，降低交易成本，有助于市场经济的建立和完善。

(5)期货交易是一种重要的投资工具，有助于合理利用社会闲置资金。

4. 期货市场的参与者

(1)投机交易者。“投机”一词用于期货、证券交易行为中，并不是贬义词，而是中性词，是指根据对市场的判断，把握机会，利用市场出现的价差进行买卖从中获得利润的交易行为。投机者可以“买空”，也可以“卖空”。投机的目的很直接——获得价差利润。

根据持有期货合约时间的长短，投机可分为三类：第一类是长线投机者，此类交易者在买入或卖出期货合约后，通常将合约持有几天、几周甚至几个月，待价格对其有利时才将合约对冲；第二类是短线交易者，一般进行当日的期货合约买卖，其持仓不过夜；第三类是逐小利者，又称“抢帽子者”，他们的技巧是利用价格的微小变动进行交易来获取微利，一天之内他们可以做多个回合的买卖交易。

投机者是期货市场的重要组成部分，是期货市场必不可少的润滑剂。投机交易增强了市场的流动性，承担了套期保值交易转移的风险，是期货市场正常运营的保证。

(2)套期保值者。套期保值就是买入(卖出)与现货市场数量相当、但交易方向相反的期货合约，以期在未来某一时间通过卖出(买入)期货合约来补偿现货市场价格变动所带来的实际价格风险。

保值的类型最基本的又可分为买入套期保值和卖出套期保值。

买入套期保值是指通过期货市场买入期货合约以防止因现货价格上涨而遭受损失的行为。即，预先在期货市场买入期货合约，其买入的商品品种、数量、交割月份与未来在现货市场买入的现货大致相同，即先开立期货多头头寸，日后在现货市场买入现货商品的同时，将期货市场持有的多头部位对冲平仓。为在现货市场买入的现货商品保值，用期货盈利来抵补现货市场因价格上涨所造成的损失，完成买期保值交易。

例如，春耕时，某粮食公司与农民签订了当年收割时收购玉米 10 000 吨的合同。7 月，该公司担心到收割时玉米价格会下跌，于是决定将售价锁定在 1 080 元/吨，因此，在期货市场上以 1 080 元/吨的价格卖出 1 000 手合约进行套期保值。

到收割时，玉米价格果然下跌到 950 元/吨，该公司以此价格将现货玉米出售给饲料厂。同时，期货价格也同样下跌，跌至 950 元/吨，该公司就以此价格买回 1 000 手期货合约，来对冲平仓，该公司在期货市场赚取的 130 元/吨正好用来抵补现货市场上少收取的部分。这样，他们通过套期保值回避了不利价格变动的风险。

卖出套期保值则指通过期货市场卖出期货合约以防止因现货价格下跌而造成损失的行

为。即，预先在期货市场上卖出与其将要在现货市场上卖出的现货商品品种一致、数量大致相等、交割日期相近的该商品期货合约。日后，在现货市场上实际卖出该种现货商品的同时在期货市场上进行对冲，回购预先卖出的期货合约，用对冲后的盈利弥补出售现货所发生的亏损，进而实现为在现货市场卖出的现货保值。

例如，5 月供销公司与橡胶轮胎厂签订 8 月销售 100 吨天然橡胶的合同，价格按市价计算，8 月期货价为每吨 1.25 万元。供销公司担心价格下跌，于是卖出 100 吨天然橡胶期货。8 月时，现货价跌至每吨 1.15 万元。该公司卖出现货，每吨亏损 0.1 万元；又按每吨 1.15 万元价格买进 100 吨的期货，每吨盈利 0.1 万元。

套期保值是期货市场产生的原动力。无论是农产品期货市场，还是金属、能源期货市场，其产生都是源于生产经营过程中面临现货价格剧烈波动而带来风险时自发形成的买卖远期合同的交易行为。这种远期合约买卖的交易机制经过不断完善，如将合约标准化、引入对冲机制、建立保证金制度等，从而形成现代意义的期货交易。企业通过期货市场为生产经营买了保险，保证了生产经营活动的可持续发展。可以说，没有套期保值，期货市场也就不是期货市场了。

5. 交割流程

(1)卖方交割流程。卖方交割流程：交割预报——货物入库(交割仓库验收)——交割仓库或指定质检机构检验——交割仓库开具标准仓单注册申请表——到交易所办理标准仓单注册——到交易所交仓单——参与交割，获得货款和开具增值税发票。

如在厂库标准仓单注册，则从上述流程中“交割仓库开具标准仓单注册申请表”开始交割流程。

卖方必须在最后交割日闭市以前完成标准仓单注册，并将仓单交到交易所，否则即判定为违约。滚动交割时，卖方在交收日结算后拿到 80%货款，余款在提交了增值税专用发票后结清。一次性交割时，卖方在最后交割日结算后拿到 80%的货款，余款在提交了增值税专用发票后结清。

(2)买方交割流程

买方交割流程：交货款——领取标准仓单持有凭证——注销标准仓单，领取《提货通知单》——凭提货通知单到交割仓库办理出库手续——商品出库。

滚动交割时，买方必须在交收日结算前将足额货款划入交易所账户。一次性交割时，买方必须在最后交割日结算前将足额货款划入交易所账户。

滚动交割时，客户在交收日结算后领取标准仓单持有凭证。一次性交割时，客户在最后交割日结算后领取标准仓单持有凭证。

二、商品期货投机套利的会计处理

将期货合约作为一项金融资产或金融负债在资产负债表中确认,并按公允价值进行计量。

套利在本质上是期货市场的一种投机，但与一般单个合约的投机交易相比，风险较低，因为套利正是利用期货市场中有关价格失真的机会，并预测这种价格失真会最终消失，从中获取套利利润。因此，套利的风险是有限的，套利交易有助于使扭曲的期货市场价格恢复到正常水平。

作为投机目的的期货合约,在取得时按公允价值在资产负债表中确认为一项资产或负债,其交易费用记入损溢。根据《企业会计准则第 22 号——金融工具确认和计量》，以公允价值计量且其变动记入当期损溢的金融资产或金融负债公允价值变动形成的利得或损失，计入当期损溢。以投机为目的的商品期货因持仓而形成的浮动盈亏应在发生当期确认为损溢。其主要会计处理如下：

(1) 向证券期货经纪公司申请开立买卖账户，按存入的资金借记“其他货币资金”账户，贷记“银行存款”账户。

(2) 企业取得衍生工具时，按其公允价值借记“衍生工具”账户，按发生的交易费用借记“投资收益”账户，按实际支付的金额贷记“其他货币资金”账户。

(3) 资产负债表日，衍生工具的公允价值高于其账面余额的差额，借记“衍生工具”账户，贷记“公允价值变动损溢”账户；公允价值低于其账面余额的差额，作相反的会计处理。

(4) 衍生工具终止确认时，比照“交易性金融资产”“交易性金融负债”等账户的相关规定进行处理。

1. 买入商品期货合约的会计处理

【例 3-16】 假设 2016 年度大华公司发生以下期货投资业务:

(1) 11 月 1 日向证券期货经纪公司申请开立期货买卖账户，存入资金 20 万元;

(2) 11 月 2 日买入大豆期货 20 手，每手 10 吨，2 000 元/吨，交易保证金为合约价值的 10%，交易手续费 4 元/手;

(3) 11 月 30 日结算价 1 970 元/吨;

(4) 12 月 31 日将上述大豆期货全部平仓，平仓成交价 1 950 元/吨，交易手续费 4 元/手。

大华公司的会计处理如下:

(1) 11 月 1 日向证券期货经纪公司申请开立期货买卖账户，存入资金 20 万元。

借：其他货币资金——存出投资款	200 000	
贷：银行存款		200 000

(2) 11 月 2 日买入大豆期货 20 手，缴纳交易保证金 40 000 元(20×10×2 000×10%)，交易手续费 80 元(20×4)。

借：衍生工具——大豆期货	40 000	
投资收益	80	
贷：其他货币资金——存出投资款		40 080

(3) 11 月 30 日，大豆期货合约亏损 6 000 元[20×10×(2 000–1 970)]。

借：公允价值变动损溢	6 000	
贷：衍生工具——大豆期货		6 000

(4) 12 月 31 日，大豆期货合约亏损 4 000 元[20×10×(1 970–1 950)]。

借：公允价值变动损溢	4 000	
贷：衍生工具——大豆期货		4 000

(5) 12 月 31 日，将上述大豆期货全部平仓，并支付交易手续费 4 元/手。

借：其他货币资金——存出投资款	30 000	
贷：衍生工具——大豆期货		30 000
借：投资收益	80	
贷：其他货币资金——存出投资款		80

借：投资收益　　10 000
　　贷：公允价值变动损溢　　10 000

2. 卖出商品期货合约的会计处理

【例 3-17】 2016 年度大通公司发生以下期货投资业务：

(1) 11 月 1 日向证券期货经纪公司申请开立期货买卖账户，存入资金 50 万元；

(2) 11 月 2 日，卖出铜期货 10 手，每手 20 吨，19 000 元/吨，交易保证金为合约价值的 10%，交易手续费为成交金额的 4‰；

(3) 11 月 30 日结算价 18 800 元/吨；

(4) 12 月 31 日将上述铜期货全部平仓，平仓成交价 18 500 元/吨，交易手续费为成交金额的 4‰。

大通公司有关会计处理如下：

(1) 11 月 1 日向证券期货经纪公司申请开立期货买卖账户，存入资金 50 万元。

借：其他货币资金——存出投资款　　500 000
　　贷：银行存款　　500 000

(2) 11 月 2 日卖出铜期货 10 手，缴纳交易保证金 380 000 元(10×20×19 000×10%)，交易手续费 15 200 元(10×20×19 000×4‰)。

借：衍生工具——铜期货　　380 000
　　投资收益　　15 200
　　贷：其他货币资金——存出投资款　　395 200

(3) 11 月 30 日，铜期货合约盈利 40 000 元[10×20×(19 000−18 800)]。

借：衍生工具——铜期货　　40 000
　　贷：公允价值变动损溢　　40 000

(4) 12 月 31 日，铜期货合约盈利 60 000 元[10×20×(18 800−18 500)]。

借：衍生工具——铜期货　　60 000
　　贷：公允价值变动损溢　　60 000

(5) 12 月 31 日，将上述铜期货全部平仓，并成交金额的 4‰支付交易手续费 14 800 元(10×20×18 500×4‰)。

借：其他货币资金——存出投资款　　480 000
　　贷：衍生工具——铜期货　　480 000
借：投资收益　　14 800
　　贷：其他货币资金——存出投资款　　14 800
借：公允价值变动损溢　　100 000
　　贷：投资收益　　100 000

三、商品期货套期的会计处理

商品期货套期，是指企业为规避现货经营中的商品价格风险，指定商品期货合约为套期工具，使套期工具公允价值或现金流量变动，预期抵销被套期项目全部或部分公允价值或现金流量变动。企业面临的价格波动风险是担心未来某种商品的价格上涨，或者担心未来某种商品的价格下跌。因此，套期保值交易分为买入套期保值(买期保值)和卖出套期保值(卖期保值)。

1．商品期货套期业务的认定

企业对商品期货套期业务进行会计处理，反映企业商品价格风险管理活动的影响，并同时具备下列四个要件。

(1)被套期项目。被套期项目可以是一项或一组存货、尚未确认的确定承诺以及很可能发生的预期交易，也可以是上述项目的组成部分。被套期项目能够可靠计量。

在将项目的一定风险成分指定为被套期项目时，该风险成分可以单独识别，且该项目中由于该风险成分的变动所引起的项目公允价值或现金流量变动能够可靠计量。在识别可被指定为被套期项目的风险成分时，企业基于该等风险及相关套期活动所发生的特定市场结构进行评估，并考虑因风险和市场而异的相关事实和情况。同时，企业可以考虑该风险成分是合同明确的风险成分(如铜线采购合同中的定价公式明确采购价格与铜基准价格挂钩)，还是非合同明确的风险成分(如由于航空煤油的基本原材料为原油，根据对企业的实际情况及市场惯例分析得出，航空煤油依据原油基准价格进行定价)。非合同明确的风险成分可能涉及不构成合同的项目(如很可能发生的预期交易)，或者可能涉及未明确该成分的合同(如仅包含单一价格，而未列明基于不同基础变量的定价公式的确定承诺)。

当企业出于风险管理目的对一组项目(包括项目的组成部分)进行集中管理且组合中的每一个单独项目都属于符合条件的被套期项目时，可以将这一组项目指定为被套期项目。一组风险相互抵消的项目形成风险净敞口，一组风险不存在相互抵消的项目形成风险总敞口。当企业将形成风险净敞口的一组项目指定为被套期项目时，指定构成该净敞口的所有项目的项目组合整体，而不应当将不明确的净敞口抽象金额指定为被套期项目。

企业将一组项目中的某一层级指定为被套期项目，应当同时满足以下条件：

1)该层级能够单独识别并能够可靠计量；

2)风险管理目标是对某一层级进行套期；

3)用于识别层级的项目组合整体中的所有项目均面临同样的被套期风险；

4)对于存货或确定承诺的套期，包含被套期层级的整体项目组合可识别并可追踪。

对于尚未确认的确定承诺或很可能发生的预期交易，只有其确实是与报告企业以外的对手方之间的交易形成的，才可被指定为被套期项目。

(2)套期工具。套期工具是企业实际持有的一项或一组商品期货合约的整体或其一定比例，但企业不得将商品期货合约存续期内的某一时段的公允价值变动指定为套期工具。

在运用商品期货套期会计时，只有与报告企业之外的对手方签订的合同才可被指定为套期工具。

(3)套期有效性。套期关系应当符合下列套期有效性的要求。

1)被套期项目与套期工具之间存在经济关系，使套期工具和被套期项目因被套期风险而产生的公允价值或现金流量预期随着相同基础变量或经济上相关的类似基础变量变动发生方向相反的变动。

在评估套期工具与被套期项目之间是否存在经济关系时，企业可以采用定性或定量的方法。如果套期工具和被套期项目的主要条款(如名义金额、到期期限和基础变量)均匹配或大致相符，企业可以根据此类主要条款执行定性评估。如果套期工具和被套期项目的主要条款并非基本匹配，企业可能需要进行定量评估(如采用回归分析方法来评估套期工具与被套期项目是否存在经济关系)，但两个变量之间仅仅存在某种统计相关性的事实本身不足以有效证明套期工具与被套期项目之间存在经济关系。

2）套期关系的套期比率，等于被套期项目的实际数量与用于对这些数量的被套期项目进行套期的套期工具的实际数量之比。套期比率不应当反映被套期项目与套期工具所含风险的失衡，这种失衡会产生套期无效（无论确认与否），并可能产生与套期会计目标不一致的会计结果。例如，企业确定拟采用的套期比率是为了避免确认现金流量套期的套期无效部分，或者为了创造更多的被套期项目进行公允价值调整以达到增加使用公允价值会计的目的，可能会造成与套期会计目标不一致的会计结果。

3）经济关系产生的价值变动中，信用风险的影响不占主导地位。

（4）套期关系的指定。企业在套期关系开始时以书面形式对套期关系进行指定，书面文件应当载明下列事项：

1）风险管理目标以及套期策略；

2）被套期项目性质及其数量；

3）套期工具性质及其数量；

4）被套期风险性质及其认定；

5）套期类型（公允价值套期或现金流量套期）；

6）对套期有效性的评估，包括被套期项目与套期工具的经济关系、套期比率、套期无效性来源的分析；

7）开始指定套期关系的日期。

2. 会计账户设置

企业对商品期货套期业务进行处理，视情况设置以下会计账户。

（1）“套期工具”账户（共同类账户）。本账户核算套期工具形成的资产或负债。本账户按套期工具进行明细会计处理。

（2）“套期损溢”账户。本账户核算公允价值套期下套期工具和被套期项目公允价值变动形成的利得和损失。本账户按套期关系进行明细会计处理。

（3）“被套期项目”账户（共同类账户）。本账户核算公允价值套期下被套期项目及其在套期期间公允价值变动形成的资产或负债。本账户按被套期项目进行明细会计处理。

（4）“净敞口套期损溢”账户。本账户核算净敞口套期下被套期项目累计公允价值变动转入当期损溢的金额。本账户按被套期项目进行明细会计处理。

（5）在“其他综合收益”账户下设置“套期储备”明细账户。本明细账户核算现金流量套期下套期工具累计公允价值变动中的有效部分。本账户按被套期项目进行明细会计处理。

3. 公允价值套期的会计处理

公允价值套期是指对被套期项目公允价值变动风险进行的套期。

以存货、尚未确认的确定承诺为基础的被套期项目，指定在公允价值套期关系中。

企业将存货指定为被套期项目的，按存货账面价值，借记“被套期项目”账户，按已计提的存货跌价准备，借记“存货跌价准备”账户，按存货账面余额，贷记“原材料”“库存商品”等账户。

企业将已持有的商品期货合约指定为套期工具的，将其账面价值从“衍生工具”账户转入“套期工具”账户。

（1）套期期间的处理。对于公允价值套期，在套期关系存续期间，企业将套期工具公允价值变动形成的利得或损失计入当期损溢。

被套期项目为存货的，在套期关系存续期间，企业将被套期项目公允价值变动计入当期损溢，同时调整被套期项目的账面价值。被套期项目为确定承诺的，被套期项目在套期关系指定后累计公允价值变动确认为一项资产或负债，并计入各相关期间损溢。

资产负债表日，企业按套期工具产生的利得或损失，借记或贷记“套期工具”账户，贷记或借记“套期损溢”账户。

资产负债表日，企业按被套期项目公允价值变动，借记或贷记“被套期项目”账户，贷记或借记“套期损溢”账户。

(2)后续处理。

被套期项目为存货的，企业在该存货实现销售时，将该被套期项目的账面价值转出并计入销售成本，将“被套期项目”账户相关账面价值转入“主营业务成本”等账户。

被套期项目为采购商品的确定承诺的，企业在确认相关存货时，将被套期项目累计公允价值变动形成的资产或负债转出并计入存货初始成本，将“被套期项目”账户中累计公允价值变动额转入“原材料”等账户。

被套期项目为销售商品的确定承诺的，企业在该销售实现时，将被套期项目累计公允价值变动形成的资产或负债转出并计入销售收入，将“被套期项目”账户中累计公允价值变动额转入“主营业务收入”等账户。

被套期项目为风险净敞口的，当被套期项目形成的存货以及作为被套期项目的存货或销售商品的确定承诺结转损溢时，企业将“被套期项目”账户以及被套期项目形成的“原材料”等账户中累计公允价值变动额转入“净敞口套期损溢”账户。

【例 3-18】 2016 年 1 月 1 日某上市公司决定采用期货合同对其拥有的库存商品 A 进行公允价值套期保值，在期货市场上卖出了相同数量的商品 A 的期货合约，初始保证金为 4 400 元。套期开始日，库存商品 A 账面价值 40 000 元，公允价值 44 000 元，2016 年 4 月 30 日，该期货合约的公允价值上升了 5 000 元，库存商品 A 的公允价值下降了 3 000 元。

套期工具为卖出的商品 A 的期货合同，被套期项目为库存商品 A。

(1)2016 年 1 月 1 日，卖出商品 A 的期货合约：

借：其他货币资金——存出投资款　　4 400
　　贷：银行存款　　4 400
借：被套期项目　　40 000
　　贷：库存商品　　40 000

(2)2016 年 4 月 30 日确认套期工具利得时：

借：套期工具——期货合约　　5 000
　　贷：套期损溢　　5 000
借：套期损溢　　3 000
　　贷：被套期项目　　3 000
借：银行存款　　4 400
　　贷：其他货币资金——存出投资款　　4 400

出售库存商品 A 时：

借：银行存款　　41 000

贷：主营业务收入　　　　　　　　　　　　　　　　　　　　41 000

借：主营业务成本　　　　　　　　　　　　　　　　　　37 000

贷：被套期项目　　　　　　　　　　　　　　　　　　　　37 000

借：银行存款　　　　　　　　　　　　　　　　　　　　5 000

贷：套期工具——期货合约　　　　　　　　　　　　　　　5 000

4. 现金流量套期的会计处理

现金流量套期是指对被套期项目现金流量变动风险进行的套期。

以很可能发生的预期交易为基础的被套期项目，指定在现金流量套期关系中。

企业将存货指定为被套期项目的，按存货账面价值，借记“被套期项目”账户，按已计提的存货跌价准备，借记“存货跌价准备”账户，按存货账面余额，贷记“原材料”“库存商品”等账户。

企业将已持有的商品期货合约指定为套期工具的，将其账面价值从“衍生工具”账户转入“套期工具”账户。

(1)套期期间的处理。对于现金流量套期，在套期关系存续期间，企业将套期工具累计利得或损失中不超过被套期项目累计预计现金流量现值变动的部分作为有效套期部分(以下称为套期储备)计入其他综合收益，超过部分作为无效套期部分计入当期损溢。

资产负债表日，企业按套期工具产生的利得或损失，借记或贷记“套期工具”账户，按套期工具累计产生的利得或损失与被套期项目累计预计现金流量现值的变动两者绝对值中较低者的金额(套期有效部分)与套期储备账面余额的差额，贷记或借记“其他综合收益——套期储备”账户，按其差额，贷记或借记“公允价值变动损溢”账户。

(2)后续处理。

按套期项目为预期商品采购的，企业在确认相关存货时，将其套期储备转出并计入存货初始成本，将“其他综合收益——套期储备”账户中确认的套期工具利得或损失转入“原材料”　等账户。

按套期项目为预期商品销售的，企业在该销售实现时，将其套期储备转出并计入销售收入，将“其他综合收益——套期储备”账户中确认的套期工具利得或损失转入“主营业务收入”等账户。

如果预期交易随后成为一项确定承诺，且企业将该确定承诺指定为公允价值套期中的被套期项目，企业在指定时，将其套期储备转出并计入该确定承诺的初始账面价值，将“其他综合收益——套期储备”账户中确认的套期工具利得或损失转入“被套期项目”账户。

如果现金流量套期储备累计金额是一项损失且企业预计在未来一个或多个会计期间将无法弥补全部或部分损失时，则立即将预计无法弥补的损失金额重分类计入当期损溢。

【例 3-19】 某集团公司 2016 年 8 月 1 日预期将在三个月后购买现价总额为 100 万元人民币的天然橡胶，但由于目前市场上天然橡胶的价格非常不稳定，为规避价格可能上涨的风险，在期货市场上买进相同数量的天然橡胶期货合同，同时指定预期的买进天然橡胶为被套期项目，初始保证金为 10 000 元。2016 年 11 月 1 日，该天然橡胶价格上涨了 6 000 元，期货合约增值 7 200 元。

套期工具为买进天然橡胶的期货合同，被套期项目是预计购买天然橡胶的交易。

(1)8 月 1 日买进期货合约时进行初始确认，对预期交易无须作会计处理。

借：其他货币资金——存出投资款　　10 000
　　贷：银行存款　　10 000

(2)确认套期工具利得。

借：套期工具——期货合约　　7 200
　　贷：其他综合收益——套期储备　　6 000
　　　　公允价值变动损溢　　1 200

借：银行存款　　10 000
　　贷：其他货币资金——存出投资款　　10 000

(3)购买天然橡胶。

借：原材料——天然橡胶　　1 006 000
　　贷：银行存款　　1 006 000

(4)预期交易发生时原直接在所有者权益中确认的相关利得或损失转入当期损溢，或计入买进原材料(天然橡胶)的初始确认成本。

借：其他综合收益——套期储备　　6 000
　　贷：公允价值变动损溢　　6 000

或者，

借：其他综合收益——套期储备　　6 000
　　贷：原材料——天然橡胶　　6 000

借：银行存款　　7 200
　　贷：套期工具——期货合约　　7 200

【例 3-19】反映了现金流量套期保值会计处理的过程，但未反映出套期保值者在持仓过程中期货保证金的会计处理。

【例 3-20】 2016 年 1 月 1 日，某公司由于业务需要预计在 3 个月后购买 1 000 吨小麦，现在 3 个月的小麦期货为每吨 5 000 元，若在 4 月月底可以该价格购到 1 000 吨小麦，公司将感到非常满意。但该公司担心小麦价格在未来一段时间将上涨，为了避免价格可能上涨的风险，现购进 1 000 吨价格为每吨 5 000 元的 3 个月小麦期货进行现金流量套期，初始保证金为 300 000 元。假设每月月底根据期货价格(如下所示)调整期货保证金。

1 月 1 日　　期货价格 5 000 元/吨
1 月 31 日　　期货价格 4 800 元/吨
2 月 29 日　　期货价格 5 000 元/吨
3 月 31 日　　期货价格 5 150 元/吨

(1)2016 年 1 月 1 日：

借：其他货币资金——存出投资款　　300 000
　　贷：银行存款　　300 000

(2)2016 年 1 月 31 日：

借：其他综合收益——套期储备　　200 000
　　贷：套期工具——期货合约　　200 000

(3)2016 年 2 月 29 日：

借：套期工具——期货合约　　200 000

贷：其他综合收益——套期储备 200 000

(4)2016 年 3 月 31 日：

借：套期工具——期货合约 150 000

贷：其他综合收益——套期储备 150 000

借：原材料——小麦 5 150 000

贷：银行存款 5 150 000

借：银行存款 300 000

贷：其他货币资金——存出投资款 300 000

借：银行存款 150 000

贷：套期工具——期货合约 150 000

借：其他综合收益——套期储备 150 000

贷：原材料——小麦 150 000

5. 套期关系终止的会计处理

(1)套期关系终止的认定。发生下列情况之一时，套期关系终止：

1)因风险管理目标的变化，企业不能再指定既定的套期关系；

2)套期工具被平仓或到期交割；

3)被套期项目风险敞口消失；

4)在考虑再平衡后(如适用)，套期关系不再满足本规定有关套期会计的应用条件。

因合约期限或交易活跃度限制，企业需要对同一被套期项目的套期工具在同一品种、不同到期日的商品期货合约中转换的，如该转换与企业书面文件中载明的套期业务风险管理目标相符，则不作为套期关系的终止处理，但企业在书面指定文件中说明商品期货合约的选择标准和转换条件，并对每次合约转换的数量、金额、日期保持连续、完整的记录。

终止套期会计可能会影响套期关系的整体或其中一部分，在仅影响其中一部分时，剩余未受影响的部分仍适用套期会计。

套期关系同时满足下列条件的，企业不应当撤销指定并由此终止套期关系：

1)套期关系仍然满足风险管理目标；

2)在考虑再平衡后(如适用)，套期关系仍然满足本规定其他所有应用条件。

(2)会计处理。

预期交易预期不再发生时，企业将其套期储备重分类至当期损溢，将“其他综合收益——套期储备”账户中已确认的套期工具利得或损失转入“公允价值变动损溢”等账户。

如果预期交易不再很可能发生但预期仍可能发生，企业保留“其他综合收益——套期储备”账户中已确认的套期工具利得或损失，直至未来预期交易发生。

套期关系终止后原被套期的采购商品的确定承诺存续的，企业保留“被套期项目”账户累计公允价值变动额，直至企业在确认相关存货时，将“被套期项目”账户中累计公允价值变动额转入“原材料”等账户。

套期关系终止后原被套期的销售商品的确定承诺存续的，企业保留“被套期项目”账户中累计公允价值变动额，直至企业在相关销售实现时，将“被套期项目”账户中累计公允价值变动额转入“主营业务收入”等账户。

套期工具平仓或到期交割的，企业按结算金额，借记或贷记“其他应收款”等账户，贷记或借记“套期工具”账户。

套期关系终止后原套期工具存续的，企业将其账面价值从“套期工具”账户转入“衍生工具”账户。

套期关系终止后原被套期的存货存续的，企业按被套期存货的账面价值，借记“原材料”“库存商品”等账户，按套期期间累计存货跌价准备，借记“存货跌价准备”账户，按被套期存货的账面余额，贷记“被套期项目”账户。

6. 列示

(1)资产负债表。企业将“套期工具”账户所属明细账户期末借方余额合计数在“以公允价值计量且其变动计入当期损溢的金融资产”项目中列示，贷方余额合计数在“以公允价值计量且其变动计入当期损溢的金融负债”项目中列示；企业在资产负债表中设有“衍生金融资产”和“衍生金融负债”项目的，则分别在该两项目中列示。

企业将“被套期项目”账户中归属于存货的余额减去相关“存货跌价准备”账户余额后的金额在“存货”项目中列示；将归属于确定承诺的“被套期项目”账户所属明细账户期末借方余额合计数在“其他流动资产”或“其他非流动资产”项目中列示，贷方余额合计数在“其他流动负债”或“其他非流动负债”项目中列示。

(2)利润表。企业将“套期损溢”账户当期发生额在“公允价值变动损溢”项目中列示。

企业将“其他综合收益——套期储备”账户当期发生额在“以后将重分类进损溢的其他综合收益”项目所属的“现金流量套期损溢的有效部分”项目中列示。

对构成风险净敞口的一组项目进行套期的，企业在利润表中“公允价值变动损溢”项目和“投资收益”项目之间增设“净敞口套期损溢”项目，以单独反映构成风险净敞口的被套期项目在影响损溢时结转的累计公允价值变动额。该项目根据“净敞口套期损溢”账户当期发生额填列。

复习思考题

1. 商品购进环节的采购费的会计处理有哪些方法?
2. 商品销售收入确认的条件有哪些?
3. 商品发出的计算有哪些方法？请比较这些方法的优缺点。
4. 期货交易有哪些基本特征?
5. 将一组项目中的某一层级指定为被套期项目，还需要同时满足哪些条件?

第四章

商品零售业务核算

【学习目标】

1. 了解零售商品经营的特点。
2. 理解零售商品核算的方法。
3. 理解零售企业商品购进与销售的业务流程。
4. 掌握零售企业商品购进、销售和储存的账务处理。
5. 掌握已销商品进销差价的计算方法。
6. 掌握鲜活商品的核算处理。

第一节　零售商品经营的特点与核算方法

零售商品流通是企业通过买卖方式，从生产部门或其他商品流通企业(批发企业)购进商品，再把商品卖给城乡居民用于生活消费或卖给其他组织用于非生产消费的买卖行为。它是商品流通过程的最终环节。零售商品流转的环节包括商品购进、商品销售和商品储存。

一、零售商品经营的业务特点

1. 零售商品流转的特点

(1)经营品种多，规格复杂，直接服务于消费者，且交易次数频繁、数量零星。

(2)交易方式主要是一手交钱一手交货的现金交易，成交时间短。

(3)除集团购买或贵重商品外，一般无须填制销货凭证。

(4)依据业务性质，一般零售商品都采用售价金额核算法。

(5)零售贵重商品(金银首饰)采用售价金额核算法，鲜活商品采用进价金额核算法。

2. 会计核算价格的特点

零售商品流转过程中，价格的核算主要采用“一进三销”方式。“一进”是指购入商品时用购进的实际价格核算；“三销”是指商品验收入库时采用销售价核算，销售商品时采用销售价核算，结转主营业务成本时也采用销售价核算。

二、零售商品的核算方法

零售企业为了适应其经营特点，简化记账工作，通常采用售价金额核算法。售价金额核算法也称“售价记账、实物负责制”，它不仅是零售企业库存商品核算的一种方法，也是零售企业一项重要的经营管理制度。其内容包括以下几方面：

1. 建立实物负责制

企业为了加强对库存商品的管理和控制，零售企业通常按照经营商品品种和存放地点的不同，划分若干营业柜组或门市部，确定实物负责人，建立实物负责制，明确每个成员的职责分工，进而要求各实物负责小组对其所经营的全部商品承担经济责任，使商品的进、销、存各环节都有专人负责，建立必要的手续。这是实行售价金额核算的基础。

2. 库存商品按含税售价记账

零售企业销售商品时，标价即售价，包括销售价格和销项税额两部分。也就是说，售价是含税的价格。因此，会计部门对商品进、销、存的总分类账及其所属的明细分类账都按照零售价记账。在总账中只记库存商品的售价总金额，库存商品明细账按实物负责小组设置，按商品售价金额分别记载各实物负责小组经管的所有商品，以随时反映和掌握实物负责小组对其经营商品所承担的经济责任情况。为了加强商品管理，仓库中的全部商品，门市部、营业柜组存放的贵重商品、大件商品，以及业务上经常需要掌握数量的商品，实物负责小组必须设置商品数量账，每天登记收、付、存数量。这是售价金额核算的核心。

3. 设置“商品进销差价”账户

采用售价金额核算的零售企业，由于库存商品的增加、减少和结存都是按售价在库存商品账上反映的。这就与实际购进商品时所支付的金额不一致，通常是售价高于进价。会计核算不仅要以售价控制商品，还要以进价反映库存商品的实际价值。因此，需要设置“商品进销差价”账户，以核算库存商品售价与进价的差额。在月末要分摊和结转已销商品所实现的商品进销差价。

4. 加强商品实地盘点制度

由于库存商品实行售价金额核算，其明细账只反映售价金额，不反映数量和进价金额。但企业期末为了核实各实物负责小组库存商品的实有数额，每月必须进行一次全面盘点，计算实际结存商品售价金额，并与账面结存金额进行核对。实物负责人发生调动或者商品调价的，应及时进行盘点。盘点结果出现差异时，应及时查明原因，进行处理，保证账实相符。这是一项重要的管理措施，也是在“售价金额核算”下的一项重要内容。通过盘点和账实核对，可以考核实物负责小组对企业财产保管的情况，月终盘点后，确定实际库存，并据以处理损耗或溢余。

5. 按时编制“商品进销存日报表”

零售企业进、销、调、存全面的业务活动是通过“商品进销存日报表”进行反映的，这对会计核算的报账、对账、记账工作及资金运用和经营管理具有很重要的作用。因此，实物负责人必须每天编制“商品进销存日报表”，详细填列商品购进、销售及库存情况，并连同应附的有关原始凭证，报送会计部门。会计部门应加强审核，无误后，编制记账凭证，以反映实物负责人所经管商品的金额。“商品进销存日报表”也可分别装订，作为库存商品明细账。

6. 健全各业务环节的手续制度

实物负责人针对商品购进、调拨、销售、调价、升溢、损耗、损失、盘点交接等必须建立必要的手续，填制完备的凭证，按照合理的程序传递凭证，及时调整账面金额。商品要认真验收，不仅要验收数量、质量，而且要核实价格、金额是否相符；销售时要正确执行规定的价格，以加强商品和销售货款的管理。

第二节 购进商品的核算

一、零售商品购进的业务程序

零售企业主要从当地批发企业和生产企业采购商品，根据市场需要及货源情况也从异地购进商品。从异地购进商品的接收与结算方式，与批发企业基本相同，下面仅以同城购进商品为例，介绍其商品购进的业务流程。

(1)采购组织：根据企业的内部组织分工不同，部分企业设专职采购员负责整个企业的进货；部分企业由各实物负责人(门市部及营业柜组)直接进货；还有的企业既设专职采购员进货，又由实物负责人直接进货。

(2)商品交接方式：同城采用提货制或送货制；异地采用发货制。

(3)结算方式：同城通常采用支票、银行本票、商业汇票；异地通常采用银行汇票、商业汇票、汇兑和委托收款等。

(4)业务单证：订购单(合同)、增值税专用发票、验收单(收货单)、付款凭单(根据上述单证由财务部门填制)。

(5)业务流程：零售企业的采购员或实物负责人到供货单位采购商品，凭供货单位的专用发票，一般以转账支票或商业汇票办理结算；所购货物可以采用“提货制”或“送货制”；货到后由实物负责人(仓库)将专用发票上开列的购进单价、商品货号、品名、规格、等级、数量与实物进行核对，如核对无误，在专用发票签收后，转交财务部门入账；也可以根据管理需要，由业务部门另行填制收货单一式数联，将其中一联与专用发票一并送交财务部门。

二、零售商品购进的业务核算

(一)零售商品购进业务涉及的会计科目

零售商品购进核算所涉及的会计科目除批发业务中所涉及的在途物资、库存商品、应交税费——应交增值税(进项税额)、销售费用、银行存款、其他货币资金、应付账款、应付票据外，还需设置商品进销差价科目，下面做重点阐述。

“商品进销差价”账户是资产类账户，是“库存商品”账户的抵减账户，用以反映库存商品含税售价金额与不含税进价金额之间的差额。商品购进、溢余及调价增值发生差价时，记入该账户贷方；因结转已销商品进销差价、商品短缺、削价及调价减值等而注销时，记入该账户借方；期末余额在贷方，表示期末库存商品的进销差价。期末“库存商品”账户余额减去“商品进销差价”账户的余额，即为库存商品的进价金额。

在售价金额核算法下，由于库存商品是按含税售价记载的，所以，“商品进销差价”也是含税的，而非实际的进销差价。由此计算的差价率也不是能真实体现企业经营成果的商品经营差价率，必须待月份终了时，将进销差价按商品存销比例分摊后，才可以将商品销售成本和结存成本中的差价及税金予以抵扣，将其还原为不含税的进价成本，然后用不含税的销售收入与不含税的进价成本比较，计算出真正的商品经营毛利。

（二）零售商品购进业务的核算

零售商品购进过程与批发商品购进一样，由于结算单证与货物到达企业的时间可能不同，一般也会存在单货同到、单到货未到、货到单未到三种情况。现仅以第二、第三种情况为例。

【例 4-1】 美华商厦是一家综合性零售企业，1 月 2 日从本市东北电器公司购进电磁炉 500 台，单价 200 元，供货方垫付运费 600 元，通过托收承付方式结算货款。

(1) 1 月 2 日收到货款托收单证，列明货款 100 000 元，增值税额 17 000 元，财务部门签发转账支票付款。会计处理如下：

借：在途物资——电磁炉　　100 000

　　应交税费——应交增值税(进项税额)　　17 000

　　进货费用　　600

　　贷：银行存款　　117 600

(2) 5 日收到商品，财务部门收到家电柜转来的收货单，列明含税售价金额 120 000 元。会计处理如下：

借：库存商品——家电柜　　120 000

　　贷：在途物资——电磁炉　　100 000

　　　　商品进销差价——家电柜　　20 000

【例 4-2】 1 月 26 日，美华商厦向利源服装厂购进女装一批，商品已验收入库，女装 500 件，每件进价 400 元，售价 600 元。结算凭证未到，将收货单妥善保管，暂不入账。

(1) 31 日，结算凭证仍未到达，财务部门根据服装组转来的收货单、随货同行的发货单等暂估入账。

借：库存商品——女装　　300 000

　　贷：应付账款——利源服装厂　　200 000

　　　　商品进销差价——服装组　　100 000

(2) 2 月 1 日，财务部门用红字冲销上述暂估入账分录。

借：库存商品——女装　　[300 000]

　　贷：应付账款——利源服装厂　　[200 000]

　　　　商品进销差价——服装组　　[100 000]

(3) 2 月 10 日，收到利源服装厂转来的上批女装结算凭证，增值税专用发票上列明装 500 件，每件单价 400 元，增值税 34 000 元，经审核无误后付款。

1) 借：在途物资——女装　　200 000

　　　应交税费——应交增值税(进项税额)　　34 000

　　　贷：银行存款　　234 000

2) 借：库存商品——服装组　　300 000

　　　贷：在途物资——女装　　200 000

　　　　　商品进销差价——服装组　　100 000

（三）购进商品退补价的核算

零售企业购进商品并结算后，如果发现结算凭证的价格有误，应向供方索取更正发票以便调整会计处理。

如果供货方开来更正发票时，只更正购进价格，没有影响到商品的零售价，财务部门只需调整“商品进销差价”账户，而不必调整“库存商品”账户的记录。

1. 购进商品退价的核算

购进商品退价是指原结算货款的进价高于合同约定的价格，应由供应商将高于合同价格造成的货款差额退还给购货单位。财务部门应根据供应商开来的红字专用发票冲减商品采购额和进项税额。用红字借记“在途物资”“应交税费”账户，贷记“银行存款”“应收账款”或“应付账款”账户；同时还应增加商品进销差价，用红字借记“商品进销差价”账户，贷记“在途物资”账户。

【例 4-3】 美华商厦日前从华夏服装厂购进女装 100 套，每套进价 200 元，售价 260 元。商品已由服装组验收入库，货款已付，现经查验发现对方的发票有误，每套服装多收 10 元，经交涉，收到厂方的更正发票，并退回多收的货款及税款 1 170 元。其会计处理如下：

(1) 冲销商品进货额及进项税额：

借：在途物资——华夏服装厂	1 000	
应交税费——应交增值税(进项税额)	170	
贷：银行存款		1 170

(2) 同时调整增加商品进销差价：

借：商品进销差价——服装组	1 000	
贷：在途物资——华夏服装厂		1 000

此例中如果购货方还未付货款，应用红字贷记“应付账款”账户；如果已付款，但供货方在开来红字发票后，尚未退回多收的货款，可用红字贷记“应收账款”账户。

2. 购进商品补价的核算

如果购货单位少收了货款，只需由购进单位按合同或协议价格补价。此时应根据专用发票增加商品采购额和进项税额，借记“在途物资”和“应交税费”账户，贷记“应付账款”账户；同时还要减少商品的进销差价，借记“商品进销差价”账户，贷记“在途物资”账户。

【例 4-4】 美华商厦日前从利兴日用品厂购进 1 000 条毛巾，厂方开来的发票单价为 10 元，售价 15 元，货款已付，商品已由百货柜验收入库。现收到厂方开来的更正发票，每条单价应为 12 元，应补付货款及税款 2 340 元，财务部门开出转账支票付款。其会计处理如下：

(1) 补记商品进货额及进项税额：

借：在途物资——利兴日用品厂	2 000	
应交税费——应交增值税(进项税额)	340	
贷：银行存款		2 340

(2) 同时调整减少商品进销差价：

借：商品进销差价——百货柜	2 000	
贷：在途物资——利兴日用品厂		2 000

3. 因商品品种、等级错误形成的退补价

供货单位发错商品品种、规格及等级时，经双方协商不退货和重新换货的前提下，就形成了退补价业务。此时供货方需开来更正发票更正批发价和零售价，如因更正价格供货单位应退还货款时，除了应根据更正专用发票冲减商品采购额、进项税额和应付账款外，还要冲减库存商品的售价金额、进价成本和商品进销差价。如因更正价格购货单位应补付货款时，除了根据供货方开来的更正发票增加商品采购额、进项税额和应付账款外，还要增加库存商品的售价金额、进价成本和商品进销差价。

【例 4-5】 美华商厦日前从康乐食品公司购进一级草菇 200 千克，每千克进价 50 元，售价 60 元。商品已由食品柜验收入库，货款已付。经查验，发现收到的草菇为二级品，经销商不做退货处理，现收到对方的更正发票，该二级草菇每千克的进价为 42 元，售价为 50 元，应退货款 1 600 元，增值税额 272 元。其会计处理如下：

(1) 冲减商品进价和进项税额：

借：在途物资——草菇 1 600

应交税费——应交增值税(进项税额) 272

贷：应收账款——康乐食品公司 1 872

(2) 同时冲减库存商品的售价金额和进价成本：

借：库存商品——食品柜 2 000

贷：在途物资——草菇 1 600

商品进销差价——食品柜 400

(四) 进货退出的核算

零售企业购进商品后，发现商品的品种、规格或质量达不到要求等情况时，如不愿通过退补价等方式处理，应与供货方联系，做退货处理。经供货方同意后，由供货单位开出退货红字专用发票，办理退货手续，并将商品退还供货单位。

【例 4-6】 美华商厦发现日前购进的餐具中有 50 套质量存在瑕疵，经与供应商兴昌公司联系后同意做退货处理。该餐具每套进价 100 元，售价 120 元。

(1) 退货后，根据百货柜转来的红字收货单，会计处理如下：

借：库存商品——百货柜 6 000

贷：在途物资——兴昌公司 5 000

商品进销差价——百货柜 1 000

(2) 收到对方开来退货的红字专用发票、货款及税款 5 850 元，会计处理如下：

借：在途物资——兴昌公司 5 000

应交税费——应交增值税(进项税额) 850

贷：银行存款 5 850

(五) 购进商品发生溢缺的核算

零售企业在购进商品过程中，由于发货差错或运输事故会造成所购商品的短缺或溢余，同时有些商品因自然因素也会发生自然升溢或自然损耗，进而形成验收商品的数量有短缺或溢余情况。对于发错商品数量可与供货单位联系，由对方补发其少发的商品，或将对方多发的商品退还；也可经过协商后做退补价处理。但对于因自然因素、责任事故或一时难以查明原因等造成的溢缺，应由验收柜组填制“商品购进短缺溢余报告单”，财务部门据以按进价将短缺或溢余的商品先记入“待处理财产损溢”账户，并按实收商品数量的售价金额借记“库存商品”账户。待查明原因并经管理层批准后，再根据不同的原因从“待处理财产损溢”账户，转入各有关账户，原则上对于“待处理财产损溢”的处理不得跨月。

【例 4-7】 美华商厦从大连海产公司购入海米 500 千克，每千克进价 10 元，售价 16 元，对方代垫运费 500 元，采用托收承付结算。

(1) 1 月 5 日，收到银行转来托收凭证，内附专用发票，计货款 5 000 元，进项税额 850 元，运费凭证 500 元，经查验与合同相符，予以承付，会计处理如下：

借：在途物资——海米	5 000	
应交税费——应交增值税(进项税额)	850	
进货费用	500	
贷：银行存款		6 350

(2) 1 月 8 日，海米已运到，由食品柜验收，实收 510 千克，溢余 10 千克，原因待查。

1) 借：库存商品——食品柜	8 000	
贷：在途物资——海米		5 000
商品进销差价——食品柜		3 000

2) 根据"商品购进短缺溢余报告单"，做如下会计处理：

借：库存商品——食品柜	160	
贷：待处理财产损溢——待处理流动资产损溢		100
商品进销差价——食品柜		60

(3) 经查明溢余商品属于自然省溢。

借：待处理财产损溢——待处理流动资产损溢	100	
贷：进货费用		100

【例 4-8】 假设【例 4-7】中美华商厦在收货时发现短缺 10 千克，其会计处理如下：

(1) 验收入库：

1) 借：库存商品——食品柜	7 840	
贷：在途物资——海米		4 900
商品进销差价——食品柜		2 940

2) 根据"商品购进短缺溢余报告单"做如下会计处理：

借：待处理财产损溢——待处理流动资产损溢	100	
贷：在途物资——大连海产公司		100

(2) 经查明短缺商品的 10 千克海米是属于自然损耗，其会计处理如下：

借：进货费用	100	
贷：待处理财产损溢——待处理流动资产损溢		100

第三节 销售商品的核算

一、零售商品销售的业务流程

零售企业的商品销售业务，一般按营业柜组或门市部组织进行。商品销售的业务程序，根据企业的规模、经营商品的特点以及经营管理的需要而有所不同。

(1) 零售商品销售的组织：按营业柜组或门市部分别组织所负责商品的销售，同时，也负有对其经营商品的保管责任。

(2)零售商品销售的货款结算方式：以现金或信用卡及贷记卡结算为主，涉及企事业单位的大额销售采取转账结算。

(3)销售货款收取方式，主要有以下三种：

1)由营业员分散收款(直接收款)，即一手交钱一手交货，一般不填制销售凭证，手续简便，交易迅速，但由于货款均由营业员一人经手，容易发生差错与弊端，且不易及时发现，该方式适合价值较低的商品或小型零售企业。

2)在商城内设立若干收银台负责集中收款，营业员只负责售货，并负责填制销货凭证或商品计数卡，消费者据以向收银台交款，消费者凭付款后的单证向营业员领取商品，该方式由于钱货分管，职责分明，不易发生差错，但手续烦琐，效率较低，适合于价值较高的商品销售或大型零售企业。

3)对于一些超市的销售，由于实行开架销售，基本上采取在出口处集中设立若干收银机，由专职收银员负责货物的清点和收取货款，该方式手续简便，效率较高。

(4)货款的解缴：不论采用哪一种收款方式，均应按照现金管理的规定，在当天将销货款解缴到银行，解缴货款的方式有集中解缴和分散解缴两种。

集中解缴是每天营业结束后，由各营业柜组(门市部)或收款员按其所收的销货款，填制"内部缴款单"及"零售商品进销存日报表"，连同所收的货款一并送交财务部门，财务部门将各营业柜组或门市部的销货款集中汇总后填制"解款单"，并集中将当日的销售货款全部解存银行。"内部缴款单""零售商品进销存日报表"以及"银行进账单回单"是财务部门对每日销售业务进行账务处理的依据。

分散解缴是在每天营业结束后，由各营业柜组(门市部)或收款员负责，按其所收的销货款，填制"银行进账单"后，将现金直接解存银行，取得银行进账单回单后，填制"内部缴款单""零售商品进销存日报表"，并一并送交财务部门，作为账务处理的依据。

以上单据的格式见表 4-1 和表 4-2。

表 4-1　内部缴款单(第一联缴款人留存)

缴款单位：(实物负责人)　　　　　　　　　　　　年　　月　　日

项目	金额	小票金额合计	
现金		销售折扣金额	
支票		应收金额	
信用卡			
贷记卡		长款金额	
实缴金额合计		短款金额	

"内部缴款单"由缴款人填制，通常一式两联，一联缴款单位自存，一联上交财务部门，作为入账的依据。

"零售商品进销存日报表"由实物责任人填制，通常一式两份，一份柜组自存，一份上交财务部门，作为入账的依据。

表 4-2　零售商品进销存日报表

柜组名称：　　　　　　　　　　　　　　年　　月　　日　　　　　　　　　　　　　编号：

<table>
<tr><th colspan="2">项目</th><th>金额</th><th colspan="2">项目</th><th>金额</th></tr>
<tr><td colspan="2">昨日库存</td><td></td><td colspan="2">本日销售</td><td></td></tr>
<tr><td rowspan="7">今日收入</td><td>本日进货</td><td></td><td rowspan="7">今日减少</td><td>残品减值</td><td></td></tr>
<tr><td>调价增值</td><td></td><td>调价减值</td><td></td></tr>
<tr><td>盘点溢余</td><td></td><td>盘点亏损</td><td></td></tr>
<tr><td>商品升溢</td><td></td><td>商品损耗</td><td></td></tr>
<tr><td>加工收回</td><td></td><td></td><td></td></tr>
<tr><td></td><td></td><td>本日结存</td><td></td></tr>
<tr><td>合计</td><td></td><td>合计</td><td></td></tr>
<tr><td colspan="2">本月销售计划</td><td></td><td colspan="2">销售完成累计</td><td></td></tr>
</table>

柜组长：　　　　　　　复核：　　　　　　　　制表：　　　　　　　　　　附凭　张

二、零售商品销售的业务核算

（一）零售商品销售涉及的科目

零售企业商品销售业务是通过“主营业务收入”和“主营业务成本”账户进行核算的。

在零售商品的核算中，“主营业务收入”账户平时在贷方登记含税销售收入，为了简化核算手续，期末再将其调整为不含税的销售额；借方登记的是定期或月终计算转出的销项税额和期末结转“本年利润”账户的不含税销售收入；期末结转后该账户应无余额。在核算零售商品销售时，其明细账应按商品大类或实物负责人分设。

在零售商品核算中，“主营业务成本”账户平时在借方登记结转含税的商品销售收入，贷方登记月末计算结转的已销商品应分摊的进销差价和期末结转“本年利润”账户的进价成本数额，结转后该账户应无余额。在核算零售商品销售时，其明细账应按商品大类或实物负责人分设。

（二）零售商品销售的日常核算

日常核算时，财务部门根据各柜组（门市部）交来的当日“内部缴款单”“零售商品进销存日报表”以及“银行进账单回单”按已售商品的含税售价登记“主营业务收入”和“银行存款”账户。同时，将实物负责人经管的库存商品转入“主营业务成本”账户。

【例 4-9】 美华商厦为信用卡特约单位，信用卡结算手续费率为 3%，1 月 10 日各营业柜组商品销售及货款收入情况如表 4-3 所示。

表 4-3　商品销售及货款收入情况表

	销售金额	现金收入	信用卡签购单	转账支票	现金溢缺
服装柜	18 230.50	12 630.50	5 600.00		
箱包柜	15 350.70	10 150.70	4 200.00	1 000.00	
视频柜	16 330.60	13 030.60	3 300.00		
办公用品柜	11 253.40	6 353.40	2 600.00	2 300.00	
合计	61 165.20	42 165.20	15 700.00	3 300.00	

（1）财务部门根据各营业柜组交来的商品销售收入内部缴款单及现金、签购单和转账支

票，根据签购单编制计汇单，与转账支票一并存入银行，并根据银行进账单回单进行会计处理如下：

借：银行存款 60 694.20
　　财务费用 471
　　贷：主营业务收入——服装柜 18 230.50
　　　　　　　　　——箱包柜 15 350.70
　　　　　　　　　——食品柜 16 330.60
　　　　　　　　　——办公用品柜 11 253.40

(2)转销实物负责人保管的已销商品库存，会计处理如下：

借：主营业务成本——服装柜 18 230.50
　　　　　　　　——箱包柜 15 350.70
　　　　　　　　——食品柜 16 330.60
　　　　　　　　——办公用品柜 11 253.40
　　贷：库存商品——服装柜 18 230.50
　　　　　　　　——箱包柜 15 350.70
　　　　　　　　——食品柜 16 330.60
　　　　　　　　——办公用品柜 11 253.40

按上述方式所进行的会计处理，零售企业平时的“主营业务收入”和“主营业务成本”账户并不能反映真实的收入和成本，更不能反映出真实的毛利。只有待月终计算并结转全月已销商品的进销差价，并通过价税分离后，才能进一步计算出已销商品的毛利。之所以这样处理，是为了适应零售企业商品流转的特点及管理要求，也是简化会计核算的需要。

(三)零售商品分期收款销售的核算

近年来，零售企业为了扩大销售规模，提高市场占有率，纷纷采取了分期收款。采取分期收款销售的商品均是一些高档耐用品，但对于零售企业来讲，由于其面对的是广大消费者，且其销售的商品均不是批量销售，所以，此时的分期收款销售并不具有融资性质。

在采用分期收款销售时，应将所销售的商品转入“发出商品”账户，并将其转为进价，凡是已经转入“发出商品”账户的已发出商品，均不再参与月终的商品进销差价的分摊。在以后按合同约定的期限分期收款时，应按每次的实收价款确认销售收入的实现，同时应按所收取款项占全部销售收入的比例结转销售成本。

【例 4-10】 美华商厦为了对所经营的电脑进行促销，于 1 月份开始对该类电脑实行分期收款的销售活动。活动方案约定：首次收取该电脑价款的 40%，余款采取分两次各按 30%的比例收取，后两次收款的时间分别为 6 月 30 日和 12 月 30 日。2 月 10 日当天共销售该电脑 10 部，每部进价 3 000 元，活动售价 3 500 元。

(1)发出商品时：

借：发出商品——科技柜 30 000
　　商品进销差价——科技柜 5 000
　　贷：库存商品——科技柜 35 000

(2)首次确认 40%的收入：

借：银行存款　　　　　　　　　　　　　　　　　　　　14 000

　　贷：主营业务收入——科技柜　　　　　　　　　　　　　　14 000

同时结转销售成本：

借：主营业务成本——科技拒　　　　　　　　　　　　　12 000

　　贷：发出商品——科技柜　　　　　　　　　　　　　　　12 000

(3) 第二次（6 月 30 日）及第三次（12 月 30 日）的账务处理同上，只是比例按 30%处理。

（四）零售商品销售长短款的核算

如前所述，由于商品零售业务交易频繁，且多以现金结算，所以，在日常销售过程中不可避免地会发生长短款。当实收货款多于应收货款时，即为长款；当实收货款少于应收货款时，即为短款。其原因多为收款过程中的差错造成的。

每日终了，各实物负责人或收银台应将实收现款与收款记录进行核对，若有差异，应及时填报长（短）款报告单连同零售商品进销存日报表送交财务部门据以进行账务处理。

零售企业采用售价金额核算法下的实物负责制，既是针对库存商品的核算方法，更是一种管理制度，其实物负责制的核心就是柜组岗位责任制。为此，零售企业必须根据《内部会计控制规范——货币资金》规范的要求，建立健全防范收款错弊的机制与业务规范，尽量防止其发生，同时，对于发生的长短款应有规范的处理办法，明确责任，在长（短）款报告单中应列明长短款的原因及处理意见，作为财务部门进行账务处理的依据。长（短）款报告单的格式如表 4-4 所示。

表 4-4　长（短）款报告单

实物负责人（收银台）：　　　　　　　　年　月　日　　　　　　单位：元　　　　字第　号

实收金额		实收金额		长款金额		短款金额	
长短款原因							
处理意见	签字：						

财务部门根据批复后的处理意见，分别记入“其他应收款”“管理费用”“营业外支出”或“营业外收入”账户。对于同时发生的长短款，财务部门不可做相互抵销处理，应分别核算。

【例 4-11】 美华商厦 1 月 15 日百货柜销货记录为 5 600 元，实收 5 650 元；箱包柜销货记录为 4 800 元，实收 4 760 元。经查：百货柜的长款原因不明，转入营业外收入；箱包柜的短款为收款员李燕收款疏忽所致，应记入其个人责任。会计处理如下：

(1) 反映当日销售收入：

借：银行存款　　　　　　　　　　　　　　　　　　　10 410

　　其他应收款——李燕　　　　　　　　　　　　　　　　40

　　贷：主营业务收入——百货柜　　　　　　　　　　　　　5 600

　　　　　　　　　　——箱包拒　　　　　　　　　　　　　4 800

　　　　营业外收入　　　　　　　　　　　　　　　　　　　　50

(2) 转销已销的库存商品：

借：主营业务成本——百货柜　　　　　　　　　　　　　5 600

　　　　　　　　——箱包柜　　　　　　　　　　　　　4 800

贷：库存商品——百货柜　　5 600
　　　　　——箱包柜　　4 800

（五）受托代销商品销售的核算

零售企业接受代销商品业务，一般根据与委托方签订的协议，可采取视同买断或收取手续费方式进行结算。两种方式的核算过程与批发企业的核算基本相同。

1. 视同买断方式受托代销商品的核算

零售企业收到受托代销商品时，并没有取得商品的所有权，为了加强对受托代销商品的管理，在受托代销商品验收入库时，应按代销商品的售价金额借记“受托代销商品”账户，按代销商品的协议价金额贷记“受托代销商品款”账户；售价金额与协议价金额之间的差价，则贷记“商品进销差价”账户。

代销商品销售后，借记“库存现金”账户，贷记“主营业务收入”账户；并按售价金额借记“主营业务成本”账户，贷记“委托代销商品”账户；同时按代销商品的协议价结转代销商品款，借记“受托代销商品款”账户，贷记“应付账款”账户。当结算期届满时，将代销商品清单交付委托方，俟收到委托方的专用发票，据以支付其货款和增值税税额时，借记“应付账款”账户和“应交税费”账户，贷记“银行存款”账户。

【例 4-12】 美华商厦根据受托代销合同，接受信诚服装厂 200 件高档男装的代销业务，该男装的协议单价 2 000 元，零售单价 2 500 元，合同规定每月月末受托方向委托方开具代销清单，据以结算货款。

（1）1 月 5 日，收到 200 件高档男装，由服装组验收入库，会计处理如下：

借：受托代销商品——服装组　　500 000
　　贷：受托代销商品款——信诚服装厂　　400 000
　　　　商品进销差价——服装组　　100 000

（2）1 月 10 日，服装组销售 20 件，收到现金 50 000 元，会计处理如下：

1）确认收入：

借：库存现金　　50 000
　　贷：主营业务收入——服装组　　50 000

2）注销受托代销商品：

借：主营业务成本——服装组　　50 000
　　贷：受托代销商品——服装组　　50 000

3）结转代销商品款：

借：受托代销商品款——信诚服装厂　　40 000
　　贷：应付账款——信诚服装厂　　40 000

（3）1 月 31 日，开出代销商品清单后，收到信诚服装厂专用发票，开列服装销售 20 件，每件 2 000 元，计货款 40 000 元，增值税税额 6 800 元，当即签发转账支票支付货款及税款，会计处理如下：

借：应付账款——信诚服装厂　　40 000
　　应交税费——应交增值税（进项税额）　　6 800
　　贷：银行存款　　46 800

2. 收取代销手续费方式受托代销商品的核算

采取收取代销手续费方式的零售企业，在收到代销商品时，按代销商品的售价借记“受托代销商品”账户，贷记“受托代销商品款”账户。

在代销商品时，根据收取的现金，借记“库存现金”账户，贷记“应付账款”账户；同时注销代销商品，借记“受托代销商品款”账户，贷记“受托代销商品”账户。结算期届满时，开出代销商品清单交付委托方，俟收到委托方专用发票支付已售代销商品账款时，根据专用发票上列明的价税合计借记“应付账款”账户，根据应收取的代销手续费贷记“其他业务收入”账户，根据价税合计与代销手续费之间的差额贷记“银行存款”账户。

【例 4-13】 美华商厦根据受托代销合同接受信诚服装厂 100 套女装的代销业务，合同规定该女装的销售单价(不含税)为 500 元，增值税税率为 17%，代销手续费率为 8%。

(1) 1 月 5 日，收到 100 套女装，由服装柜验收入库，会计处理如下：

借：受托代销商品——服装柜　　58 500
　　贷：受托代销商品款——信诚服装厂(货款)　　50 000
　　　　受托代销商品款——信诚服装厂(增值税)　　8 500

(2) 1 月 10 日，销售该女装 20 套，收到价税现金 11 700 元。

1) 反映商品销售：

借：库存现金　　11 700
　　贷：应付账款——信诚服装厂　　11 700

2) 注销代销商品：

借：受托代销商品款——信诚服装厂(货款)　　10 000
　　受托代销商品款——信诚服装厂(增值税)　　1 700
　　贷：受托代销商品——服装柜　　11 700

(3) 1 月 31 日，开出代销商品清单，收到信诚服装厂专用发票，开列女装 20 套，每套 500 元，计货款 10 000 元，增值税额 1 700 元，扣除代销手续费 936 元，余款签发转账支票支付信诚服装厂已售代销商品的全部款项。会计处理如下：

借：应付账款——信诚服装厂　　11 700
　　贷：其他业务收入　　936
　　　　银行存款　　10 764

三、零售商品销售收入调整的核算

为了适应零售企业的经营特点，简化日常核算，“主营业务收入”账户在平时均是按含税收入进行核算的，所以，月份终了，应将含税的销售收入分解为不含税的销售收入，分解出的销项税额记入“应交税费——应交增值税(销项税额)”账户。

含税收入的调整及销项税的计算公式如下：

$$不含税销售收入=\frac{含税销售额}{1+增值税率}$$

$$销项税额=不含税销售收入\times适用税率$$

或

$$销项税额=含税收入-不含税销售收入$$

【例 4-14】 月末，美华商厦主营业务收入各明细账户中汇集的含税销售总额为 1 000 000 元，其中：办公柜 260 000 元、服装柜 280 000 元、箱包柜 240 000 元、食品柜 220 000 元。价税分离的处理如下：

(1) 价税分离：

$$办公柜不含税销售收入=\frac{260\,000}{1+17\%}=222\,222.22\ (元)$$

$$服装柜不含税销售收入=\frac{280\,000}{1+17\%}=239\,316.24\ (元)$$

$$箱包柜不含税销售收入=\frac{240\,000}{1+17\%}=205\,128.21\ (元)$$

$$食品柜不含税销售收入=\frac{220\,000}{1+17\%}=188\,034.19\ (元)$$

计算销项税额：

办公柜销项税额=222 222.22×17%=37 777.78 (元)

服装柜销项税额=239 316.24×17%=40 683.77 (元)

箱包柜销项税额=205 128.21×17%=34 871.80 (元)

食品柜销项税额=188 034.19×17%=31 965.81 (元)

(2) 账务处理：

借：主营业务收入——办公柜	37 777.78	
——服装柜	40 683.77	
——箱包柜	34 871.80	
——食品柜	31 965.81	
贷：应交税费——应交增值税（销项税额）		145 299.16

四、已销商品进销差价率及销售成本的调整

由于零售企业采取售价金额核算法对库存商品进行核算，所以，为了满足管理和简化核算的需要，平时按商品售价结转商品销售成本，到月末时，为了正确核算零售商品销售业务的经营成果和真实反映期末库存商品的价值，就需要通过科学的计算方法来计算和结转已销商品的进销差价，并将商品销售成本由售价调整为进价。

零售企业计算已销商品进销差价的方法有综合差价率推算法、分柜组差价率推算法和实际进销差价计算法三种。

1. 综合差价率推算法

综合差价率推算法是按全部商品的存销比例，计算本期销售商品应分摊进销差价的一种方法。具体的计算过程是：首先将期末结转前的“商品进销差价”账户余额，除以期末全部商品价值（“库存商品”账户余额加上“受托代销商品”账户余额与本期“主营业务收入”账户余额），计算出本期商品的综合差价率，然后再将本期已销商品销售收入乘以综合差价率计算出已销商品的应分摊的进销差价。其计算公式如下：

$$综合差价率=\frac{月末结转前“商品进销差价”账户余额}{期末“库存商品”账户余额+期末“受托代销商品”账户余额+本期“主营业务收入”账户余额}\times100\%$$

本期已销商品进销差价=本期“主营业务收入”账户余额×综合差价率

在上述计算综合差价率公式的分母中，包括期末“受托代销商品”账户的余额，需要强调的是：其仅包括“受托代销商品”账户的余额中视同买断方式的受托代销商品，不包括收取手续费方式的受托代销商品。如果企业存在较多的折价销售情况时，“主营业务收入”账户的余额资料就不能真实反映原售价，所以，此时用“主营业务成本”账户的发生额较为适宜。

【例 4-15】 美华商厦 12 月月末相关账户资料如下：“商品进销差价”余额为 310 000 元，“库存商品”账户余额为 550 000 元，“主营业务收入”和“主营业务成本”账户余额均为 1 000 000 元。根据上述资料计算本月已销商品应分摊的进销差价。

$$综合差价率=\frac{310\,000}{55\,000+1\,000\,000}\times 100\%=20\%$$

本月已销商品应分摊的进销差价=1 000 000×20%=200 000（元）

根据以上计算结果，会计处理如下：

借：商品进销差价　　　　　　　　　　　　　　200 000

　　贷：主营业务成本　　　　　　　　　　　　　　200 000

月末“主营业务成本”的进价成本=1 000 000–200 000=800 000（元）

为了及时计算本月已销商品的销售毛利，还需将含税的销售收入进行价税分离，将含税收入还原为不含税收入。

$$不含税商品销售收入=\frac{1\,000\,000}{1+17\%}=854\,700.85\ (元)$$

销项税额=854 700.85×17%=145 299.15（元）

价税分离的会计处理如下：

借：主营业务收入　　　　　　　　　　　　　　145 299.15

　　贷：应交税费——应交增值税（销项税额）　　　　145 299.15

经过上述调整后，“主营业务收入”账户的余额 854 700.85 元，即为本月真正实现的收入，800 000 元为本月已销商品的真正成本，二者相抵后的余额 54 700.85 元（854 700.85–800 000）即为本月零售商品的销售毛利。

综合差价率推算法的计算与核算手续比较简便，但由于零售企业经营商品的品种繁多，各类商品间的进销差价率不尽相同，而且各类商品占全部销售额的比重也有差异，全部商品按同一差价率进行分摊进销差价，其结果的准确性较低，所以，各类商品差价率较为均衡的零售企业适合采用该方法。

2．分柜组差价率推算法

分柜组差价率推算法是按经营商品大类或各营业柜组（门市部）商品的存销比例，计算本期已销商品应分摊进销差价的一种方法。该方法要求先按商品大类或营业柜组（门市部）分别进行计算进销差价率，然后再分别计算各大类商品或柜组（门市部）已销商品应分摊的进销差价，最后汇总成企业全部已销商品进销差价。采用此方法时，要求“库存商品”“主营业务收入”“主营业务成本”“商品进销差价”账户均要按商品大类或柜组（门市部）开设明细科目。其计算方法与综合差价率计算法相同，财务部门可编制“已销商品进销差价计算表”进行计算。

【例 4-16】美华商厦采用分柜组差价率计算法计算已销商品的进销差价。12 月月末各有关明细账户的资料见表 4-5。

表 4-5 明细账户资料

单位：元

实务负责人	商品进销差价账户余额	库存商品账户余额	主营业务收入账户余额
服装柜	105 853	180 000	260 000
食品柜	98 600	160 000	240 000
百货柜	135 765	210 000	280 000
五金柜	44 727	100 000	220 000
合计	384 945	650 000	1 000 000

财务部门根据上述资料编制“已销零售商品进销差价计算表”，见表 4-6。

表 4-6 已销零售商品进销差价计算表

2014 年 12 月 31 日　　单位：元

实物负责人	商品进销差价账户余额	库存商品账户余额	主营业务收入账户余额	分类差价率（%）	已销商品进销差价
服装柜	105 853	180 000	260 000	24.06	65 556
食品柜	98 600	160 000	240 000	24.65	59 160
百货柜	135 765	210 000	280 000	27.71	77 588
五金柜	44 727	100 000	220 000	13.98	30 756
合计	384 945	650 000	1 000 000	-	233 060

会计主管：　　复核：　　制表：

根据已销商品进销差价计算表的结果，会计处理如下：

借：商品进销差价——服装柜　　65 556
　　　　　　　——食品柜　　59 160
　　　　　　　——百货柜　　77 588
　　　　　　　——五金柜　　30 756
　贷：主营业务成本——服装柜　　65 556
　　　　　　　　——食品柜　　59 160
　　　　　　　　——百货柜　　77 588
　　　　　　　　——五金柜　　30 756

分柜组差价率推算法的计算较为简便，计算的结果相对于综合差价率法较为准确，但与实际相比仍有一定的偏差。该方法适用于经营柜组间差价率较大的企业，或者需要分柜组核算其经营成果的企业。

3. 实际进销差价计算法

分柜组进销差价率计算法实际上仍是类内商品的综合差价率，而每类商品内部的各种商品差价率仍存在着差异，且类内各种商品的比重不同，必然会使按大类计算进销差价率的已销商品进销差价与实际的每种商品的进销差价存在差距，从而不能真实反映每种商品的毛利。为此，零售企业年末必须运用实际差价计算法对实存商品的进销差价进行一次全面的核实与调整。

实际进销差价计算法是指根据期末盘存商品的进销差价逆算（倒挤）出已销商品进销差价的一种方法。其具体计算过程如下：

(1)年终，由各实物负责人或营业柜组(门市部)通过商品盘点，编制出“库存商品盘存表”和“受托代销商品盘存表”，用各种商品的实存数量乘以含税销售单价和购进单价，分别计算出期末库存商品的含税售价金额和进价金额。

(2)用全部库存商品的含税售价总额减去其进价总额,计算出期末结存商品的进销差价及期末受托代销商品的售价金额和进价金额。

(3)计算已销商品应分摊的进销差价。

(4)结转已销商品的进销差价。

各柜组(门市部)编制的“库存商品盘存表”和“受托代销商品盘存表”应一式数联，其中一联送交财务部门，经复核无误后，据以编制“零售商品盘存汇总表”。

期末商品进销差价、已销商品进销差价的计算公式如下：

期末商品进销差价=期末库存商品售价金额-期末库存商品进价金额+期末受托代销商品售价金额-期末受托代销商品进价金额

已销商品进销差价=结账前商品进销差价账户余额-期末商品进销差价

【例 4-17】 华美商厦 2014 年 12 月 31 日“服装柜库存商品盘点表”的数据如表 4-7 所示。

表 4-7 库存商品盘点表

实物负责人：服装柜　　　　2014 年 12 月 31 日　　　　单位：元

品名	规格	计量单位	盘存数量	含税销售金额		进价金额	
				单价	金额	单价	金额
男西装		套	50	1 200.00	60 000.00	980.00	49 000.00
女职业装		套	30	800.00	24 000.00	640.00	19 200.00
休闲装		套	25	650.00	16 250.00	460.00	11 500.00
小计					100 250.00		79 700.00
合计					180 000.00		137 692

百货柜、食品柜和五金柜的“库存商品盘点表”从略。

财务部门根据各柜组的“库存商品盘点表”编制的“零售商品盘存汇总表”如表 4-8 所示。

表 4-8 零售商品盘存汇总表

2014 年 12 月 31 日　　　　单位：元

实物负责人	库存商品售价金额	库存商品进价金额	商品进销差价
服装柜	180 000	137 692	42 308
视频柜	160 000	123 560	36 440
百货柜	210 000	140 899	69 101
五金柜	100 000	86 668	13 332
合计	650 000	488 819	161 181

各营业柜组结转前零售商品进销差价账户余额与【例 4-16】相同，计算本期已销商品进销差价如下：

服装柜已销商品进销差价=105 853–42 308=63 545(元)

食品柜已销商品进销差价=98 600–36 440=62 160(元)

百货柜已销商品进销差价=135 765–69 101=66 664(元)

五金柜已销商品进销差价=44 727–13 332=31 399(元)

根据上述计算结果，会计处理如下：

借：商品进销差价——服装柜　　63 545
　　　　　　　——食品柜　　62 160
　　　　　　　——百货柜　　66 664
　　　　　　　——五金柜　　31 399
　贷：主营业务成本——服装柜　　63 545
　　　　　　　　——食品柜　　62 160
　　　　　　　　——百货柜　　66 664
　　　　　　　　——五金柜　　31 399

如果经过上述计算后，应保留的进销差价大于“商品进销差价”账户余额，说明企业平时多转了进销差价，少计了销售成本，应对账务处理进行如下调整：

借：主营业务成本
　贷：商品进销差价

实际进销差价计算法相对于前两种方法，其结果更接近于实际，但必须在对库存商品进行全面盘点的基础上来计算商品的进销差价，计算量很大，所以仅适于年终决算调整年度内运用前两种方法计算并结转的已销商品进销差价的误差，反映期末库存商品实际价值时采用。对于经营品种较少的企业或管理比较完善的企业也可以考虑选用。

在实际工作中，为了简化计算手续，准确地计算已销商品进销差价，往往在平时采取分柜组差价率推算法，到年末采用实际进销差价计算法，以保证整个会计年度核算资料的准确性。

第四节　储存商品的核算

零售企业为了使商品流通正常进行，满足市场的需求，不需要保持适当的商品储存。商品储存的核算，包括商品的调价、削价、内部调拨、盘点缺溢及库存商品和商品进销差价明细核算等内容。

一、商品调价的核算

商品调价是指零售企业根据市场供需情况或国家物价政策，对某些正常商品的价格进行适当地调高或调低。

实行售价金额核算法的零售企业，库存商品按售价金额核算，商品销售价格的变动会直接影响库存商品的金额。因此，对于因调价而增值或减值的金额，应在库存商品明细账中作增减记录。

通常情况下，在调价日期的前一天营业结束后，应由企业的物价人员、财会人员会同营业柜组对调价商品进行盘点，按照实际库存由实物负责人填制“零售商品调价盘点表”一式数联，一联送交财务部门，财务部门复核无误后，将调价差额全部体现在商品经营损溢内。调高售价时，借记“库存商品”账户，贷记“商品进销差价”账户；调低售价时，借记“商品进销差价”账户，贷记“库存商品”账户。

【例 4-18】 美华商厦根据市场情况将部分秋装于 8 月 15 日起调整零售价格，服装柜经过盘点后编制“零售商品调价盘点表”，如表 4-9 所示。

表 4-9　零售商品调价盘点表

调价通知单号：调字第 1001 号
通知日期：2014 年 8 月 15 日
实物负责人：服装柜　　　　　　　　　　执行日期：2014 年 8 月 20 日

品名	单位	盘存数量	零售价格		调价差额		调价总额	
			原售价	新售价	+	−	+	−
男风衣	件	200	550	500		50		10 000
女风衣	件	150	530	470		60		9 000
合计								19 000

柜长：　　柜核算员：　　监盘人：　　物价员：　　复核：　　制表：

财务部门根据服装柜转来的“零售商品调价盘点表”进行会计处理如下：

借：商品进销差价——服装柜　　19 000
　　贷：库存商品——服装柜　　19 000

二、商品削价的核算

零售企业对于库存中的呆滞、冷背、残损、变质的商品所做的降价处理，是为了避免更大的损失，多数零售企业一般采取削价处理，而不必像批发企业那样计提减值准备。库存商品进行削价处理时，一般由实物负责人或柜组（门市部）盘点数量后，填制“零售商品削价报告单”一式数联，按照规定的审批权限报经有关领导批准后方可执行，同时将审批后的报告单一联送交财务部门，以便其进行相关的账务处理。

零售商品削价后不含增值税的新售价不低于其进价的，其账务处理与调价减值的处理相同；零售商品削价后不含增值税的新售价低于其进价的，在不计提削价准备金的情况下，除了根据削价减值金额借记“商品进销差价”账户，贷记“库存商品”账户外，其低于进价部分直接列入当期损溢（销售费用）。

【例 4-19】 美华商厦服装柜计划将换季某款男装 50 套做削价处理，其原零售单价为 220 元，经批准按原售价的 5 折 110 元进行削价处理，该男装的进价为每套 180 元。估计销售费用每套 4 元。其账务处理如下：

该男装削价后不含增值税销售额=110×50 ÷ 1.17=4 700.85（元）

该男装可变现净值=4 700.85−（4×50）=4 500.85（元）

该男装可变现净值低于成本的差额=180×50−4 500.85=4 499.15（元）

（1）根据削价减少的售价金额调整其账面价值：

借：商品进销差价——服装柜　　5 500
　　贷：库存商品——服装柜（220−110）×50　　5 500

（2）将可变现净值低于进价的损失列入当期损溢：

借：销售费用　　4 499.15
　　贷：库存商品　　4 499.15

三、商品内部调拨的核算

商品内部调拨是指在零售企业内部各实物负责人或柜组（门市部）之间调剂商品余缺而进行的商品调拨转移。由于是各实物负责人或柜组（门市部）之间为了调剂商品余缺所发生的商品调剂，因此，商品内部调拨不作为商品销售处理，也不进行结算。在调拨商品时，一般由调出部门填制商品内部调拨单一式数联，调出部门在各联上签章后，连同商品一并转交调入部门。调入部门验收后签章，双方各留一联，另一联转交财务部门入账。财务部门只做“库存商品”明细科目的调整，采取分柜组差价率推算法分摊已销商品进销差价的企业，要相应调整“商品进销差价”账户。

【例 4-20】 美华商厦餐饮部从商厦的食品柜调入茶点、牛奶及咖啡共计 1 500 元，商厦实行分柜组差价率推算法分摊已销商品进销差价，经计算，该批商品的进销差价 400 元。双方已办理相关手续，并将“内部调拨单”的附联转交财务部门。财务部门的会计处理如下：

借：库存商品——餐饮部　　1 500

　　贷：库存商品——食品柜　　1 500

借：商品进销差价——食品柜　　400

　　贷：商品进销差价——餐饮部　　400

四、零售商品盘点短缺和溢余的核算

相对于批发企业，零售企业在采用售价金额核算时，库存商品明细分类账并未按照商品进行明细核算，只是按照实物负责人设置，且在账簿中只按照售价登记金额，并未登记数量。所以，要想了解和控制各种商品的实存数量，保证账实相符，只有通过实地盘点，逐项计算出各种商品的售价金额及售价总金额，再与当天“库存商品”账户余额进行核对后，才能了解和控制各种商品的实存数量。同时，通过商品盘点，可以检查商品的保管情况，及时发现商品的管理状态和掌握各种商品的销售动态，为企业改善商品的营销及保管提供依据。

为此，零售企业每个月至少要进行一次定期的全面盘点，同时，当发生部门实物负责人调动、企业内部柜组调整、商品调价削价等情况时，也要进行不定期的全面盘点或局部盘点。零售企业要制定相关的商品盘点制度，做好商品盘点的组织工作。在盘点过程中，盘点人员应将库存商品按照品名、规格将其实存数填入“零售商品盘点表”内，计算出各实物负责人的实际库存总金额，并与库存商品的账面金额进行核对。

对于在商品盘点过程中发生的溢余或短缺，应填报“商品盘点溢余短缺报告单”一式数联，待管理机构批复后，将其中一联送交财务部门作为账务处理的依据。报告单中的金额是以商品的售价金额来反映的，为此需要将其调整为进价金额。在未查明溢余或短缺的原因前，财务部门应将短缺或溢余商品的进价金额先转入“待处理财产损溢”账户；等原因查明后，再根据管理机构的批复分别转入各有关账户，其账务处理与批发企业的处理相同。

1. 盘点短缺的核算

库存商品短缺，根据“商品盘点溢余短缺报告单”短缺商品的进价借记“待处理财产损溢”账户，按短缺金额与进价差额(短缺商品差价)借记“商品进销差价”账户，按短缺金额贷记“库存商品”账户。经查明审批后，如属自然损耗，应转入“销售费用”账户；如属责任事故，由责任人或保险公司赔偿，转入“其他应收款”账户；如由企业负担，转入“营业外支出”账户。同时结转时，贷记“应交税费——应交增值税(进项税额转出)”账户。

【例 4-21】 美华商厦服装柜 1 月 25 日盘点库存商品，发现短缺 600 元，填制“商品盘点溢余短缺报告单”如表 4-10 所示。

表 4-10　商品盘点溢余短缺报告单

实物负责人：服装柜　　　　　　　　2014 年 1 月 26 日　　　　　　　　单位：元

账存金额	185 960	溢余金额		溢余 短缺 原因	保管员 王某过失
实存金额	185 360	短缺金额	600.00		
上月本柜组差价率			25%		
溢余商品差价		溢余商品进价			
短缺商品差价	150	短缺商品进价	450		
处理意见	按规定由负责人赔偿 300 元，企业损失 226.5 元。 2014 年 1 月 30 日	柜组意见	由责任人部分赔偿		

(1) 28 日，财务部门根据商品盘点溢余短缺报告单的会计处理如下：

借：待处理财产损溢——待处理流动资产损溢　　　　450
　　商品进销差价——服装柜　　　　150
　　贷：库存商品——服装柜　　　　600

(2) 30 日，根据管理机构批复的会计处理如下：

借：其他应收款——王某　　　　300
　　营业外支出　　　　226.5
　　贷：待处理财产损溢——待处理流动资产损溢　　　　450
　　　　应交税费——应交增值税(进项税额转出)　　　　76.5

2．盘点溢余的核算

库存商品溢余，根据“商品盘点溢余短缺报告单”短缺商品的溢余金额借记“库存商品”账户，按溢余商品进价贷记“待处理财产损溢”账户，按溢余商品差价贷记“商品进销差价”账户。经查明原因，如属销售单位多发商品，则应作为商品购进补付货款；如属自然升溢，则应冲减“销售费用”账户。

【例 4-22】 美华商厦食品柜 2 月 25 日盘点库存商品，发现溢余 600 元，填制“商品盘点溢余短缺报告单”，如表 4-11 所示。

表 4-11　商品盘点溢余短缺报告单

实物负责人：食品柜　　　　　　　　2014 年 2 月 28 日　　　　　　　　单位：元

账存金额	185 360	溢余金额	600.00	溢余 短缺 原因	自然升溢
实存金额	185 960	短缺金额			
上月本柜组差价率			25%		
溢余商品差价	150	溢余商品进价	450		
短缺商品差价		短缺商品进价			
处理意见	按销售费用处理。 2014 年 2 月 30 日	柜组意见	按销售费用处理		

(1) 财务部门收到“商品盘点溢余短缺报告单”等凭证。

借：库存商品——食品柜　　　　600
　　贷：待处理财产损溢——食品柜　　　　450
　　　　商品进销差价——食品柜　　　　150

(2) 经管理部门审批，将溢余商品成本结转处理。

借：待处理财产损溢——食品柜　　　　450

　　贷：销售费用　　　　450

五、库存商品和商品进销差价账户的明细分类核算

实行售价金额核算的零售企业，应按各实物负责人或柜组(门市部)设置“库存商品”明细分类账，该账户应按售价计算的总金额进行登记，用以记载和控制各实物负责人或柜组(门市部)所经管的库存商品的收、发、存状况。

采取分柜组差价率推算法调整商品销售成本的企业，还必须按实物负责人或柜组(门市部)设置“商品进销差价”明细账户，由于“商品进销差价”是“库存商品”账户的抵减账户，在发生经济业务时，这两个账户往往同时发生变动，为了便于记账和随时了解二者的变动情况，实务中可以将“库存商品”与“商品进销差价”账户的明细账合并设立，设置成“库存商品和商品进销差价联合明细分类账”，其格式如表 4-12 所示。

表 4-12　库存商品和商品进销差价联合明细分类账

部门：服装柜　　　　单位：元

2014 年		凭证号数	摘要	库存商品										商品进销差价			
				借方					贷方			借或贷	余额				
月	日			购进	调入	调价增值	溢余	销售	调出	调价减值削价	短缺			借方	贷方	借或贷	余额
1	1		余额									借	136 400			贷	34 782
	1		购入	1 500											381		
	1		进货退出	1 000											256		
	1		调入		5 000										1 270		
	1		调价增值			500									500		
	1		销售					12 420									
	1		调出						3 000					762			
			调价减值							640		借	126 340	640			35 275

各实物负责人或柜组(门市部)为了掌握本部门商品进、销、存的动态和销售计划的完成情况，便于向财务部门报账，一般应逐日或定期根据商品经营的各种原始凭证，编制“零售商品进销存日报表”一式数联，其中一联留存，一联连同有关的原始凭证一并送交财务部门作为账务处理的依据。其格式如表 4-13 所示。

表 4-13　零售商品进销存日报表

实物负责人：　　　　年　　月　　日　　　　编号：

项目		金额	项目		金额
上日结存			今日发出	销售	
今日结存	购进			调出	
	调入			委托价格发出	
	委托加工收回			调价减值	
	调价增值			削价	
	溢余			短缺	
				耗损	
			今日结存		
本月销售计划			本月销售累计		

由于零售商品进销存日报表的内容与按实物负责人或柜组(门市部)分户设立的“库存商品”明细账的内容基本一致，为简化核算手续，对于一些小型零售企业，可以用“零售商品进销存日报表”代替明细账。在实务中，当财务部门收到各实物负责人送来的“零售商品进销存日报表”后，经审核无误，可以将该表分部门并按时间顺序装订成册，加具封面，代替“库存商品”明细账。

第五节　鲜活商品的核算

一、鲜活商品核算的方法

鲜活商品是指鱼、肉、禽、蛋、蔬菜和瓜果等商品。在流通市场分工中，有一些专门经营鲜活商品的零售企业，同时，在综合性的零售企业中，往往也设有专门经营蔬菜、瓜果、鱼、肉、禽、蛋等鲜活商品的柜组。

1. 鲜活商品在零售流通中的特点

(1)在经营过程中一般都要经过清选整理、分等分级，以便按质论价。

(2)容易损耗和腐烂变质，且损耗数量难以掌握。

(3)随着商品鲜活程度的变化，其价格也要随时调整，价格变化频繁。

(4)鲜活商品交易频繁、数量零星，且往往随进随出。

2. 鲜活商品流通的核算方法

鲜活商品的上述特征，使得在会计核算时难以控制其售价和数量，采用售价金额核算较为困难，所以在实务中，一般采用进价金额核算法进行核算。

进价金额核算法又称“进价记账、盘存计销”，是指在核算过程中，库存商品总分类账户和明细分类账户都只反映商品的进价金额，不反映实物数量的一种核算方法。即只用进价总金额控制实物负责人或柜组(门市部)经营商品进、销、存情况。其核算中的要点可以概括为以下几个方面：

(1)商品购进后，财务部门根据商品验收单及有关凭证登记总账和明细账，无论总账还是明细账，均只记进价金额，不记数量。

(2)商品销售后，按实际取得的销售收入，贷记“主营业务收入”账户，平时不结转商品的销售成本，也不注销库存商品。

(3)除发生责任事故造成的商品减少需进行账务处理外，对于商品在销售过程中产生的溢余、损耗、调价等均不作账务处理。

(4)月末，通过实地盘点，查明实存数量，用倒挤的方法计算和结转已销商品的进价成本。

二、鲜活商品购进的核算

1. 鲜活商品购进的程序

经营鲜活商品的零售企业，主要是向批发企业购进商品，也可以直接向生产商或农户采购，鲜活商品的采购一般都是同城采购，但随着物流业和保鲜技术的发展，鲜活商品的异地购进也越来越多。

(1)交接方式：提货制或送货制。

(2)货款结算方式：转账支票和现金结算。

(3)购进的业务流程：由购货单位委派采购员到供货单位采购商品，由供货单位填制专用发票。在采用“提货制”的情况下，采购员取得专用发票后，当场验收商品。商品运回后，由实物负责人(或柜组)根据采购员带回的专用发票，对商品进行复验。在采用“送货制”的情况下，则由采购员取回专用发票，直接交与实物负责人(或柜组)，由其负责验收。

2. 鲜活商品购进的业务核算

鲜活商品流通无论采用何种交接方式和货款结算方式，各实物负责人或柜组(门市部)验收商品后，都要填制“收货单”一式数联，将其中一联连同供货单位的专用发票一并送交财务部门进行账务处理。财务部门审核无误后，借记“在途物资”和“应交税费”账户，贷记“银行存款”等账户；根据“收货单”，借记“库存商品”账户，贷记“在途物资”账户，库存商品的明细账一般按经营类别划分的实物负责人设置。

【例 4-23】 东华副食品商厦是一家专门经营鲜活商品的零售企业，根据其经营商品的特点，采用进价金额核算法进行核算。1 月 3 日，从肉联厂购入鲜牛肉一批，货款 10 000 元，增值税 1 700 元，牛肉由肉食柜验收后，已将“收货单”及有关结算凭证转交财务部门，货款签发转账支票付讫。会计处理如下：

(1)根据供货单位的专用发票和转账支票存根做购进处理：

借：在途物资——肉联厂	10 000	
应交税费——应交增值税(进项税额)	1 700	
贷：银行存款		11 700

(2)根据肉食柜转来的“收货单”作入库处理：

借：库存商品——肉食柜	10 000	
贷：在途物资——肉联厂		10 000

财务部门要按照实物负责人以进价金额登记库存商品明细分类账，对于购进过程中发生的溢余或短缺，应及时查明原因，并按规定进行账务处理。

三、鲜活商品销售的核算

鲜活商品的销售方式多采用现金交易。当天在营业结束后，财务部门根据各柜组(门市部)交来的当日“内部缴款单”“零售商品进销存日报表”及“银行进账单回单”进行销售的账务处理。但是，企业取得的销货款是含税的收入，其中包含销项税额，因此需要定期或不定期将含税收入调整为真正的销售收入。其计算公式如下：

$$销售收入=\frac{含税收入}{1+增值税税率}$$

企业财务部门根据“内部缴款单”及计算的结果，借记“库存现金”账户，贷记“主营业务收入”账户和“应交税费”账户；根据银行解款单，借记“银行存款”账户，贷记“库存现金”账户。

【例 4-24】 东华副食品商厦 1 月 6 日各柜组累计实现销售收入 40 950 元，其中：肉食柜销售 11 700 元，蔬菜柜销售 5 850 元，水果柜销售 23 400 元。财务部门根据各柜组(门市部)交来的当日“内部缴款单”“零售商品进销存日报表”及“银行进账单回单”进行会计处理如下：

(1)分离销售项税额，将销售收入入账。

借：库存现金　　40 950

　　贷：主营业务收入——肉食柜　　10 000

　　　　　　　　　　——蔬菜柜　　5 000

　　　　　　　　　　——水果柜　　20 000

　　　　应交税费——应交增值税(销项税额)　　5 950

(2)将收入现金全部解存银行。

借：银行存款　　40 950

　　贷：库存现金　　40 950

四、鲜活商品储存的核算

在进价核算法下，鲜活商品在储存过程中发生损耗、调价、削价等情况，不进行账务处理，月末一次性体现在销售成本内，但由责任事故造成的损失要及时查明原因，在分清责任的基础上，根据不同情况进行处理。若为企业损失，列入“营业外支出”账户；若由当事人赔偿，列入“其他应收款”账户。

月末，由各实物负责人对实存商品进行盘点，将盘存商品的数量填入“商品盘存表”并以最后一次进货单价作为期末库存商品的单价，计算出各种商品的结存金额，然后采取逆算的方法倒挤出已销商品的销售成本。其计算公式如下：

本期商品销售成本=期初结存商品金额+本期收入商品金额-本期非销售发出商品金额-期末结存商品金额

在实务中，一般可通过编制“鲜活商品销售成本计算表”进行计算。

【例 4-25】1 月 31 日东华副食品商厦财务部门根据相关资料编制“鲜活商品销售成本计算表”，如表 4-14 所示。

表 4-14　鲜活商品销售成本计算表

2014 年 1 月 31 日　　单位：元

柜组　项目	期初结存商品金额	本期销售商品收入金额	本期非销售发出商品金额	期末结存商品金额	本期销售商品成本
肉食柜	21 450	350 876		74 500	297 826
蔬菜柜	570	142 543		2 980	140 133
水果柜	6 750	253 000	350	9 340	250 060
合计	28 770	746 419	350	86 820	685 019

根据以上资料，财务部门的会计处理如下：

借：主营业务成本——肉食柜　　297 826

　　　　　　　　——蔬菜柜　　140 133

　　　　　　　　——水果柜　　250 060

　　贷：库存商品——肉食柜　　297 826

　　　　　　　　——蔬菜柜　　140 133

　　　　　　　　——水果柜　　250 060

进价金额核算法对商品流转的核算最为简便，也更适应鲜活商品流转的核算要求，但是由于其“进价记账、盘存计销”的核算原则，导致平时无法反映出商品的实际库存，易于掩盖日常经营过程中的差错事故和管理不善；将造成的商品损耗计入商品销售成本，不易发现企业在经营管理中存在的问题，因此，企业必须严格进货验收制度、商品管理制度和销售制度，加强对该类商品进、销、存的控制。

为了弥补进价金额核算法对鲜活商品控制方面的不足，在实务中，可以通过“进价核算、售价控制”的方法对进价金额核算进行适当的修正，其核算要点主要体现在通过按售价反映的拨货单和销货日报表对各实物负责人所经营商品的零售价格进行控制，当应收数与实收数相差过大时，就反映出可能存在差错或舞弊，应予以重视和查明原因。

这种方法的计算量较大，企业应根据具体情况判断是否采用。

复习思考题

1．简述零售商品经营的特点。

2．简述售价金额核算法的主要内容。

3．零售商品进销差价的计算方法有哪些？每种方法具有怎样的特点？

4．鲜活商品在零售流通中具有哪些特点？

第五章

外币业务与国际贸易结算

【学习目标】

1. 掌握外汇的概念、包括的内容及其确认的条件。
2. 理解外汇的分类。
3. 掌握外汇汇率的概念及标价方法。
4. 理解外币业务及账务处理方法。
5. 掌握汇兑损溢的内容。
6. 掌握汇兑损溢的归属。
7. 掌握汇兑损溢的核算。
8. 理解国际贸易术语的概念及种类。
9. 掌握现汇结算三种方式的业务核算。

第一节　外汇与外汇管理

一、外汇的含义

商品流通企业开展进出口等国际贸易经营活动时，要使用外汇或取得外汇进行国际贸易结算。外汇是国际汇兑的简称，是指以外国货币表示的可用以国际结算的支付手段和资产。

它有动态和静态两个概念。

动态概念，是指把一国货币兑换成另外一个国家的货币，借以清偿国际债权、债务关系的一种专门性的经营活动，是国际汇兑的简称。

静态概念，指以外国货币表示的可用于国际结算的支付手段。这种支付手段包括以外币表示的信用工具和有价证券。

外汇通常包括四项内容：①外国货币，包括纸币和铸币；②外币支付凭证，包括票据、银行存款凭证和邮政储蓄凭证；③外币有价证券，包括政府债券、公司债券、股票、息票等；④其他外汇资产。

外汇必须同时具备三个条件：①以外币表示的国外资产；②在国外能得到偿付的货币债权；③可以兑换成其他支付手段的外币资产。

二、外汇的分类

外汇可以按不同的标准分类，主要有以下两种。

（一）按外汇能否自由兑换分类

1. 自由外汇

自由外汇是指不需要经过外汇管理当局批准，在国际金融市场上可以随时自由兑换成其他国家的货币，或可以随时自由买卖并可以对任何国家自由支付的货币。目前国际上属于自由外汇的货币有50多种，使用最广泛的有美元、日元、欧元、英镑、瑞士法郎和港元等。

2. 记账外汇

记账外汇也称协定外汇或清算外汇，是指不经货币发行国批准，不能自由兑换成其他国家货币或对第三国进行支付，只能在两国政府签订的支付协定项目中使用的外汇。

（二）按外汇的来源分类

1. 贸易外汇

贸易外汇是指进出口贸易所收付的外汇，包括货款及其从属费用。

2. 非贸易外汇

非贸易外汇是指通过进出口贸易以外的其他方面所收付的外汇。如旅游外汇、劳务外汇、驻外机构经费以及运输、邮电、银行、保险等部门业务的收支外汇。

三、外汇汇率

外汇汇率简称汇率，又称汇价、牌价、兑换率，是指一国货币折算为另一国货币的比率，也就是用某一国货币表示的另一国货币的价格，或外汇市场买卖外汇的价格。简单说就是两种货币之间的比价。

（一）外汇汇率的标价方法

外汇汇率的确定，应先选用一国货币作为折合标准。根据选用本国货币还是外国货币作为标准来表示外汇汇率的方法不同，外汇汇率的标价方法分为以下两种。

1. 直接标价法

直接标价法又称应付标价法，是指以一定单位的外国货币作为标准来折算本国货币的标价方法。采用这种标价方法，外国货币数量固定不变，直接反映本国货币价值的增减变化。

目前世界上绝大多数国家都实行直接标价法。我国外汇管理局公布的外汇牌价也采用这种方法，如1美元=6.35元人民币。

采用直接标价法，如折合成本国货币的数量增加，说明本国货币币值下降，外国货币币值相对上升，即外汇汇率上升或本币汇率下降；反之，折合成本国货币的数量减少，说明本国货币币值上升，外国货币币值相对下降，即外汇汇率下降或本币汇率上升。外汇汇率的升降与本国货币数额增减变动的方向是一致的，即成正比。

2. 间接标价法

间接标价法，又称应收标价法，是指将本国货币单位固定不变，用若干单位的外国货币来标出本国货币的单位价格，间接地显示出外国货币价值的标价方法。采用这种标价方法，本国货币数量固定不变，间接反映外国货币价值的增减变化。

目前仅有美国、英国、澳大利亚和新西兰等少数国家采用间接标价法，例如，1 美元=0.648 3 英镑。

采用间接标价法，折合成外国货币的数量增加，表示外国货币币值下降，本国货币的币值上升，即外汇汇率下降或本币汇率上升；反之，折合成外国货币的数量减少，表示外国货币币值上升，本国货币的币值下降，即外汇汇率上升或本币汇率下降。外汇汇率的升降与本国货币增减变化的方向是相反的，即成反比。

在实际应用中，为了便于标价和记账，人民币和外汇业务所涉及的外币一般均以简写符号表示。即人民币：¥；美元：US$；日元：J¥；欧元：€；英镑：£；港元：HK$。

（二）外汇汇率的分类

外汇汇率根据汇率的不同作用，主要有以下几种分类。

1. 按银行买卖外汇的汇率分类

（1）买入汇率，又称买入价，是指银行向客户买入外汇时所使用的汇率。

（2）卖出汇率，又称卖出价，是指银行向客户卖出外汇时所使用的汇率。

（3）中间汇率，又称中间价，是指银行买入汇率与卖出汇率之间的平均汇率。

2. 按汇率发生的时间分类

（1）即期汇率，是指企业发生外币业务时的市场汇率，即中国人民银行当日公布的外币汇率。

（2）历史汇率，是指企业以前的外币业务发生时所使用的汇率。

3. 按企业记账所依据的汇率分类

（1）记账汇率，是指企业对发生的外币业务进行会计核算时所采用的汇率。

（2）账面汇率，是指企业以前发生的外币业务登记入账时所采用的汇率，账面汇率也就是历史汇率。

四、外汇管理

（一）外汇管理的意义

外汇管理是指政府制定外汇管理法令及相应的制度，对境内外外汇买卖、国际结算和外汇汇率所实施的管理。国家通过外汇管理来维持本国的国际收支平衡，稳定本国货币汇率，保护国内市场，促进本国对外经济的发展。

外汇管理是由政府指定或授权某一机构履行实施的。我国的外汇管理机关是国务院外汇管理部门及其分支机构。

（二）外汇账户的开立

1. 开设外汇账户的程序

随着我国改革开放及对外汇账户管理改革的不断深化，目前，只要企业有需求，即可申请开立外汇账户。单位开立外汇账户必须向外汇管理机关提交开立外汇账户申请报告。设立外汇账户的具体程序如下：

（1）撰写设立外汇账户的申请报告。

（2）准备必需的有关材料。企事业单位应持有工商行政管理部门颁发的营业执照；社会团体持有民政部门颁发的社团登记证；其他单位持有国家授权机关批准成立的有效批件。外商投资企业持有外汇管理部门核发的《外商投资企业外汇登记证》；向境外借款、发行外币债券的单位持有外汇管理部门核发的《外债登记证》或者《外汇（转）贷款登记证》。

(3) 持有关材料向外汇管理部门领取《外汇账户使用证》，并按规定认真填写外汇账户的用途、账户的币种、收支范围、使用期限及相应的结汇方式等。

(4) 经外汇管理部门对《外汇账户使用证》审核无误并盖章后，发给使用单位，外汇账户即生效。

2. 外汇账户的管理

外汇账户设立后，要严格按《外汇账户使用证》注明的用途、币种、收支范围、使用期限及结汇方式收支外汇；要正确核算外汇，建立严格的内部外汇收支管理制度，定期与外汇开户银行进行核对，并自觉接受外汇管理部门的监督检查；企业不得出租、出借或者串用外汇账户，不得利用外汇账户非法代其他单位或个人收付、保存或者转让外汇；除外商投资企业的境外投资者和驻华机构以外，其他单位的外汇账户按规定关闭时，其外汇余额必须全部结汇。

(三) 外汇账户体系

外汇账户主要包括以下几类账户：

(1) 购、付汇类账户，是指核算外汇存款、应付外汇账款、应收外汇账款的账户等。

(2) 外汇借款类账户，是指核算短期外汇借款、长期外汇借款的账户等。

(3) 损溢类账户，是指核算汇兑损溢的账户等。

(四) 购汇的管理

外汇银行对企业购汇实行售汇制。售汇制是指外汇银行受理企业提供国家认可的进口用汇有效凭证，用人民币办理购买及对外支付外汇的制度。

1. 购汇的条件

商品流通企业需要购汇时，必须提供贸易合同、正本提单、发票、费用收据、进口许可证、进口登记表等与支付方式相适应的有效商业单据和凭证。如果采取信用证结算方式，需提供开证申请书；如果采取进口托收结算方式，还需提供有关付款通知单；如果采取进口汇款结算方式，还需提供汇款申请书。

2. 购汇程序

(1) 将购汇所需要的人民币资金足额地存放在商品流通企业指定的外汇账户中。

(2) 填写一式数联的“购买外汇申请书”，并将其连同购汇所必须提供的有效商业单据和凭证一并送交外汇指定银行。

(3) 外汇指定银行对商品流通企业提供的资料审核无误后，即办理售汇，并将“购买外汇申请书”中的一联退还商品流通企业，以完成购汇。

3. 购汇应遵守和注意的事项

(1) 企业购汇必须按规定的要求提供合法的商业单据和凭证，不得伪造，更不得非法套取外汇。

(2) 企业购入尚未支付的外汇，期末应根据有关规定确认汇兑损溢。

(3) 企业使用远期支付合同或偿债协议的，可按有关规定向外汇指定银行办理人民币与外币的远期买卖及其他保值业务，以防范汇率风险。

第二节　外币业务与汇兑损溢

一、外币业务

外币业务是指企业以记账本位币以外的其他货币进行款项收付、往来结算和计价的经济业务。它主要包括企业购买或销售以外币计价的商品或劳务、企业借入或出借外币资金、承担或清偿以外币计价的债务等。记账本位币是指在会计记账上所采用的，作为会计计量基本尺度的货币币种。

(一)外币业务的记账方法

商品流通企业开展进出口贸易业务，往往会使用各种可自由兑换的货币，届时必然会发生款项收付、债权债务结算和计价等外币业务。外币的账务处理方法有外币统账制和外币分账制两种。

外币统账制是指企业在发生外币业务时，必须及时折算为记账本位币记账，并以此编制财务报告的制度。

外币分账制是指企业对外市业务在日常核算时按照外市原币进行记账，分别对不同的外币币种核算其所实现的损溢，编制各种货币币种的财务报告，在资产负债表日一次性将外币财务报告折算为记账本位币表示的财务报告，并与记账本位币业务编制的财务报告汇总编制整个企业一定会计期间的财务报告的制度。

(二)外币业务的核算

企业发生的外币业务都应采用复币记账，在按外币原币登记有关外币明细账户的同时，还应当采用外币交易日的即期汇率的近似汇率将外币金额折算为记账本位币(即人民币)金额记账。即期汇率的近似汇率是指按照系统合理的方法确定的，与交易发生日即期汇率近似的汇率，通常采用当期平均汇率或加权平均汇率等。

1. 外币收入的核算

商品流通企业出口商品取得的外币收入存入外汇账户后,可以根据企业具体的财务状况,做出结汇或不结汇的决定，并据以进行核算。

【例 5-1】 东鳌鹿业进出口公司出口鹿茸发生的有关业务如下:

(1)2 月 2 日，销售给美国特里公司鹿茸一批，发票金额为 50 000 美元，当日中间汇率为 6.35 元。

借：应收外汇账款(U$S50 000×6.35)　　317 500

　　贷：主营业务收入——自营出口销售收入　　317 500

(2)2 月 10 日，银行收妥款项，送来现汇收账通知，当日美元汇率中间价为 6.35 元。

借：银行存款——外币存款(U$S50 000×6.35)　　317 500

　　贷：应收外汇账款(U$S50 000×6.35)　　317 500

(3)2 月 20 日，将 20 000 美元向银行办理结汇，当日买入汇率为 6.33 元。

借：银行存款——人民币存款(20 000×6.33)　　126 600

汇兑损溢　　400

贷：银行存款——外币存款(U$S20 000×6.35)　　127 000

商品流通企业向境外销售商品收取外汇，必须向外汇管理机关办理收汇核销手续。

商品流通企业在商品报关出口前，应向外汇管理机关申领外汇管理机关加盖“监管收汇”章的收汇核销单。在商品报关时，商品流通企业必须向海关出示收汇核销单，凭与收汇核销单编号相符的报关单办理报关手续，否则海关不予受理。商品报关后，海关在收汇核销单和报关单上加盖“放行”章。商品流通企业报关后，必须及时将有关报关单、汇单、发票和收汇核销单存根送交当地外汇管理机关以备核销。商品流通企业在向银行交单时、银行必须凭盖有“放行”章的收汇核销单受理有关出口单据，凡没有附收汇核销单的出口，银行不予受理。出口收汇核销单还是商品流通企业办理出口退税的重要依据。

2. 外币付出的核算

商品流通企业进口商品，需要以外币支付货款及劳务供应时，可以凭有效商业单据和凭证直接从其外汇账户中支付，也可以提供有效商业单据和凭证，向银行购入外汇后再予以支付。

【例 5-2】 丽华进出口公司向英国斯坦公司进口商品一批，发票金额为 60 000 美元，以外汇存款账户款项支付。外汇账户的记账汇率和当日市场中间汇率均为 6.34 元。

借：在途物资　　380 400

贷：银行存款——外币存款(US$60 000×6.34)　　380 400

商品流通企业向境外采购商品支付进货款，无论以外汇账户中现汇支付，还是购汇支付，都必须向外汇管理机关办理付汇核销手续。

货到汇款结算方式下的进口付汇，由外汇指定银行在凭正本进口货物报关单付汇核销专用联办理进口付汇的同时视为办妥付汇核销手续；其他结算方式下的进口付汇，由商品流通企业凭正本进口货物报关单、贸易进口付汇核销单和进口付汇备案表直接向外汇管理局办理付汇核销手续。

二、汇兑损溢

(一)汇兑损溢的含义

汇兑损溢是指企业在持有外币性资产和发生外币货币性负债期间，由于外币汇率变动而引起的外币货币性资产或负债的价值发生变动而产生的损溢。汇兑损溢由外币折算差额和外币兑换差额两部分组成。

1. 外币折算差额

外币折算差额是指企业外币账户的记账本位币由于折算的时间不同，采用的折算汇率不同而产生的差额。外币折算差额包括外币货币性项目、外币非货币性项目和外币投入资本项目三方面的会计处理：

(1)外币货币性项目。货币性项目是指企业持有的货币资金和将以固定或可确定的金额收取的资产或者偿付的负债。外币货币性项目是指以外币计量的货币性项目。其分为货币性资产项目和货币性负债项目。货币性资产项目包括库存现金、银行存款、应收账款、其他应收款和长期应收款等；货币性负债项目包括短期借款、应付账款、长期借款、应付债券和长期应付款等。

对于外币货币性项目，因结算或采用期末的即期汇率折算而产生的汇兑差额，计入当期损溢，同时调增或调减外币货币性项目的记账本位币金额。

(2)外币非货币性项目。非货币性项目是指货币性项目以外的项目，包括交易性金融资产、存货、长期股权投资、固定资产、无形资产等。外币非货币性项目是指以外币计量的非货币性项目。

1)以历史成本计量的外币非货币性项目。这些项目如存货，由于已在交易发生日按当日即期汇率折算，期末不应改变其原记账本位币金额，不产生汇兑差额。

2)以公允价值计量的外币非货币性项目。这些项目如交易性金融资产等，采用公允价值确定日的即期汇率折算，折算后的记账本位币金额与原记账本位币金额的差额，作为公允价值变动(含汇率变动)处理，计入当期损溢。

(3)外币投入资本项目。企业收到投资者以外币投入的资本，应当采用交易发生日即期汇率折算，不得采用合同约定汇率和即期汇率的近似汇率折算，外币投入资本与相应的货币性项目的记账本位币金额之间不产生外币资本折算差额。

2. 外币兑换差额

外币兑换差额是指外币与记账本位币之间的兑换和不同外币之间的兑换，由于实际兑换汇率与记账汇率不同而产生的差额。

实际兑换汇率是指兑入外币金额时的银行卖出价和兑出外币金额时的银行买入汇率。记账汇率是指外币业务发生的当日的市场汇率的中间汇率。因此，实际兑换汇率与记账汇率之间必然存在差异，从而产生了外币兑换差额。

(二)汇兑损溢的归属

1. 因日常经营业务发生的汇兑损溢

商品流通企业因日常购进、销售商品和接受提供劳务而发生的汇兑损溢，应归属于“汇兑损溢”账户。

2. 筹建期间发生的汇兑损溢

商品流通企业在筹建期间发生的汇兑损溢，应归属于“管理费用”账户。

3. 为购建固定资产而发生的汇兑损溢

商品流通企业为购建固定资产而发生的汇兑损溢，在固定资产达到预定可使用状态前发生的，应归属于固定资产的购建成本；在固定资产达到预定可使用状态后发生的，应归属于“汇兑损溢”账户。

4. 为购置无形资产而发生的汇兑损溢

商品流通企业为购置无形资产而发生的汇兑损溢，应归属于无形资产的购置成本。

5. 支付股利发生的汇兑损溢

商品流通企业支付境外投资者股利或利润发生的汇兑损溢，应归属于“汇兑损溢”账户。

(三)汇兑损溢的核算

在实务中，外币业务按汇兑损溢计算和结转的时间不同，分为逐笔结转法和集中结算法两种处理方式。

1. 逐笔结转法

逐笔结转法是指企业每结汇一次，就计算并结转一次汇兑损溢的方法。采用逐笔结转法，平时发生的外币业务通常按当日汇率的中间价或买入价、卖出价折算，如与原账面汇率不同时，就立即计算并结转该笔业务的汇兑损溢，到期末再将所有的外币账户的期末原记账本位币金额，按当日公布的市场汇率中间价折算的金额作为该外币账户的记账本位币金额，该余额与外币账户原记账本位币之间的差额作为汇兑损溢予以转销。

逐笔结转法能够分别反映各笔结汇业务发生的汇兑损溢和期末因汇率变动而发生的汇兑损溢，但核算的工作量较大。这种方法适用于外币业务不多，但每笔业务交易金额较大的企业。

2. 集中结转法

集中结转法是指企业平时结汇时，按当日的市场汇率核销相关的外币账户，将汇兑损溢集中在期末结转的方法。

采用集中结转法，企业平时结汇时，根据具体情况，按当日市场汇率的中间价或买入价、卖出价核销相关的外币账户，不计算结转汇兑损溢，到期末再将所有的外币账户的期末原记账本位币金额，按当日公布的市场汇率的中间价计算的金额作为该外币账户的记账本位币余额，该余额与外币账户原记账本位币之间的差额作为汇兑损溢，予以集中一次转销。

集中结转法能够集中一次结转汇兑损溢，简化了核算工作量，但平时不能反映各笔结汇业务的汇兑损溢。该方法适用于外汇业务多且每笔业务交易金额不大的企业。

为了不引起混乱，企业只能选择上述方法的一种，作为汇兑损溢的核算方法，一旦选用，年内不得变更。

3. 账户设置

“汇兑损溢”账户，是损溢类账户，用以核算经营国际贸易的商品流通企业由于外币汇率变动而引起的外币货币性资产或负债的价值发生变动而产生的损溢。企业发生汇兑损失及将汇兑收益结转“本年利润”账户时，记入借方；企业发生汇兑收益及将汇兑损失结转“本年利润”账户时，记入贷方。

【例 5-3】 东华服装进口公司“应收外汇账款”账户 1 月 1 日余额为 80 000 美元，汇率 6.35 元，人民币为 508 000 元。后续发生有关的经济业务如下：

(1) 1 月 8 日，销售给美国亨利公司服装一批，发票金额为 50 000 美元，当日中间汇率价为 6.35 元。

借：应收外汇账款(US$50 000×6.35)　　　317 500
　　贷：主营业务收入——自营出口销售收入　　　317 500

(2) 1 月 10 日，银行收妥上月结欠外汇账款 80 000 美元，转来收汇通知，当日美元中间汇率价为 6.34 元。

借：银行存款——外币存款(US$80 000×6.34)　　　507 200
　　贷：应收外汇账款(80 000×6.34)　　　507 200

(3) 1 月 15 日，销售给美国康德公司服装一批，发票金额为 55 000 美元，当日美元中间汇率价为 6.35 元。

借：应收外汇账款(US$55 000×6.35)　　　349 250
　　贷：自营出口销售收入(55 000×6.35)　　　349 250

(4) 1 月 31 日，美元市场中间汇率为 6.34 元，计算汇兑损溢如下：

应收外汇账款按期末市场汇率计算记账本位币余额=105 000×6.34=665 700(元)

应集中结转的汇兑损溢=667 550−665 700=1 850(元)

根据计算结果结转汇兑损溢：

借：汇兑损溢　　1 850

　　贷：应收外汇账款　　1 850

第三节　国际贸易术语

一、国际贸易术语的概念

国际贸易术语又称国际贸易价格条件，是用一个简短的概念和三个英语字母缩写来说明国际贸易商品价格的构成和交易双方各自承担的费用、义务、责任及风险。它是进出口商品价格的一个重要组成部分。

由于国际贸易术语确定了商品交易双方的责任，对进出口商品的运输、保险等各种手续由谁办理，费用由谁负担都做出了具体的规定，因而明确了交易双方承担责任的大小，并表现出不同的价格水平；规定了风险的负担责任，为可能的意外损失的处理提供了依据；确定了商品所有权转移的界限，从而明确了双方的责任，避免了交易中的摩擦。在国际贸易中，国际贸易术语得到了广泛的运用。

二、国际贸易术语的种类

国际贸易术语有一个国际惯例，就是由国际商会制定的、经过多次修订而不断完善的《国际贸易术语解释通则》，它已成为当今国际公认的、具有权威性的国际贸易术语解释通则。国际贸易术语种类较多，在国际上常用的有以下 13 种：

（1）工厂交货（EXW）；

（2）货交承运人（FCA）；

（3）起运港船边交货（FAS）；

（4）起运港船上交货（FOB）；

（5）成本加运费（CFR）；

（6）成本加保险费、运费（CIF）；

（7）运费付至目的地（CPT）；

（8）运费、保险费付至目的地（CIP）；

（9）边境交货（DAF）；

（10）目的港船上交货（DES）；

（11）目的港码头交货关税已付（DEQ）；

（12）目的地交货关税未付（DDU）；

（13）目的地交货关税已付（DDP）。

在我国的对外贸易中，最常用的国际贸易术语有 FOB、CFR 和 CIF 三种，原因在于：一是这三种贸易术语历史悠久，最为各国所熟悉；二是这三种贸易术语都是以货物在装运港装上船或越过船舷为风险划分界限，从而满足了贸易双方都不愿承担在对方国家内所发生风险的心理；三是这三种术语规定了贸易双方都不必到对方国家办理货物交接，所以，对于双方都很方便；四是这三种贸易术语都是规定通过海上运输，降低了运输费用。

(1)起运港船上交货价格(Free On Board，FOB)。起运港船上交货价格简称离岸价格，它是指由卖方负责在合同规定的日期或期限内，在指定的起运港将商品装上买方指定的船只，并向买方发出装船通知，负担到起船为止的一切费用和风险，货物越过船舷后的费用和风险全部由买方承担的价格条件。这一术语使用时，通常应同时明确起运港的名称，如广州港的船上交货价格即为 FOB Guangzhou。

(2)成本加运费价格(Cost and Freight，CFR)。成本加运费价格简称到岸价格，它是指由卖方负责租船订舱，在合同规定的期限内将商品装上运往指定目的港的船只，支付运费，负担装船前的一切费用和风险，而买方负担保险费的价格条件。这一术语使用时通常应同时明确到达的目的港，如到达大连的成本加运费价格即为 CFR Dalian。

(3)成本加保险费、运费价格(Cost Insurance and Freight，CIF)。成本加保险费、运费价格简称到岸价格，它是指由卖方负责租船订舱，在合同规定期限内将商品装上运往指定目的港的船上，支付保险费和运费，负担装船前的一切费用和风险的价格条件。这一术语使用时，也应同时明确到达的目的港，如到达青岛的成本加保险费、运费价格即为 CIF QingDao。

现将主要的三种国际贸易术语的关键事项进行比较，如表 5-1 所示。

表 5-1　三种国际贸易术语的比较

贸易术语	交货点	风险	责任				费用	
			办理运费	办理保险	负责出口清单	负责进口清单	支付运费	支付保险
FOB Free On Board	转运港船舷	在指定转运港船舷时	买方	买方	卖方	买方	买方	卖方
CFR Cost and Freight	转运港船舷	在指定转运港船舷时	卖方	买方	卖方	买方	卖方	买方
CIF Cost Insurance and Freight	转运港船舷	在指定转运港船舷时	卖方	卖方	卖方	卖方	卖方	卖方

第四节　国际贸易结算

一、国际贸易结算概述

国际贸易结算是指国家之间对于贸易活动所发生的国际货币收支和国际债权债务的了结和清算。国际贸易结算可分为记账结算和现汇结算两种类型。

记账结算是指贸易双方按照两国政府间签订的支付协定中的有关条款，双方结算都通过两国银行间开立的清算账户记账办理，平时结算不必动用现汇办理支付，到协定年度终了，只对账户的差额进行清算。

现汇结算是指以两国贸易部门签订的贸易合同为依据，办理进出口业务时，双方均以现汇逐笔结清。现汇结算主要采用信用证、汇付和托收三种结算方式，如图 5-1 所示。

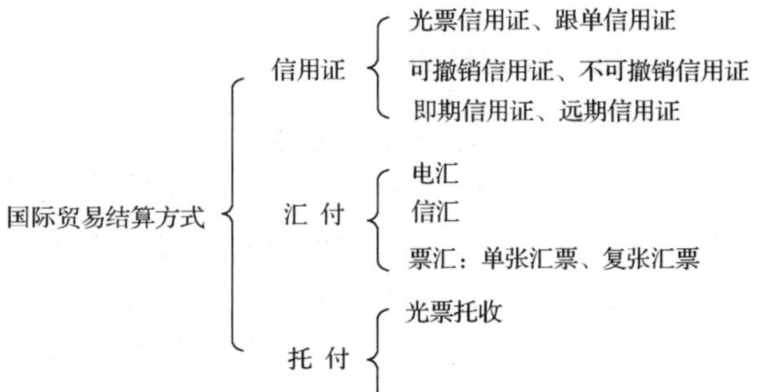

图 5-1　国际贸易现汇结算方式

二、信用证结算方式

信用证是指由开证行根据开证申请人(进口商)的要求和指示，向受益人(出口商)开立一定金额，并在一定期限内凭规定的单据承诺付款的凭证。

(一)信用证结算方式的当事人

(1)开证申请人：指向银行申请开立信用证的单位，即进口商。

(2)开证行：指接受开证申请人开立并签发信用证的银行。一般在开证申请人的所在地。

(3)通知行：指收到开证行的信用证，负责核实其真实性，并通知受益人的银行。一般在受益人的所在地。

(4)受益人：指信用证的权利拥有者，即出口商。

(5)议付行：指应受益人的请求，买入或贴现信用证项下票据及单据的银行。

(6)付款行：指由开证行指定的在单据相符时付款给受益人的银行。

(二)信用证的基本内容

信用证包括以下基本内容：

(1)开证行名称、地址和开证日期。

(2)信用证的性质及号码。

(3)开证申请人名称。

(4)受益人名称、通知行名称和地址。

(5)信用证的最高金额和采用的货币。

(6)开证的依据。

(7)信用证的有效期限和到期地点：有效期限是指银行承担信用证付款的期限，如果出口商交单的时间超过了规定的有效期限，银行可因信用证逾期而解除其付款责任，到期地点是指在哪个国家及地区到期。

(8)汇票和单据条款：受益人(出口商)应凭汇票取款，信用证应列明汇票的付款人，汇票是即期还是远期，汇票应附的单据，单据的份数以及单据所列商品的名称、品质、数量、单价、金额、包装等。

(9)商品装运条款：包括装运港、目的港、装运期限、运输方式、能否分批装运和转运等。

(10)保证责任条款：它是开证行确定履行付款责任的依据。

(三)信用证的分类

1. 按是否规定附有货运单据分类

(1)光票信用证，是指出口商可在商品装运并取得提单或发票、垫款清单以后就开出汇票请求银行议付信用证。对于出口商来说，光票信用证实际上具有预先取得货款的作用。

(2)跟单信用证，是指附有货运单据的汇票或仅凭货运单据付款的信用证。采取跟单信用证结算时,银行以自己的信用担保进口商在支付货款时一定能够得到代表商品所有权的单据，也担保出口商在运出商品、交出货运单据后就一定能收到货款。采取跟单信用证结算为购销双方的利益提供了一定程度的安全保障，因此跟单信用证在国际贸易结算中被广泛采用。

2. 按开证行承担的责任分类

(1)可撤销信用证，是指开证行对所开信用证不必征得受益人同意，在议付行议付之前，可随时撤销或修改的信用证。由于这种信用证对出口商风险较大，因此很少被采用。

(2)不可撤销信用证，是指开证行对所开出的信用证，未征得受益人的同意，不得单方面撤销或修改所规定的各项条款的信用证。由于这种信用证对出口商有保障，因此在国际贸易中被广泛采用。按照国际惯例，信用证如未注明“可撤销”字样，即视为不可撤销信用证。

3. 按对汇票支付的期限分类

(1)即期信用证，是指开证行或付款行在收到符合信用证条款规定的汇票和单据后，立即履行付款义务的信用证，即期信用证有利于迅速安全地收汇，在国际贸易结算中使用得较多。

(2)远期信用证，是指开证行或付款行收到符合信用证条款规定的汇票和单据后，不立即履行付款义务，待汇票到期时才能支付票款的信用证。对于出口商来说，采用远期信用证时，要先垫付款项和承担汇票有效期内汇率变动的风险，所以收汇的安全程度低于即期信用证。

(四)信用证结算方式的基本程序

信用证结算方式的基本程序如图 5-2 所示。

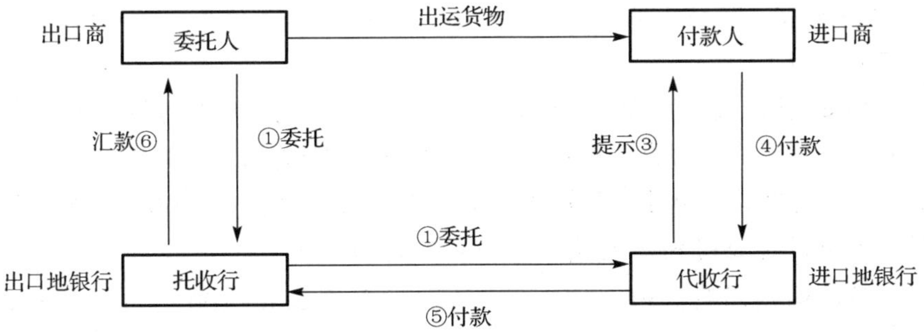

图 5-2　信用证结算方式基本程序

(五)信用证结算方式的特点

1. 开证行负第一付款责任

信用证是一种银行信用，开证行以自身的信用做出付款的承诺，对受益人承担第一付款责任，是首先付款人。

2. 信用证是一项独立文件

信用证的开立虽然是以贸易合同为依据的，但是它与贸易合同是两种不同性质的文件，银行只对信用证负责，不受贸易合同的约束，也不对贸易合同负任何责任。

3. 信用证结算业务以单据为依据

根据国际惯例，信用证的当事人只对信用证负责，受益人提交的单据只有符合信用证条款的规定，开证行才能凭以付款，以维护开证申请人和受益人各方的权益。

(六)信用证结算方式的核算

1. 进口商的核算

当进口商进口商品采用信用证结算时，向银行申请开证后，银行根据进口商的信用等级，确定其交存保证金的比率，进口商按确定的比率向银行存入保证金时，借记“其他货币资金”账户，贷记“银行存款”账户，支付的开证手续费列入“财务费用”账户。进口商付款赎取单证时，借记“在途物资”账户，贷记“其他货币资金”和“银行存款”账户。

【例 5-4】 东华商贸公司向美国亨利服装贸易公司进口女装一批。

(1)1 月 5 日，向银行申请开立信用证 70 000 美元，按开证金额的 25%支付保证金 17 500 美元，当日美元汇率中间价为 6.35 元。会计处理如下：

借：其他货币资金——信用证保证金存款(US$17 500×6.35)　　111 125
　　贷：银行存款——外币存款(US$17 500×6.35)　　111 125

(2)1 月 5 日，用银行存款支付银行开证手续费 800 元，会计处理如下：

借：财务费用——手续费　　800
　　贷：银行存款　　800

(3)1 月 10 日，收到银行转来进口女装的发票、提单等单据，计金额 70 000 美元，当日美元汇率中间价为 6.35 元，扣除已支付的 25%的保证金，当即付清全部款项。会计处理如下：

借：在途物资　　444 500
　　贷：其他货币资金——信用证保证金存款(US$17 500×6.35)　　111 125
　　　　银行存款——外币存款(US$52 500×6.35)　　333 375

2. 出口商的核算

出口商在商品发运后，签发汇票，连同全部单据及信用证送交银行办理议付手续时，借记“应收外汇账款”账户，贷记“主营业务收入”账户；向银行支付的议付手续费列入“财务费用”账户。当收到银行转来的收汇通知时，借记“银行存款”账户，贷记“应收外汇账款”账户。

【例 5-5】 东华商贸公司向美国某公司出口牛仔裤一批。

(1)1 月 10 日，向美国某公司发运牛仔裤一批，计金额 45 000 美元，当日美元汇率中间价为 6.35 元，送交银行办理议付手续。会计处理如下：

借：应收外汇账款(US$45 000×6.35)　　285 750
　　贷：主营业务收入——自营出口销售收入　　285 750

(2)1 月 10 日，支付银行议付手续费 680 元，会计处理如下：

借：财务费用——手续费　　680
　　贷：银行存款　　680

(3)1 月 15 日，收到银行转来收汇通知，金额为 45 000 美元，当日美元汇率中间价为 6.35 元。会计处理如下：

借：银行存款——外币存款(US$45 000×6.35)　　285 750
　　贷：应收外汇账款　　285 750

三、汇付结算方式

汇付是指汇款人(进口商)主动将款项交给汇出行，由汇出行委托收款人所在地的汇入行将款项转交收款人(出口商)的结算方式。

(一)汇付结算方式的当事人

(1)汇款人，即付款方，也就是进口商。

(2) 汇出行，是指受汇款人(进口商)委托将款项付给收款人的银行。

(3) 汇入行，是指受汇出行的委托将款项付给收款人的银行。

(4) 收款人，即受益人，也就是出口商。

(二) 汇付结算方式的种类

汇付结算方式按采用通知的方式不同可分为以下三类：

(1) 电汇，是指汇出行应汇款人的要求以电信方式委托汇入行向收款人付款的结算方式。该方式的特点是速度快，但费用高。

(2) 信汇，是指汇出行应汇款人的要求以信函方式委托汇入行向收款人付款的结式。该方式的特点是速度较慢，但费用较低。

(3) 票汇，是指汇款人向汇出行购买银行汇票寄给收款人，由收款人据以向汇票上指定的银行收取款项的结算方式。票汇是以银行即期汇票作为结算工具的。

汇票有单张汇票和复张汇票两种。单张汇票为防止遗失，应双挂号，它通常用于数额较小的汇票；复张汇票有正副两张，如遇汇票迟到或遗失时，可凭副张兑换。因此正、副两张汇票应分别邮寄，它通常用于数额较大的汇票。

(三) 汇付结算方式的基本程序

1. 电汇、信汇结算方式的基本程序

(1) 进口商交付款项委托汇款。进口商(汇款人)根据合同或经济事项将汇款交付汇出行，并填写电汇或信汇申请书，委托汇款行汇出款项。

(2) 汇出行接受委托。汇出行接受汇款委托，将电汇或信汇申请书回执退给汇款人。

(3) 汇出行通知汇入行付款。汇出行通过电信工具或邮寄信汇委托书，委托汇入行解付汇款。

(4) 汇入行通知收款人收取汇款。汇入行收到电信通知或信汇委托书，经审核无误后，将汇款通知单交付收款人。

(5) 出口商收取汇款。出口商(收款人)持盖章的汇款通知单向汇入行收取汇款。

电汇、信汇结算方式的基本程序如图 5-3 所示。

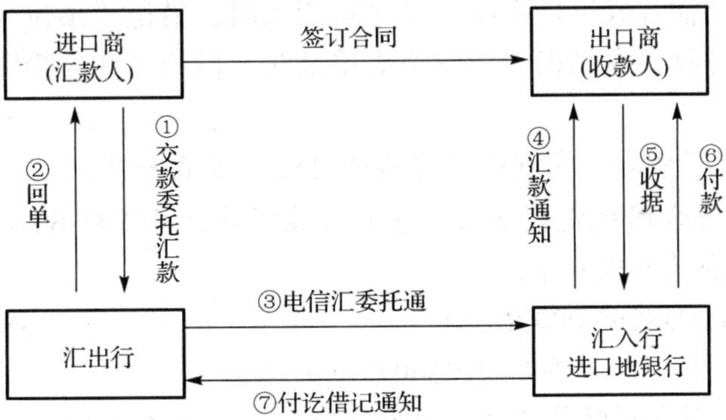

图 5-3　电汇、信汇结算方式基本程序

2. 票汇结算方式的基本程序

(1) 交付款项购买银行汇票。进口商(汇款人)根据合同或经济事项向汇出行交付款项，购买银行汇票。

(2)交付银行汇票。经汇出行审核无误后，交付汇款人银行汇票。

(3)邮寄银行汇票。汇款人将银行汇票邮寄给收款人(出口商)。

(4)邮寄汇付通知书。汇出行将汇付通知书邮寄给汇入行通知其付款。

(5)凭银行汇票取款。收款人凭银行汇票向汇入行收取汇款。

(6)汇入行解付汇款。经汇入行审核无误后，解付汇款。

票汇结算方式的基本程序如图 5-4 所示。

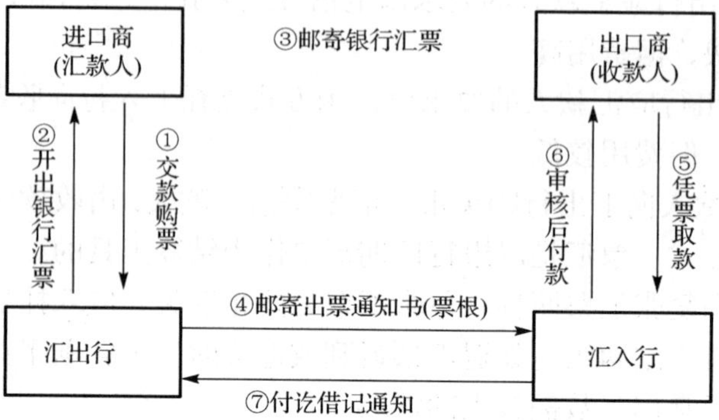

图 5-4　票汇结算方式基本程序

(四)汇付结算方式的特点及适用性

汇付结算方式完全是建立在商业信用基础上的结算方式。交易双方根据合同或经济事项预付货款或货到付款，预付货款，进口商有收不到商品的风险；而货到付款，出口商则有收不到货款的风险。

由于汇付结算方式的风险较大，这种结算方式只有在进出口双方高度信任的基础上才适用。此外，结算货款尾差、支付佣金、归还垫款、索赔理赔、出售少量样品等也可以采用。

(五)汇付结算方式的核算

1. 进口商的核算

进口商采取预付货款方式进口商品，在预付货款时，借记“预付外汇账款”账户，贷记“银行存款”账户。在收到商品提单和发票等单证时，借记“在途物资”账户，贷记“预付外汇账款”账户。

【例 5-6】 美华商贸公司向亨利服装贸易公司进口男装一批。

(1)1 月 5 日，根据合同规定预先汇付亨利服装贸易公司货款 60 000 美元，当日美元汇率中间价为 6.34 元。会计处理如下：

借：预付外汇账款(US$60 000×6.34)	380 400	
贷：银行存款——外币存款(US$60 000×6.34)		380 400

(2)1 月 20 日，收到亨利服装贸易公司发来商品的发票 60 000 美元，当日美元汇率中间价为 6.35 元。会计处理如下：

借：在途物资(US$60 000×6.35)	381 000	
贷：预付外汇账款(US$60 000×6.35)		381 000
汇兑损溢		600

进口商采取货到付款方式进口商品，在收到出口商寄来商品提单和发票等单据时，借记“在途物资”账户，贷记“应付外汇账款”账户；在汇付商品货款时，借记“应付外汇账款”账户，贷记“银行存款”账户。

2. 出口商的核算

如果出口商要求进口商采取预付货款方式出口商品，在收到货款时，借记“银行存款”账户，贷记“预收外汇账款”账户。然后在销售发运商品时，再借记“预收外汇账款”账户，贷记“主营业务收入”账户。

【例 5-7】 美华商贸公司向美国某公司出口服装一批。

(1)1 月 5 日，根据合同规定预收该公司订购的服装款 85 000 美元，存入银行，当日美元汇率中间价为 6.35 元。会计处理如下：

借：银行存款——外币存款(US$85 000×6.35)　　539 750

　　贷：预收外汇账款(US$85 000×6.35)　　539 750

(2)1 月 10 日，销售发运给美国公司服装一批，金额 85 000 美元，当日美元汇率中间价为 6.35 元。会计处理如下：

借：预收外汇账款(US$85 000×6.35)　　539 750

　　贷：主营业务收入——自营出口销售收入　　539 750

当进口商要求采取货到付款方式时，出口商必须先发运商品，寄出商品提单和发票；此时应借记“应收外汇账款”账户，贷记“主营业务收入”账户；当收到货款时，再借记“银行存款”账户，贷记“应收外汇账款”账户。

四、托收结算方式

托收是指由委托人(出口商)开立汇票或者连同货运单据，委托托收行通过其在付款人所在地的分行或代理行向债务人(进口商)收取款项的结算方式。

(一)托收结算方式的当事人

(1)委托人，是指开立汇票或连同单据委托银行向付款人办理托收的单位，也就是出口商。

(2)托收行，是指接受委托人的委托，再转托付款人所在地银行办理托收的银行。通常在委托人所在地。

(3)代收行，是指接受托收行的委托，参与处理托收代向付款人收款的银行。

(4)付款人，又称受票人，是指根据托收指示被提示单据并被要求付款或承兑汇票的单位，也就是进口商。

(二)托收结算方式的种类

按照托收汇票是否附有商业货运单据，可分为光票托收和跟单托收两种。

1. 光票托收

光票托收是指委托人仅开立汇票，而不随附任何商业货运单据，委托银行收取款项的托收方式。对于虽附有发票、垫款清单等单据，但不是整套货运单据的，也属于光票托收。

通常适用于收取货款尾数、代垫费用、佣金、样品费、索赔款等小额款项的业务。

2. 跟单托收

跟单托收是委托人开立跟单汇票，连同整套货运单据一并交给银行并委托银行收取款项的托收方式。跟单托收根据交单的条件不同，又可分为付款交单和承兑交单两种。

(1) 付款交单是指代收行必须在付款人付清票款后，才将货运单据交给付款人的一种交单条件。付款交单按其支付的时间不同，还可分为即期付款交单和远期付款交单。

即期付款交单是指代收行将提示汇票给付款人，付款人见票后立即付款赎单的交单条件。

远期付款交单是指代收行将提示汇票给付款人要求承兑，付款人承兑汇票后，在汇票到期日前付清票款，赎取货运单据的交单条件。

(2) 承兑交单是指代收行待付款人承兑汇票后，将货运单据交给付款人，于汇票到期日前由付款人履行付款义务的一种交单条件。

(三) 托收结算方式的基本程序

托收结算方式的基本程序如图 5-5 所示。

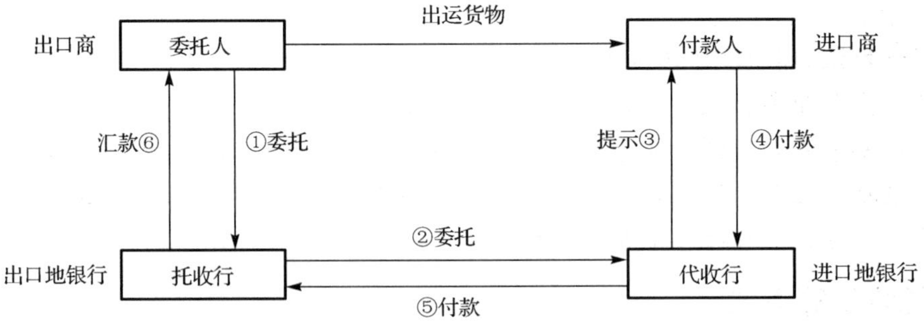

图 5-5 托收结算方式基本程序

(四) 托收结算方式的特点

托收结算方式手续较为简单，银行费用较低，出口商必须先将商品装运上船后，才能向银行办理托收，对进口商比较有保障。托收是建立在商业信用基础之上的，如果进口商由于某种原因，不按合同履行付款义务，出口商将蒙受损失，所以对出口商而言存在一定的风险。

(五) 托收结算方式的核算

1. 进口商的核算

(1) 跟单托收付款交单。进口商收到银行转来的跟单托收付款交单结算凭证，在支付款项赎取全套货运单据时，借记“在途物资”账户，贷记“银行存款”账户。

【例 5-8】 美华商贸公司从美国进口红酒一批，收到银行转来的跟单托收付款交单凭证及全套货运单据，计货款 50 000 美元，予以支付，当日美元汇率中间价为 6.34 元。会计处理如下：

借：在途物资　　　　317 000

　　贷：银行存款——外币存款(US$50 000×6.34)　　　　317 000

(2) 跟单托收承兑交单。当进口商收到银行转来的跟单托收承兑交单结算凭证，予以承兑，取得了全套货运单据时，借记“在途物资”账户，贷记“应付票据——外汇票据”账户。在付清货款时，再借记“应付票据——外汇票据”账户，贷记“银行存款”账户。

【例 5-9】 1 月 10 日，美华商贸公司从英国进口一批服装，收到银行转来的跟单托收承兑交单凭证及全套货运单据，计货款 60 000 英镑，予以支付，当日英镑汇率中间价为 9.75 元；1 月 20 日付清货款，当日英镑汇率中间价为 9.76 元。会计处理如下：

(1)1 月 10 日予以支付时：

借：在途物资	585 000	
贷：应付票据——外汇票据(€60 000×9.75)		585 000

(2)1 月 20 日付清货款时：

借：应付票据——外汇票据	585 000	
汇兑损溢	600	
贷：银行存款——外币存款(€60 000×9.76)		585 600

2. 出口商的核算

出口商按合同要求装运商品上船，在向银行办妥托收手续后，借记“应收外汇账款”账户，贷记“主营业务收入”账户；待收到货款时，再借记“银行存款”账户，贷记“应收外汇账款”账户。

【例 5-10】 美华商贸公司向美国某公司出口女装一批。

(1)1 月 10 日，根据合同规定将服装装运上船，并向银行办妥跟单托收手续，货款 60 000 美元，当日美元汇率中间价为 6.33 元。会计处理如下：

借：应收外汇账款(US$60 000×6.33)	379 800	
贷：主营业务收入——自营出口销售收入		379 800

(2)1 月 15 日，收到银行转来美国公司支付 60 000 美元的收账通知，当日美元汇率中间价为 6.35 元。会计处理如下：

借：银行存款——外币存款(US$60 000×6.35)	381 000	
贷：应收外汇账款		379 800
汇兑损溢		1 200

复习思考题

1. 简述外汇包括的内容及其确认条件。
2. 简述直接标价法下，本国货币数量与外汇汇率的变动规律。
3. 简述间接标价法下，外国货币数量与外汇汇率的变动规律。
4. 简述汇兑损溢的归属。
5. 简述逐笔结转法的操作过程、特点及其适用性。
6. 简述集中结转法的操作过程、特点及其适用性。

第六章

国际贸易进口业务核算

【学习目标】

1. 理解进口贸易的概念。
2. 理解进口贸易的种类。
3. 了解进口贸易的业务程序。
4. 掌握自营进口商品采购成本的构成。
5. 掌握自营进口业务和代理进口业务的核算。

第一节　进口贸易业务概述

一、进口贸易业务的意义

进口贸易业务是指企业以外汇在国际市场上采购商品，满足国内生产和人民生活需要的业务。

进口贸易业务与出口贸易业务相辅相成，是构成商品流通外贸企业的一项重要业务。自2000年《中华人民共和国对外贸易法》出台后，国家对企业申请进出口权的政策已完全放开，并无注册资金及年进出口额的限制，只要企业营业执照等基本证件齐全、一致即可申请，民营企业与个体工商户也可以申请进出口权。因此，企业可以委托外贸企业进行进出口贸易，也可以自行进行。

通过进口贸易业务可以引进先进技术,进口先进的生产设备和国内紧缺的原材料和燃料，提升我国的科技水平、生产能力和国际竞争力。通过出口贸易可以增加我国外汇收入，有利于平衡国际收支，减少国际贸易摩擦。促进我国进口贸易业务的增长，可以扩大我国与世界各国的经济交往，达到共同发展的目的。

二、进口贸易业务的种类

进口贸易业务按其经营性质不同，主要可分为自营进口业务和代理进口业务两种。

1. 自营进口业务

自营进口业务是指企业自己经营进口贸易并自己负担进口盈亏的业务。

2. 代理进口业务

代理进口业务是指外贸企业代理国内委托单位与外商签订进口贸易合同，并负责对外履行合同的业务。代理进口业务时，外贸企业只收取一定比例的手续费。

三、进口贸易业务的程序

进口贸易有进口贸易前的准备工作、签订进口贸易合同、履行进口贸易合同以及对内销售与结算四个业务程序。进口贸易业务的程序如图 6-1 所示。

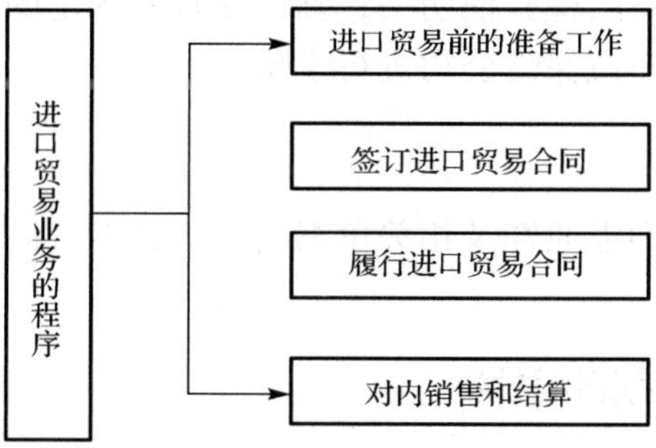

图 6-1　进口贸易业务的程序

（一）进口贸易前的准备工作

外贸企业应根据国内市场的需求情况和国际市场上商品的价格、供应商的资信情况等来确定进口贸易业务。对于国家规定必须申请许可证的进口商品，外贸企业必须按规定申请领取许可证，然后与国内客户签订供货合同，明确进口商品的名称、规格、质量、价格、交货日期、结算方式等内容，做到以销定进。

（二）签订进口贸易合同

外贸企业在与国内客户协商签订供货合同的同时，与国外出口商通过询盘、发盘、还盘与反还盘和接受四个环节进行磋商，在磋商成功的基础上与国外出口商签订进口贸易合同。

（三）履行进口贸易合同

企业履行进口贸易合同可分为以下五个环节：

1. 开立信用证

企业根据进口贸易合同上规定的日期，向其所在地的外汇银行申请开立信用证，信用证的内容必须与进口贸易合同的条款相一致。

2. 督促对方及时发货和办理必要的手续

企业开立信用证后，在合同规定的交货期前，应督促国外出口商及时备货，按时装船。以 FOB 价格成交的合同，应由企业负责办理租船订舱工作，并委托外轮运输公司办理，及时将船名、船期等通知出口商。以 FOB 价格或 CFR 价格成交的合同，企业还应在收到出口商的装船通知后，立即将船名、开船日期、提单号数、商品名称、数量、装运港、目的港等通知保险公司，据以办理货运保险。

3. 审核单据和付款赎单

企业收到银行转来的国外出口商的全套结算单据后，应对照信用证，核对单据的种类、份数和内容。只有在“单证相符，单单相符”的情况下，才能凭全套结算单据向开证行办理进口付款赎单手续，如发现单证不符，应及时通知开证行全部或部分拒付。

4. 海关报关和货物接运

进口商品到达港口后，应及时办理海关报关和货物接运工作，计算交纳税款和港口费用。

5. 商品检验和索赔

企业应及时请商检部门对进口商品进行检验，对发现商品数量、品种、质量、包装等与合同或信用证不符的，出具商品检验证明书，据以在合同规定的索赔期限内，根据损失的原因和程度向出口商、运输公司或保险公司进行索赔。

（四）对内销售与结算

企业收到运输公司船舶到港通知及相关单据后，应根据合同向国内客户开出发票，办理结算。

四、进口贸易业务单据的审核

在国际贸易中，主要采取信用证结算方式。外贸企业进口业务涉及的单据主要有发票和提单。发票与提单由出口商开具，而进口商则凭单付款。因此，进口商在收到银行转来的全套单据时，要根据进口贸易合同和信用证的有关条款检查单据的种类、份数和内容是否完整。具体审核应注意以下问题。

1. 发票

发票是指出口商开出的商品价值的清单。它是交易双方收付款的依据，也是交易双方记账的原始凭证，还是出口商在出口地和进口商在进口地报关交税的计算依据，因此，必须严格进行审核。首先，审核发票的内容必须与进口贸易合同及信用证的条款内容相一致；其次，发票中有关项目的内容必须与其他有关的单据核对相符；最后，发票上的总金额不得超过信用证规定的最大限额。

2. 提单

提单是指承运单位签发的承运商品收据，即商品装入船舱后签发的提单。它是出口商商品发货的证明，也是进口商提货的依据。如果是收讫备运提单，应进一步审核是否有承运单位加注的“已装船”字样，否则不能轻易接受；然后进一步核对提单上所列商品的毛重、净重与发票及重量单上所列的内容是否相符，有关码头、装运港、目的港、运费支付情况与进口贸易合同及信用证的规定是否相符等。

外贸企业收到全套单据后，必须严格审核。只有在单证相符、单单相符的基础上，才能办理付汇手续，以确保企业的正当权益。

第二节　自营进口业务的核算

一、自营进口商品成本的构成

自营进口商品的采购成本由国外进价和进口税金两部分组成。

1. 国外进价

进口商品的进价一律以 CIF 价格为基础，若与出口商以 FOB 价格或 CFR 价格成交，则商品离开对方口岸后，应由企业负担的国外运费和保险费或保险费均应作为商品的国外进价入账。企业收到的能够直接认定的进口商品佣金，应冲减商品的国外进价。对于难以按商品直接认定的佣金，如累计佣金，则冲减“销售费用”账户。

2. 进口税金

进口税金是指进口商品在进口环节应交纳的计入进口商品成本的各种税金。它包括海关征收的关税和消费税。关税包括从价计征和从量计征两种。商品进口环节交纳的增值税是价外税，不是进口商品采购成本的构成部分，应将其列入“应交税费”账户。

进口商品在国内销售环节交纳的各种税，不构成进口商品的采购成本。进口商品抵达中国口岸以后的费用，如港务费、过港费、卸船费等，一律计入销售费用，不计入商品的采购成本。

各项税费的计算公式为：

(1) 从价税关税税额=关税完税价格×关税税率

=应税进口货物数量×单位完税价格×关税税率

从量税关税税额=应税进口货物数量×单位货物关税税额

(2) 应交消费税=组成计税价格×消费税税率

组成计税价格=(关税完税价格+关税) ÷ (1−消费税税率)

(3) 应交增值税=组成计税价格×增值税税率

组成计税价格=关税完税价格+关税+消费税

二、自营进口商品购进的核算

企业采购国外商品主要采用信用证结算方式。当进口企业收到银行转来国外全套结算单据时，将其与信用证及合同条款核对相符后，才能付款赎单。届时，借记“在途物资”账户，贷记“银行存款”账户；当支付国外运费和保险费时，应借记“在途物资”账户，贷记“银行存款”账户。

进口商品运抵我国口岸，向海关申报进口关税、消费税和增值税时，根据进口关税和消费税的合计数，借记“在途物资”账户，贷记“应交税费”账户；收到出口商付来佣金时，借记“银行存款”账户，贷记“在途物资”账户；对于难以按商品直接认定的佣金，如累计佣金，则借记“银行存款”账户，贷记“销售费用”账户。

当进口商品采购完毕，验收入库，结转其采购成本时，借记“库存商品”账户，贷记“在途物资”账户；支付进口商品的关税、消费税和增值税时，应借记“应交税费”账户，贷记“银行存款”账户。

【例 6-1】 美华商贸公司根据进口贸易合同从意大利某公司进口红酒 3 000 箱，采用信用证结算。

(1)1 月 5 日，接到银行转来国外全套结算单据，开列红酒 3 000 箱，每箱 50 欧元 FOB 价格，计货款 150 000 欧元，审核无误后，购汇予以支付，当日欧元汇率卖出价为 6.82 元。会计处理如下：

借：在途物资——意大利公司 (€150 000×6.82)　　1 023 000

　贷：银行存款——外币存款　　1 023 000

(2)1 月 10 日，购汇支付进口红酒国外运费 900 欧元，保险费 100 欧元，当日欧元卖出价为 6.82 元。会计处理如下：

借：在途物资——意大利公司（€1 000×6.82）　　6 820

　　贷：银行存款——外币存款　　6 820

(3) 1 月 12 日，意大利红酒运达我国口岸，假设关税税率为 20%，消费税税率为 10%，增值税税率为 17%，向海关申报红酒应交进口关税税额 205 964 元，应交消费税税额 137 309 元，应交增值税额 233 426 元。会计处理如下：

借：在途物资——意大利公司　　343 273

　　贷：应交税费——应交进口关税　　205 964

　　　　　　　　——应交消费税　　137 309

(4) 1 月 16 日，意大利公司付来佣金 1 500 欧元，当日欧元汇率买入价为 6.83 元，收到银行转来结汇单。会计处理如下：

借：银行存款——外币存款　　10 245

　　贷：在途物资——意大利公司　　10 245

(5) 1 月 20 日，进口红酒验收入库，结转其采购成本。会计处理如下：

借：库存商品——库存进口商品　　1 362 848

　　贷：在途物资——意大利公司　　1 362 848

(6) 1 月 29 日，用银行存款支付进口红酒的进口关税税额、消费税税额和增值税税额。会计处理如下：

借：应交税费——应交进口关税　　205 964

　　　　　　——应交消费税　　137 309

　　　　　　——应交增值税（进项税额）　　233 426

　　贷：银行存款　　576 699

三、自营进口商品销售收入的核算

（一）自营进口商品销售收入的确认

商品流通企业自营进口商品在国内销售时，应以开出进口结算凭证向国内客户办理货款结算的时间作为商品销售收入确认的时间。进口商品的结算方式有单到结算、货到结算和出库结算三种结算方式。在实务中，具体选择哪种结算方式，应以进口企业与客户协商后确定的合同为准。

1. 单到结算

单到结算是指不论进口商品是否已到达中国港口，进口企业只要收到国外出口商通过银行转来的全套结算单据，经审核符合合同规定，即可向国内用户办理货款结算，以此为条件，作为销售收入的实现。

2. 货到结算

货到结算是指进口企业收到外运公司通知，进口商品已到达中国港口后才向国内客户办理货款结算，以此为条件，作为销售收入的实现。

3. 出库结算

出库结算是指进口企业的进口商品到货后已验收入库，销售时办理出库手续并依据出库凭证、提货凭证和运输凭证等向国内用户办理货款结算，以此为条件，作为销售收入的实现。

(二) 自营进口商品销售的业务核算

【例 6-2】 东华商贸公司从美国劳拉公司进口高档手表一批，采用信用证结算，采取单到结算方式销售给美华商厦。

(1)1 月 6 日，接到银行转来的国外全套结算单据，采用 CIF 正价格，货款 30 000 美元，佣金 1 000 美元，审核无误，扣除佣金支付货款，当日美元汇率为 6.35 元。会计处理如下：

借：在途物资(US$29 000×6.35)	184 150	
贷：银行存款——外币存款		184 150

(2)1 月 10 日，接到销售部门转来的增值税专用发票，注明销售给美华商厦的手表货款 250 000 元，增值税额 42 500 元，收到华美商厦签发的转账支票。会计处理如下：

借：银行存款	292 500	
贷：自营进口销售收入		250 000
应交税费——应交增值税(销项税额)		42 500

(3)1 月 15 日，商品运抵中国口岸，向海关申报进口关税税额 36 830 元，应交纳增值税税额 37 867 元。会计处理如下：

借：在途物资	36 830	
贷：应交税费——应交关税		36 830

(4)1 月 20 日，向美国采购高档手表业务结束，结转其销售成本。会计处理如下：

借：自营进口销售成本	220 980	
贷：在途物资		220 980

(5)1 月 28 日，支付进口商品的进口关税和增值税。会计处理如下：

借：应交税费——应交关税	36 830	
应交税费——应交增值税(进项税额)	37 867	
贷：银行存款		74 697

(三) 自营进口商品销售采取货到结算的核算

外贸企业自营进口商品采取货到结算的方式时，在进口商品到达我国港口后，进口商品采购成本的归集已经完成。因此，企业与国内客户办理货款结算时，在反映自营进口商品销售收入的同时，也可以结转其销售成本。具体核算方法与自营进口商品采取单到结算的核算方法相同，不再赘述。

(四) 自营进口商品销售采取出库结算的核算

外贸企业自营进口商品销售采取出库结算方式时，进口商品在验收入库时，借记“库存商品”账户，贷记“在途物资”账户。

进口商品入库后再出库销售给国内客户时，根据应收的款项借记“应收账款”账户，根据销售金额贷记“自营进口销售收入”账户，根据应收的增值税额贷记“应交税费”账户；同时根据其入库时的成本结转销售成本，借记“自营进口销售成本”账户，贷记“库存商品”账户。

四、自营进口商品采取单到结算方式销售其他业务的核算

1. 销货退回的核算

企业采取单到结算方式销售时，由于在接到银行转来国外全套结算单据后，商品购进的核算与商品销售的核算同步进行，但如果商品运达我国港口后发现进口商品质量与合同规定严重不符，进口企业就要根据商检部门出具的商品检验证明书，按照合同规定与国外出口商联系，将商品退回给出口商，收回货款及进口费用或退货费用，然后向国内客户办理退货手续。

【例 6-3】 例 6-2 中，东华商贸公司购进的高档手表运到时，商检局出具的商品检验证明书证明该批手表为不合格产品，经与出口商联系，同意做追货处理。

(1)2 月 3 日，购汇垫付退还美国公司高档手表国外运费 850 美元，保险费 150 美元，当日美元卖出价为 6.35 元。会计处理如下：

借：应收外汇账款——美国公司　　6 350

　　贷：银行存款——外币存款　　6 350

(2)2 月 3 日，将该批高档手表做进货退出处理，并向税务部门申请退还已支付的税款。会计处理如下：

借：应收外汇账款——美国公司　　184 150

　　应交税费——应交进口关税　　36 830

　　贷：自营进口销售成本　　220 980

(3)2 月 10 日，同时做销货返回处理，开出红字专用发票，应退美华商厦货款 250 000 元，增值税税额 42 500 元。会计处理如下：

借：自营进口销售收入　　250 00

　　应交税费——应交增值税(销项税额)　　42 500

　　贷：应付账款——美华商厦　　292 500

(4)2 月 20 日，收到美国公司退回的货款及代垫费用 30 000 美元，当日美元汇率买入价为 6.33 元，收到银行转来结汇单。会计处理如下：

借：银行存款——外币存款　　189 900

　　汇兑损溢　　600

　　贷：应收外汇账款——美国公司　　190 500

(5)2 月 28 日，收到税务机关退还高档手表的进口关税 63 685.2 元和增值税 36 088.28 元，会计处理如下：

借：银行存款　　74 697

　　贷：应交税费——应交进口关税　　36 830

　　　　　　　——应交增值税(进项税额)　　37 867

自营进口商品销售采取入库结算方式销售时，由于进口商品是入库以后再销售给国内客户的，所以，当国内客户因商品质量等原因退货时，与国内销售退货的处理相同。

2. 索赔理赔的核算

自营进口商品销售采取单到结算方式，当进口商品到达时，所有权已属于国内客户，由其检验商品。如果发生商品短缺、质量与合同规定不符，应区别情况进行处理。如果属于运输单位责任或属于保险公司负责赔偿的范围，由国内客户向运输单位或保险公司索赔；如果

属于国外出口商的责任，应由外贸企业根据商检部门出具的商品检验证明书在合同规定的对外索赔期限内向出口商提出索赔，并向国内客户理赔。

【例 6-4】 利民副食进出口公司 2 月从美国利特公司购进大豆 300 吨，每吨 270 美元 CIF 价格，计货款 81 000 美元，佣金 1 500 美元，当日卖出汇率为 6.35 元，缴纳进口关税税额 100 965 元，增值税税额 102 984.30 元。这批大豆采取单到结算方式，已售给北方豆油厂，每吨 2 000 元，计货款 600 000 元，增值税税额 10 200 元，款项已收妥入账。3 月 3 日，大豆到达港口，北方豆油厂检验大豆时发现其中 30 吨已变质。

(1)3 月 5 日，收到北方豆油厂转来商检部门出具的商品检验证明，30 吨大豆变质系美国利特公司的责任，于是向外商提出索赔，经协商后，外商同意赔偿 7 950 美元，予以冲减商品的销售成本。做会计分录如下：

借：应收外汇账款——利特公司（US$7 950×6 035）	50 482.50	
贷：自营进口销售成本		50 482.50

(2)3 月 5 日，同时作销货退回处理，开出红字专用发票，应退货款 60 000 元，增值税 10 200 元。做会计分录如下：

借：自营进口销售收入	60 000	
应交税费——应交增值税(销项税额)	10 200	
贷：应付账款——北方豆油厂		70 200

(3)3 月 10 日，向税务机关申请退还 30 吨变质大豆的进口关税税额 10 096.50 元。做会计分录如下：

借：应交税费——应交进口关税	10 096.50	
贷：自营进口销售成本		10 096.50

(4)3 月 25 日，收到美国利特公司付来的赔偿款 7 950 美元，当日美元汇率买入价为 6.33 元，予以结汇。做会计分录如下：

借：银行存款	50 323.50	
汇兑损溢	159	
贷：应收外汇账款——利特公司		50 482.50

(5)3 月 31 日，收到税务机关退还 30 吨变质大豆的进口关税 10 096.50 元，增值税额 102 98.43 元，存入银行。做会计分录如下：

借：银行存款	20 394.93	
贷：应交税费——应交进口关税		10 096.50
——应交增值税(进项税额转出)		10 298.43

第三节　代理进口业务的核算

一、代理进口业务的概述

代理进口业务是具有进出口经营权的商品流通企业受国内客户委托办理进口业务的经营活动。

1. 代理进口业务的核算原则

(1)受托企业经营代理业务，应遵循不垫付进口商品资金的原则，必须由委托方预付代理进口商品的资金，代理方在收妥预付资金后，方可与国外出口商签订进口合同。

(2)受托企业在办理代理进口业务时，以本企业名义对外签订进口合同。

(3)代理进口业务发生的国外运费、保险费等一切直接费用，均由委托方负担。

(4)代理进口商品支付的关税、增值税、消费税等税款，由委托方承担或由受托方垫付后再向委托方收回。

(5)受托进口商品对委托方的结算采取单到结算方式，以实际进口成本按 CIF 价格核算。

(6)代理手续费按 CIF 价格与合同规定的比例收取。

(7)代理进口商品销售实现的盈亏由委托方负责。

2. 代理进口业务的确认内容

由于外贸企业在代理进口时不垫付资金，不负担盈亏，应由委托单位自行负责。

委托单位在收到代理单位办理货款结算时，作为进口商品购进业务处理。与代理商品结算进口商品的内容包括：

(1)国外货款。即按进口合同成交的进口商品货款。

(2)国外运保费。即以 FOB 价格(装运港船上交货价格)成交的进口商品，按合同支付的国外运保费用。

(3)进口税金。即进口商品应支付的进口关税、增值税、消费税等。

(4)银行财务费用。即在银行办理进口商品国际结算时收取的费用。

(5)外运劳务费。即外运公司办理商品国外运输的代办手续费。

(6)代理商手续费。即外贸企业办理进口业务收取的手续费。一般比例为 CIF 价格(成本加保险费和运费)的 3%～5%。

代理进口业务中，一律由代理方负责对外付汇和办理有关进口核销手续，进口货款由委托方及时向代理方支付。

3. 代理进口业务收入的确认

外贸企业代理进口业务，应以开出进口结算单，向国内委托单位办理货款结算的时间确认销售收入的实现。

由于外贸企业经营代理进口业务前，已与委托单位签订了代理进口合同或协议，就代理进口商品的名称、价款条件、运输方式、费用负担、风险责任、手续费率等有关内容做出了详细的规定，以明确双方的权利和责任。因此，当银行转来全套结算单据，经审核无误，支付进口商品的货款的同时，也就可以向国内委托单位办理货款结算，即代理进口商品的销售已经实现。

二、代理进口业务的核算

商品流通企业代理进口业务通常要求委托单位预付货款，在收到委托单位的预付货款时，借记“银行存款”账户，贷记“预收账款”或“预收外汇账款”账户；在银行转来国外全套结算单据时，将其与信用证或合同条款核对无误后，通过银行向国外出口商承付款项时，借记“预收账款”账户，贷记“银行存款”账户；同时，外贸企业业务部门根据代理进口商品金额 CIF 价格的一定比例开具收取代理手续费的发票，财务部门根据业务部门转来的发票(记账联)确认代理进口业务销售收入的实现，据以借记“预收账款”账户，贷记“其他业务收入”账户。

【例 6-5】 通达商贸公司接受美华商厦的委托，从美国进口运动鞋一批。

(1)美华商厦将进口运动鞋所需要资金通过银行提前支付给通达商贸公司，总计

2 500 000 元。会计处理如下:

借：银行存款　　2 500 000

　　贷：预收账款——美华商厦　　2 500 000

(2)通达商贸公司从美国阿耐公司购进代理进口的运动鞋，以 FOB 价格成交，采用信用证结算。通达商贸公司购汇支付国外运费 1 500 美元，保险费 200 美元，当日美元汇率卖出价为 6.35 元。会计处理如下:

借：预收账款——美华商厦　　10 795

　　贷：银行存款——外币存款　　10 795

(3)通达商贸公司收到银行转来美国阿耐公司全套结算单据，开列运动鞋 300 双，每双 550 美元 FOB 价格，计货款 165 000 美元，佣金 2 000 美元。审核无误，扣除佣金后支付货款，当日美元汇率卖出价为 6.35 元。会计处理如下:

借：预收账款——美华商厦　　1 035 050

　　贷：银行存款——外币存款　　1 035 050

(4)通达商贸公司在付款的同时，按规定进口运动鞋货款价格的比例向美华商厦收取代理手续费 5 001 美元，当日美元汇率中间价为 6.35 元。会计处理如下:

借：预收账款——美华商厦　　31 756.35

　　贷：其他业务收入　　31 756.35

(5)美国阿耐公司的运动鞋运达我国口岸，向海关申报应交进口关税(10%) 104 584.50 元、消费税(10%) 127 825.50 元、增值税 217 303.35 元。

借：预收账款——美华商厦　　449 713.35

　　贷：应交税费——应交进口关税　　104 584.50

　　　　　　　　——应交消费税　　127 825.50

　　　　　　　　——应交增值税(进项税额)　　217 303.35

(6)支付代理进口运动鞋的进口关税、消费税和增值税:

借：应交税费——应交进口关税　　104 584.50

　　　　　　——应交消费税　　127 825.50

　　　　　　——应交增值税(进项税额)　　217 303.35

　　贷：银行存款　　449 713.35

(7)退回多收的美华商厦预付款 972 685.3 元:

借：预收账款——美华商厦　　972 685.3

　　贷：银行存款　　972 685.3

由于本例中，代理进口企业与国外出口商签订的协议是 FOB 价格，而计算手续费一般按照 CIF 价格，所以，计算手续费时应按照 FOB 价格的进口商品货款加上国外运费和保险费计算。

复习思考题

1. 进口贸易业务的程序包括哪些?
2. 简述自营进口商品成本的构成。
3. 代理进口业务的核算原则包括哪些?

第七章

国际贸易出口业务核算

【学习目标】

1. 理解出口贸易业务的种类。
2. 理解出口商品购进核算的方法。
3. 了解自营出口销售的业务程序。
4. 掌握自营出口销售收入的计价。
5. 掌握自营出口销售的核算。
6. 理解代理出口销售业务应遵循的原则。
7. 掌握代理出口销售外汇货款结算的方法。
8. 掌握代理出口销售业务的核算。
9. 了解加工补偿出口销售业务的种类。
10. 掌握加工补偿出口销售业务的核算。

第一节　出口贸易业务概述

一、出口贸易业务的意义

出口贸易业务是指商品流通企业组织工农业产品在国际市场上销售，取得外汇的业务。出口贸易业务是由商品流通企业中的外贸企业经营的，它是外贸企业的一项重要业务。商品出口收汇是我国外汇收入的主要来源，它为进口我国经济发展所需要的先进生产设备和用于满足提高人民生活水平的商品创造了条件。

一个国家的出口贸易和进口贸易是相辅相成的，没有出口贸易，也就没有进口贸易。出口贸易大于进口贸易，外汇收支表现为顺差，构成了外汇储备的来源，它标志着一个国家的支付能力和经济实力。

外贸企业应积极拓展出口贸易业务，加强出口贸易业务的核算和管理，这对于密切国际的分工协作，增加就业机会，安全及时收汇，降低出口成本，提高人民生活水平，加快国民经济的建设和发展都具有重要的意义。

二、出口贸易业务的种类

出口贸易业务按其经营的性质不同，可分为自营出口业务、代理出口业务和加工补偿出口业务等。

1. 自营出口业务

自营出口业务是指外贸企业自己经营出口贸易，并自负出口贸易盈亏的业务。企业在取得出口销售收入、享受出口退税的同时，要承担出口商品的进价成本以及与出口贸易业务有关的一切国内外费用、佣金支出，并且还要对索赔、理赔、罚款等事项加以处理。

2. 代理出口业务

代理出口业务是指外贸企业代理国内委托方办理对外洽谈、签约、托运、交单和结汇等全过程的出口贸易业务，或者仅代理对外销售、交单和结汇的出口贸易业务。代理企业仅收取一定比例的手续费。

3. 加工补偿出口业务

加工补偿出口业务也称“三来一补”业务，即来料加工、来件装配、来样生产和补贸易业务。“三来”业务是指外商提供一定的原材料、零部件、元器件，必要时提供某些设备，由我方按对方的要求进行加工或装配成产品交给对方销售，我方收取外汇加工费的业务。补偿贸易业务是指由外商提供生产技术、设备和必要的材料，由我方生产，然后用生产的产品分期归还外商的业务。

第二节　出口商品购进

一、出口商品购进的方式

出口商品的购进按照收购方式不同，可分为直接购进和委托代购两种。

1. 直接购进

直接购进是指外贸企业直接向工矿企业、农场及有关单位直接签订购销合同或协议收购出口产品。它适用于收购大宗工矿产品、农副产品和土特产品。

2. 委托代购

委托代购是指外贸企业以支付手续费的形式委托内贸企业收购出口商品。它适用于收购货源零星分散的农副土特产品。

二、出口商品购进的业务程序

出口商品购进的业务程序主要有签订购销合同、验收出口商品和支付商品货款。

1. 签订购销合同

外贸企业应根据国际市场的需求，按照经济合同法的有关规定，及时与供货单位签订购销合同，明确规定商品的名称、规格、型号、商标、等级和质量标准；商品的数量、计量单位、单价和金额；商品的交货日期、方式、地点、运输和结算方式，以及费用负担、违约责任和索赔条件等，以明确购销双方的权利和义务。

2. 验收出口商品

外贸企业对购进的出口商品应按照购销合同、协议的规定进行验收。对于一般的技术性不强的出口商品，应进行品种、规格、型号、商标、等级、花色、质量、包装等方面的检查验收。对外贸企业无条件验收的技术复杂、规格特殊的出口商品，如精密仪器、成套设备和化工产品等，应按购销合同或协议的规定，由供货企业提供商品检验证明书，并点验商品的数量，检查商品的包装。对于应由商品检验单位检验的出口商品，应取得该单位的合格证明书，并点验商品的数量，检查商品的包装。

3. 支付商品货款

外贸企业除了经批准发放的农副产品预购定金，以及定购大型机器设备、船舶、特殊专用材料、设备，可以预付定金或货款外，同城商品采购主要采用支票结算，外贸企业在收到商品后，就应支付货款；异地商品采购主要采用托收承付结算方式，贯彻“商品发运托收、单货同行、钱货两清”的原则，外贸企业应根据合同的规定，验单或验货合格后付款，以维护购销双方的权益。

三、出口商品购进的核算

由于外贸企业从国内市场采购出口商品，其业务性质和经营特点与国内贸易的批发企业基本相同。因此，外贸企业也采用数量进价金额核算。

外贸企业出口商品的购进、进货退出、购进商品的退补价、购进商品发生的短缺和溢余、购进商品发生拒付货款和拒收商品、购货折扣和折让的核算，与本书第三章第一节批发商品购进中阐述的核算方法基本相同，不再重述。它们之间的区别有两点：一是批发企业的商品采购费用在“进货费用”账户中归集，而外贸企业的商品采购费用计入商品采购成本；二是根据商品管理的需要，批发企业的“库存商品”账户下，按商品类别设置二级明细账户；外贸企业的“库存商品”账户下，设置“库存出口商品”和“库存进口商品”两个二级明细账户。

第三节　自营出口销售业务的核算

一、自营出口销售的概述

自营出口销售是指企业自行经营出口销售，并自负盈亏的业务。它是外贸企业销售收入的主要来源。

（一）自营出口销售的业务程序

自营出口销售业务的程序有出口贸易前的准备工作、出口贸易的磋商、签订出口贸易合同和履行出口贸易合同四个步骤。如图 7-1 所示。

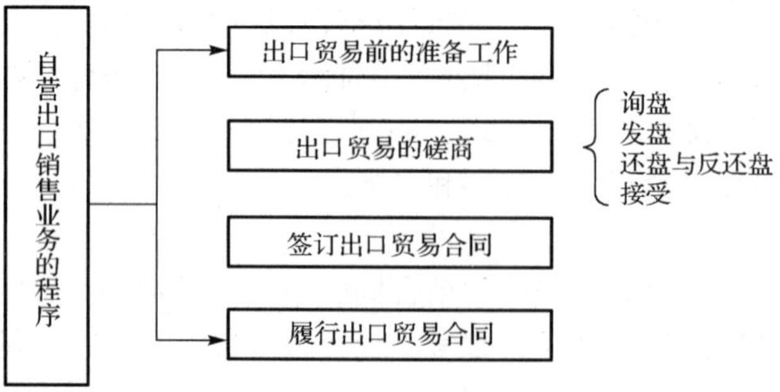

图 7-1　自营出口销售业务的程序

1. 出口贸易前的准备工作

企业为了使出口贸易顺利进行，应进行调查研究，以充分了解国外市场的情况。主要包括了解进口商所在国的自然条件、进出口贸易的规模、外贸政策、贸易管制状况、关税措施、贸易惯例、运输条件等；了解进口商的资信情况、经营范围和经营能力；了解并研究国外市场市场的供求关系和市场价格的变化情况等。

2. 出口贸易的磋商

企业在确定出口贸易对象后应进行磋商。一笔交易的磋商过程通常分为询盘、发盘、还盘与反还盘、接受四个环节。

(1) 询盘。询盘是指交易的一方要购买或出售某种商品，而向另一方发出探询买卖该种商品有关交易条件的一种表示。其内容包括商品的品种、规格、性能、价格条件、交货日期和付款条件等。

(2) 发盘。发盘是指发盘人向受盘人提出一定的交易条件，并愿意按照这些条件成交订约的表示。

(3) 还盘与反还盘。还盘是指受盘人对发盘内容提出不同意见，或要求修改某些条件的表示。反还盘是指发盘人对还盘人再提出新意见。一笔交易往往要经过多次的还盘和反还盘的过程才能成立。

(4) 接受。接受是指受盘人在发盘的有效期内无条件地同意发盘中所提出的交易条件，愿意订立贸易合同的一种表示。

3. 签订出口贸易合同

企业与进口商磋商成功后，签订贸易合同。贸易合同是指贸易双方通过磋商根据某一项具体业务确定各方的权利和义务，并取得一致意见的书面协议。贸易合同通常由出口商填制，经双方核对无误并签字后，各执正本一份。

4. 履行出口贸易合同

企业履行出口贸易合同可分为以下五个环节：

(1) 组织出口货源。企业应根据贸易合同或信用证的规定准备好出口商品。出口商品的品种、质量、数量、包装及交货期等都必须与合同相符，以免遭到买方的拒收或索赔。需要由检验机构检验的商品，则应申请检验，以取得由检验机构填发的商品检验证书。

(2) 催证、审证及通知派船或租船。外贸企业如未按时收到信用证，应及时催证，并对收到的信用证进行审查，如发现存在问题，应及时通知对方修改。审查或修改无误后，根据合同规定通知对方派船接运或租船托运。

(3) 办理托运手续。企业接到进口商派船通知后，应持全套出口单据办理托运手续，并向海关申报出口。海关放行后，出口商品才能装船出运。

(4) 交单收汇。企业办妥出口商品装运手续，取得正本提单或运单后，应立即持全套出口单据交银行审单收汇，并应向进口商发出装船通知。

(5) 索赔与理赔。如果进口商未按合同规定履约，从而造成经济损失的，企业应向进口商提出索赔；反之，如果进口商验收商品，发现违反合同规定而提出索赔的，应根据其提供的合法证明，按照合同的条款进行处理。若属企业责任的，企业应予以解决。对于不属于企业责任范围，或不符合合同规定的索赔，应拒绝理赔。

（二）自营出口销售收入的计价

自营出口贸易有船上交货价格（FOB）、成本加运费价格（CFR）和成本加运费、保险费价格（CIF）等多种价格条件。为了规范核算口径，外贸企业不论以什么价格条件成交，均以船上交货价格（FOB）扣除佣金后计价，如以 CFR 价格或以 CIF 价格成交的，还应扣除运费或运费和保险费进行计价。

（三）自营出口销售收入实现的确认

对于销售收入实现的确认，应当以权责发生制为基础，按照《企业会计准则》中规定的销售收入实现条件作为确认的基础。

一般情况下，只要商品所有权凭证转移或实物交付后，即可认为商品所有权上的主要风险与报酬也随之转移，销售收入已经实现。在自营出口销售业务中，只要出口方将货物按合同规定交接第一承运人移交买方，并取得装运单据，就算完成了交货义务，商品所有权发生转移，即可确认销售实现。具体而言，出口方只要将货物装运并取得正本装运提单，向银行办理完交单，即视为销售实现；财务部门只要接到陆运的承运货物收据或铁路联运运单、海运的出口装船提单、空运运单及向银行交单的回单等出口销售凭证，即可确认销售收入的实现。

二、自营出口销售核算涉及的主要单证

与国内销售核算所涉及的单证相比较，出口销售核算所涉及的单证较多，在与国外进口商结算货款时，如果提交的单证与信用证不符，国外进口商有权拒绝付款，因此出口企业的结汇单据必须填制完整、正确、及时、简明和整洁。现将出口核算时涉及的主要单证简介如下：

（一）发票

1. 销售发票

销售发票是全套单证的核心，常被称为中心单证。在国际结算中销售发票具有以下作用：一是卖方向买方发送货物的凭证，是重要的履约证明文件；二是买卖双方收付货款和记账的凭证；三是买卖双方办理报关、纳税的凭证；四是卖方填制其他单证的依据。填制销售发票时必须注意发票上的收货人、货物名称、规格、数量、单价、包装等内容，必须与信用证的开证人和信用的各项要求完全相符，以防国外银行拒付货款或拖延付款。特别是发票的总值不能超过信用证规定的最高金额，因为开证行可以拒绝接受超过信用证所许金额的发票。除销售发票外，出口销售还涉及海关发票和领事发票。

2. 海关发票

海关发票是由进口国海关当局规定的进口报关必须提供的特定格式的发票。它具有如下作用：一是进口报关时作为估价完税的依据；二是核定原产地，为征收差别待遇关税提供依据；三是确定是否属于倾销，作为征收反倾销税的依据。由于各国的海关发票都有自己专用的格式，因此填写时要注意国别的差异性，同时有关项目必须与销售发票保持一致，特别是 CIF 条件成立的价格应与 FOB 价格、运费、保险费三者之和相一致。

3. 领事发票

领事发票是由进口国驻出口国领事认证或出具的发票。有些国家规定，凡输入货物，出口人必须向该国海关提供经该国领事签证的发票，在这种情况下，领事发票就是进口许可证。

（二）提单

提单是承运人或其代理人签发的证明托运的货物已经收到，或装上指定运输工具，约定将该项货物运往目的地，交给提单持有人的物权凭证。提单一般签发正副本两份，以防递交过程中丢失，但只要其中一份已提货，另一份即失效。提单是一张很重要的单据，国外来证往往要求提供清洁提单。所谓清洁，是指提单上没有“破”“×件损坏”“雨淋”等不良批注。如果提供不清洁提单，银行不予受理。

（三）保险单

保险单是保险人签发给被保险人，承诺在发生承保责任范围内的损失时承担赔偿责任的权利凭证。保险单的被保险人是信用证上的受益人。保险单的签发日期应早于提单日期或者在同一天，但不能迟于提单日期。保险的险别、金额要与来证的规定相符，保险单上的有关内容应与提单一致。保险单上的金额一般为发票金额的 110%，最低保险金额为货物总值。

（四）产地证书

产地证书是证明货物原产地或制造地的证明文件，它具有如下作用：一是进口国根据产地证书确定对进口货物应征收的税率；二是进口国以产地证书证明货物的来源，控制或分配进口额，或作为给予优惠关税待遇的凭证；三是证明是进口商指定生产地生产的商品。不用海关发票或领事发票的国家，要求提供产地证明，有的国家限制从某国进口货物，也要求其填写产地证书。

（五）包装单和重量单

包装单是指一切记载或描述商品包装情况的单据，其种类较多，常见的有装箱单、包装说明、详细装箱单等。重量单是出口商向进口商提供的证明装货重量与合同相符的证书。

（六）商品检验证书

检验证书是以书面形式说明货物符合合同、进口国或出口国政府规定标准的证明文件，一般由商品检验局出具。各种检验证书的申请人、货名、件数、标记和检验结果应符合信用证规定，并与发票和其他单据一致。

（七）汇票

汇票是信用证规定填写的，汇票的受款人应填写托收行或议付行。汇票一式两份，其中一份付讫，另一份即自动失效。汇票的详细内容在前面已经做了介绍，不再赘述。

三、自营出口销售核算的主要账户设置

1. “待运和发出商品”账户

该账户是资产类账户，用以核算企业已经出库待运，尚未确认销售的商品数额。企业发出商品运往码头、车站、机场准备装船、装车、装机时，记入该账户借方；确认发运商品的销售收入，结转自营出口销售成本及商品出仓后退关甩货时，记入该账户的贷方；其余额表示尚未确认销售的待运和发出商品的结存额。

2. “应收外汇账款”账户

该账户是资产类账户，用以核算企业因出口销售商品等应向外商收取的外汇账款。商品销售时，记入该账户借方；收回款项时，记入该账户贷方，其余额表示未收回的外汇账款数额。

3. “自营出口销售收入”账户

该账户是损溢类账户，用以核算企业自营出口的商品销售收入。企业取得自营出口销售收入时，记入该账户贷方；发生自营出口销售的国外运费、保险费用、佣金、销货退回、出口理赔以及期末转入本年利润账户时，记入该账户借方。

4. “自营出口销售成本”账户

该账户是损溢类账户，用以核算企业自营出口的销售成本。企业结转自营出口销售成本以及支付的增值税中不予返税的部分转入时，记入该账户借方；转入应退消费税、冲减销货退回成本以及期末转入本年利润账户时，记入该账户贷方。

四、自营出口销售的业务核算

（一）商品托运及出口销售收入的核算

企业出口销售通常采用信用证结算，业务部门根据贸易合同和信用证的规定，开具一式数联的出库单，由储运部门据以向运输单位办理托支，然后将出库单转给财务部门，财务部门根据出库单借记“发出商品”账户，贷记“库存商品”账户。

业务部门待出口商品装船，取得全套货运单据，持出口发票正本向银行交单办理收汇手续，取得银行回单，财务部门取得业务部门转来的发票副本及银行回单时，据以借记“应收外汇账款”账户，贷记“自营出口销售收入”账户。然后将储运部门转来的出库单所列商品的品名、规格、数量与发票副本核对相符后，据以结转商品销售成本，届时借记“自营出口销售成本”账户，贷记“发出商品”账户。待收到货款时，再借记“银行存款”账户，贷记“应收外汇账款”账户。

【例 7-1】 御龙酒业进出口公司采用信用证结算方式，根据出口贸易合同，销售给美国珊娜公司参酒 1 000 箱。

(1)1 月 5 日，收到储运部门转来出库单的记账联，列明出库参酒 1 000 箱，每箱 650 元，予以转账。

借：发出商品——参酒　　650 000

　　贷：库存商品——库存出口商品　　650 000

(2)1 月 8 日，收到销售部门转来销售参酒的发票副本和银行回单，发票列明参酒 1 000 箱，CIF 价格每箱 150 美元，计货款 150 000 美元，当日美元中间汇率为 6.35 元。

借：应收外汇账款——珊娜公司酒业(US$150 000×6.35)　　952 500

　　贷：自营出口销售收入——参酒　　952 500

(3)1 月 8 日，同时根据出库单的转账联，结转出口参酒销售成本。

借：自营出口销售成本　　650 000

　　贷：发出商品——参酒　　650 000

(4)1 月 15 日，收到银行收汇通知，150 000 美元已收汇，银行扣除 200 美元手续费后将其余部分存入外汇存款账户，当日汇率中间价为 6.34 元。

借：银行存款——外币存款（US$149 800×6.34）　　949 732
　　财务费用——手续费（US$200×6.34）　　1 268
　　汇兑损溢　　1 500
　　贷：应收外汇账款　　952 500

（二）支付国内费用的核算

企业在商品出口贸易过程中，商品在所在地发运至边境、口岸的各项运杂费、装船费等费用，均列入“销售费用”账户。

【例 7-2】 5 月 10 日，御龙酒业进出口公司签发转账支票支付长春运输公司将参酒运送至港口的运杂费 5 000 元，并电汇给港口参酒装船费 1 500 元。

借：销售费用——运杂费　　5 000
　　　　　　——装船费　　1 500
　　贷：银行存款　　6 500

（三）支付国外费用的核算

国外费用主要有运费、保险费和国外佣金三项。

1. 支付国外运费和保险费的核算

企业出口贸易有多种不同的价格，不同的价格条件所负担的费用是不同的。若以 FOB 价格成交，企业不承担国外运费和保险费；若以 CFR 价格成交，企业只承担国外运费；若以 CIF 价格成交，企业将承担国外运费和保险费。

国外运费是指国际贸易价格条件所规定的、应由出口商支付并负担的、从装运港到目的港的运输费用。企业收到运输单位送来的运费凭证，应核对出口发票号码、计费重量、运输等级、运费金额等内容，审核无误后，据以支付运费。

保险费是指企业为转移商品在运输途中的风险，并在遭受损失时能得到必要的补偿，向保险公司投保并负担支付费用。保险费的计算公式为：

保险费=出口商品的 CIF 价格×保险费率

由于自营出口商品销售收入是按 FOB 价格扣除佣金后计价的，因此企业负担的国外运费和保险费应冲减“自营出口销售收入”账户。

【例 7-3】 御龙酒业进出口公司销售给美国牛仔酒业公司白酒 1 000 箱，发生国外运费和保险费。

（1）2 月 5 日，收到运输公司发票，金额为 2 000 美元，是 1 000 箱白酒的运费，当即从外币账户汇付对方，当日汇率中间价为 6.36 元。

借：自营出口销售收入——运费　　12 720
　　贷：银行存款——外币存款（US$2 000×6.36）　　12 720

（2）2 月 6 日，按白酒销售发票金额 45 000 美元的 110%向保险公司投保，保险费率为 2‰，签发转账支票从外币账户支付，当日汇率中间价为 6.35 元。

借：自营出口销售收入——保险费　　628.65
　　贷：银行存款——外币存款（US$99×6.35）　　628.65

2. 支付国外佣金的核算

佣金是指价格条件或合同规定应支付给中间商的推销报酬。佣金有明佣、暗佣和累计佣金三种支付方式。

(1) 明佣。明佣又称发票内佣金，它是指在贸易价格条件中规定的佣金。采用明佣支付方式，出口商在销售发票上不但列明销售金额，而且列明佣金率、佣金，以及扣除佣金后的销售净额。外贸企业在向银行办理交单收汇时，应根据发票中列明的销售净额收取贷款，不再另行支付佣金。届时根据银行回单和销售发票中的销售净额借记“应收外汇账款”账户，根据佣金金额借记“自营出口销售收入”账户，根据销售金额贷记“自营出口销售收入”账户。

(2) 暗佣。暗佣又称发票外佣金，它是指在贸易价格条件中未作规定，但在贸易合同中规定的佣金。采取暗佣支付方式，出口商在销售发票上只列明销售金额。外贸企业在向银行办理交单收汇时，应根据发票中列明的销售金额收取货款，届时根据银行回单和销售发票借记“应收外汇账款”账户，贷记“自营出口销售收入”账户。同时根据贸易合同中列明的佣金金额，借记“自营出口销售收入”账户；贷记“应付外汇账款”账户。待收到货款汇付佣金时，借记“应付外汇账款”账户，贷记“银行存款”账户。

(3) 累计佣金。累计佣金是指出口商与国外包销商、代理商订立协议，规定在一定时期内按累计销售金额及相应的佣金率定期计付的佣金。佣金率通常是累计计算，在到期汇付时入账。如果累计佣金能直接认定到具体出口商品，其核算方法与其他佣金一样，应直接冲减“自营出口销售收入”账户。

【例 7-4】 御龙酒业进出口公司销售给美国牛仔酒业公司白酒 1 000 箱，共计货款 45 000 美元，采取暗佣支付方式，佣金率为 3%。

(1) 5 月 2 日，根据出口白酒 3%的佣金率，将应付客户暗佣入账，当日汇率中间价为 6.36 元。

借：自营出口销售收入——佣金	8 586	
贷：应付外汇账款——牛仔酒业公司 (US$1 350×6.36)		8 586

(2) 5 月 10 日，货款已收到，现将白酒佣金汇付美国牛仔酒业公司，当日汇率为 6.36 元。

借：应付外汇账款——牛仔酒业公司 (US$1 350×6.36)	8 586	
贷：银行存款——外币存款		8 586

(四) 出口商品退税的核算

我国对出口商品实行退税的政策，以增加商品在国际市场上的竞争力。外贸企业凭销售发票副本、出口报关单等有关凭证，向企业所在地税务机关申报办理出口退税手续。退税款项主要是购进出口商品时所支付的增值税进项税额。此外，我国还对烟、酒及酒精、化妆品、成品油、汽车轮胎、摩托车、小汽车等 15 项在生产环节征收消费税的商品，退还消费税。

增值税在申报退税后，根据应退的增值税额借记“应收出口退税”账户，根据出口商品购进时支付的增值税额贷记“应交税费”账户，两者的差额，也就是国家不予退税的金额，应列入“自营出口销售成本”账户的借方。消费税在申报退税时，借记“应收出口退税”账户，贷记“自营出口销售成本”账户。在收到增值税和消费税退税款时，再借记“银行存款”账户，贷记“应收出口退税”账户。

【例 7-5】 御龙酒业进出口公司出口白酒一批，白酒购进时数量为 1 000 箱，进价金额为 200 000 元。

(1)4 月 10 日，白酒购进时增值税率为 17%，已付增值税 34 000 元，增值税税务机关申报出口的退税率为 13%。

借：应收出口退税　　26 000
　　自营出口销售成本　　8 000
　　贷：应交税费——应交增值税(出口退税)　　34 000

(2)4 月 10 日，白酒应退消费税率为 10%，向税务机关申报退税 20 000 元。

借：应收出口退税　　20 000
　　贷：自营出口销售成本　　20 000

(五)预估国外费用的核算

外贸企业出口贸易业务销售收入确认的时间与支付国外运费、保险费和佣金的时间往往不一致。为了正确反映期间的经营成果，对于已恰逢自营出口销售收入入账，而尚未支付的国外费用应预估入账，冲减收入。届时，借记“自营出口销售收入”账户，贷记“应付外汇账款”账户。待下期初实际支付时，再借记“应付外汇账款”账户，贷记“银行存款”账户。如果实际支付金额与预估金额有差异时，其差额列入“自营出口销售收入”账户。

【例 7-5】 御龙酒业进出口公司日前销售给美国华盛顿公司茶叶一批，已入账。

(1)12 月 31 日，预估茶叶国外运费 2 500 美元，保险费 200 美元，当日汇率中间价为 6.35 元。

借：自营出口销售收入——运费　　15 875
　　　　　　　　　　——保险费　　1 270
　　贷：应付外汇账款——预估国外费用(US$2 700×6.35)　　17 145

(2)次年 1 月 5 日，签发转账支票支付运输公司国外运费 2 350 美元，支付保险公司保险费 180 美元，当日汇率中间价为 6.35 元。

借：应付外汇账款——预估国外费用(US$2 700×6.35)　　17 145
　　贷：自营出口销售收入——运费　　952.50
　　　　　　　　　　　　——保险费　　127
　　　　银行存款(US$2 530×6.35)　　16 065.50

五、自营出口销售其他业务的核算

(一)销售退回的核算

出口商品销售后，因故遭到国外退货时，业务部门应及时分别与储运部门和财务部门联系，确定退回商品货款和费用的处理意见。

财务部门根据出口商品的提单及原发票复印件等凭证冲转出口销售收入，届时应区别情况进行核算。

如果是支付明佣方式的销售退回，应根据销售金额借记“自营出口销售收入一货款”账户，根据佣金金额贷记“自营出口销售收入一佣金”账户，同时根据销售净额贷记“应收外汇账款”账户。

如果是支付暗佣方式的销售退回，则应根据销售金额借记“自营出口销售收入一货款”账户，贷记“应收外汇账款”账户；并根据佣金金额借记“应付外汇账款”账户，贷记“自营出口销售收入——佣金”账户。

出口企业在冲销出口销售收入的同时，还应冲转出口销售成本，届时按其成本金额借记“发出商品——国外退货”账户，贷记“自营出口销售成本”账户。待销售退回商品验收入库时，根据收货单再借记“库存商品——出口库存商品”账户，贷记“发出商品——国外退货”账户。

销售退回商品出口时支付的国外运费、保险费以及国内支付的运杂费和装卸费等也应予以冲转。届时应根据支付的国外费用总额，借记“待处理财产损溢”账户，根据支付的国外费用，贷记“自营出口销售收入”账户，根据支付的国内费用贷记“销售费用”账户。

支付销售退回商品运回企业时发生的国内外运费时，借记“待处理财产损溢”账户，贷记“银行存款”账户。待原因查明后，如果属于供货单位的责任，并决定由其负责赔偿时，应从“待处理财产损溢”账户转入“其他应收款”账户；如属于出口企业自身责任，应转入“营业外支出”账户。

【例 7-6】 中国龙商贸公司出口美国库里公司女士挎包一批，销售金额 48 000 美元 CIF 价格，明佣 1 500 美元，该批挎包的进价成本为 287 500 元，已支付国内运杂费 950 元，装卸费 400 元，国外运费 1 250 美元，保险费 130 美元，记账美元汇率为 6.35 元。因挎包的质量与合同不符，商品已被退回。

(1) 1 月 8 日，收到出口退回商品提单和原发票复印件，当日美元汇率的中间价为 6.35 元，冲转商品销售收入。会计处理如下：

借：自营出口销售收入——货款 (US$48 000×6.35)　　304 800
　　贷：自营出口销售收入——佣金 (US$1 500×6.35)　　9 525
　　　　应收外汇账款——库里公司　　295 275

(2) 同时冲转出口销售成本，会计处理如下：

借：发出商品——国外退货　　287 500
　　贷：自营出口销售成本　　287 500

(3) 冲转商品出口时发生的国内外费用，会计处理如下：

借：待处理财产损溢——待处理流动资产损溢　　10 113
　　贷：自营出口销售收入——运费 (US$1 250×6.35)　　7 937.50
　　　　　　　　　　　　——保险费 (US$130×6.35)　　825.50
　　　　销售费用——运杂费　　950
　　　　　　　　——装卸费　　400

(4) 1 月 14 日，汇付退回挎包国外运费 1 300 美元，保险费 130 美元，当日美元汇率的中间价为 6.35 元。会计处理如下：

借：待处理财产损溢——待处理流动资产损溢　　9 080.50
　　贷：银行存款——外币存款　　9 080.50

(5) 1 月 I4 日，签发转账支票支付退回商品的国内运费及装卸费 1 350 元。会计处理如下：

借：待处理财产损溢——待处理流动资产损溢　　1 350
　　贷：银行存款　　1 350

(6) 1 月 14 日，收到储运部门转来的收货单，退回商品已验收入库。会计处理如下：

借：库存商品——库存出口商品　　287 500
　　贷：发出商品　　287 500

(7) 1 月 16 日，查明退货系供货单位德众箱包厂的责任，与其联系后，国内外费用决定由其负责赔偿。会计处理如下：

借：其他应收款——德众箱包厂　　20 543.50

　　贷：待处理财产损溢——待处理流动资产损溢　　20 543.50

(二) 退关甩货的核算

退关甩货是指出口商品发货后，因故未能装运上船(车)就被退回仓库。

储运部门接到业务部门转来出口商品止装通知后，应立即采取措施，将已发出的商品予以提回，并办理入库手续。财务部门根据转来的退关止装入库凭证，据以借记“库存商品”账户，贷记“发出商品”账户。

(三) 索赔和理赔的核算

1. 索赔的核算

索赔是指外贸企业因对方违反合同规定遭受损失时，根据规定向对方提出的赔偿要求。外贸企业出口销售业务索赔经进口商确认，同意赔偿时，借记“应收外汇账款”账户，贷记“营业外收入”账户。

2. 理赔的核算

理赔是指外贸企业因违反合同规定使对方遭受损失，受理对方根据规定提出来的赔偿要求。在出口业务中，如果进口商发现出口商品的数量、品种、规格、质量与合同不符、包装不善、商品逾期装运以及不属于保险责任范围的商品短缺、残损严重等情况，并提供有关证明，向外贸企业提出索赔时，外贸企业经核实，确认情况属实后，应进行理赔。

外贸企业在确认理赔时，借记“待处理财产损溢”账户，贷记“应付外汇账款”账户。然后查明原因，区别情况进行处理。

如查明出口商品的品种、规格、质量与合同不符，而且是供货单位的责任，应要求其赔偿，经协商同意赔偿时，借记“其他应收款”账户，贷记“待处理财产损溢”账户。

如查明出口商品包装不善，商品逾期装运系本企业管理不善造成，经批准后，借记“营业外支出”账户，贷记“待处理财产损溢”账户。

【例 7-7】 利群商贸公司出口给美国天马公司的男装因包装破损污染而导致退货，双方已经钱货两清，天马公司提出赔偿要求。

(1) 根据对方提供的有关证件，经查证确认后，公司同意对外理赔 10 000 美元。当日美元汇率的中间价为 6.35 元。会计处理如下：

借：待处理财产损溢——待处理流动资产损溢　　63 500

　　贷：应付外汇账款——美国天马公司 (US$10 000×6.35)　　63 500

(2) 出口商品退回的账务处理见【例 7-6】。

(3) 经查明出口男装的包装破损是企业自身原因造成的，经批准作为企业损失处理，会计处理如下：

借：营业外支出　　63 500

　　贷：待处理财产损溢——待处理流动资产损溢　　63 500

第四节　代理出口销售业务的核算

一、代理出口销售业务概述

代理出口销售是指外贸企业代替国内委托单位办理对外销售、托运、交单和结汇等全过程的出口销售业务，或者仅代替办理对外销售、交单和结汇的出口销售业务。如果只代替办理部分出口销售业务，而未代替办理交单、结汇业务的，只能称为代办出口销售业务。

1. 代理出口销售业务的原则

(1)代理企业不提供货物资金，不承担任何国内外直接费用。

(2)代理企业不承担出口销售的盈亏。

(3)代理企业只按代理出口销售发票或合同规定收取一定比例的代理手续费。

(4)国内的直接费用应由委托方负责，代理企业的间接费用应向委托方收取一定比例的手续费进行补偿。费用的结算既可垫付后向委托方托收，也可由委托方先预付，之后再行清算。

(5)国外费用由委托方预拨或由代理方垫付后在结算代理收入时扣收。

(6)代理企业出口外汇收入和收取手续费及代垫费用，最后一次向委托方结算。

(7)代理出口销售的出口退税，首先由受托方到主管退税机关开具代理出口货物证明，交委托方，然后由委托方向所在地税务部门办理。

(8)受托代理出口销售收取的手续费，按税法规定缴纳税款。

2. 代理出口销售外汇货款的结算方式

代理出口销售企业向委托企业清算销售货款的方式有异地收(结)汇法和全额收(结)汇法两种方式。

异地收(结)汇法是指受托出口企业在办理代理出口销售交单结汇时，在有关单证中写明银行收到外汇货款后，分别向受托企业和委托单位分割收(结)汇的方式。采用该方式时，银行收到的外汇如含有佣金，在扣除应付佣金后，将外贸企业代垫的国内外直接费用和代理手续费向受托企业办理收(结)汇，同时将外汇余额直接划拨委托单位。

全额收(结)汇法是指银行在收到代理出口销售外汇时，按全额转入受托企业存款账户的一种结算方式。采取该方式时，受托企业收汇后，扣除垫付的国内外直接费用和应收取的代理手续费，将外汇余额通过银行转付委托单位。

二、代理出口销售业务的主要账户设置

“受托代销商品”账户是资产类账户，用以核算企业接受其他单位委托代理出口的商品。企业收到其他单位代理出口商品时，记入该账户借方；代理出口商品销售后，结转其成本时，记入该账户贷方，余额表示受托代理出口商品的结存额。

“受托代销商品款”账户是负债类账户，用以核算企业接受代理出口商品的货款。企业收到代理出口商品，记入该账户贷方，代理出口商品销售时，记入该账户借方，余额表示尚未销售的代理出口商品的数额。

三、代理出口销售业务的核算

1．代理出口商品收发的核算

外贸企业根据合同规定收到委托单位发来代理出口商品时，应根据储运部门转来代理业务入库单上所列的金额，借记“受托代销商品”账户、贷记“受托代销商品款”账户。代理商品出库后，应根据储运部门转来的代理业务出库单上所列的金额，借记“发出商品—受托代销商品”账户，贷记“受托代销商品”账户。

【例 7-8】 美华商贸公司受理安达服装厂代理出口服装业务。

(1)1 月 5 日，收到安达服装厂的代理出口牛仔服 1 000 套的业务单，同时，该批牛仔服已运到公司，每套 200 元，已接收。会计处理如下：

借：受托代销商品——牛仔服　　200 000

　　贷：受托代销商品款——安达服装厂　　200 000

(2)1 月 10 日，代理商品出库，准备装运出口，会计处理如下：

借：发出商品——牛仔服　　200 000

　　贷：受托代销商品——安达服装厂　　200 000

2．代理出口商品销售收入的核算

代理出口商品交单办理收汇手续，取得银行回单时就意味着销售已经实现，然而这是委托单位的销售收入，因此通过“应付账款”账户核算。届时，根据代理出口商品的销售金额，借记“应收外汇账款”账户，贷记“应付账款”账户；同时，结转代理出口商品的销售成本，根据代理出口商品的出库金额，借记“受托代销商品款”账户，贷记“发出商品” 账户。

【例 7-9】 承【例 7-8】美华商贸公司业务如下：

(1)1 月 12 日，将代理出口的牛仔服销售给美国娜迪公司，业务部门转来代理销售牛仔服的发票副本和银行回单，该批牛仔服每套 CIF 价格 60 美元，货款共计 60 000 美元，佣金 1 500 美元，当日美元汇率的中间价为 6.35 元。会计处理如下：

借：应收外汇账款——美国娜迪公司(US$58 500×6.35)　　371 475

　　贷：应付账款——安达服装厂　　371 475

(2)1 月 13 日，同时结转代理出口牛仔服成本，会计处理如下：

借：受托代销商品款——安达服装厂　　200 000

　　贷：待运和发出商品——牛仔服　　200 000

3．支付国内外直接费用的核算

外贸企业在垫付国内外直接费用时，应借记“应付账款”账户，贷记“银行存款” 账户。

【例 7-10】 接【例 7-9】美华商贸公司的业务如下：

(1)1 月 14 日，签发转账支票支付出口牛仔服到港运费 1 000 元，会计处理如下：

借：应付账款——安达服装厂　　1 000

　　贷：银行存款　　1 000

(2)1 月 15 日，签发转账支票，支付国外运费、保险费用共计 1 000 元，当日美元汇率中间价为 6.35 元。会计处理如下：

借：应付账款——安达服装厂(US$1 000×6.35)　　6 350

　　贷：银行存款　　6 350

4. 代理出口收汇及税金的核算

外贸企业代理出口销售收汇时，如采取异地收(结)汇法，收到银行转来的垫付代理出口商品的国内外直接费用和代理手续费时，根据收到的金额，借记“银行存款”账户，贷记“应收外汇账款”账户。并根据业务部门转来按代理出口销售收入金额的一定比例收取代理手续费发票的金额借记“应付账款”账户，贷记“其他业务收入”账户；同时，还应根据银行划拨委托单位的金额，借记“应付账款”账户，贷记“应收外汇账款”账户。

代理出口销售业务的退税由委托单位自行办理。

【例 7-11】 美华商贸公司采取异地结汇法，代理出口销售的手续费率为 2%。美华商贸公司的业务如下:

(1)1 月 10 日，收到银行转来的分割收结汇的通知，金额为 2400 美元。其中代理业务代垫国内运费为 1 270 元，代垫国外及保险费用 1 000 美元，代理手续费 1 200 美元，款项全部存入外币存款账户。当日美元汇率为 6.35 元。会计处理如下:

借：银行存款——外币存款(US$2 400×6.35)	15 240	
贷：应收外汇账款——美国娜迪公司		15 240

(2)结算手续费:

借：应付账款——安达服装厂(US$1 200×6.35)	7 620	
贷：其他业务收入		7 620

(3)根据银行转来的结汇通知，划拨安达服装厂收汇余额 56 100 美元:

借：应付账款——安达服装厂	356 235	
贷：应收外汇账款——美国娜迪公司		356 235

第五节 加工补偿出口销售业务的核算

一、加工补偿出口销售概述

(一)加工补偿出口销售业务的种类

加工补偿出口销售业务按照补偿的形式不同，可分为来料加工、来件装配、来样生产出口销售业务和补偿贸易出口销售业务两种。

1. 来料加工、来料装配和来样生产出口销售业务

来料加工、来料装配和来样生产出口销售业务是指由外商提供原材料、零部件、元器件，必要时提供某些设备，由外贸企业按照外商的要求加工或装配成产品后再销售给外商，外贸企业收取加工费的销售。

2. 补偿贸易出口销售业务

补偿贸易出口销售业务是指由外商提供生产技术、设备和必要的材料，由外贸企业负责生产，然后用生产的产品分期归还外商的销售。

(二)加工补偿出口销售业务的经营方式

加工补偿出口销售业务按照经营方式的不同，可分为自营加工补偿出口销售业务和代理加工补偿出口销售业务两种。

1. 自营加工补偿出口销售业务

自营加工补偿出口销售业务是指由外贸企业独自与外商签订合同，承担加工补偿业务，然后组织工厂进行生产，向外商交货时收取加工费，或以生产的产品偿还引进技术、设备及材料价款的销售业务。

2. 代理加工补偿出口销售业务

代理加工补偿出口销售业务是指由工厂委托外贸企业对外签订合同，由工厂直接负责生产，负担加工补偿业务中所发生的国内外费用，外贸企业代理出口结汇，收取外汇手续费的销售业务。

二、来料加工、来件装配和来样生产出口销售业务的核算

（一）自营来料加工、来件装配和来样生产出口销售业务的核算

自营来料加工、来件装配和来样生产，在收到外商提供的原材料时，有计价核算和不计价核算两种方式。

1. 自营来料加工、来件装配和来样生产原材料计价的核算

外贸企业采取原材料计价的核算形式，在收到外商提供的原材料时，借记“原材料”账户，贷记“应付外汇账款”账户。外贸企业将原材料拨付工厂生产加工时，借记“委托加工物资”账户，贷记“原材料”账户。工厂加工完毕，交来产品，按与工厂约定的加工费标准支付加工费时借记“委托加工物资”账户，贷记“银行存款”账户。加工产品验收入库，财务部门收到储运部门转来的收货单时，根据加工产品耗费的材料和加工费金额借记“库存商品——来料加工出口商品”账户，贷记“委托加工物资”账户。

【例 7-12】 东方服装进出口公司根据合同约定，接受美国华盛顿服装公司来料 2 000 米，加工生产 1 000 件男大衣。

(1) 12 月 1 日，收到美国华盛顿服装公司发来衣料 2 000 米，每米 12 美元，计 24 000 美元，衣料已验收入库，当日美元中间汇率为 6.35 元。做会计分录如下：

借：原材料　　152 400

　　贷：应付外汇账款（US$24 000×6.35）　　152 400

(2) 12 月 2 日将 2 000 米衣料全部拨付佳乐服装厂加工生产男大衣 1 000 件。做会计分录如下：

借：委托加工物资——男大衣　　152 400

　　贷：原材料　　152 400

(3) 12 月 30 日，佳乐服装厂 1 000 件男大衣加工完毕，每件加工费 100 元，当即签发转账支票付讫。做会计分录如下：

借：委托加工物资　　100 000

　　贷：银行存款　　100 000

(4) 12 月 31 日，储运部门转来加工商品入库单，1 000 件男大衣已验收入库。做会计分录如下：

借：库存商品——来料加工出口商品　　252 400

　　贷：委托加工物资——男大衣　　252 400

外贸企业将加工商品出运时，借记“发出商品”账户，贷记“库存商品”账户。商品出运支付的国内费用列入“销售费用”账户，支付的国外费用则冲减“自营其他销售收入”账户。然后，将全套货运单据交付银行，向外商收取加工费，根据银行回单金额(即加工费)借记“应收外汇账款”账户，根据耗用外商发来原材料款借记“应付外汇账款”账户，根据两者之和贷记“自营其他销售收入”账户。与此同时结转其销售成本，借记“自营其他销售成本”账户，贷记“发出商品”账户。银行收妥款项后，根据银行收取的收汇手续费凭证，借记“财务费用”账户，根据银行收账通知，借记“银行存款”账户，根据收汇总额，贷记“应收外汇账款”账户。如因汇率变动发生差额应列入“汇兑损溢”账户。

【例 7-13】 东方服装进出口公司为美国华盛顿服装公司加工男大衣 1 000 件，每件加工费 20 美元，共计加工费 20 000 美元。收到外商发来衣料 24 000 美元，记账汇率为 6.35 元。1 000 件男大衣全部生产成本为 252 400 元。

(1)次年 1 月 2 日，储运部门转来加工商品出库单，列明 1 000 件男大衣已出库装船。做会计分录如下:

借：发出商品	252 400	
贷：库存商品——来料加工出口商品		252 400

(2)次年 1 月 2 日，签发转账支票支付 1 000 件男大衣国内运费和装船费 880 元。做会计分录如下:

借：销售费用	880	
贷：银行存款		880

(3)次年 1 月 5 日，签发转账支票支付男大衣国外运费 912 美元，保险费 88 美元，当日美元中间汇率为 6.35 元。做会计分录如下:

借：自营其他销售收入	6 350	
贷：银行存款——外币存款(US$1 000×6.35)		6 350

(4)次年 1 月 6 日，向银行交单收取加工费 20 000 美元，转销外商发来材料款 24 000 美元。做会计分录如下:

借：应收外汇账款(US$20 000×6.35)	127 000	
应付外汇账款(US$24 000×6.35)	152 400	
贷：自营其他销售收入——加工补偿出口销售		279 400

(5)次年 1 月 6 日，同时结转其销售成本。做会计分录如下:

借：自营其他销售成本——加工补偿出口销售	252 400	
贷：发出商品		252 400

(6)次年 1 月 18 日，收到银行转来的收账通知，20 000 美元已收妥，银行扣除 20 美元收汇手续费，其余部分已存入外币存款账户，当日美元中间汇率为 6.35 元。做会计分录如下:

借：银行存款——外币存款(US$19 980×6.35)	126 873	
财务费用——手续费	127	
贷：应收外汇账款(US$20 000×6.35)		127 000

2. 自营来料加工、来件装配和来样生产原材料不计价的核算

外贸企业对自营业务采取原材料不计价的核算形式，在收到外商提供的原材料时，借记“代管商品物资——加工材料”账户，该账户只记数量，不记金额。将原材料拨付工厂加工

时，贷记“代管商品物资——加工材料”账户。工厂加工完毕交来产品，按与工厂约定的加工费标准，支付工厂加工费时，借记“自营其他销售成本”账户，贷记“银行存款”账户。加工产品验收入库时，借记“代管商品物资——加工商品”账户。

加工商品出运装船时，贷记“代管商品物资——加工商品”账户。加工商品出运支付的国内费用，列入“销售费用”账户；支付的国外费用则冲减“自营其他销售收入”账户。然后，将全套货运单据交付银行，向外商收取加工费，根据银行回单借记“应收外汇账款” 账户，贷记“自营其他销售收入”账户。银行收妥款项的核算与原材料计价的核算方法相同，不再重述。

(二)代理来料加工、来件装配和来样生产出口销售业务的核算

1. 代理来料加工、来件装配和来样生产原材料计价的核算

外贸企业收到外商提供的原材料，将原材料拨付给工厂生产加工的核算方法与自营来料加工、来件装配和来样生产经营方式的核算方法相同，不再重述。

工厂加工完毕，交来产品，按合同约定的加工费标准结算加工费时，借记“委托加工物资”账户，贷记“应付外汇账款”账户。加工产品验收入库，财务部门收到储运部门转来的收货单时,根据“委托加工物资”账户归集的金额,借记“库存商品——来料加工出口商品”账户，贷记“委托加工物资”账户。

【例 7-14】 东华服装进出口公司根据合同约定代理阳城服装厂接受美国公司来料 7 500 米，加工生产 3 000 套女时装的业务。

(1)9 月 2 日，收到美国公司发来衣料 3 800 米，每米 9 美元，计货款 34 200 美元，衣料已验收入库。当日美元汇率的中间价为 6.35 元。做会计分录如下：

借：原材料　　217 170

　　贷：应付外汇账款——美国公司 (US$34 200×6.35)　　217 170

(2)9 月 4 日，将 3 800 米衣料拨付给阳城服装厂加工女时装 1 500 套。做会计分录如下：

借：委托加工物资——女时装　　217 170

　　贷：原材料　　217 170

(3)9 月 26 日，阳城服装厂 1 500 套女时装加工完毕，每套加工费 15 美元，结算加工费，当日美元汇率的中间价为 6.35 元。做会计分录如下：

借：委托加工物资——女时装　　142 875

　　贷：应付外汇账款 (US$22 500×6.35)　　142 875

(4)9 月 30 日，收到储运部门转来加工商品收货单，阳城服装厂送来的 1 500 套女时装已验收入库。做会计分录如下：

借：库存商品——来料加工出口商品　　360 045

　　贷：委托加工物资——女时装　　360 045

外贸企业将加工商品出运时，借记“发出商品”账户，贷记“库存商品”账户。商品出运支付的国内外直接费用借记“应付外汇账款”账户，贷记“银行存款”账户。然后，将全套货运单据交付银行，向外商收取加工费，由于是代理来料加工业务，仅收取代理手续费，交单收汇就不能作为商品销售收入处理，只能转销发出商品，因此，根据银行收款回单，借记“应收外汇账款”账户，根据外商发来原材料的价款借记“应付外汇账款”账户，根据加

工商品的成本贷记“发出商品”账户。待收到银行收账通知时，根据支付银行收汇手续费的金额，借记“财务费用”账户，根据实际入账金额，借记“银行存款”账户，根据收汇金额，贷记“应收外汇账款”账户。最后根据应向外商收取的工费扣除为工厂垫付的国内外直接费用后的金额，借记“应付外汇账款”账户，根据应收取的代理手续费贷记“其他业务收入”账户，两者之间差额贷记“银行存款”账户。

【例 7-15】 东华服装进出口公司代理为美国公司加工女时装 1 500 套，每套加工费 15 美元，共计加工费 22 500 美元，收到外商发来衣料 34 200 美元，全部出口合同金额为 56 700 美元。记账汇率为 6.35 元，1 500 套女时装的全部金额为 360 045 元。

(1)10 月 4 日，储运部门转来加工商品出库单，列明 1 500 套女时装已出库装船。做会计分录如下：

借：发出商品　　360 045
　　贷：库存商品——来料加工出口商品　　360 045

(2)10 月 5 日，签发转账支票支付 3 000 套女时装国内运费和装船费 1 143 元，并支付国外运费 1 035 美元，保险费 125 美元，当日美元汇率的中间价为 6.35 元。做会计分录如下：

借：应付外汇账款——阳城服装厂(US$1 340×6.35)　　8 509
　　贷：银行存款——人民币存款　　1 143
　　　　　　　　——外币存款(US$1 160×6.35)　　7 366

(3)10 月 6 日，向银行交付全套货运单据，向外商收取加工费 22 500 美元，当日美元中间汇率为 6.35 元，并转销外商发来材料款。根据银行回单，做会计分录如下：

借：应收外汇账款——美国公司(US$22 500×6.35)　　142 875
　　应付外汇账款——美国公司(US$34 200×6.35)　　217 170
　　贷：发出商品　　360 045

(4)10 月 26 日，收到银行转来收账通知，22 500 美元已收妥，银行扣除 28 美元收汇手续费后，其余款项已存入外汇存款账户，当日美元中间汇率为 6.35 元。做会计分录如下：

借：财务费用——手续费　　177.80
　　银行存款——外币存款(US$22 472×6.35)　　142 697.20
　　贷：应收外汇账款——美国公司(US$22 500×6.35)　　142 875

(5)10 月 28 日，根据规定按出口合同金额的 3%收取代理手续费 1 701 美元，再扣除发运商品垫付的国内外费用后，将余款划拨阳城服装厂，当日美元中间汇率为 6.35 元。做会计分录如下：

借：应付外汇账款——阳城服装厂(US$21 160×6.35)　　134 366
　　贷：其他业务收入　　10 801.35
　　　　银行存款——外币存款(US$19 459×6.35)　　123 564.65

2. 代理来料加工、来件装配和来样生产原材料不计价的核算

外贸企业对代理采取原材料不计价的核算形式，在收到外商提供的原材料和将原材料拨付工厂加工时，通过“代管商品物资——加工材料”账户核算；收到工厂加工完毕产品验收入库时，借记“代管商品物资——加工商品”账户。

加工商品出运装船时，贷记“代管商品物资”账户。加工商品出运垫付的国内外费用时，借记“应付外汇账款——加工企业”账户；贷记“银行存款”账户。然后将全套货运单据交

付银行，向外商收取加工费，根据银行收款回单，借记“应收外汇账款——外商”账户，贷记“应付外汇账款——加工企业”账户。待收到银行收账通知时，根据支付银行的收汇手续费的金额，借记“财务费用”账户；根据银行实际入账金额，借记“银行存款”账户，根据收汇金额，贷记“应收外汇账款”账户。最后，根据收取的外商加工费减去为工厂垫付的国内外直接费用的差额，借记“应付外汇账款”账户，根据应收取的代理手续费，贷记“其他业务收入”账户，将两者之间的差额贷记“银行存款” 账户。

三、补偿贸易出口销售业务的核算

补偿贸易出口销售业务外商提供的生产设备和原材料通常都计价入账，届时分别借记“固定资产”和“原材料”账户，贷记“应付外汇账款”账户。然后按照合同规定分期以完工的产品抵偿提供生产设备和原材料的款项。由于是以货还债，不存在收汇，因此，加工商品发运后，根据销售发票借记“应付外汇账款”账户，贷记“自营其他销售收入”账户。同时，根据储运部门转来的出库单借记“自营其他销售成本”账户，贷记“发出商品”账户。其他方面的核算方法与来料加工基本相同，不再重述。

复习思考题

1. 什么是出口贸易业务？它有哪些意义。
2. 出口贸易业务有哪些种类？分述各种业务的定义。
3. 简述出口商品购进的业务程序。
4. 简述自营出口销售收入的计价。
5. 简述自营出口销售业务的程序。
6. 简述自营出口销售核算涉及的主要单证。
7. 简述代理出口销售应遵循的原则。
8. 国外佣金包括哪几种？分述其定义。

第八章

联营与连锁经营业务核算

【学习目标】

1. 理解联营方式商品经营的特点。
2. 理解联营商品流通核算的特点。
3. 理解联营商品流通的核算流程。
4. 掌握联营商品流通的业务核算。
5. 理解连锁经营企业的特点。
6. 掌握连锁经营的形式。
7. 理解连锁经营的核算方法。
8. 了解连锁经营的业务程序。
9. 掌握连锁经营商品流通的业务核算。

第一节　联营商品业务核算

在现行市场经济环境下，由于商品供应极大丰富，使得商品流通企业之间的竞争十分激烈。许多企业从加快自身资金周转速度、减少资金占用、提高资金使用效率的角度出发，不断创新经营方式，从而出现了以“引厂进店”为代表的联合经营模式，由此产生的联营商品的管理与核算问题，成为现代商品流通企业会计的新课题。

一、联营方式下的商品经营特点

联合经营方式与自营商品经营方式相比较，具有以下特点：

(1)商品流通企业一般不需要提供资金购买待出售商品，而是只提供商品销售的场所，但与单纯场地出租不同的是，商品流通企业直接参与商品供应商的收益分成。

(2)商品流通企业没有库存商品管理环节，所有商品的进货、存储均由商品供应商自行负责管理。商品是由生产企业或者批发商直接带到经营场所的，商品流通企业既省去了商品购进环节，也不需要负责库存商品的管理，同时又节约了库存商品的管理成本，但需要负责库存的管理。

(3)联营方式下的人员配置不同于“自营”方式。在联营方式下，商品销售人员一般是由商品提供者配备，商品流通企业的人员只需要从事销售的辅助工作，不直接参与商品的销售工作。商品流通企业也不负责发放商品销售人员的工资。

(4)货款结算由商品流通企业控制。虽然商品流通企业不直接参与商品的销售工作，但是所有商品销售后的款项结算工作均由商品流通企业负责，即消费者不是与商品提供者之间办理货款结算，而是向提供商品销售场所的商品流通企业支付款项。

（5）商品流通企业与联营方采取“先销售后结算”的方式结算货款。参与联营的供货商一般按月与商品流通企业结算货款，商品流通企业既省去了采购环节，也节约了采购资金。

从上述联营方式的特点可以看出，在该方式中，商品流通企业不仅不需要将大量的资金积压在商品上，避免了资金周转不畅，而且可以保证企业经营成果的实现，同时与自营方式相比较，也不需要雇佣大量的销售人员，所以这种经营方式在我国已经为许多大型商品零售企业所采用。

二、联营方式下的商品流转

与自营商品流通的“商品购进、商品销售、商品储存”三个环节不同的是，在“引厂进店”经营模式下，联营商品的流通主要包括“商品进货和商品销售”两个环节。

1. 商品进货环节

在这种经营方式中，商品是由生产企业或批发商直接送至商品流通企业指定的仓库或经营场所。商品流通企业不存在商品采购过程，所以，既节约了商品购进的支出，又减少了存货资金的占用，同时也不担负对联营商品的保管责任，只对联营企业未出售的库存商品承担安保责任。

2. 商品销售环节

联营商品的销售由商品供应商配备的人员完成，而销售货款则由商品流通企业收取。商品流通企业每日与各商品销售人员核对当天商品销售资料，并由销售人员在核对无误的凭单上签章，以保证当日销售信息的真实性，同时，商品流通企业定期与联营企业核对已销售商品的品名、数量、金额等资料，便于按照双方事先签订的合同办理款项结算工作，确保商品的安全。

三、联营方式下的业务流程

1. 选择联营对象

选择联营对象的实质是选择联营商品及供应商的过程，选择信誉良好的供应商和品质良好的商品是保证联营方式成功的基本前提。在一般情况下，在“引厂进店”的经营模式下商品流通企业会与多个供应商联营，并选择多种商品同时进店，以给予消费者更多的选择。

2. 签订联营合同

对于采取“引厂进店”经营模式的商品流通企业而言，为了保证双方的利益，要与商品提供者签订联营合同。联营合同是由商品零售商与商品供应商签订的，据以确定合作双方权利和义务关系，明确联营商品的种类、规格、销售方式、货款结算方式等事项的书面合约。

一般而言，联营合同应该包括以下内容：

（1）签约双方的名称。

（2）签约的目的。

（3）联营商品的范围，包括品种、规格、等级等具体内容。

（4）签约双方的权利和义务，具体包括最低商品销售额（保底销售额）、收益分成比例（留利率）、场地规模及条件、商场广告及促销义务、人员管理等。

（5）合同的有效期限，明确双方合作的具体时间界限。

(6)违约责任。

(7)解决争议的方式。

(8)签约时间。

(9)其他应约定的事项。

联营合同是具有法律约束力的书面文件，是商品流通企业从事联营商品流通的基础，也是商品流通企业与商品供应商办理货款结算等事项的主要依据，同时还是商品流通企业进行联营商品流通业务会计核算的主要依据。

3. 联营商品销售货款管理

在商品销售过程中，商品流通企业应当负责全部联营商品的销售收款工作，并确保正确无误。

4. 计算应返还给联营方的商品销售款项

在一般情况下，商品流通企业于每月月末汇总当期全部联营商品的销售额，并根据约定的比例计算应返还供应商的款项。

5. 对账

商品流通企业计算的应返还的款项应当与联营方进行核对，确保结算款项顺利支付。

6. 结算联营商品的返款

在商品流通企业与联营方就返款额核对无误后，就可以进行联营款项的结算工作。

四、联营商品流通的核算

(一)联营商品流通核算的特点

联营商品经营方式在我国主要被商品零售企业所使用。通过前面对联营方式下商品流通特点的分析可以发现，由于联营商品流转与自营商品流转存在差别，因此两种商品流通的核算也不同。概括而言，联营商品流通核算的特点如下。

1. 没有购进环节的核算

由于联营方式下的商品均由供应商提供，商品流通企业不用组织商品的购进，所以，对于联营商品，商品流通企业无须进行购进业务的核算。

2. 没有储存环节的核算

在联营方式下，所有商品的进货、存储均由商品供应商自行负责管理。商品是由生产企业或者批发商直接带到经营场所的，商品流通企业无须进行库存商品的核算。

3. 负责全部联营商品的销售货款的结算

在联营方式下，商品流通企业应当负责全部联营商品的销售收款工作，并确保正确无误。商品流通企业于每月月末汇总当期全部商品的销售额，并根据约定的比例计算应返还给供应商的款项。经双方核对无误后进行款项结算。

4. 以流水的高低作为确定联营厂商的标准

流水是商品流通企业对商品的销售额的俗称，为了保证企业的经营效益，在与联营方签订的联营合同中，商品流通企业往往要规定某种商品或者某一商品营销专柜的最低销售额一保底销售额。当某商品的销售在一定期间内未达到约定的销售额要求时，商品流通企业可以按照合同的规定放弃该商品的销售而进行商品或合作厂商的替换。

(二)联营商品流通的核算流程

联营商品经营方式在我国主要应用于零售商品流通，因此，对该类商品的核算采用售价金额核算法。

1. 商品运到处理

由于在“引厂进店”的经营模式下，商品流通企业原则上不负责管理联营商品库存，所以，当联营商品发送至商品流通企业时，企业不需要进行商品购进及验收入库业务的账务处理。

2. 商品销售处理

当商品售出时，先由销售人员填写一式三联的销货凭证，该凭证应连续编号，消费者持其中两联和货款到商品流通企业所设置的收银处办理款项结算，收银员收款后在销货凭证上加盖“收讫”字样的戳记并打印一式两联的销售单，分别交给销售人员和消费者；销售人员收到收款后的销货凭证和销售单办理发货。在一般情况下，销售凭证的第一联由商品柜组存查，第二联由收银员留存，第三联则由购货人留存。

3. 销售货款处理

每日终了，各柜组收银员应当打印出本组全部收款记录，编制“内部缴款单”，并与实际收取的款项以及留存的销货凭证进行核对，收取的款项包括现金、银行卡及购物券；然后收银员将所收款项、销货凭证以及“内部缴款单”一并交至财务室出纳员手中进行汇总、核对，如果存在短款现象应由收银员自行补足；最后，出纳员将当日全部现金收入送存至企业开户银行。

4. 销售核算的核对

出纳员应该根据审核无误的“内部缴款单”和销货凭证按照楼层或者柜组编制“销货日报表”，在该表中应列明各联营商品当日的销售数量、销售金额等内容，并将其交至商品销售人员手中，与销售人员自行登记的实物账(台账)进行核对，在正确无误的情况下由销售人员签章确认。

5. 账务处理

会计人员根据核对无误的“销货日报表”“内部缴款单”等原始凭证进行账务处理，确认商品销售收入的实现。按照实际收取的货币金额，借记“银行存款”科目，按照银行卡的刷卡金额，借记“应收账款”科目，同时按照当日已核对确认的流水，贷记“主营业务收入”科目。

在一般情况下，对于银行卡的刷卡金额，银行需要一周左右的时间才能将款项转至商品流通企业指定的账户中，如果是跨地区刷卡消费，转账时间可能要长些。商品流通企业在收到银行转来的转账通知单后需要逐笔与POS机的刷卡单核对，然后按照核对无误的金额，借记“银行存款”和“财务费用”科目，贷记“应收账款”科目。

6. 月终核对

月末，商品流通企业应该分厂家、分楼层(柜组)累计全月实际销售额，编制一式两联的“销售收入汇总表”，分别由财务部门和经营部门各持一份。经营部门与各联营商品供应商进行全月销售情况的核对，审核无误后，财务部门按照指定的增值税税率从全月实现的商品销售收入中扣除企业应缴纳的增值税销项税额，同时计算本月其他营业税费。

7. 联营分成的核算

商品流通企业应该在每月终了时按照当月各商品的实际销售额以及联营合同中规定的保底销售额、留利率(流水扣点率)等编制“联营商品返款明细表”，进行双方销售额的分配。

商品流通企业将本月全部销售额按照“联营商品返款明细表”的计算结果划分为本企业留利和向联营厂商返款两部分，并将“联营商品返款明细表”的结果与各联营方进行再次核对，以保证所计算的金额正确。经联营方确认后，企业据此采用售价金额核算法补办已销商品购进业务，按照已售商品的销售额，借记“库存商品”科目，按照返款明细表中计算的应返还联营方的金额，贷记“在途物资”，并按照本企业留利金额，贷记“商品进销差价”科目；按照应返还联营方的金额确认为购进额，借记“在途物资”账户，贷记“应付账款”账户。同时，结转已出售商品的销售成本。

8. 增值税进项税的处理

商品流通企业在月末与联营方办理结算对账后，联营厂商将款项结算单及已销商品的增值税专用发票送至商品流通企业业务部门，经业务部门审核后，交给财务部门进行审核并办理付款，同时，根据以此金额计算的应交增值税，补计进项税额。补计增值税进项税额时，借记“应交税费——应交增值税(进项税额)”账户，贷记“商品进销差价”账户。

(三)联营商品核算涉及的单证

在联营商品核算过程中，会涉及许多核算单证，商品流通企业应根据该经营方式下商品流通核算的特点，根据管理的需要，设置适合企业管理和核算需要的相关原始凭证，并使上述单证之间具有相互钩稽关系，同时要保证企业内部的财务部门、经营部门、采购部门之间以及企业与联营厂商之间通过上述各种凭证进行定期核对,以保证会计核算资料的真实完整。

1. 销货凭证

销货凭证是证明联营商品销售的原始凭证，是消费者据以交款和提取商品的依据，也是销售人员办理发货、核算商品库存及与商场核对销售的依据，其格式见表 8-1。

表 8-1　××商场销货凭证

柜组名称：　　　　年　月　日　　　　编号：

商品编号	品名	单位	数量	单价	金额	第一联柜组联
合计						

营业员：　　　　收银员：

2. 销售单

销售单是消费者交款后,收银员在收银机上打印的收款凭证,消费者凭此单据和已盖“收讫”字样的销货凭证到营业柜台办理取货，其格式见表 8-2。

3. 内部缴款单

每天营业结束后，由各营业柜组(门市部)或收款员按其所收的销货款，填制“内部缴款单”及“零售商品进销存日报表”，连同所收的货款一并送交财务部门，财务部门将各营业柜组或门市部的销货款集中汇总后填制“解款单”，并集中将当日的销售货款全部解存银行。“内部缴款单”“联营商品销货日报表”以及“银行进账单回单”是财务部门对每日销售业务进行账务处理的依据。该单据在零售核算中已做过介绍，不再赘述。

表 8-2　销售单

销售日期：	时间：	流水号：				
收银机	收银员：	顾客卡号：				
营业员：	编号：	商品名：	单价：	数量：	折扣：	金额：
总计： 人民币： 银行卡： 购物券： 找零：						

4．销货日报表

联营商品销售的销货日报表格式与自营销售的零售商品进销存日报表有所不同，其最大的区别是没有联营厂商确认并签章的栏目。其格式见表 8-3。

表 8-3　联营商品销货日报表

年　　月　　日

柜组	商品编号	商品名称	销售数量	日流水	厂商签章

5．联营商品返款明细表

联营商品返款明细表是在汇总当月联营商品销售情况基础上，按照联营合同约定条件编制的，该表必须得到联营厂商的确认后才能作为双方分成和记账的依据。其格式见表 8-4。

表 8-4　联营商品返款明细表

编号	产品（厂商）	本月销售额	保底销售额	扣点率	超额销售	扣点率	留利额	付款额	备注
合　计									

财务复核：　　　　　　厂商复核：　　　　　　制表人：

（四）联营商品流通的业务核算

1．日常销售的核算

【例 8-1】 美华商厦将家电类商品采取“引厂进店”方式进行经营，2014 年 1 月 20 日，该商厦当日家电类商品实现销售额 120 000 元，其中收取现金 50 000 元，银行卡收款共计 70 000 元，其中工商银行卡 30 000 元、建设银行卡 30 000 元、商业银行卡 10 000 元。财务人员根据核对确认后的“销货日报表”“内部缴款单”“银行进账单回单”等原始凭证进行会计处理如下：

借：银行存款　　50 000
应收账款——工商银行　　30 000
——建设银行　　30 000
——商业银行　　10 000
贷：主营业务收入　　120 000

2. 与银行结算银行卡收款的核算

【例 8-2】 承上例，2014 年 2 月 10 日，分别收到三家银行转来的 1 月 20 日银行卡所收款项，三家银行按照 2%比例扣除手续费后，将货款转入商厦的账户。会计处理如下：

借：银行存款　　68 600
财务费用　　1 400
贷：应收账款——工商银行　　30 000
——建设银行　　30 000
——商业银行　　10 000

3. 销售收入调整

【例 8-3】 美华商厦汇总全月联营家电类商品销售额共计 3 500 000 元，调整后的销售收入及当月应交增值税税额如下：

不含税销售收入=3 500 000 ÷ (1+17%)=2 991 452.99(元)

增值税销项税额=3 500 000−2 991 452.99=508 547.01(元)

会计处理如下：

借：主营业务收入　　508 547.01
贷：应交税费——应交增值税(销项税额)　　508 547.01

4. 联营分成及已销商品成本结转的核算

【例 8-4】 美华商厦将本月实现的 3 500 000 元联营家电类商品销售额编制“联营商品返款明细表”交与各联营厂商核对并得到确认后，确定应返还各联营厂的金额为 2 620 000 元，本商厦留利额为 880 000 元，商厦根据审核无误的“联营商品返款明细表”进行会计处理如下：

借：库存商品　　3 500 000
贷：在途物资　　2 620 000
商品进销差价　　880 000
借：在途物资　　2 620 000
贷：应付账款　　2 620 000
借：主营业务成本　　3 500 000
贷：库存商品　　3 500 000
借：商品进销差价　　880 000
贷：主营业务成本　　880 000

5. 结算分成及增值税进项税的处理

【例 8-5】 美华商厦于 2014 年 2 月 10 日通过开户银行转账支付联营厂商的应返还款 2 620 000 元，并取得联营厂商开来的上述款项的增值税专用发票。其会计处理如下：

借：应付账款	2 620 000	
贷：银行存款		2 620 000
借：应交税费——应交增值税(进项税额)	445 400	
贷：商品进销差价		445 400

商品流通企业采取联营商品经营方式，在业务管理上除了没有库存商品的管理等环节外，不存在调价、商品清查等项工作，相应的会计核算也简化了很多，这正是联营商品管理和核算的主要优势。财务部门应及时向管理层反映各种联营商品的流水情况，以便使管理层能够及时了解各种联营商品的销售情况，并及时做出适时调整联营厂商及商品的决策，同时，商品流通企业虽然没有库存商品管理的义务，但应加强对存放在企业的未出售联营商品的安保管理。

第二节　连锁经营业务的核算

连锁经营是企业采用的一种经营方式和管理制度，它是指在核心企业或总公司(母公司)的统一领导、组织下，对分散的、经营同类商品或服务的门店集中进货、统一管理的规范化经营。在连锁经营模式下，核心企业被称为连锁总部、总店或本部，各分散的门店被称为连锁(分)店。在商品流通领域，连锁经营方式被大型超市、百货店、专卖店、家居建材商店、便利店、购物中心等广泛采用。

一、连锁经营企业的特点

连锁经营企业的特点可以概括为：组织形式的联合化和标准化及经营方式的一体化和专业化。具体表现为四个方面：企业识别系统及商标统一；商品和服务统一；经营管理统一；经营理念统一。这四个统一是有层次的，从低级向高级发展，连锁经营企业是随着四个层次的逐步统一而不断走向成熟的。

1. 企业识别系统及商标统一

这是连锁经营最基本层次的统一，是企业外在形象的统一。所谓企业识别系统，是指连锁企业呈现给公众的直接形象，主要包括连锁企业的招牌、标志、商标、标准字、标准色、外观装潢、员工服饰等。这种统一设计的企业识别系统，不仅有利于消费者识别、购买连锁企业各分店的商品，更重要的是有利于让消费者认同该企业，对企业产生深刻的印象。但连锁企业仅仅做到这一点还远远不够，如果没有内在的统一做保障，外在形象的统一只是连锁经营的一层“包装”而已。

2. 商品和服务统一

这是连锁企业经营内容的统一，是满足统一目标顾客需求的营销方式的统一，为了达到整体经营效果，使消费者对连锁企业产生信任和依赖，连锁企业各分店所经营的商品都是经过总部精心策划和挑选的，是按照消费者需求做出的最佳商品组合，并不断更新换代；所提供的服务也是经过总部统一规划，使消费者无论何时到任何一家分店，都可以享受到连锁企业提供的整齐划一的商品和服务，从而增强顾客的忠诚度。

3. 经营管理统一

这是连锁企业内部管理模式的统一，是制度层面的统一。连锁企业必须在经营战略、经营策略上实行集中管理，即由总部统一规划，制定规范化的经营管理标准，并下达给各分店认真执行。各分店必须遵从总部所颁发的规章制度，采取标准化、系统化、制度化的管理模式。对于连锁企业而言，经营管理的统一性主要是通过连锁企业的营运手册来实现的，目前，许多连锁企业都开发了自己的营运手册，并据此构成了其统一经营管理的连锁体系。

4. 经营理念统一

这是连锁企业全体员工观念与行为的统一，是文化层面的统一。连锁企业的经营理念是其经营宗旨、经营哲学、价值观念、企业定位和中长期战略的综合，是其全部经营管理活动的依据。连锁企业无论拥有多少分店，都必须持有共同的经营理念，只有经营理念真正统一，连锁企业才能使各分店真正成为一体，实现共同发展和持续经营的目标。

上述四个统一是由低到高相互衔接在一起的。如果只有店名和店貌的统一而无服务和商品的统一，连锁经营就只会成为一个招牌；如果没有经营管理的统一，各个分店虽然招牌相同，却独立经营，具有较大的自主权和灵活性，则连锁企业根本无法实现商品和服务的统一；连锁企业只有真正实现了经营理念的统一，才能自下而上形成各分店、各管理层及全体员工自觉遵守的统一的经营管理制度，才能将企业的经营战略完全贯彻下来，并始终如一地形成企业长期的经营特色和经营理念。

二、连锁经营的形式

连锁经营主要有直营连锁、特许连锁、自由连锁三种形式。

1. 直营连锁

直营连锁也称正规连锁，是指各连锁店同属一个投资主体，经营同类商品或提供同样服务，实行进货、价格、配送、管理、形象等方面的统一，总部对分店拥有全部的所有权和经营权，统一核算，统负盈亏。

在直营连锁形式下，总部采取纵深式的管理方式，直接下令掌管所有的零售点，零售点完全接受总部的指挥。直营连锁的主要任务是“渠道经营”，即通过经营渠道的拓展从消费者手中获取利润。

直营连锁经营的特点是财产所有权和经营管理权高度集中于连锁总部。

2. 特许连锁

特许连锁也称合同连锁、契约连锁、加盟连锁，是指总部同加盟店签订合同，授权加盟店在规定区域内使用自己的商标、服务标记、商号、经营技术和销售总店开发的产品，在同样形象下进行销售及劳务服务。总部对店铺拥有经营权，加盟店按销售额或毛利的一定比例向总部支付报酬。加盟店对分店拥有所有权和收益权，具备法人资格，实行独立核算。

特许连锁的特点主要表现在五个方面：①其连锁经营的核心是特许权的转让；②特许连锁的所有权是分散的，经营权是集中的；③总部向加盟店提供必需的信息、知识、技术和训练等，同时还要授予店名、商标、服务标志等的使用权，开店后还要继续进行经营指导，被授予者享有使用授予者的商标、商号、产品或经营技术等从事经营活动的权利；④按照特许合同规定，连锁加盟店向特许权授权者（总部）采购设备和原料；⑤加盟店对总部授予的权利和提供的服务，需以某种形式向总部支付报酬。

3. 自由连锁

自由连锁也称自愿连锁，是指各分店在保留单个资本所有权的基础上实行联合，总部和分店之间是协商、服务关系，总部统一订货和送货，统一制定销售战略，统一使用物流及信息设施。各分店独立核算，自负盈亏，人事自主，且有很大的经营自主权。

在这种经营方式下，企业是原已存在的，而非由连锁总公司辅导创立的，所以在名称上有别于加盟店。在自愿连锁体系中，商品所有权归属各成员店，而运作技术及商店品牌则归总部持有。

自由连锁的特点为自由连锁店的所有权、经营权、财务权是相对独立的。

三种连锁形式的区别和联系见表 8-5。

表 8-5　三种连锁经营形式的比较

项　　目	直营连锁	特许连锁	自由连锁
总部与加盟店的资本所属	同一资本	不同资本	不同资本
连锁店是否有独立的企业法人资格	没有	有	有
总部资金构成	企业总部自身所有	由加盟店全部或部分出资	全部由加盟店出资
连锁店（或加盟店）与总部关系	属企业内部管理上下级	总部对加盟店具有较大影响力	加盟店对总部具有较大影响
总部对加盟店的人事权和直接经营权	有	无	无
加盟店自主性	小	小	大
加盟店须向总部上交指导费用	否	是	是
分店间联系	同隶属于企业总部	无横向联系	有横向关系
总部与加盟店的合同	无	有	有
总部与加盟店的合同约束力	视公司规章而定	强硬	松散

三、连锁经营的商品流转核算方法

直营连锁经营模式下，由总部、各门店组成的经营联合体是会计核算主体，其会计核算采用何种核算方法，应根据整个联合体的经营特点确定。自愿连锁和特许连锁的各个门店均实行独立核算，其实质是独立的经营主体，因此也是独立的会计核算主体，即一个门店就是一个商品流通企业，其会计核算采用何种核算方法，需要根据门店自身的经营特点决定。

以直营连锁经营为例，连锁商品在商品采购和商品配送环节为大批量，具有批发企业的经营特征，而门店销售则属于零售，连锁商店的商品流通业务实现了批发、零售一体化。因此，应当考虑其业务特点，恰当选择会计核算方法。对采购和配送环节的商品一般选择“数量进价金额核算法”。对门店的商品，应当选择适宜零售企业的核算方法，同时考虑门店所经营商品的特点，以确定最佳的核算方法。一般门店可选择的核算方法有：

（1）售价金额核算法。对于经营商品种类繁多的门店，应当采用“售价金额核算法”。

（2）数量进价金额核算法和数量售价金额核算法。经营商品的专业性较强，商品种类、规格较少，或者经营的是贵重商品，一般采用“数量进价金额核算法”和“数量售价金额核算法”。

（3）进价金额核算法。经营鲜活商品的门店，应当选用“进价金额核算法”。

四、连锁经营企业的业务流程

（一）连锁经营企业各环节的职能

1. 总部的职能

总部是连锁经营企业管理的核心，必须具备采购配送、财务管理、质量管理、经营指导、市场调研、商品开发、促销策划、教育培训等职能。

2. 门店的职能

门店是连锁店的基础，主要职责是按照总部的指示和服务规范要求，承担日常销售业务。

3. 配送中心的职能

配送中心是连锁店的物流机构，主要为本连锁经营企业服务，也可面向社会其他企业，承担着各门店所需商品的进货、库存、分货、加工、集配、运输、送货等任务。一般通过总部设置的采购部门统一采购，由配送中心向各门店统一配送商品，各门店负责销售。

（二）连锁经营企业的业务流程

1. 采购商品

由采购部门统一为所有门店的销售进行采购，每次采购批量较大。采购部门首先根据批准的订单订货采购，取得发票后交与财务部门结算；配送中心根据提货单提货，或者根据收货通知单验收，商品验收后填制“验收单”一式数联，将其中一联送交财务部门记账。

2. 配送商品

由配送中心根据各门店的需要配送商品，填制“送货单”一式数联，门店收货签字后，其中一联上交财务部门。

3. 销售商品

由各门店销售商品，销售对象为消费者个人，属于零售。各门店一般需要设核算员，在每日营业终了，由其根据销售情况和实收销售款填制“商品销售收入缴款单”“销售日报表”，并将“商品销售收入缴款单”“销售日报表”等连同销售款一并送交财务部门。财务部门当面点收无误后，由出纳人员在“商品销售收入缴款单”上签收，并加盖“收讫”章，最后将各门店交来的销售款汇总，全部解存银行。

在实际工作中，一般在每日营业终了，由门店核算员（或另设收银岗位）将门店收入的现金直接解存银行，获取现金缴款单回单，然后将现金缴款单回单连同“商品销售收入缴款单”“销售日报表”送交财务部门。

五、连锁经营企业的账簿设置

连锁经营企业根据所选择的会计核算方法，设置相应账簿。如果总部财务部门对商品采购、配送和门店的商品分别采用不同的核算方法，在建账时应分别考虑。涉及采购、配送中心的商品应当按照其选择的核算方法建“库存商品”账。对门店的商品应当按照门店的核算方法建“库存商品”账。建账过程如下：

首先，为了便于加强对商品的管理，分清责任，先将商品按配送中心和各门店设置二级明细账，即“库存商品——配送中心”“库存商品——门店一”“库存商品——门店二”等。

其次，“库存商品——配送中心”账户及所属明细账，根据“数量进价金额核算法”的建账要求建账，即按照商品品种、品名、规格型号等设置三级、四级明细账。“库存商品——配送中心”明细账格式应采用数量金额式，其金额反映商品的进价成本。

再次，“库存商品——门店”账户及所属明细账，根据所选择的核算方法的建账要求建账。明细账账户名称、账页格式与登记内容需与所选择的核算方法相匹配。例如，门店选择售价金额核算法，则“库存商品——门店”所属明细账应按营业柜组（或负责人）设置，账页格式采用三栏金额式，只登记金额不登记数量，其金额反映商品的售价成本。

最后，配送中心和各门店还应设置“商品保管账”。

六、往来制下账户的设置

在连锁经营活动中，各门店和其他基层单位之间及与总部之间，时刻都发生着各种不同类型的经济业务往来。由于总部和各个基层单位都是不同的会计主体，因此不仅要在这种经济往来关系中明确总部和各个基层单位的具体核算内容，明确不同单位的不同核算范围，而且还要准确反映企业资产、负债、收入、费用等要素在企业内部转移和流动的全过程，反映各个基层单位和总部所应享有的经济利益和承担的经济责任，因此要在连锁企业内部设置往来账户。通过组织内部往来的核算，不仅使连锁企业形成一个统一完整的经济实体，而且能准确反映这一经济实体中各个不同部门和单位的经济情况。在会计核算上要通过设置往来账户来实现核算和管理，具体包括“总部往来”和“基层往来”两个账户。

1. “总部往来”账户

为了反映各门店、基层单位与总部之间的业务往来，基层单位应设置“总部往来”账户，该账户的贷方核算总部拨给基层单位的资金，具体包括：收到总部拨来的商品，收到总部拨来的现金(银行存款)，收到总部拨来的固定资产和其他资产，通过总部从其他门店或者其他基层单位调入的商品资金、固定资产或者其他资产，总部代门店支付的各种费用等。该账户的借方核算基层单位退还或者转给总部的资金，具体包括：向总部退回商品或者向其他门店调拨商品，送交总部的营业款，总部从本单位调出的固定资产和其他资产，通过总部调拨给其他门店或者其他基层单位的商品资金、固定资产或者其他资产等。

“总部往来”账户是具有双重属性的账户，既可以将其看成是结算账户，也可以看成是所有者权益账户。当其作为结算账户时，该账户的借方余额相当于门店对总部的债权；如果余额在贷方，则相当于是对总部的债务。当其作为所有者权益账户时，该账户期末借方余额，表示门店对总部的投资或门店在总部所享有的权益；如果期末余额在贷方，则表示总部在门店的投资或者总部在门店的权益。

2. “基层往来”账户

连锁经营企业总部为了反映与各门店及其他基层单位之间的业务往来，需要设置“基层往来”账户。该账户借方核算总部拨付给基层单位的资金，具体包括：拨付给门店的商品，拨付给门店和其他基层单位的现金(银行存款)，拨付给门店和其他基层单位的固定资产和其他资产，代门店和其他基层单位支付的各种费用等。该账户贷方核算总部从基层单位收回的资金，具体包括：各门店交来的销售营业款，门店退回总部的商品，从门店和其他基层单位调回的固定资产和其他资产等。

3. “总部往来”和“基层往来”两个账户的关系

基层单位设置的“总部往来”账户和总部财务部门设置的“基层往来”账户所记录的内容完全相同，只是记账的方向相反，所以二者之间存在互相对应的关系。总部财务部门的“基层往来”账户统驭基层单位的“总部往来”账户；总部财务部门通过“基层往来”账户控制总部与各个基层单位之间、基层单位与基层单位之间的资金往来关系。通过这两个账户的设置，明确了总部和各个基层单位之间的经济责任。由于两个账户所记载的内容是完全一致的，所以总部在汇总编制企业会计报表时，应当将这两个账户的余额予以抵销，以免重复计算。

七、连锁经营企业商品采购的核算

连锁经营企业的商品采购业务一般涉及总部财务部门、配送中心和门店三个部门的具体核算。

(一)企业总部财务部门的会计处理

1. 收到购货单据时的会计处理

财务部门收到由配送中心和采购部门审核后的发票和送货单，与采购订单核对无误后，对于应当确认为购进的部分编制如下会计分录，同时登记商品采购明细账。

借：在途物资——××供应商(商品进价)

　　应交税费——应交增值税(进项税额)

　　贷：应付账款——××供应商

对于发票和送货单与采购订单不相符合的部分，应当予以拒付，并且在商品采购明细账上单独予以反映。

2. 商品验收入库的会计处理

(1)由配送中心统一配销的商品。配送中心统一配销的商品，由供应商将商品按照配送中心的指令送到指定仓库，配送中心仓库将商品验收入库以后，总部财务根据配送中心送来的“商品验收入库单”编制如下会计分录：

借：基层往来——配送中心

　　贷：在途物资——××供应商(商品进价)

(2)供应商直送门店的商品。由配送中心采购不进入配送中心仓库，供应商根据配送中心的指令直接送到门店的商品，根据门店的性质不同，有以下两种情况：

一是直营店。直营店是连锁企业的下属单位，供应商直接送往直营门店的商品，产权并没有发生转移，所以其会计分录与配送中心统一配销的商品基本相同，只是将基层往来的明细账改为门店的名称。

二是加盟店和合资店。加盟店和合资店是具有独立产权的法律主体，配送中心采购的商品直接送到加盟店或者合资店，事实上是连锁企业将商品销售给了加盟店和合资店，总部财务部门根据加盟店和合资店的“商品验收入库单”，按照商品调拨价向加盟店和合资店开具销售发票，同时将此确认为连锁企业的收入，结转销售成本。连锁企业做如下会计分录。

① 按照验收入库单所列的收货数量：

借：在途物资——××供应商

　　应交税费——应交增值税(进项税额)

　　贷：应付账款——××供应商

② 以商品调拨价向加盟店或者合资店开具销售发票：

借：基层往来——××门店(调拨价+销项税额)

　　贷：主营业务收入(商品调拨价)

　　　　应交税费——应交增值税(销项税额)

③ 同时,根据“商品验收入库单”所列的收货数量以商品的进价做如下结转成本的会计分录：

借：主营业务成本

　　贷：在途物资——××供应商

(二)配送中心的会计处理

商品配送中心根据“商品验收入库单”进行总分类核算，编制如下会计分录。

(1)按照进价金额核算时：

借：库存商品——××类(存放地点)(商品进价)

　　贷：总部往来——商品采购(商品进价)

(2)按照售价金额核算时：

借：库存商品——××类(存放地点)(售价)

　　贷：商品进销差价——××类(存放地点)(售价和商品进价的差额)

　　　　总部往来——商品采购(商品进价)

(三)门店的会计处理

由供应商直接送到门店的商品，其会计处理过程与上述采购部门的处理过程基本相同，只是由门店的仓库登记“库存商品卡片”，门店的核算员登记“库存商品二级明细分类账”和“库存商品三级明细分类账”，同时编制会计分录进行库存商品的总分类核算。由于门店的性质不同，在会计核算上也有所区别。

1. 直营门店的会计处理

(1)按照进价金额核算时：

借：库存商品——××类(商品进价)

　　贷：总部往来——商品采购(商品进价)

(2)按照售价金额核算时：

借：库存商品——××类(售价)

　　贷：商品进销差价——××类(存放地点)(售价和商品进价的差额)

　　　　总部往来——商品采购(商品进价)

2. 加盟门店或者合资门店的会计处理

(1)按照进价核算时：

借：库存商品(内部调拨价)

　　贷：总部往来

(2)按照售价核算时：

借：库存商品(商品售价)

　　应交税费——应交增值税(进项税额)(调拨价×税率)

　　贷：总部往来(内部调拨价+进项税额)

　　　　商品进销差价(售价和调拨价的差额)

【例 8-6】 2014 年 1 月，东华连锁超市有限公司从食佳食品公司采购早餐饼 200 箱，每箱 10 包，每包进价 5 元，内部调拨价 5.50 元，销售价 7 元，增值税税率 17%。其中 50 箱送到配送中心仓库，40 箱直接送往解放路门店(直营门店)，10 箱送往中山路门店(加盟店)。发票账单已经收到，商品由有关部门验收入库。

(1)按照商品进价核算

① 总部财务部门的会计处理：

收到发票账单时：

借：在途物资——食佳食品公司(200×10×5)　　10 000

　　应交税费——应交增值税(进项税额)　　1 700

　　贷：应付账款——食佳食品公司　　11 700

送到配送中心的会计处理：

借：基层往来——配送中心(50×10×5)　　2 500

　　贷：在途物资——食佳食品公司　　2 500

直接送到直营店的会计处理：

借：基层往来——解放路门店(40×10×5)　　2 000

　　贷：在途物资——食佳食品公司　　2 000

以商品调拨价直接送到加盟店的会计处理：

借：基层往来——中山路门店(10×10×5.5+93.50)　　643.50

　　贷：主营业务收入(10×10×5.5)　　550

　　　　应交税费——应交增值税(销项税额)　　93.50

同时，结转成本的会计处理：

借：主营业务成本　　500

　　贷：在途物资——食佳食品公司　　500

② 配送中心的会计处理：

借：库存商品——食品类(早餐饼)(50×10×5)　　2 500

　　贷：总部往来　　2 500

③ 门店的会计处理：

直营店：

借：库存商品——食品类(早餐饼)(40×10×5)　　2 000

　　贷：总部往来　　2 000

加盟店：

借：库存商品(10×10×5.5)　　550

　　贷：总部往来　　550

(2)按照商品售价核算：

① 总部财务部门的会计处理与按照进价的核算相同。

② 配送中心的会计处理：

借：库存商品——食品类(早餐饼)(50×10×7)　　3 500

　　贷：商品进销差价——食品类(早餐饼)　　1 000

　　　　总部往来——商品采购(50×10×5)　　2 500

③ 门店的会计处理：

直营店：

借：库存商品——食品类(早餐饼)(40×10×7)　　2 800

　　贷：商品进销差价——食品类(早餐饼)　　800

总部往来——商品采购(40×10×5)　　2 000

加盟店：

借：库存商品——食品类(早餐饼)(10×10×7)　　700

应交税费——应交增值税(进项税额)(10×10×5.5×17%)　　93.50

贷：商品进销差价——食品类(早餐饼)(10×10×1.5)　　150

总部往来——商品采购　　543.50

八、连锁经营企业横向商品调拨的核算

在连锁经营企业所属的各个门店中，当某个门店临时缺货或某个门店出现积压，且供应商或配送中心无法及时供货时，总部就要在不同的门店之间进行商品余缺的调剂，由此产生了连锁经营企业横向商品的调拨业务。

月末由调出单位根据“商品调拨单”签发“月份商品调拨汇总表”，作为签发内部转账通知书的依据，该汇总表一式三联，第一联和第三联分别作为调入单位和调出单位登记库存商品明细账的依据,第三联由总部财务部门留存。“商品调拨单”和“月份商品调拨汇总表”应由总部根据企业商品内部控制的机制负责设计并规范其流转的流程。

(一)直营店之间商品调拨的核算

1. 调出门店的会计处理

财务部门或者门店核算员定期或在月末，根据签发的商品“调拨单”第四联汇总编制“月份商品调拨发货汇总表”，同时根据汇总数签发内部转账通知书，留存一联汇总表和转账通知书，作为进行会计处理的原始凭证，并据此登记库存商品明细账和内部往来账，其余两联“月份商品调拨发货汇总表”和内部转账通知书及调拨单第二联、第三联一并转交总部财务部门。

(1)商品按照进价金额核算时：

借：总部往来——商品调拨(进价)

贷：库存商品——××类(进价)

(2)商品按照售价金额核算时：

借：总部往来——商品调拨(进价)

商品进销差价

贷：库存商品——××类(售价)

2. 总部财务部门的会计处理

总部财务部接到调出门店转来的“内部转账凭证”“月份商品调拨发货汇总表”“商品调拨单”以后，加盖“转讫”专用章，各留存一联，据以编制转账凭证和登记调入门店及调出门店的往来账，同时，总部将另一联“内部转账通知书”“商品调拨发货汇总表”“商品调拨单”一并转交调入门店。

借：基层往来——调入门店(进价)

贷：基层往来——调出门店(进价)

3. 调入门店的会计处理

调入商品运到门店时，内仓商品保管员根据随货同行的“调拨单”第一联对调入商品实

物进行验收，并据此登记内仓库存商品卡片账。月末，接到总部财务部门转来的“内部转账凭证”“月份商品调拨发货汇总表”“商品调拨单”后，首先要对上述单证进行审核，然后将其与内仓已经入账的库存商品卡片账核对，核对无误后，调入门店即可进行相关的会计处理并登记库存商品明细分类账。

(1)商品按照进价核算时：

借：库存商品——××类(进价)

　　贷：总部往来——商品调拨(进价)

(2)商品按照售价核算时：

借：库存商品——××类(售价)

　　贷：商品进销差价

　　　　总部往来——商品调拨(进价)

【例 8-7】 2014 年 1 月，东华连锁超市有限公司的解放路门店因顾客批量采购一批消毒液，门店的内仓存量不足，从人民路门店调入 200 只，上述两店均为本连锁超市的直营门店。该批消毒液的进价为 12 元/只，含税售价为 18 元/只。

(1)商品按售价核算时，调出门店的会计处理：

借：总部往来——商品调拨　　2 400

　　商品进销差价　　1 200

　　贷：库存商品——消毒液　　3 600

总部财务部门的会计处理：

借：基层往来——人民路门店　　2 400

　　贷：基层往来——解放路门店　　2 400

调入门店的会计处理：

借：库存商品——消毒液　　3 600

　　贷：商品进销差价　　1 200

　　　　总部往来——商品调拨　　2 400

(2)商品按进价核算时，调出门店的会计处理：

借：总部往来——商品调拨　　2 400

　　贷：库存商品——消毒液　　2 400

总部财务部门的会计处理：

借：基层往来——人民路门店　　2 400

　　贷：基层往来——解放路门店　　2 400

调入门店的会计处理：

借：库存商品——消毒液　　2 400

　　贷：总部往来——商品调拨　　2 400

(二)直营店从加盟店调拨商品的核算

当直营店从加盟店调入商品时，涉及商品所有权的转移问题，加盟店将商品调拨给直营店，等于商品的所有权由加盟店转让给连锁企业，相当于加盟店将商品退回给原来销售的连锁企业，因此连锁企业应当将原来确认的销售收入予以冲回。

1. 加盟店的会计处理

加盟店根据调出商品的数量填写“商品调拨单”，留存第五联登记内仓库存商品卡片账。月末编制“月份商品调拨发货汇总表”，并签发内部转账凭证，据此编制有关会计分录和登记库存商品明细账。

(1) 商品按进价核算时：

借：总部往来——商品调拨（调拨价+增值税）

　　贷：库存商品——××类（调拨价）

　　　　应交税费——应交增值税（进项税额转出）

(2) 商品按售价核算时：

借：总部往来——商品调拨（调拨价+增值税）

　　商品进销差价——××类

　　贷：库存商品——××类（售价）

　　　　应交税费——应交增值税（进项税额转出）

2. 总部财务部门的会计处理

总部财务部门收到加盟店转来的“月份商品调拨发货汇总表”和“内部转账通知书”后，经审核无误，在转账通知书上加盖“转讫”字样，将其中一联转到调入的直营门店，作为调入门店的记账依据；同时根据留存联，为加盟店开具增值税红字发票，与留存的转账通知书一并作为进行相关会计处理的原始凭证。

(1) 冲减主营业务收入，做如下会计分录：

借：主营业务收入（调拨价）

　　应交税费——应交增值税（销项税额）

　　贷：基层往来——加盟店（调拨价+增值税税额）

(2) 同时冲减主营业务成本，做如下会计分录：

借：基层往来——商品调拨（调入门店）（进价）

　　贷：主营业务成本

3. 直营店的会计处理

调入商品的直营店按照随货同行的“商品调拨单”登记内仓库存商品卡片账。月末收到总部转来的“内部转账通知书”和“月份商品调拨发货汇总表”第二联后，经审核无误并与内仓库存商品卡片核对以后，即可进行相关的会计处理，并登记库存商品明细账。

(1) 商品按进价核算时：

借：库存商品——××类（进价）

　　贷：总部往来——商品调拨（进价）

(2) 商品按售价核算时：

借：库存商品——××类（售价）

　　贷：总部往来——商品调拨（进价）

　　　　商品进销差价——××类

【例 8-8】 2014 年 1 月，东华连锁超市有限公司的解放路门店（直营店）因顾客批量采购一批办公用品，门店的内仓存量不足，从中山路门店（加盟店）调入 10 箱（每箱 50 件）。该批用品的进价为 2 元/件，内部调拨价 2.50 元/件，售价 3.5 元/件。

(1)中山门店的会计处理：

商品按进价核算时：

借：总部往来——商品调拨(10×50×2.50+10×50×2.50×17%)　　1 462.50

　　贷：库存商品——办公用品(10×50×2.50)　　1 250

　　　　应交税费——应交增值税(进项税额转出)　　212.50

商品按售价核算时：

借：总部往来——商品调拨(10×50×2.50+10×50×2.50×17%)　　1 462.50

　　商品进销差价——办公用品　　500

　　贷：库存商品——办公用品(10×50×3.50)　　1 750

　　　　应交税费——应交增值税(进项税额转出)　　212.50

(2)总部财务部门的会计处理：

借：主营业务收入(10×50×2.50)　　1 250

　　应交税费——应交增值税(10×50×2.50×17%)　　212.50

　　贷：基层往来——加盟店(10×50×2.50+10×50×2.50×17%)　　1 460.50

同时冲减主营业务成本，做如下会计分录：

借：基层往来——商品调拨(解放路门店)　　1 000

　　贷：主营业务成本　　1 000

(3)直营店的会计处理：

商品按进价核算时：

借：库存商品——办公用品　　1 000

　　贷：总部往来——商品调拨　　1 000

商品按售价核算时：

借：库存商品——办公用品　　1 750

　　贷：总部往来——商品调拨　　1 000

　　　　商品进销差价——办公用品　　750

(三)加盟店从直营店调拨商品的核算

1. 直营店的会计处理

直营店在库存商品卡片账上根据调拨单第五联按照调出数登记减少数，期末按照“月份商品调拨发货汇总表”和留存的“内部转账通知书”，做出会计处理并登记库存商品明细分类账。

(1)商品按进价核算时：

借：总部往来——商品调拨(进价)

　　贷：库存商品——××类(进价)

(2)商品按售价核算时：

借：总部往来——商品调拨(进价)

　　商品进销差价

　　贷：库存商品——××类(售价〕

2. 总部财务部门的会计处理

由于加盟店与连锁企业的资产产权属于不同的所有者，商品由直营店调往加盟店是商品在不同所有者之间的转移，对连锁企业而言，相当于向加盟店和合资店销售了一批商品，所以，连锁企业应当将其确认为商品销售收入。连锁企业财务部门按照“商品调拨单”“月份商品调拨发货汇总表”和“内部转账通知书”所列的调拨价向加盟店开具销售发票，并做如下会计处理：

(1)确认商品收入：

借：基层往来——××加盟店(调拨价+增值税)

贷：主营业务收入

应交税费——应交增值税(销项税额)

(2)同时按照进价结账成本：

借：主营业务成本

贷：基层往来——××门店(进价)

3. 加盟店的会计处理

加盟店在收到调入的商品以后，以随货同行的商品调拨单作为商品验收的依据，对商品验收无误后，登记库存商品卡片账。当月月末收到总部财务部门转来的月份“商品调拨汇总表”和“内部转账通知书”时，将其与随货同行的调拨单、已经登记入账的库存商品卡片账核对无误以后，做如下会计处理。

(1)按进价核算时：

借：库存商品——××类(调拨价)

应交税费——应交增值税(进项税额)

贷：总部往来——商品调拨(调拨价+增值税)

(2)按售价核算时：

借：库存商品——××类(售价)

应交税费——应交增值税(进项税额)(调拨价×税率)

贷：商品进销差价——××类

总部往来——商品调拨(调拨价+增值税)

【例 8-9】 2014 年 1 月，东华连锁超市有限公司的中山路门店(加盟店)因顾客批量采购一批酸奶，门店的内仓存量不足，从解放路门店(直营店)调入 50 箱。该批酸奶的进价为 42 元/箱，内部调拨价 20 元/箱，售价 58 元/箱。

(1)解放路门店的会计处理：

商品按进价核算时：

借：总部往来——商品调拨(50×42)	2 100	
贷：库存商品——酸奶(50×42)		2 100
商品按售价核算：		
借：总部往来——商品调拨(50×42)	2 100	
商品进销差价		800
贷：库存商品——酸奶(售价)		2 900

(2)总部财务部门的会计处理：

借：基层往来——中山路加盟店(50×50+50×50×17%)	2 925	
贷：主营业务收入		2 500

应交税费——应交增值税(销项税额) 425

同时按照进价结转成本:

借:主营业务成本 2 100

贷:基层往来——解放路门店(50×42) 2 100

(3)加盟店的会计处理:

按进价核算时:

借:库存商品——酸奶(50×50) 2 500

应交税费——应交增值税(进项税额) 425

贷:总部往来——商品调拨(调拨价+增值税) 2 925

按售价核算时:

借:库存商品——酸奶(50×58) 2 900

应交税费——应交增值税(进项税额)(50×50×17%) 425

贷:商品进销差价——酸奶 400

总部往来——商品调拨(调拨价+增值税) 2 925

(四)加盟店之间商品调拨的核算

虽然不同的加盟店之间都是独立经营的经济实体,它们之间不存在产权归属关系和产权隶属关系,但它们之间的商品调拨也应当在总部的统一安排和监控下有序进行。商品在加盟店之间互相调拨,属于商品在不同所有者之间的转移,这种商品所有权的转移与连锁企业无关,连锁企业只是为这种商品所有权的转移提供余缺调剂、商品运输和货款结算服务。同时,为了加强对所属门店的管理与控制,连锁企业也要通过财务手段记录和反映商品调拨核算的全过程。

1. 调出加盟店的会计处理

调出商品的加盟店应按照规定填写内部调拨单,根据留存的调拨单登记内仓库存商品卡片账,并于月末根据“商品调拨单”编制“月份商品调拨发货汇总表”和签发“内部转账通知书”,同时进行相应的会计处理,并登记库存商品明细分类账。

(1)按进价核算时:

借:总部往来——商品调拨(调拨价+增值税)

贷:库存商品——××类(调拨价)

应交税费——应交增值税(进项税额转出)

(2)按售价核算时:

借:总部往来——商品调拨(调拨价+增值税)

商品进销差价——××类

贷:库存商品——××类(售价)

应交税费——应交增值税(进项税额转出)

2. 总部财务部门的会计处理

总部财务部门根据“内部转账通知书”进行如下会计处理并登记往来明细账。

借:基层往来——调入门店(调拨价)

应交税费——应交增值税(进项税额转出)

贷：基层往来——调出门店（调拨价）

应交税费——应交增值税（进项税额转出）

3. 调入加盟店的会计处理

商品调入时，根据随货同行的商品调拨单，对调入商品验收无误后，登记内仓库存商品卡片账。当月月末收到总部财务部门转来的“商品调拨单”“月份商品调拨单汇总表”和“内部转账通知书”，经审查核对无误后，进行有关会计处理并登记库存商品明细账和内部往来明细账。

(1)按进价核算时：

借：库存商品——××类（调拨价）

应交税费——应交增值税（进项税额）

贷：总部往来——商品调拨（调拨价+增值税）

(2)按售价核算时：

借：库存商品——××类（售价）

应交税费——应交增值税（进项税额）

贷：商品进销差价——××类

总部往来——商品调拨（调拨价+增值税）

【例 8-10】 2014 年 1 月，东华连锁超市有限公司的中山路门店（加盟店）因顾客批量采购一批月饼，门店的内仓存量不足，从自由路门店（加盟店）调入 50 盒。该批月饼的进价为 32 元/盒，内部调拨价 38 元/盒，售价 45 元/盒。

(1)调出加盟店的会计处理：

按进价核算时：

借：总部往来——商品调拨（50×38+50×38×17%）　　2 223

贷：库存商品——月饼（50×38）　　1 900

应交税费——应交增值税（进项税额转出）　　323

按售价核算时：

借：总部往来——商品调拨（50×38+50×38×17%）　　2 223

商品进销差价——月饼　　350

贷：库存商品——月饼（50×45）　　2 250

应交税费——应交增值税（进项税额转出）　　323

(2)总部财务部门的会计处理：

借：基层往来——自由路门店（50×38）　　1 900

应交税费——应交增值税（进项税额转出）　　323

贷：基层往来——中山路门店（50×38）　　1 900

应交税费——应交增值税（进项税额转出）　　323

(3)调入加盟店的会计处理：

按进价核算时：

借：库存商品——月饼（50×38）　　1 900

应交税费——应交增值税（进项税额）　　323

贷：总部往来——商品调拨（调拨价+增值税）　　2 223

按售价核算时：

借：库存商品——月饼(50×45)　　2 250

　　应交税费——应交增值税(进项税额)　　323

　　贷：商品进销差价——月饼　　350

　　　　总部往来——商品调拨(调拨价+增值税)　　2 223

九、门店商品退库业务的核算

连锁企业门店在商品经营过程中，由于所收到的商品质量问题、订货错误或送货错误、商品超过保质期、商品滞销等原因，经常会发生退货业务。门店的商品退货一般是将商品还给总部配送中心或直接退还给供应商。在发生退货业务时，门店应填制“商品退货单”并要经过业务部门签署相应意见。

(一)门店将商品退给配送中心的核算

在各门店的商品退货业务中，由于直营店和加盟店所涉及的商品所有权不同，其核算有所区别。

1. 直营店商品退货业务的会计处理

配送中心在月末对退货单进行汇总以后，应编制一式三联的“内部转账通知书”，其中，第一联由总部财务部门转交退货门店，作为退货门店相应会计处理的依据；第二联作为配送中心进行相应会计处理的依据；第三联送交总部财务部门，作为总部财务部门进行相应会计处理的依据。

(1)门店的会计处理，商品按进价核算时：

借：总部往来

　　贷：库存商品(进价)

商品按售价核算时：

借：总部往来(进价)

　　商品进销差价

　　贷：库存商品(售价)

(2)配送中心的会计处理，商品按进价核算时：

借：库存商品(进价)

　　贷：总部往来

商品按售价核算时：

借：库存商品(售价)

　　贷：商品进销差价

　　　　总部往来(进价)

(3)总部财务部门的会计处理：

借：基层往来(配送中心)(进价)

　　贷：基层往来(门店)(进价)

【例 8-11】 2014 年 1 月，东华连锁超市有限公司的解放路门店(直营店)因有 20 箱奶制品已过保质期，将其退回配送中心。这批奶制品的进价为 35 元/箱，内部调拨价 40 元/箱，售价 50 元/箱。

(1)商品按进价核算时，退货门店的会计处理：

借：总部往来　　700

　　贷：库存商品　　700

配送中心的会计处理：

借：库存商品　　700

　　贷：总部往来　　700

总部财务部门的会计处理：

借：基层往来——配送中心　　700

　　贷：基层往来——解放路门店　　700

(2)商品按售价核算时，退货门店的会计处理：

借：总部往来　　700

　　商品进销差价　　300

　　贷：库存商品　　1 000

配送中心的会计处理：

借：库存商品　　1 000

　　贷：商品进销差价　　300

　　　　总部往来　　700

总部财务部门的会计处理：

借：基层往来——配送中心　　700

　　贷：基层往来——解放路门店　　700

2. 加盟店商品退货的会计处理

加盟店商品退货业务所涉及的业务单证及传递流程与直营店的商品退货业务基本相同。配送中心在月末对退货单进行汇总以后，应编制一式三联的“内部转账通知书”，其中，第一联由总部财务部门转交退货门店，作为退货门店相应会计处理的依据；第二联作为配送中心进行相应会计处理的依据；第三联送交总部财务部门，作为总部财务部门进行相应会计处理的依据。

(1)退货加盟店的会计处理，商品按进价核算时：

借：总部往来(调拨价+进项税额)

　　贷：库存商品(调拨价)

　　　　应交税费——应交增值税(进项税额转出)

商品按售价核算时：

借：总部往来(调拨价+进项税额)

　　商品进销差价

　　贷：库存商品(售价)

　　　　应交税费——应交增值税(进项税额转出)

(2)配送中心的会计处理，商品按进价核算时：

借：库存商品(进价)

　　贷：总部往来

商品按售价核算时：

借：库存商品(售价)

　　贷：商品进销差价

　　　　总部往来(进价)

(3) 总部财务部门的会计处理，冲减已经确认的收入：

借：主营业务收入(调拨价)

　　应交税费——应交增值税(销项税额)

　　贷：基层往来——门店(调拨价+增值税)

冲减已经确认的成本：

借：基层往来(进价)

　　贷：主营业务成本(进价)

【例 8-12】 2014 年 1 月，东华连锁超市有限公司的中山路门店(加盟店)因有 20 箱奶制品已过保质期，现将其退回配送中心。这批奶制品的进价为 35 元/箱，内部调拨价 40 元/箱，售价 50 元/箱。

(1) 商品按进价核算时，退货加盟店的会计处理：

	借	贷
借：总部往来(调拨价+进项税额)	936	
贷：库存商品(调拨价)		800
应交税费——应交增值税(进项税额转出)		136

配送中心的会计处理：

	借	贷
借：库存商品(进价)	700	
贷：总部往来		700

总部财务部门的会计处理，冲减已经确认的收入：

	借	贷
借：主营业务收入(调拨价)	800	
应交税费——应交增值税(销项税额)	136	
贷：基层往来——中山路门店(调拨价+增值税额)		936

冲减已经确认的成本：

	借	贷
借：基层往来(进价)	700	
贷：主营业务成本(进价)		700

(2) 商品按售价核算时，退货加盟店的会计处理：

	借	贷
借：总部往来(调拨价+进项税额)	936	
商品进销差价	200	
贷：库存商品(售价)		1 000
应交税费——应交增值税(进项税额转出)		136

配送中心的会计处理：

	借	贷
借：库存商品(售价)	1 000	
贷：商品进销差价		300
总部往来(进价)		700

总部财务部门的会计处理，冲减已经确认的收入：

	借	贷
借：主营业务收入(调拨价)	800	
应交税费——应交增值税(销项税额)	136	

贷：基层往来——中山路门店（调拨价+增值税额）　　936

冲减已经确认的成本：

借：基层往来（进价）　　700

贷：主营业务成本（进价）　　700

（二）配送中心将门店退库商品退还给供应商的核算

如果配送中心将门店因质量原因退回的商品全部或者部分退还给供应商，则配送中心按照不同的供应商编制“退货单”，作为向供应商退货及登记库存商品卡片账和库存商品明细分类账的依据，同时编制“退货联系单”通知供应商。月末根据汇总的“退货单”和“退货联系单”，签发一式三联的“内部转账通知书”，作为配送中心和总部财务部门进行会计处理的依据。

1. 配送中心的会计处理

配送中心按照留存的“退货单”和“退货联系单”进行如下的会计处理。

(1)商品按照进价核算时：

借：总部往来——商品配送（进价）

贷：库存商品

(2)商品按照售价核算时：

借：总部往来——商品配送（进价）

商品进销差价

贷：库存商品（售价）

2. 总部财务部门的会计处理：

总部财务部门收到配送中心转来的“退货单”“退货联系单”及“内部转账通知书”以后，进行如下会计处理：

借：应收账款（进价+增值税）

贷：库存商品（进价）

应交税费——应交增值税（进项税额转出）

【例 8-13】 2014 年 1 月，东华连锁超市有限公司配送中心收到解放路门店（直营店）因质量原因退回的 10 箱饼干，这批饼干的进价为 80 元/箱，售价 100 元/箱。配送中心填制“退货单”和“退货联系单”，将该批饼干退给供应商，并签发“内部转账通知书”。

(1)配送中心的会计处理，商品按照进价核算时：

借：总部往来——商品配送（进价）　　800

贷：库存商品（进价）　　800

商品按照售价核算时：

借：总部往来——商品配送（进价）　　800

商品进销差价　　200

贷：库存商品（售价）　　1 000

(2)总部财务部门的会计处理：

借：应收账款（进价+增值税）　　936

贷：库存商品（进价）　　800

应交税费——应交增值税（进项税额转出）　　136

十、连锁经营企业商品调价的核算

连锁企业不论是由总部统一调整商品的销售价格，还是门店经过批准自主调整商品的销售价格，门店都要对库存商品的金额做相应的调整。

（一）直营店商品调价的核算

根据价格调整的不同方向及幅度，调整后的零售价格会出现高于现在的零售价格、调整后的零售价格低于现在的零售价格但高于进价、调整后的零售价格低于进价三种情况。

根据上述三种价格调整的方向及幅度，具体的会计处理也会不同。

1．调整后的零售价格高于现行零售价格的会计处理

如果调整后的商品零售价格高于现行的零售价格，只需在门店内部进行调整，不涉及门店和总部的往来核算，因为总部和基层门店的往来核算都是按商品的进价反映的。

⑴商品按进价核算。门店除了对卖场的商品重新按照新的售价标价以外，不需要做任何会计处理，因为各级各类库存商品明细分类账都是按照商品进价核算的，调整后的商品售价与进价无关。

⑵商品按售价核算。门店应当在库存商品三级账上重新登记新的商品零售价，在借方登记该商品的调价金额，重新计算出该商品库存金额的售价余额。月末，按照商品大类汇总调价金额，并编制价格调整的会计分录，据以登记相关库存商品二级账和商品进销差价账户。

借：库存商品——××类（调高的差额）

　　贷：商品进销差价——××类（调高的差额）

【例 8-14】 2014 年 1 月，东华连锁超市有限公司的解放路门店（直营店）收到总部通知，对某种型号的空调调高销售价格，该型号空调原来的进价是每台 2 000 元，内部调拨价 2 100 元，零售价格 2 500 元，现在零售价格调整为 2 600 元。该门店经过盘点，库存尚有 10 台该型号空调。采用售价金额核算时：

借：库存商品——空调　　　　1 000

　　贷：商品进销差价——空调　　　　1 000

2．调整后零售价格低于现行零售价格但高于进价的会计处理

⑴商品按进价核算。由于调整后的售价金额还是高于进价，与库存商品明细分类账登记的进价金额无关，所以门店不需要做任何会计处理。

⑵商品按售价核算。此时只需要在门店内部进行调整即可，与总部往来核算无关。在具体操作上，在库存商品三级账上重新登记新的商品零售价，在贷方登记该商品调低的金额，重新计算出该商品库存金额的售价余额。月末，按商品大类汇总调价金额以后，做如下会计分录并登记相关账户。

借：商品进销差价——××类商品（调低的差额）

　　贷：库存商品——××类商品（调低的差额）

【例 8-15】 2014 年 1 月，东华连锁超市有限公司的解放路门店（直营店）收到总部通知，对某种型号的空调调高销售价格，该型号空调原来的进价是每台 2 000 元，内部调拨价 2 100 元，零售价格 2 500 元，现在零售价格调整为 2 300 元。该门店经过盘点，库存尚有 10 台该型号空调。

借：商品进销差价——空调（200×10）　　2 000
　　贷：库存商品——空调（200×10）　　2 000

3. 调整后的零售价低于商品的进价的会计处理

如果调整后的零售价格低于商品的进价，门店库存商品的账面金额与总部的往来账户均要进行调整。

（1）门店的调整。调低价格时，库存商品的三级明细分类账重新按照新的商品零售价登记，并在贷方登记该商品调低的金额，同时重新计算出该商品库存金额的售价余额，月末调价商品按照大类汇总后，编制“内部转账通知书”。根据商品核算的不同情况，编制相应的会计分录，登记相应的账户，同时将“内部转账通知书”附上商品调价单，转到总部财务部门。

商品按进价核算：

借：总部往来（商品进价与现零售价的差额）
　　贷：库存商品（商品进价与现零售价的差额）

商品按售价金额核算：

借：商品进销差价（原零售价与商品进价的差额）
　　总部往来（商品进价与现零售价的差额）
　　贷：库存商品（原零售价和现零售价的差额）

（2）总部的调整。总部财务部门接到门店转来的“内部转账通知书”后，按照调整后的零售价与商品进价的差额进行会计处理，并登记相应的内部往来明细账户。

借：销售费用（商品进价与现零售价的差额）
　　贷：基层往来（商品进价与现零售价的差额）

【例 8-16】 2014 年 1 月，东华连锁超市有限公司的解放路门店（直营店）收到总部通知，对某种型号的空调调高销售价格，该型号空调原来的进价是每台 2 000 元，内部调拨价 2 100 元，零售价格 2 500 元，现在零售价格调整为 1 800 元。该门店经过盘点，库存尚有 10 台该型号空调。

（1）商品按照进价核算，门店的会计处理：

借：总部往来（50×10）　　5 000
　　贷：库存商品　　5 000

总部的调整：

借：销售费用　　500
　　贷：基层往来　　500

（2）商品按售价核算，门店的调整：

借：商品进销差价（500×10）　　5 000
　　总部往来（200×10）　　2 000
　　贷：库存商品（700×10）　　7 000

总部的调整：

借：销售费用　　500
　　贷：基层往来　　500

（二）加盟店商品调价的会计核算

由于加盟店是独立自主的经营实体和法人单位，因此必须服从总部的价格政策，按照总部统一确定的调价政策调整商品的零售价格。商品调价损失的补偿只能由总部对外与供应商洽谈，供应商对调价的补偿应先由总部统一收取与核算后，再与加盟店洽谈对其调价的补偿问题。

当调整后零售价低于原商品调拨价，或者商品价格调低，且有部分调价损失补偿时，加盟店的商品调价核算方法就会与直营店有一定的差别。

1. 调整后零售价低于原商品调拨价的会计处理

当连锁企业向加盟店配送商品时，已经根据商品的调拨价确认为销售收入，如果商品的零售价格调整到调拨价以下，意味着连锁企业发生了商品销售的折让，所以对该部分的价格调整应当视作对连锁企业已确认收入的抵减。

(1)总部的会计处理。按照调整后零售价格与原商品调拨价的差额，冲减销售收入，同时调整与加盟店的往来账户。会计处理如下：

借：主营业务收入(调整后零售价格与原商品调拨价格的差额)

　　应交税费——应交增值税(销项税额)

　　贷：基层往来——××门店(调整后零售价格与原商品调拨价格的差额+增值税额)

在实务中做与原来确认收入时方向相同的红字分录，更符合会计处理规范的要求。

(2)门店的会计处理，按照进价核算时：

借：总部往来(调整后零售价格与原商品调拨价格的差额+增值税)

　　贷：库存商品(调整后零售价格与原商品调拨价格的差额)

　　　　应交税费——应交增值税(进项税额)

按照售价核算时：

借：总部往来(调整后零售价格与原商品调拨价格的差额+增值税税额)

　　商品进销差价(原商品售价金额与原商品调拨价金额的差额)

　　贷：库存商品(原零售价格与调整后零售价格的差额)

　　　　应交税费——应交增值税(进项税额)

2. 总部承担的损失金额小于原商品的进销差价的会计处理

当总部承担的损失金额小于原商品的售价金额与商品调拨价格的差额时，在进行会计处理时必须结合考虑调整后的零售价格与原商品调拨价格的关系，采取不同的核算方法。

(1)调整后的零售价格大于原商品调拨价格时：

① 总部的会计核算。总部为加盟店承担的一部分商品调价损失，意味着总部的费用或者损失相应增加，总部根据其与加盟店达成的补偿协议进行如下会计处理：

借：销售费用

　　贷：基层往来——××门店

② 加盟店的会计处理，采用进价核算时：

借：总部往来

　　贷：销售费用

采用售价核算时：

借：商品进销差价

　　贷：库存商品

(2)调整后的零售价格小于原商品调拨价时：

① 总部的会计处理：总部财务部门将承担的商品调价损失理解为连锁企业损失的增加。

借：销售费用

　　贷：基层往来——××门店

同时，按照调整后零售价小于原商品调拨价的差额做相应会计处理：

借：主营业务收入(调整后零售价格与原商品调拨价格的差额)

　　应交税费——应交增值税(销项税额)

　　贷：基层往来——××门店(调整后零售价格与原商品调拨价格的差额+增值税额)

在实务中做与原来确认收入时方向相同的红字分录，更符合会计处理规范的要求。

② 加盟店的会计处理：加盟店将总部承担的调价损失金额作为一项收益进行相应会计处理。

借：总部往来

　　贷：销售费用

如果加盟店采用进价核算，在确认收益的同时，将调整后的售价金额与原调拨价的差额做相应的会计处理：

借：总部往来(调整后零售价格与原商品调拨价格的差额+增值税额)

　　贷：库存商品(调整后零售价格与原商品调拨价格的差额)

　　　　应交税费——应交增值税(进项税额)

如果加盟店采用售价核算，在确认收益的同时，将调整后的售价金额与原调拨价的差额做相应的会计处理：

借：总部往来(调整后零售价格与原商品调拨价格的差额+增值税税额)

　　商品进销差价(原商品售价金额与原商品调拨价金额的差额)

　　贷：库存商品(原零售价格与调整后零售价格的差额)

　　　　应交税费——应交增值税(进项税额)

【例 8-17】 2014 年 1 月，东华连锁超市有限公司的中山路门店(加盟店)收到总部通知，对某种型号的空调调低销售价格，该型号空调原来的进价是每台 2 000 元，内部调拨价 2 100 元，零售价格 2 500 元，现在零售价格调整为 1 900 元。总部愿意按照每台 200 元承担加盟店的调价损失。该门店经过盘点，库存尚有 10 台该型号空调。

(1) 总部财务部门的会计处理，总部确认承担的调价损失：

借：销售费用(200×10)	2 000	
贷：基层往来——中山路门店		2 000

按照调整后零售价小于原商品调拨价的差额调整原确认的收入：

借：主营业务收入(200×10)	2 000	
应交税费——应交增值税(销项税额)	340	
贷：基层往来——中山路门店		2 340

(2) 门店的会计处理，确认总部承担调价损失的收益：

借：总部往来(200×10)	2 000	
贷：销售费用——中山路门店		2 000

同时，调整原调拨价与调整后零售价的差额，如果加盟店采用进价核算，其会计处理如下：

借：总部往来　　2 340
　　贷：库存商品（200×10）　　2 000
　　　　应交税费——应交增值税（进项税额）　　340

如果加盟店采用售价核算，则其会计处理如下：

借：总部往来（200×10+340）　　2 340
　　商品进销差价（400×10）　　4 000
　　贷：库存商品（600×10）　　5 000
　　　　应交税费——应交增值税（进项税额）　　340

3. 总部承担的损失金额大于原商品进销差价的会计处理

如果总部承担的调价损失大于原商品进销差价时，其会计处理如下：

（1）总部财务部门的会计处理。将承担的调价损失确认为一项费用，调整与加盟店的往来账户，总部的会计处理与前面的处理基本一致。

借：销售费用
　　贷：基层往来

同时，将调整后零售价与原商品调拨价的差额冲减已经确认的收入：

借：主营业务收入（调整后零售价格与原商品调拨价格的差额）
　　应交税费——应交增值税（销项税额）
　　贷：基层往来——××加盟店（调整后零售价格与原商品调拨价格的差额+增值税）

（2）门店的会计处理。将总部承担的调价损失确认为一项收益，冲减销售费用。

借：总部往来
　　贷：销售费用

同时将实际的调价金额确认为一项损失，分别按进价核算和售价核算，做不同的会计处理。按照进价核算：

借：总部往来（调整后零售价格与原商品调拨价格的差额+增值税）
　　贷：库存商品（调整后零售价格与原商品调拨价格的差额）
　　　　应交税费——应交增值税（进项税额）

按照售价核算：

借：总部往来（调整后零售价格与原商品调拨价格的差额+增值税）
　　商品进销差价（原商品售价金额与原商品调拨价金额的差额）
　　贷：库存商品（原零售价格与调整后零售价格的差额）
　　　　应交税费——应交增值税（进项税额）

【例 8-18】 2014 年 1 月，东华连锁超市有限公司的中山路门店（加盟店）收到总部通知，对某种型号的空调调低销售价格，该型号空调原来的进价是每台 2 000 元，内部调拨价 2 100 元，零售价格 2 500 元，现在零售价格调整为 1 900 元。总部愿意按照每台 580 元承担加盟店的调价损失。该门店经过盘点，库存尚有 10 台该型号空调。

（1）总部财务部门的会计处理。将承担的调价损失确认为一项费用，调整与加盟店的往来账户：

借：销售费用（580×10）　　5 800
　　贷：基层往来　　5 800

将调整后零售价与原商品调拨价的差额冲减已经确认的收入：

借：主营业务收入(200×10)　　2 000

　　应交税费——应交增值税(销项税额)　　340

　　贷：基层往来——中山路加盟店　　2 340

(2)门店的会计处理。将总部承担的调价损失确认为一项收益，冲减销售费用：

借：总部往来　　5 800

　　贷：销售费用　　5 800

同时，将实际的调价金额确认为一项损失，分别按进价核算和售价核算，做不同的会计处理。

按照进价核算：

借：总部往来　　2 340

　　贷：库存商品(200×10)　　2 000

　　　　应交税费——应交增值税(进项税额)　　340

按照售价核算：

借：总部往来(200×10+340)　　2 340

　　商品进销差价(400×10)　　4 000

　　贷：库存商品(600×10)　　5 000

　　　　应交税费——应交增值税(进项税额)　　340

十一、门店营业收入的核算

对于连锁经营企业所属门店实现的营业收入，因门店与总部的隶属关系不同，其会计核算也有所区别。

(一)直营店营业收入的核算

1. 门店收入的结算与解缴

为了及时反映门店的营业收入，直营店应根据管理的需要，选择一个固定时间对当天的营业收入做总结算，计算出当天的营业收入总额。在实务中可在营业结束以后结算营业总收入或营业中途结算当天营业总收入两种方式中，选择一种进行当日营业总收入的结算工作。

不管采用什么方式，完成当天营业收入总结算以后，门店的财务部门应根据实际清点和审核以后的“收银员营业款解款单”填写“每日营业结算明细表”。门店收取的现金要在当天营业收入结算完毕，扣除零用金后，将剩余部分足额及时送存开户银行，门店不得私自挪用营业收入的现金，存款事务应由指定人员负责。门店财务根据银行的进款单，进行会计处理如下：

借：银行存款

　　待处理财产损溢(现金短款)

　　贷：主营业务收入

　　　　应交税费——应交增值税(销项税额)

　　　　待处理财产损溢(现金长款)

在银行将现金转入总部指定的专门用于集中整个连锁企业销售收入款的银行存款账户以

后，门店根据银行的转账通知，填写内部转账通知书，并做如下会计处理：

借：总部往来

　　贷：银行存款

对于收到的由总部发售可以在所属各门店通用的提货凭证，应单独保管，及时造册登记，并编制“内部转账通知书”送交总部财务部门，同时做如下会计处理：

借：总部往来——营业款

　　贷：主营业务收入

2. 总部收到营业款的会计处理

门店开户银行将门店的营业款项转到总部指定的银行存款账户以后，总部根据银行的进账单和门店的“内部转账通知书”做如下会计处理：

借：银行存款

　　贷：基层往来

对于总部收到的非现金营业收入，应按照门店转来的“内部转账通知书”，根据不同的情况分别做会计处理。支票和信用卡回执及时送交银行，根据银行进账单，增加银行存款，对于门店转来的提货凭证，则冲减有关负债账户。

借：银行存款（支票和信用卡）

　　预收账款——提货凭证

　　贷：基层往来

3. 营业收入的结转

门店应当定期向总部财务汇总结转营业收入，其结转期可以是 5 天一次，也可以是 10 天或者 15 天结转一次，如果整个连锁企业的业务管理和会计核算已经网络化，也可以每天结转一次。门店向总部结转营业收入时要编制“内部转账通知书”，并做如下会计处理：

借：主营业务收入

　　应交税费——应交增值税（销项税额）

　　贷：总部往来

总部财务收到门店转来的“营业收入汇总表”和“内部转账通知书”后，做如下会计处理：

借：基层往来

　　贷：主营业务收入

　　　　应交税费——应交增值税（销项税额）

（二）加盟店营业收入的核算

1. 门店收入的结算与解缴

虽然加盟店与连锁企业是相互独立的会计主体，但是连锁企业为了便于统一管理，也要求加盟店将营业款解交到连锁企业总部财务部门，由连锁企业总部财务统一管理，加盟店交给总部的销售款中，由连锁企业财务从中扣除商品配送款和一些必要的费用，其余部分就是加盟店可以动用的现金。加盟店在组织营业收入的核算时，所涉及的单证以及账务处理与直营店基本相同。

2. 相关费用的处理

在银行将现金转入总部指定的专门用于集中整个连锁企业销售收入款的银行存款账户以

后，加盟店根据银行的转账通知，做“内部转账通知书”，并做相应的会计处理。加盟店划转给总部的款项中，包括以下几个部分：总部应当收取的商品调拨款、加盟店应当交纳的加盟费费用、总部拨给加盟店的包装物等费用。加盟店在划拨的款项中扣除了相关费用以后的余额冲减与总部的往来账户，其会计处理如下：

借：总部往来(扣除应交费用后的余额)

　　销售费用(由加盟店承担的加盟费、包装物等费用)

　　贷：银行存款

总部收到银行转来的银行存款进账单后，做如下会计处理：

借：银行存款

　　贷：其他业务收入(应当收取的包装物费和加盟费)

　　　　基层往来(扣除应收费用后的余额)

3. 营业收入的结转

加盟店与连锁企业除了加盟关系以外，不存在其他以资本为纽带的经济关系，所以加盟店不必像直营店那样向总部财务部门结转营业收入。

复习思考题

1. 简述联营方式下商品经营的特点。
2. 联营商品流通核算的特点是什么？
3. 联营商品核算涉及的单证有哪些？
4. 连锁经营企业的特点是什么？
5. 连锁经营的形式包括哪几种？分述其定义。

第九章

商品流通企业核算方法的基本业务应用

【学习目标】

1. 掌握农副产品收购业务的核算。
2. 掌握商品挑选整理业务的核算。
3. 掌握商业折扣和现金折扣的区别。
4. 掌握销售折扣和销售折让的账务处理。
5. 掌握退货业务的核算。
6. 掌握商品退补价业务的核算。
7. 掌握拒收商品和拒付货款的核算。

第一节　农副产品收购业务的核算

农副产品是农、林、牧、副、渔业生产产品的总称，包括粮、油、棉、麻、烟、糖、禽、蛋、畜、药材等。农副产品品种繁多，规格复杂，生产分散，且受自然条件制约，季节性较强，易变质。

农副产品收购是指商品流通企业向农村经济组织和个人收购农业产品的一种商品交易，是商品流转的主要组成部分。收购工作中，必须根据季节变化，合理组织网点，因季收购，做好评级、验质、定价、点数、过秤、开票和结算工作，必要时可多设收购网点，配备必要的设备和人员，并筹备好必要的收购资金，做好农副产品的收购工作。

一、农副产品收购的一般程序

商品流通企业收购农副产品的业务程序一般是：经过定级、验质、定价、过秤后，由收购人员填制“农副产品收购凭证”和“农副产品收购计数单”，一式数联，一联由收货员作为农副产品验收入库的依据，一联交付款员复核后据以支付货款，一联给交售方作为其交售农副产品的凭证，如表 9-1 和表 9-2 所示。每日或定期汇总编制“农副产品收购汇总表”，报送财务部门办理付款，如表 9-3 所示。

表 9-1　农副产品收购凭证

收购单位：　　　　　　　　　　　　年　　月　　日　　　　　　　　　　　　No.

<table>
<tr><td>交售人</td><td></td><td>地址</td><td colspan="6"></td><td colspan="7">预购定金</td><td colspan="2">元</td></tr>
<tr><td rowspan="2">编号</td><td rowspan="2">品名</td><td rowspan="2">规格</td><td rowspan="2">等级</td><td rowspan="2">单位</td><td rowspan="2">数量</td><td rowspan="2">单价</td><td rowspan="2">应付金额</td><td rowspan="2">扣回金额</td><td colspan="7">实际金额</td><td colspan="2">结算形式</td></tr>
<tr><td>万</td><td>千</td><td>百</td><td>十</td><td>元</td><td>角</td><td>分</td><td>现金</td><td>转账</td></tr>
<tr><td></td><td></td><td></td><td></td><td></td><td></td><td></td><td></td><td></td><td></td><td></td><td></td><td></td><td></td><td></td><td></td><td></td><td></td></tr>
<tr><td colspan="9">合计人民币(大写)</td><td></td><td></td><td></td><td></td><td></td><td></td><td></td><td></td><td></td></tr>
</table>

（有关人员签章）

表 9-2　农副产品收购计数单

年　　月　　日

品名	单位	数量	单价	金额	附注
金额大写					

（有关人员签章）

表 9-3　农副产品收购汇总表

收购凭证　　号至　　号

收购单位：　　　　　　　　　　　　　　　　　　　　农副产品收购计数单　　号至　　号

品名	等级	单位	数量	单价	金额	奖售物资			
						品名	单位	标准	数量

主管：　　　　　　　审核：　　　　　　　记账：　　　　　　　制表：

二、农副产品购进业务的核算

农副产品的购进业务按收购方式的不同，可分为直接购进、委托代购和预购三种方式。

1. 农副产品直接购进的核算

农副产品直接购进是指商品流通企业设置收购站，以自筹资金直接向生产者收购农副产品的业务活动。其核算方法有报账付款、计划拨款、交货补款等，企业主要采用报账付款方法。其账务处理与数量进价金额核算法基本相同。

报账付款法是指商品流通企业先拨付一定数额农副产品收购的铺底资金给收购单位，收购单位使用后，向商品流通企业报送“农副产品收购汇总表”，企业据以补足其收购的铺底资金。该方法适用于收购农副产品的品种、数量和资金需要比较稳定的单位。铺底资金相当于备用金，只能用于商品收购和与其有关的费用开支，不得挪作他用，其使用和补充通常采用报账付款的方法。商品流通企业一般要根据收购计划和淡旺季等不同情况拨给一定数额的备用金，应加强对备用金的管理，建立定期的对账报账制度，保证账账相符，防止挪用。

【例 9-1】大众食品公司收购羊肉，采用报账付款方法对其所属的报账单位 A 收购站进行核算。

(1)根据 A 收购站收购业务的需要拨付其收购农副产品的铺底资金 30 000 元，当即从银行汇付，做如下会计分录：

借：其他应收款——A 收购站　　　　　　30 000

　　贷：银行存款　　　　　　　　　　　　30 000

(2)A 收购站报来“农副产品收购汇总表”，计收购羊肉金额 20 000 元，收购金额的 13%作为进项税额，经审核无误，当即签发转账支票，以补足其铺底资金，做如下会计分录：

借：在途物资——A 收购站　　　　　　17 400

　　应交税费——应交增值税(进项税额)　　2 600

　　贷：银行存款　　　　　　　　　　　　20 000

(3)羊肉采购完毕，结转羊肉的采购成本，做如下会计分录：

借：库存商品——A 收购站　　17 400

　　贷：在途物资——A 收购站　　17 400

2. 农副产品委托代购的核算

委托代购是指商品流通企业在未设收购网点的地区，委托其他企业代购的一种收购农副产品的方式。委托代购方式可以解决农副产品收购网点不足的问题。委托单位除了要承担代购农副产品的收购价格外，还要承担代购费用和代购手续费，受托单位一般自行解决代购农副产品的资金。

委托代购的农副产品，其代购费用有以下两种方式：

(1) 包干。代购费用包干是指委托单位只按代购额的一定比例支付代购费用，如果实际发生的代购费用超过包干定额费用，则由代购单位负担，如果有节余，则作为其收益。该方式能促进代购单位改善经营管理，节约费用开支。

(2) 实报实销。代购费用实报实销是指委托单位根据受托单位实际支出的代购费用给予报销。该方式一般在代购费用难以预先确定时采用。

无论代购费用采用包干方式，还是采用实报实销方式，发生的代购费用和代购手续费均应计入农副产品的成本。

【例 9-2】 大众食品公司委托 B 购销站代购鸡蛋 3 000 千克，合同规定收购价为 4 元/千克，计收购金额 12 000 元，代购包干费用率为 5%，收购手续费率为 7%，鸡蛋已运到。

(1) 财务部门对业务部门送来的商品验收单审核无误后，将全部收购款项汇付对方，按收购金额的 13%作为进项税额，做如下会计分录：

借：在途物资——B 购销站　　13 440

　　应交税费——应交增值税(进项税额)　　1 560

　　贷：银行存款　　15 000

(2) 鸡蛋已由甲仓库全部验收入库，结转鸡蛋的采购成本，做如下会计分录：

借：库存商品——甲仓库　　13 440

　　贷：在途物资——B 购销站　　13 440

3. 农副产品预购的核算

农副产品预购是国家为了支持一些主要农副产品的生产，以保证收购计划的完成，对一些重要农副产品实行预购的形式，商品流通企业作为收购企业，与生产单位或个人签订预购合同，明确规定预购农副产品的品种、等级、数量、价格、发放定金的时间和金额、交货和收回定金的时间等。

预购定金的款项来源由收购企业根据国家政策的规定，向银行办理农副产品预购定金借款，企业取得和归还借款时通过“短期借款”账户核算，发放和收回预购定金时，通过“预付账款”账户核算。

【例 9-3】 维克服装公司与胜利村专业户签订预购棉花合同，预购棉花合同规定预购棉花 30 000 元，按收购金额发放预购定金 30%；分批交售时，收回预购定金 8 000 元：

(1) 向银行办理并取得预购定金借款 9 000 元时，做如下会计分录：

借：银行存款　　9 000

　　贷：短期借款——预购定金借款　　9 000

(2) 向胜利村专业户发放预购定金 9 000 元时，做如下会计分录：

借：预付账款——胜利村专业户　　9 000

　　贷：银行存款　　9 000

(3)胜利村专业户交付第一批棉花，收购金额 20 000 元，其中 13%作为进项税额，做如下会计分录：

借：在途物资——胜利村专业户　　17 400

　　应交税费——应交增值税(进项税额)　　2 600

　　贷：预付账款——胜利村专业户　　20 000

(4)扣回定金 8 000 元，签发现金支票 12 000 元，以清偿胜利村专业户第一批棉花贷款，做如下会计分录：

借：预付账款——胜利村专业户　　12 000

　　贷：银行存款　　12 000

(5)收购的棉花采购完毕，结转其采购成本，做如下会计分录：

借：库存商品　　17 400

　　贷：在途物资——胜利村专业户　　17 400

(6)归还银行 8 000 元预购定金借款时，做如下会计分录：

借：短期借款——预购定金借款　　8 000

　　贷：银行存款　　8 000

第二节　商品挑选整理业务的核算

农副产品中的部分商品也属于鲜活商品，第四章第四节讲述的鲜活商品核算更多地侧重于鲜活商品的零售业务，采用的商品核算方法是进价金额核算法，而本章介绍的农副产品的购销核算业务是指批发企业的农副产品核算业务。这些商品的共同点是都具有季节性和易变质的特性，因此，农副商品和鲜活商品都会发生商品的挑选整理业务。

商品流通企业经营的一些产品，如干果、茶叶等农副产品，其规格较复杂，等级较多，而且往往在同一个品种中有不同的等级和规格。因此，企业需要对购进的商品进行挑选整理、分等分级、清除杂质，分别包装保管。挑选整理是指对商品进行分等、分级、清除杂质、包装整理，以提高质量，防止其变质，但不改变其外形和性质的工作。通过商品的挑选工作，可以对商品进行保管、运输和按质论价、分等销售。

一、商品挑选整理核算的原则

商品经过挑选整理后，清除杂质，其数量和等级就会发生变化，同时也会发生挑选整理费用。商品挑选整理在会计核算时应遵循以下几个原则：

(1)商品进行挑选整理时，作为企业内部移库处理。

(2)商品在挑选整理过程中发生的费用，可以列入“进货费用”或“销售费用”等账户，不计入商品的成本。

(3)在“库存商品”账户下设置“挑选整理”专户，以专门核算挑选中的商品。

(4)商品因挑选整理而发生的等级、规格和数量的变化，以及发生的商品损耗，均应调整商品的数量和单价，不改变其总金额。

(5)商品挑选整理过程中发生的事故损失，经批准后列入“营业外支出”账户，不计入商品的成本。如果属责任事故，则应及时查明原因，以分清责任，在报经领导批准后列入“其他应收款”账户。

二、商品挑选整理的账务处理

在进行商品挑选整理时，应指定专人负责管理。实物保管部门在拨出商品进行挑选整理时，应填制“商品内部调拨单” 一式四联，实物保管部门自留一联，另两联送交仓库，仓库据以验收产品，并登记商品保管账，另外一联转交财务部门登记入账。

商品通过挑选整理后，可能会出现以下几种情况：

1. 挑选整理后发生数量变化

商品挑选整理后，由于清除水分和杂质，因而会发生数量的变化，应按挑选整理后的实际数量入账，并调整商品的单价，其计算公式为：

$$\text{挑选整理后农副产品成本单价}=\frac{\text{挑选整理前商品进价总额}}{\text{挑选整理后实际数量}}$$

2. 挑选整理后由一种等级变为另一种等级

商品挑选整理后，由一种等级变为另一种等级，同时数量也发生变化，应以原来的成本总额作为新等级的成本总额，并调整等级、数量和单价，其计算公式为：

$$\text{新等级农副产品单价}=\frac{\text{挑选整理前商品进价总额}}{\text{挑选整理后新等级实际数量}}$$

3. 挑选整理后由一个等级变为几个等级

商品挑选整理后，由一个等级变为几个等级的，应按各种等级的数量和售价的比例，分摊原成本总额。其计算公式为：

$$\text{每种新等级农副产品售价总额}=\text{每种新等级农副产品数量}\times\text{每种新等级农副产品销售单价}$$

$$\text{每种新等级农副产品售价应分配的成本总额}=\text{每种新等级农副产品售价总额}\times\frac{\text{挑选整理前商品进价总额}}{\text{全部新等级农副产品售价总额}}$$

$$\text{每种新等级农副产品成本单价}=\frac{\text{每种新等级农副产品分配的成本总额}}{\text{每种新等级农副产品数量}}$$

【例 9-4】 利达水果公司发生下列挑选整理业务：

(1)从仓库发出香蕉 800 千克，进价为 6 元/千克，交专人进行挑选整理。财务部门根据“商品内部调拨单”，做如下会计分录：

借：库存商品——挑选整理(香蕉)　　4 800

　　贷：库存商品——香蕉　　4 800

(2)在商品挑选过程中，发生的人员工资和物料消耗费等各项费用 200 元，做如下会计分录：

借：销售费用　　200

　　贷：库存现金　　200

(3)该批 800 千克香蕉经过挑选，清除杂质 30 千克，挑出一级品 770 千克。财务部门根据“商品挑选整理单”，做如下会计分录：

借：库存商品——香蕉(770 千克)　　4 800

　　贷：库存商品——挑选整理(香蕉)(800 千克)　　4 800

按公式计算：

$$新等级商品进货单价=\frac{48\,000元}{770千克}=6.23\ 元/千克$$

【例 9-5】 仍以上例资料，香蕉 800 千克在挑选整理后，选出一级品 400 千克，售价为 7.60 元/千克，二级品 300 千克，售价为 6.00 元/千克，三级品 80 千克，售价为 4.00 元/千克，清除杂质和损耗 20 千克。

(1)按售价计算的每种等级香蕉的金额：

一级品的售价总额=7.60 元/千克×400 千克=3 040 元

二级品的售价总额=6.00 元/千克×300 千克=1 800 元

三级品的售价总额=4.00 元/千克×80 千克=320 元

合计　　5 160 元

(2)计算每种等级香蕉应分配的进价：

$$一级品应分配的成本总额=3\,040\ 元\times\frac{4\,800元}{5\,160元}=2\,827.91\ 元$$

$$二级品应分配的成本总额=1\,800\ 元\times\frac{4\,800元}{5\,160元}=1\,674.42\ 元$$

$$三级品应分配的成本总额=320\ 元\times\frac{4\,800元}{5\,160元}=297.67\ 元$$

(3)计算每种新等级香蕉成本单价：

一级品的成本单价=2 827.91 元/400 千克=7.07 元/千克

二级品的成本单价=1 674.42 元/300 千克=5.58 元/千克

三级品的成本单价=297.67 元/80 千克=3.72 元/千克

(4)财务部门将转来的“商品挑选整理单”复核无误后，做如下会计分录：

借：库存商品——香蕉一级品　　2 827.91

　　　　　　——香蕉二级品　　1 674.42

　　　　　　——香蕉三级品　　297.67

　　贷：库存商品——挑选整理(香蕉)　　4 800.00

第三节　销售折扣和销售折让的核算

商品流通企业销售商品时，为了促销或提前收回货款，往往会采用一些优惠的方式。

一、销售折扣的核算

企业在赊销和商业信用的情况下，为了推销商品或尽早收回销售货款而给予购货方的折扣，即价格的优惠，包括商业折扣和现金折扣两种形式。

商业折扣和现金折扣的主要区别，如表 9-4 所示。

表 9-4　商业折扣和现金折扣的主要区别

折扣方式	目　　的	应收账款入账价值	发票价格	折扣金额处理
商业折扣	促销	折扣后的金额	扣除折扣额	不需要反映
现金折扣	尽早收款	折扣前的金额	包括折扣额	列入财务费用

(一) 商业折扣

商业折扣是指销售单位为了鼓励购货方多购商品而给予的一定的价格优惠，通常是在商品价目表的基础上给予的折扣优惠，如购买商品 500 件给予 5%的优惠，购买商品 1 000 件给予 10%的优惠。通常情况下，商业折扣是在实现销售时发生，如果销售额和折扣额在同一张发票上分别注明，可以按折扣后的余额作为销售额计算增值税，如果将销售额和折扣额分开发票的，不论其在财务上如何处理，均不得从销售额中减除折扣额。

【例 9-6】 源发公司销售 500 个音箱给益远公司，单价为 400 元/个，总售价 200 000 元，税款 34 000 元。由于益远公司是批量购买，因此给予 2%的价格优惠。销售额和折扣额在同一张发票上分别注明。

(1) 源发公司的会计处理：

借：银行存款　229 320

　　贷：主营业务收入　196 000

　　　　应交税费——应交增值税(销项税额)　33 320

(2) 益远公司的会计处理：

1) 根据增值税专用发票，做如下会计分录：

借：在途物资——源发公司　196 000

　　应交税费——应交增值税(进项税额)　33 320

　　贷：应付账款——源发公司　229 320

2) 商品到达，验收入库。

借：库存商品——音箱　196 000

　　贷：在途物资——源发公司　196 000

3) 签发转账支票支付货款和增值税。

借：应付账款——源发公司　229 320

　　贷：银行存款　229 320

(二) 现金折扣

现金折扣是指销货方为了鼓励购货方提前付款，在一定的还款期限内给予购货方价格上的优惠。现金折扣发生在销货之后，实质上是一种融资性质的理财费用。现金折扣通常以分数形式反映，如 2/10，1/20，N/30。其中，2/10 表示 10 天内付款，货款折扣为 2%；1/20 表示 20 天内付款，货款折扣为 1%；N/30 表示 30 天内全价付款。

现金折扣业务中的增值税专用发票是按商品销售收入，即现金折扣前的金额开具的。现金折扣不得从销售额中减除。在现金折扣情况下，应收账款入账金额的确认有两种方法：总价法和净价法。我国会计准则规定现金折扣应采用总价法核算，即增值税税额的计算不扣除现金折扣，即根据发票所列金额直接计算增值税税额，实际发生的现金折扣作为理财费用列作当期的“财务费用”。

1. 总价法

总价法是将未减去现金折扣前的金额作为实际售价，记作应收账款的入账价值。现金折扣只有客户在折扣期内支付货款时，才予以确认。这种方法下，销售方把给客户的现金折扣视为融资的理财费用，会计上作为“财务费用”处理。折扣发生时，一般连同税额一同计算折扣额。

【例 9-7】 采乐印务厂销售 50 箱 A4 打印纸给丰华小学，给予的付款条件是 2/10，1/20，N/30。开出增值税专用发票，内列单价 140 元，价款 7 000 元，增值税税额 1 190 元，另代垫装卸费 500 元，已开出结算单据。

(1) 商品已发出，所有款项未收到。

采乐印务厂的会计处理：

借：应收账款——丰华小学	8 690	
贷：主营业务收入——A4 打印纸		7 000
应交税费——应交增值税(销项税额)		1 190
银行存款		500

丰华小学的会计处理：

借：在途物资——A4 打印纸	7 500	
应交税费——应交增值税(进项税额)	1 190	
贷：应付账款——采乐印务厂		8 690

(2) 采乐印务厂收到丰华小学开出的支付货款的转账支票。由于丰华小学在 10 天内付款，享受的现金折扣为：8 690×2%=173.80(元)。

采乐印务厂的会计处理：

借：银行存款	8 516.20	
财务费用——现金折扣	173.80	
贷：应收账款——丰华小学		8 690

丰华小学的会计处理：

借：应收账款——采乐印务厂	8 690	
贷：银行存款		8 516.20
财务费用——现金折扣		173.80

2. 净价法

净价法是将扣减现金后的金额作为实际售价，据以确认应收账款的入账价值。这种方法是把客户取得的折扣视为正常现象，认为客户一般都会提前付款，而将由于客户超过折扣期限而多收入的金额，视为提供信贷获得的收入。

二、销售折让的核算

销售折让是指企业因售出的商品质量不合格等原因而在售价上给予购货方价格上的减让。销售折让是发生在商品销售之后，存在以下两种情况：①折让发生在企业确认收入前，这种情况按照商业折扣的办法处理；②折让发生在企业确认收入后，这种情况应在实际发生折让时冲减“主营业务收入”账户。第二种情况下，购货方应向主管税务机关填报“开具红字增值税专用发票申请单”，如图 9-1 所示。

开具红字增值税专用发票申请单

填开日期： 年 月 日 No.

<table>
<tr><td rowspan="2">销售方</td><td>名称</td><td></td><td rowspan="2">购买方</td><td>名称</td><td></td></tr>
<tr><td>税务登记代码</td><td></td><td>税务登记代码</td><td></td></tr>
<tr><td rowspan="8">开具红字增值税专用发票内容</td><td>货物(劳务)名称</td><td>单 价</td><td>数 量</td><td>金 额</td><td>税 额</td></tr>
<tr><td></td><td></td><td></td><td></td><td></td></tr>
<tr><td></td><td></td><td></td><td></td><td></td></tr>
<tr><td></td><td></td><td></td><td></td><td></td></tr>
<tr><td></td><td></td><td></td><td></td><td></td></tr>
<tr><td></td><td></td><td></td><td></td><td></td></tr>
<tr><td></td><td></td><td></td><td></td><td></td></tr>
<tr><td>合 计</td><td>——</td><td>——</td><td></td><td></td></tr>
<tr><td>说 明</td><td colspan="5">对应蓝字增值税专业发票抵扣增值税销售项税额情况：
已抵扣□
未抵扣□
纳税人识别号认证不符□
增值税专用发票代码、号码认证不符□
对应蓝字增值税专用发票密码区内打印的代码：______
号码：______
开具红字增值税专用发票理由：</td></tr>
</table>

申明：我单位提供的《申请单》内容真实，否则将承担相关法律责任。

申请方经办人： 申请方名称(印章)：________

注：本申请单一式两联：第一联，申请方留存；第二联，申请方主管税务机关留存。

图 9-1 开具红字增值税专用发票申请单

主管税务机关对一般纳税人填报的“开具红字增值税专用发票申请单”进行审核后，出具“开具红字增值税专用发票通知单”，如图 9-2 所示。购货方将第二联送交销售方留存，销售方凭购货方提供的“开具红字增值税专用发票通知单”，再开具红字增值税专用发票，红字增值税专用发票应与“开具红字增值税专用发票通知单”相对应。购货方必须依据“开具红字增值税专用发票通知单”所列增值税税额冲减当期进项税额，未抵扣增值税进项税额的可列入当期进项税额，待取得销售方开具的红字增值税专用发票后，与留存的“开具红字增值税专用发票通知单”一并作为记账凭证。

【例 9-8】 2 月 9 日悦华有限公司销售给太平通信公司 50 部手机，开出的增值税专用发注明的单价为 2 500 元，售价为 125 000 元，增值税税额为 21 250 元。

(1)商品已发出，并办妥托收手续。

悦华有限公司的会计处理：

借：应收账款——太平通信公司　　146 250

　　贷：主营业务收入——手机　　125 000

　　　　应交税费——应交增值税(销项税额)　　21 250

太平通信公司的会计处理：

借：在途物资　　125 000

应交税费——应交增值税(进项税额)　　　　21 250

贷：应付账款——悦华有限公司　　　　146 250

开具红字增值税专用发票通知单

填开日期：　　　　　　　　　　　　年　月　日　　　　　　　　　　　　No.

<table>
<tr><td rowspan="2">销售方</td><td>名称</td><td></td><td rowspan="2">购买方</td><td>名称</td><td></td></tr>
<tr><td>税务登记代码</td><td></td><td>税务登记代码</td><td></td></tr>
<tr><td rowspan="2">开具红字发票内容</td><td>货物(劳务)名称</td><td>单　价</td><td>数　量</td><td>金　额</td><td>税　额</td></tr>
<tr><td>合　计</td><td>——</td><td>——</td><td></td><td></td></tr>
<tr><td>说　明</td><td colspan="5">需要作进项税额转出□
不需要作进项税额转出□
纳税人识别号认证不符□
增值税专用发票代码、号码认证不符□
对应蓝字增值税专用发票密码区内打印的代码：______
号码：______
开具红字增值税专用发票理由</td></tr>
</table>

经办人：　　　　负责人：　　　　主管税务机关名称(印章)：__________

注：1. 本通知单一式三联：第一联，购买方主管税务机关留存；第二联，购买方送交销售方留存；第三联，购买方留存。

2. 通知单应与申请单一一对应。

3. 销售方应在开具红字增值税专用发票后到主管税务机关进行核销。

图 9-2　开具红字增值税专用发票通知单

(2) 2 月 14 日接到太平通信公司通知，该批手机质量有问题，经协商后同意给予价格 5% 的折让。悦华有限公司收到对方交来的“开具红字增值税专用发票通知单”后，开具红字增值税专用发票交与对方。

悦华有限公司的会计处理：

借：主营业务收入　　　　5 250.00

应交税费——应交增值税(销项税额)　　　　1 062.50

贷：应收账款——太平通信公司　　　　7 312.50

太平通信公司的会计处理：

借：应付账款——悦华有限公司　　　　7 312.50

贷：在途物资　　　　5 250.00

应交税费——应交增值税(进项税额)　　　　1 062.50

(3) 实际收到或支付款项。

悦华有限公司的会计处理：

借：银行存款　　　　138 937.50

贷：应收账款——太平通信公司　　　　138 937.50

太平通信公司的会计处理：

借：应付账款——悦华有限公司　　　　138 937.50

贷：银行存款　　　　138 937.50

【例 9-9】 仍以上例资料，假定太平通信公司是零售企业，50 部手机到达后，由货品组验收，单位售价为 2 800 元。

(1)发生采购手机业务。

借：在途物资　　125 000

　　应交税费——应交增值税(进项税额)　　21 250

　　贷：应付账款——悦华有限公司　　146 250

(2)支付货款，商品到达入库。

借：库存商品——货品组　　140 000

　　贷：商品进销差价——货品组　　15 000

　　　　在途物资　　125 000

(3)发现手机质量有问题，经协商后同意给予价格5%的折让，收到红字增值税专用发票。

借：商品进销差价——货品组　　750

　　应付账款——悦华有限公司　　7 312.50

　　应交税费——应交增值税(进项税额)　　1 062.50

　　贷：库存商品——货品组　　7 000

第四节　退货业务的核算

商品流通企业在商品购进和销售过程中，可能会由于商品质量或规格等问题，发生购货方将商品退回销货方的情况，即产生进货退出和销货退回。退货业务可能是把商品全部退回或部分退回，也可能是在提出商品退回的前提下进行折价处理。

一、退货业务概述

商品退货是指仓库按订单或合同将货物发出后，由于某种原因，客户将商品退回仓库。发生商品退货的原因较多，具体原因如图9-3所示。

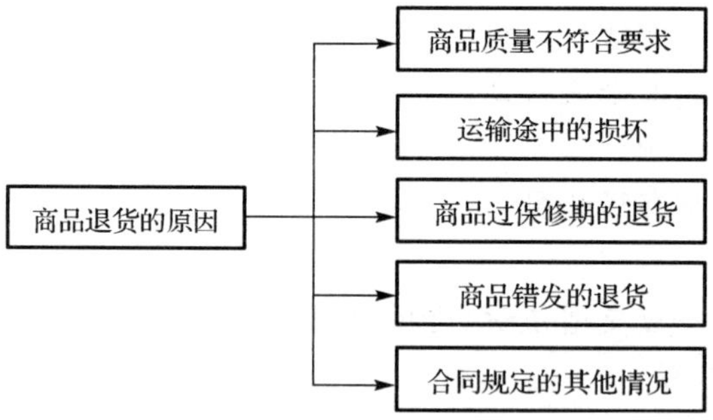

图9-3　商品发生退货的原因

同一笔退货业务同时会涉及购货方和销售方。对于购货方来讲，是进货退出；对于销售方来讲，是销货退回。因此，退货业务有以下两种情况：

(1)进货退出。进货退出是指商品流通企业购进商品已验收入库，事后发现商品质量、品种或规格等问题，经与销售单位协商同意后，将商品退还销售单位。在进货退出业务中涉及的主要原始凭证有“开具红字增值税专用发票申请单”和“开具红字增值税专用发票通知单”，其程序和步骤同于销售折让业务。

（2）销货退回。销货退回是指商品流通企业售出的商品，由于质量、品种或规定不符合要求等原因而发生的退货。

二、进货退出的会计核算

商品流通企业对于原箱整件包装的商品，在验收时只作抽样检查，因此，在入库后复验商品时，往往会发现商品的数量、质量、品种、规格不符，所以，应及时与销售单位取得联系，调换或补回商品，或者作进货退出处理。进货退出处理的情况有以下两种：

（1）购货方尚未支付货款并未进行账务处理，此时发生退货，购货方无须进行账务处理，但需要将原取得的增值税专用发票的发票联和抵扣联退还给销售单位。

（2）购货方购进商品后已支付货款，或者未支付货款但已进行账务处理，原取得的增值税专用发票已随凭证入账，无法退回销售单位。这种情况下，购货方应向当地主管税务机关取得“开具红字增值税专用发票通知单”，然后将其中一联送交销售单位，作为销售单位开具红字增值税专用发票的合法依据。同时，购货方的业务部门应填制红字“验收单”（进货退出单）通知仓库部门退货。财务部门根据销售单位提供的红字增值税专用发票及本企业的红字“验收单”进行相应的账务处理，冲减库存商品及进项税额，并向销售单位索取退货款。

【例 9-10】 3 月 1 日，意达园电器公司从美邦公司购进音响设备 40 套，单位售价 8 000 元，取得对方开具的增值税专用发票，列支价款 320 000 元，税款 54 400 元。

（1）商品尚未到达，款项已支付。

借：在途物资——美邦公司	320 000	
应交税费——应交增值税（进项税额）	54 400	
贷：银行存款		374 400

（2）7 日，40 套音响到达意达园电器公司，并验收入库。

借：库存商品——音响	320 000	
贷：在途物资——美邦公司		320 000

（3）10 日，意达园电器公司发现其中有 6 套音响质量不符合合同要求，经与美邦公司协商，对方同意作退货处理。已办妥退货手续，收到对方开具的红字增值税专用发票，尚未收到。

借：库存商品——音响	48 000（红字）	
应交税费——应交增值税（进项税额）	8 160（红字）	
贷：应收账款——美邦公司		56 160（红字）

（4）15 日，意达园电器公司收到银行转来的收账通知，内列收到美邦公司汇来的退货款。

借：银行存款	56 160	
贷：应收账款——美邦公司		56 160

三、销货退回的会计核算

购货方发生进货退出，相对销货方而言，就是销货退回。购货单位要求退货，经企业同意，可以办理退货手续。销货退回的会计核算通常有以下几种情况：

（1）如果购销双方均未进行账务处理，则销货方应收回原开出的增值税专用发票并注明“作废”字样。

(2) 如果购货方尚未进行账务处理，而销货方已作账务处理，则销货方应收回购货方退回的增值税专用发票并注明“作废”字样，同时开具相同金额的红字发票，将作废的增值税专用发票粘贴在红字发票后面并进行账务处理。

(3) 如果购货方已根据增值税专用发票进行账务处理，销货方无法收回时，销货方必须取得购货方转来的主管税务机关开具的“开具红字增值税专用发票通知单”，据此开具红字增值税专用发票，办理收回商品、退付货款等手续，并进行相应的账务处理。

对于情况 (1)，购货方没有确认收入，不需要进行账务处理。

对于情况 (2) 和 (3)，如果是销货方已确认收入的销货退回，则企业一般应在发生销货退回时，冲减退回当期的销售收入，同时冲减退回当期的销售成本。

【例 9-11】 4 月 5 日，第一百货公司销售 50 个榨汁机给海德电子公司，单位售价为 260 元，增值税专用发票上注明：价款 13 000 元，税款 2 210 元。榨汁机单位成本为 200 元。

(1) 商品已发出，款项已收到。

借：银行存款　　15 210

　　贷：主营业务收入　　13 000

　　　　应交税费——应交增值税(销项税额)　　2 210

(2) 月末结转已销产品成本。

借：主营业务成本——榨汁机　　10 000

　　贷：库存商品——榨汁机　　10 000

(3) 4 月 8 日，因质量问题第一百货公司同意退回 20 个榨汁机，收到对方转来的“开具红字增值税专用发票通知单”后，开具红字增值税专用发票。退回商品并已验收入库，款项已退还。

借：银行存款　　5 084

　　贷：主营业务收入　　5 200

　　　　应交税费——应交增值税(销项税额)　　884

(4) 若商品已结转成本，则同时用红字冲减退回的商品成本。

借：主营业务成本——榨汁机　　4 000

　　贷：库存商品——榨汁机　　4 000

零售企业的商品销售业务，也可能会发生顾客因质量等问题要求退货的情况。其会计处理与批发企业大致相同，但是冲销的主营业务收入和主营业务成本都应该是含税售价。

【例 9-12】 5 月 7 日，百源百货公司服装组收到省医院退回的 5 月 2 日购买的医用工作服 10 件，该工作服单位含税售价为 120 元。

(1) 服装组已收回服装并已验收入库，款项已退回。

借：银行存款　　1 200

　　贷：主营业务收入　　1 200

(2) 同时冲减已结转的成本。

借：主营业务成本——服装组　　1 200

　　贷：库存商品——服装组　　1 200

【例 9-13】 沈阳电器公司 2 月份销售给江北物业公司 50 部对讲机，单位售价为 250 元，单位进价为 180 元，增值税税率为 17%。由于对方提前付款，给予不含税价款 1%的现金折扣 125 元。2 月 25 日，江北物业公司发现 10 部对讲机质量有问题，要求部分退货，经与沈阳电器公司协商后，同意作退货处理，现已办妥收货及退款手续。

(1) 已收回商品，并验收入库，款项已退回。

借：银行存款　　2 900

　　财务费用　　25

　　贷：主营业务收入　　2 500

　　　　应交税费——应交增值税(销项税额)　　425

(2) 同时冲减相应的商品销售成本。

借：主营业务成本　　1 800

　　贷：库存商品——对讲机　　1 800

第五节　商品退补价业务的核算

商品流通企业发生商品销售业务后，由于计价错误或销售价格未定等原因，造成多计或少计货款，产生实际售价与原结算售价的差异，需要办理退价和补价手续。退价业务是指实际销售价格低于已经结算货款的价格，销货单位应将多收的差额退还给购货单位。补价业务是指实际销售价格高于已经结算货款的价格，销货单位应向购货单位补收少算的差额。销售方发生的销售退补价核算示意图，如图 9-4 所示。

图 9-4　销售退补价核算示意图

销售商品发生退补价时，先由销售单位的业务部门填制红蓝字“增值税专用发票”，同时填制“销货更正单”，财务部门审核无误后，据以办理收款或付款手续。“销货更正单”如表 9-5 所示。

表 9-5　销货更正单

年　　月　　日　　　　编号：

购买单位：　　　　原发货单位编号：　　　　单位：元

项　目	规格、品名	单　位	数　量	单　价	金　额	税率(%)	税　额
原来							
更正							
应收 应付　人民币(大写)					应收 应付		
更正原因							

一、商品退价业务的核算

1. 销售商品退价业务

销售商品退价是指由于计价错误发生向购货单位退回多收的货款。

【例 9-14】 三和服装公司销售给第一百货商厦 100 件男式西服，单价为 350 元/件，增值税税率为 17%。后发现单价错开，该西服单价应为 320 元，开出红字增值税专用发票，应退对方货款 3 000 元，增值税税额 510 元，款项已签发转账支票付讫。

借：银行存款　　3 510

　　贷：主营业务收入　　3 000

　　应交税费——应交增值税(销项税额)　　510

2. 购进商品退价业务

购进商品退价是指原先结算货款的进价高于实际进价，销售单位应将高于实际进价的差额退还给购货单位。购进商品退价业务有两种核算情况：

(1)退价商品尚未销售或虽已销售，但尚未结转销售成本的情况下，应调减“库存商品”和“应交税费”账户。

(2)退价商品已经售出并且已经结转销售成本的情况下，应调减“主营业务成本”和“应交税费”账户。

【例 9-15】 三和服装公司向杭州针织厂购进全棉女式内衣 1 000 件，每件 50 元，钱货两清。后收到杭州针织厂开来红字更正发票，列明每件应为 46 元，应退货款 4 000 元，增值税税额 680 元，退货款项尚未收到。

(1)冲减商品采购额和增值税税额。

借：在途物资——杭州针织厂　　4 000

　　应交税费——应交增值税(进项税额)　　580

　　贷：应收账款——杭州针织厂　　4 680

(2)同时冲减库存商品的金额。

借：库存商品——全棉女式内衣　　4 000

　　贷：在途物资——杭州针织厂　　4 000

零售企业购进商品发生退价业务时，有时会收到销售单位开来的更正发票，更正其开错的商品货款。当销售单位开来更正发票时，如果只更正购进价格，没有影响到商品的零售价格，则核算时只需调整“商品进销差价”账户，而不调整“库存商品”账户。若是销售单位退还货款，则应根据其红字增值税专用发票冲减商品采购额和进项税额，用红字借记“在途物资”账户和“应交税费”账户，贷记“应收账款”账户；同时还要增加商品的进销差价，用红字借记“商品进销差价”账户，贷记“在途物资”账户。

如果需要更正批发价和零售价时，除了应根据更正发票冲减商品采购额、进项税额和应收账款外，还要冲减库存商品的售价金额、进价成本和商品进销差价。

【例 9-16】 永平商厦从佳兴毛巾厂购进毛巾 300 条，每条进价 20 元，售价 25 元，商品已由百货组验收入库，现收到佳兴毛巾厂的更正发票，毛巾单价为18元/条，应退货款 600 元，增值税税额 102 元。

(1)冲减商品采购额和进项税额。

借：在途物资——佳兴毛巾厂　　500

　　应交税费——应交增值税(进项税额)　　102

　　贷：应收账款——佳兴毛巾厂　　702

(2)同时调整商品进销差价。

借：商品进销差价——百货组　　500

　　贷：在途物资——佳兴毛巾厂　　600

二、商品补价业务的核算

1．销售商品补价业务

销售商品补价是指由于计价错误而向购货单位补收少收的货款。发生销售商品补价时，应借记“银行存款”等账户；贷记“主营业务收入”账户和“应交税费”账户。

【例 9-17】 永平商业企业销售给平阳第一商店手纸 500 包，批发单价为 20 元/包，发票误写为 15.50 元，少收货款 2 250 元，增值税税额为 382.50 元。财务部门补开“增值税专用发票”和“销货更正单”，向购货单位补收货款。

(1) 补价部分确认销售收入。

借：应收账款——平阳第一商店　　2 632.50

　　贷：主营业务收入　　2 250

　　　　应交税费——应交增值税(销项税额)　　382.50

(2) 收到补价款后，再冲销“应收账款”账户。

借：银行存款　　2 632.50

　　贷：应收账款——平阳第一商店　　2 632.50

2．购进商品补价业务

购进商品补价是指原先结算货款的进价低于实际进价，应由购货单位将低于实际进价的差额补付给销售单位。

【例 9-18】 永平商业企业向上海炉具厂购进天然气灶具 100 台，每台 1 500 元，款项已付清。后收到上海炉具厂补开的“增值税专用发票”和“销货更正单”，列支每台应为 1 600 元，应补付货款 10 000 元，增值税税额 1 700 元。

(1) 增加商品采购额和增值税税额。

借：在途物资——上海炉具厂　　10 000

　　应交税费——应交增值税(进项税额)　　1 700

　　贷：应付账款——上海炉具厂　　11 700

(2) 同时增加库存商品的价值。

借：库存商品——天然气灶具　　10 000

　　贷：在途物资——上海炉具厂　　10 000

零售企业购进商品发生补价业务，当销售单位由于商品品种、等级的错误等原因而开错价格，事后开来更正发票需要更正批发价和零售价时，如果因更正价格而使销售单位应补收货款时，除了应根据其开来的更正发票增加商品采购额、进项税额和应收账款外，还要增加库存商品的售价金额、进价成本和商品进销差价。

【例 9-19】 金安购物中心从延边公司购进干果 1 000 千克，进价为 45 元/千克，售价为 60 元/千克。由食品组验收时，发现该批干果系一级品，现收到延边公司的更正发票，进价为 50 元/千克，售价为 70 元/千克。

(1) 增加商品采购额和增值税税额。

借：在途物资——延边公司　　5 000

应交税费——应交增值税(进项税额)　　850

贷：应付账款——延边公司　　5 850

(2) 同时增加库存商品的售价金额和进价成本。

借：库存商品——食品组　　10 000

贷：在途物资——延边公司　　5 000

商品进销差价——食品组　　5 000

第六节　拒收商品和拒付货款的核算

商品流通企业采用发货制和托收承付结算方式销售商品过程中，当商品发出，办妥托收货款手续后，往往会对商品作销售入账处理，但是由于质量、品种、规格、数量不符合合同规定，或因计价、发货差错等原因，都有可能会遇到购货方拒收全部或部分商品、拒付全部或部分货款的情况。如果发生此类业务，销售单位的业务部门应及时与购货单位取得联系，协商解决。待查明原因后，再根据不同情况分别进行处理。

一、拒收商品和拒付货款的手续

采用托收承付方式下，当购货方接到银行转来的托收承付结算凭证及有关发票账单时，应认真与合同核对。如果发现收到的商品数量、品种、规格与合同规定不符，或者验收商品时发现产品质量有问题，则可以全部或部分拒付货款，甚至可以拒收商品。

购货方拒付货款时，要在承付期内填制“拒付理由书”，连同“托收结算凭证”(承付通知联)及有关发票账单一并送银行转交对方单位。拒收商品时要由仓库部门填制“代管商品物资验收单”将商品单独保管，并及时与销售方取得联系，协商重新发运商品、退回商品及货款等事宜。拒收商品和拒付货款的办理流程如图 9-5 所示。

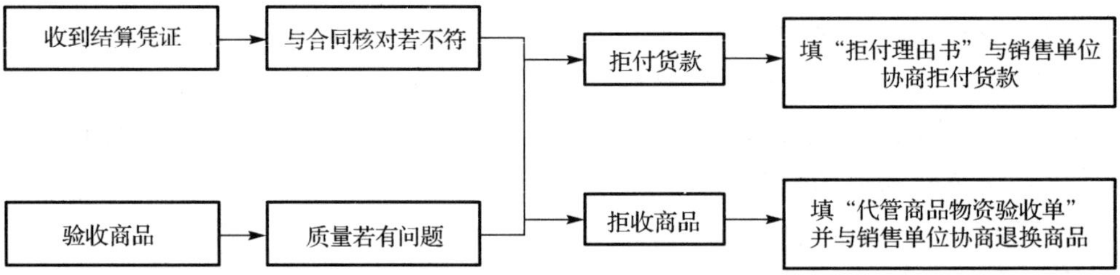

图 9-5　拒收商品和拒付货款的办理流程

二、拒收商品和拒付货款的账务处理

(一) 购货单位的账务处理

当收到托收凭证时，发现内附增值税专用发票开列的商品与合同不符，或者与收到的商品数量、品种、规格、质量不符等，就会发生购货单位拒付货款和拒收商品的情况。购货方拒收商品和拒付货款的情况，如表 9-6 所示。

表 9-6 购货方拒收商品和拒付货款的情况

发生的情况	会计处理方法
1.先支付货款，后拒收商品	(1)提出拒收商品，登记“代管商品物资”账户 (2)将拒收商品的全部款项转入“应收账款”借方，予以追回
2.先拒收商品，后拒付货款	(1)提交拒收商品，登记“代管商品物资”账户 (2)待银行结算凭证到达后，填制“拒付理由书”送银行，拒付货款
3.先拒付货款，后拒收商品	(1)银行结算凭证到达后，填制“拒付理由书”送银行，拒付货款，不作账务处理 (2)商品到达后拒收商品，登记“代管商品物资”账户

“代管商品物资”账户属于表外账户，用以核算企业受托代管的各项商品、物资及借入的包装物等。收进时，记入借方，发出时，记入贷方。该账户只登记数量，不登记金额。“代管商品物资”账户不与其他账户发生对应关系，只作单式记录。

表 9-6 中，购货方购进商品后，发生拒收商品或拒付货款的情况 1 和情况 2 大致相同，只是拒收商品和拒付货款的顺序不同，因此，这种业务通常分以下两种情况：

1. 先支付货款，后拒收商品

购货方承付了商品货款，待商品到达验收时，发现商品质量、规格等有问题或与合同不相符，应及时与销售方联系，要求重新发运商品及协商拒收商品的处理。若销货方补发商品，则购货方在商品到达验收后再作入库处理；若销货方不再补发商品，则由销货方业务部门填制红字增值税专用发票，作进货退出处理。

【例 9-20】 5 月 8 日，瑞达公司向华山电子器材公司购进录音笔 200 支，单价为 250 元/支，采用托收承付结算方式。瑞达公司现收到银行转来的托收承付结算凭证(承付通知联)及有关增值税专用发票账单和运费清单，列支录音笔总价款 50 000 元，税款 8 500 元，运 300 元(不含税价)，已取得运输部门开具的增值税专用发票。

(1)财务部门经审核无误后，同意付款。该批商品尚未到达。

借：在途物资——华山电子器材公司　　50 267

　　应交税费——应交增值税(进项税额)　　8 533

　　贷：银行存款　　58 800

(2)5 月 12 日，向华山电子器材公司购进的录音笔到达，仓库验收商品时发现其中 150 支符合合同规定，另有 50 支规格与合同规定不符，当即向销货方提出拒收部分商品的要求，并将拒收商品填制“代管商品物资验收单”进行代管与备查登记。

借：库存商品——录音笔　　37 500

　　贷：在途物资——华山电子器材公司　　37 500

拒收 50 支规格与合同不符的录音笔，根据“代管商品物资验收单”，借记“代管商品物资——华山电子器材公司”账户，无须考虑对应账户问题，退回时贷记该账户即可。

(3)5 月 17 日，经与销货方联系，查明不合规格的 50 支录音笔系错发，错发商品由销货方运走，并运来同规格的录音笔 50 支。经仓库验收合格。财务部门据“商品验收单”和“送货单”作账务处理。

借：库存商品——录音笔　　12 500

　　贷：在途物资——华山电子器材公司　　12 500

(4)若与销货方协商后，查明不合规格的 50 支录音笔系错发，协商后双方同意将该批商品退回销货方，销货方退回该部分商品的价税款。华山电子器材公司现收到销货方开具的红字增值税专用发票及退回价税款。

借：银行存款　　14 625

　应交税费——应交增值税(进项税额)　　[2 125]

　　贷：在途物资——华山电子器材公司　　12 500

2. 拒收商品，拒付货款

购货方购买商品，货款尚未支付，待收到商品时发现商品与合同不符，可以拒付全部或部分货款。如果拒付全部货款，则需要填制“全部拒付理由书”，连同结算凭证、发票账单送银行转交销货方，财务部门不需要作任何账务处理。如果因数量短缺或单价错误等原因，部分拒付货款，则需要填制“部分拒付理由书”送银行转交销货方，财务部门只按实际承付的金额反映购进付款业务。

【例 9-21】 5 月 10 日，瑞达公司向意发电子公司购进 200 个 MP4，单价为 480 元/个，计价款 96 000 元，税款 16 320 元；2G 存储器 100 个，单价为 100 元/个，计价款 10 000 元，税款 1 700 元。收到银行转来的托收凭证及发票联、结算联等单据，经审核，发现 MP4 有 20 个质量有问题，填制“部分拒付理由书”拒付该部分货款；存储器存储量与合同不相符，填制“全部拒付理由书”拒付全部货款。商品已收到。

(1)承付 180 台 MP4 款项。

借：在途物资——意发电子公司　　86 400

　应交税费——应交增值税(进项税额)　　14 688

　　贷：银行存款　　101 088

借：库存商品——MP4　　86 400

　　贷：在途物资——意发电子公司　　86 400

(2)20 个 MP4 作代管商品保管。根据“代管商品物资验收单”借记“代管商品物资”账户，无须考虑对应账户问题，退回时贷记该账户即可。拒付全部存储器不需进行处理。

(3)5 月 16 日，与意发电子公司协商后，对于损坏的 20 个 MP4 作退货处理，对于与合同不符的存储器退回销售方，对方重新发运符合规格的存储器，存储器已收到并验收入库。

损坏的 20 个 MP4 退回销售方，不需作任何账务处理，只需注销代管商品物资，即贷记“代管商品物资——意发电子公司”账户。

收到符合合同规格的存储器，款项通过银行转账结算。

借：在途物资——意发电子公司　　10 000

　应交税费——应交增值税(进项税额)　　1 700

　　贷：银行存款　　11 700

借：库存商品——2G 存储器　　10 000

　　贷：在途物资——意发电子公司　　10 000

(二)销货单位的账务处理

销货单位的财务部门收到开户银行转来的购货单位“拒付理由书”时，暂不作账务处理，应立即通知业务部门，及时查明原因，并尽快与购货单位联系进行协商，然后根据不同的情况作出处理。一般会有以下几种情况：

(1)对于商品少发的处理：如果补发商品，则在商品发运后，收到购货单位货款、增值税税额及垫付运费时，借记“银行存款”账户，贷记“应收账款”账户。如果不再补发商品，则由业务部门填制红字增值税专用发票，作销货退回处理。

(2)对于商品货款价格开错的情况，也应由业务部门填制红字增值税专用发票，财务部门据以作销售商品退价处理。

(3)对于因商品品种、规格发错或因商品质量不符等而退回时，应由储运部门验收入库，财务部门根据转来的红字增值税专用发票作销货退回处理，退回商品的运费列入“销售费用”账户。

(4)对于商品短缺的情况,应先冲减“主营业务收入”“应交税费”和“应收账款”账户，再根据具体情况进行账务处理。如果属于本企业储运部门的责任，则应由其填制“财产损失报告单”，将商品的短缺金额转入“待处理财产损溢”账户，待领导批准后，再转入“营业外支出”“管理费用”等账户。

(5)对于购货单位已支付部分款项，但拒付另外部分款项的情况，应将收到的款项借记“银行存款”账户，对于尚未收到的款项，则仍保留在“应收账款”账户内，在与对方协商解决后，再予以转销。

【例 9-22】 5 月 21 日，大连手表厂销售给宁远表行 50 只手表，单价为 1 500 元/只，计价款 75 000 元，税款 12 750 元，代垫运费 200 元，商品已发运，并办妥委托银行收款手续。28 日，接到银行转来购货单位“拒绝承付理由书”，购货方拒付全部货款及运费，经查明原因，系企业错发商品造成。与购货方协商，要求就地销售，10 天内付款并给予对方 5%的现金折扣。对方同意后，立即承付货款。

(1)以现金支付代垫运费。

借：应收账款——代垫运费	200	
贷：库存现金		200

(2)财务部门根据“托收凭证”回单联和增值税专用发票作销售入账。

借：应收账款——宁远表行	87 950	
贷：主营业务收入		75 000
应交税费——应交增值税(销项税额)		12 750
应收账款——代垫运费		200

(3)购货方同意就地销售后，当即承付货款。

借：银行存款	83 552.50	
财务费用——销售折让	4 397.50	
贷：应收账款——宁远表行		87 950

(4)假设购货方无法就地处理，企业同意将商品退回，作退货处理。收到商品后冲销原销货收入及销售数量，代垫运费转入“销售费用”账户。

借：应收账款——宁远表行	[87 950]	
销售费用——运杂费	200	
贷：主营业务收入		75 000
应交税费——应交增值税(销项税额)		12 750

(5)假设上笔退货业务已结转商品销售成本，进价成本为 1 200 元/只，则还要冲减“主营业务成本”账户，作增加“库存商品”处理。

借：主营业务成本　　　　　　　　　　　　　　　　　　　　　　　　　　50 000

　　贷：库存商品　　　　　　　　　　　　　　　　　　　　　　　　　　　　50 000

【例 9-23】 仍用上例资料，收到银行转来的入账通知单和部分拒绝承付理由书，承付货款 62 000 元，拒付货款 25 950 元，原因待查。

(1)承付部分货款，款项已收到。

借：银行存款　　　　　　　　　　　　　　　　　　　　　　　　　　　　52 000

　　贷：应收账款——宁远表行　　　　　　　　　　　　　　　　　　　　　52 000

(2)经查明原因，购货方拒付货款 25 950 元，系因部分商品质量不符合要求。同意拒付，冲销原销货收入 20 000 元和税额 3 400 元，开具红字增值税专用发票，剩余款项购货方已补齐。

借：银行存款　　　　　　　　　　　　　　　　　　　　　　　　　　　　2 550

　　应收账款——宁远表行　　　　　　　　　　　　　　　　　　　　　　25 950

　　贷：主营业务收入　　　　　　　　　　　　　　　　　　　　　　　　　20 000

　　　　应交税费——应交增值税(销项税额)　　　　　　　　　　　　　　　3 400

第七节　直运商品销售业务的核算

一、直运商品销售业务程序

通常情况下，商品流通企业发生购进商品业务后，都会将商品验收入库，待销售时再从本企业仓库发运给购货单位，但也有一些企业采用直运商品销售方式。直运商品销售是指批发企业购进商品后，不运回本企业仓库储备，而是直接从销售单位发运给另外一家购货单位的一种销售方式。直运商品销售涉及批发企业、销售单位和购货单位三方，并且三方不在同一地点。采用直运商品销售方式，可以节省仓库的占用，减少商品出入库手续，有利于加速商品流转，节约商品流通费用。

直运商品销售业务的程序为：批发企业的直运商品销售，一般是批发企业委托销售单位代办商品发运、垫付运费和代向购货单位结算货款。通常，批发企业要派驻采购员去销售单位，当销售单位根据购销合同发运商品时，由派驻采购员填制增值税专用发票一式数联，其中发票联随货同行，作为购货单位的收货凭证，其余各联寄回批发企业，另外需填制“直运商品收发货单”作为附件送交销售单位。销售单位在代批发企业办妥商品发运和托收货款手续后，将托收凭证回单联、代垫运费清单、发运证明及发票等一并通过银行向批发企业办理货款结算，批发企业据以承付货款和办理托收销货入账手续。在这种情况下，批发企业的购销业务几乎同时发生，批发企业支付货款后，反映为商品的购进业务。批发企业凭采购员寄回的增值税专用发票再向购货单位收取货款，反映为商品的销售业务。直运商品销售业务程序如图 9-6 所示。

采用直运商品销售，其业务具有以下几个特点：①商品的购销业务同时发生；②由于商品不经过批发企业仓库的储存环节，因此，购销业务不通过“库存商品”核算，直接通过“在途物资”核算；③由于直运商品购进和销售的增值税专用发票上已经列明商品的购进金额和销售金额，因此，商品销售成本可以按照实际进价成本，按销售批次随时进行结转。

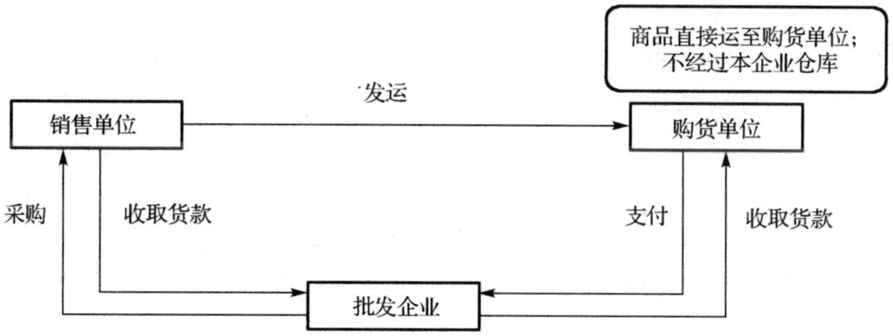

图 9-6　直运商品销售业务程序

二、直运商品销售业务的会计核算

直运商品销售在会计核算上不使用“库存商品”账户。批发企业向销售单位承付货款时，作为商品的购进业务，通过“在途物资”账户核算。批发企业向购货单位托收货款时，作为商品的销售实现，通过“主营业务收入”和“主营业务成本”账户核算。

【例 9-24】 浙江朵蕾内衣服饰公司向沈阳内衣服装厂购进女式内衣 500 件，每件 120 元，共计价款 60 000 元，进项税额 10 200 元，按合同规定将商品直运给杭州某服装公司，供应价每件 130 元，共计价款 65 000 元，销项税额 11 050 元。

(1) 根据银行转来的沈阳内衣服装厂的托收凭证，内附增值税专用发票，开列女式内衣货款 60 000 元，增值税税额 10 200 元，运费凭证 500 元，经审核无误，当即承付。

借：在途物资——沈阳内衣服装厂　　50 000
　　应交税费——应交增值税(进项税额)　　10 200
　　应收账款——代垫运费　　500
　　贷：银行存款　　70 700

(2) 直运销售女式内衣 500 件，每件 130 元，货款为 65 000 元，增值税税额为 11 050 元，连同垫付的运费 500 元，一并向杭州某服装公司托收，根据增值税专用发票的记账联及托收凭证的回单联，做如下会计分录：

借：应收账款——杭州某服装公司　　76 550
　　贷：主营业务收入——女式内衣　　65 000
　　　　应交税费——应交增值税(销项税额)　　11 050
　　　　应收账款——代垫运费　　500

(3) 同时结转商品销售成本，做如下会计分录：

借：主营业务成本——女式内衣　　50 000
　　贷：在途物资——沈阳内衣服装厂　　50 000

【例 9-25】 同利商务公司与广亿公司及新江桥百货公司签订直运商品销售合同。合同规定，同利商务公司从广亿公司购买高压锅 100 台，由广亿公司直运给新江桥百货公司，运杂费由同利商务公司承担。

(1)4 月 5 日，广亿公司委托银行收款：高压锅 100 台，单价为 1 500 元/台，计货款 150 000 元，增值税税额 25 500 元，运杂费 2 500 元。同利商务公司收到银行转来的托收承付通知、增值税专用发票和运输发票，审核无误后，当即承付。

借：在途物资——广亿公司	150 000	
应交税费——应交增值税(进项税额)	25 500	
销售费用——运杂费	2 500	
贷：银行存款		178 000

(2)4 月 16 日，根据上述直运商品销售合同及发运证明，同利商务公司委托银行向新江百货公司收取款项：高压锅 100 台，每台售价 1 800 元，计货款 180 000 元，增值税税额 600 元。

借：应收账款——新江桥百货公司	210 600	
贷：主营业务收入		180 000
应交税费——应交增值税(销项税额)		30 600

(3)4 月 24 日，收到银行转来的托收凭证收账通知，新江桥百货公司的货款和税款已收妥。

借：银行存款	210 600	
贷：应收账款——新江桥百货公司		210 600

复习思考题

1. 简述农副产品收购的一般程序。
2. 农副产品收购与工业产品购进在核算上有何不同？
3. 简述送货制销售农副产品的一般程序。
4. 商品挑选整理核算的原则是什么？
5. 商品通过挑选整理后，可能会出现哪几种情况？该如何处理？
6. 什么是现金折扣？总价法下该如何处理？
7. 分析引起商品退货的原因。退货业务可能出现哪几种情况？
8. 销货退回的会计核算通常会出现哪几种情况？
9. 简述拒收商品和拒付货款的流程。
10. 什么是直运商品销售？如何进行核算？

第十章

商品流通企业核算方法的其他业务应用

【学习目标】

1. 掌握委托加工商品的核算业务。
2. 了解委托代销业务的原始凭证和账户。
3. 掌握企业委托代销和受托代销业务的核算。
4. 掌握视同买断方式下委托代销商品的核算业务。
5. 理解出租商品核算业务。

第一节　委托加工商品业务的核算

一、委托加工商品概述

委托加工是指企业与外单位双方签订委托加工合同，由外单位代为加工，支付加工费用的一种加工方式。

商品流通企业为了适应市场变化趋势，增加商品花色品种，扩大货源，增强企业的市场竞争力，发扬经营特色，除积极进行商品购销业务外，还可以根据自身经营需要，采取定点定牌的方式，将初级库存商品委托其他单位进行加工，或者根据市场的需求，将不适销的库存商品，委托其他企业进行加工改造。当加工商品收回后，按照规定的加工计费标准，支付加工费用和增值税税额等。加工商品的方式一般有委托其他单位加工和自行加工两种。

商品流通企业在委托加工前，应先与接受加工的单位签订“委托加工商品合同”，列明加工商品的品种、规格、型号、数量、质量要求、交货期限、耗用定额、加工计费标准等。

商品委托加工的业务程序一般有发出库存商品、支付加工费用及收回加工商品等三个环节。

1. 发出库存商品

委托加工商品业务发出商品时，应根据委托加工商品的加工方式的不同，由业务部门根据“委托加工商品合同”规定填制一式数联的“加工商品发料单”或“发出商品委托加工单”，该凭证经收发双方签章后，各自留下一联，加工单位作为收到商品的凭证，发料部门作为发出商品的依据；一联送交财务部门，财务部门复核无误后，据以借记“委托加工物资”账户，贷记“库存商品”账户。“加工商品发料单”如表 10-1 所示。

2. 支付加工费用

商品流通企业一般在收回加工成品时，按“委托加工商品合同”的规定，支付加工企业加工费用，并要交纳增值税税额，借记“委托加工物资”账户和“应交税费”账户，贷记“银行存款”账户。

表 10-1　加工商品发料单

发料部门　　　　　　　　　　　　年　月　日　　　　　　　　　　　　No.

加工单位					加工合同号		
货号	名品规格	单位	应发数量	实发数量	单价	金额	发料日期
合计							

有关人员签章

3. 收回加工商品

商品流通企业在收回加工成品时，由业务部门填制“加工商品收货单”，由有关部门负责验收，验收完毕后，由交接双方分别在“加工商品收货单”上签章，加工单位留下一联，作为交货凭证；收货部门自留一联，作为收货凭证；另一联送交财务部门，复核无误后，据以入账。同时，应根据加工商品的实际成本，借记“库存商品”账户，贷记“委托加工物资”账户。“加工商品收货单”如表 10-2 所示。

表 10-2　加工商品收货单

收货部门　　　　　　　　　　　　年　月　日　　　　　　　　　　　　No.

加工单位						加工合同号码		
货号	品名规格	单位	数量	加工费		增值税额	成品成本	
				单位金额	总金额		单位成本	总成本
收货日期　　　　年　月　日						附单据		

有关人员签章

二、委托加工商品的账务处理

委托加工业务的核算是通过“委托加工物资”账户进行的。该账户属于资产类账户用以核算企业委托外单位加工的各种商品实际成本，包括发出商品的进货原价、加工费用、加工过程应负担的运费、加工税金及附加等。若委托加工的商品属于应税消费品，则其实成本还应包括应纳消费税税额。

“委托加工物资”账户借方登记发生的加工物资的各种耗费；贷方登记加工物资完工验收入库，结转其加工成本；期末余额在借方，表示期末尚未完工加工物资的实际成本，如图 10-1 所示。

委托加工物资

借方	贷方
发出商品，加工费用和应交纳的税金及附加的发生数	加工商品完工验收入库，结转其加工成本
期末余额：表示企业委托外单位加工但尚未完工的加工商品的实际成本	

图 10-1　“委托加工物资”账户

如果收回成品未达到合同规定的数量或质量要求，则应根据合同的有关规定，要求加工单位赔偿损失，以维护企业的经济利益。

【例 10-1】 美达毛织商店将库存布料 500 米用来委托其他单位加工车用套垫 200 件。库存进价为 20 元/米。

(1)发出库存布料 500 米，财务部门根据加工商品发料单转账。

借：委托加工物资——车用套垫　　10 000

　　贷：库存商品——布料　　10 000

(2)以银行存款支付加工费用，按每件 20 元计算，共计 4 000 元，增值税税率为 17%。

借：委托加工物资——车用套垫　　4 000

　　应交税费——应交增值税(进项税额)　　580

　　贷：银行存款　　4 680

(3)收回加工商品时，应由业务部门填制“加工商品收货单”一式数联，转送相关部门。收货部门凭以验收入库，财务部门据以计算加工商品的总成本及单位成本转账。

车用套垫总成本= 10 000+4 000=14 000 元

车用套垫单位成本=14 000 ÷ 200=70 元

借：库存商品——车用套垫　　14 000

　　贷：委托加工物资——车用套垫　　14 000

第二节　委托代销商品业务的核算

商品流通企业除了自行销售商品外，还可以委托其他企业代销商品。委托代销商品业务既可以减少委托方的商品积压以加速资金周转，又可以减少受托方的资金占用以降低商品经营风险，因此，在商品流通企业中得到广泛运用。

一、委托代销商品概述

委托代销商品是指委托方与受托方签订代销合同，由委托方交付商品给受托方代为销售的一种商业活动。代销商品与自营销售不同的是，委托方将商品交给受托方时，受托方不用垫付资金，商品所有权的风险和报酬尚未转移。委托代销商品的特点是委托方向受托方发出代销商品时，并不转移商品的所有权，也不作商品销售处理，直到代销商品销售后才确认商品销售成立。当企业接受其他单位委托代销商品时，即成为受托方，当企业委托其他单位代销本企业的商品时，即成为委托方。因此，委托代销商品业务涉及委托方和受托方两个方面，其代销方式有视同买断和收取手续费两种，如表 10-3 所示。

表 10-3　委托代销商品的销售方式

代销方式	含　义
视同买断方式	由委托方和受托方签订协议，委托方按协议价收取委托代销商的货款，实际售价可由受托方自定，实际售价与协议价之间的差额归委托方所有的销售方式
收取手续费方式	委托方和受托方签订合同或协议，委托方根据合同或协议约定向受托方计算支付代销手续费，受托方按照合同或协议规定的价格销售代销商品的销售方式

二、委托代销业务涉及的主要原始凭证和账户

采用委托代销方式销售商品时，委托方或受托方将根据发票、代销商品清单和成本计

算单等原始凭证，通过“委托代销商品”“受托代销商品”“代销商品款”等账户进行会计核算。

1. 涉及的主要原始凭证

(1)“代销商品清单”，如表 10-4 所示。

表 10-4　代销商品清单

委托方：

受托方：　　　　　　　　　　　　　　　　年　月　日　　　　　　　　　　　　代销字第　　号

品　名	规　格	单　位	数　量		代 销 价		增值税额	手续费	
			来货	已销	单价	金额		比例	金额
合　　计									

制表人：　　　　　　　　　　　　　　　　受托方签章：

(2)“委托代销商品成本计算单”，如表 10-5 所示。

表 10-5　委托代销商品成本计算单

年　月　日

品名	单位	发出数量	进价		备注
			单价	金额	
合计					

制表人：

2. 涉及的主要账户

(1)“委托代销商品”账户。该账户属于资产类账户，用于核算企业委托其他单位代销的商品，如图 10-2 所示。“委托代销商品”账户应按受托单位进行明细分类核算。

委托方商品

借方	贷方
企业将商品交付受托单位代销	企业收到受托单位已售代销商品清单时，确认销售收入转销其成本
期末余额：企业尚有委托代销商品的数额	

图 10-2　“委托代销商品”账户

(2)“受托代销商品”账户。该账户属于资产类账户，用于核算受托方接受其他单位委托代销商品的接收价(受托方用)，如图 10-3 所示。“受托代销商品”账户应按委托单位名称设置明细账。

(3)“受托代销商品款”账户。该账户属于负债类账户，用于核算受托方接受代销商品的价款，如图 10-4 所示。“受托代销商品款”账户应按委托单位名称设置明细账。

受托方商品

借方	贷方
期初余额 受托方收到委托方代销商品时，按接收价反映	售出受托代销商品时，按接收价反映
期末余额：尚未销售的受托代销商品的接收价	

图 10-3　“受托代销商品”账户

受托代销商品款

借方	贷方
售出代销商品时，按接收价反映	期初余额 受托方收到受托代销商品时，按接收价反映
	期末余额：尚未出售的受托代销商品的价款

图 10-4　“受托代销商品款”账户

三、批发企业委托代销业务的核算

批发企业根据其经营特点，商品流转通常采用数量进价余额核算法。在发生委托代销业务时，其核算主要有视同买断和收取手续费两种方式，如图 10-5 所示。

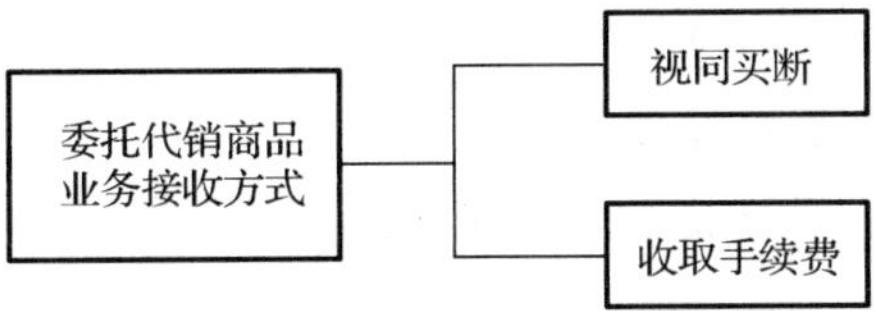

图 10-5 委托代销商品业务的核算方式

1．视同买断方式

批发企业采取视同买断方式代销商品，作为委托方的批发企业与受托方签订“商品委托代销合同”。合同上注明委托代销商品的协议价、销售价、货款清偿时间、结算方式、商品保管的要求以及双方承担的责任等。

委托代销商品的业务程序一般是：由委托方业务部门根据“商品委托代销合同”，填制“委托代销商品发货单”；然后由储运部门将商品发运给受托方。委托方将商品交付给受托方时，于商品所有权上的风险和报酬并未转移给受托方，因此不能确认销售收入，应按成本价通过“委托代销商品”账户来反映商品的发出。委托方待收到受托方交来已售代销商品的“代销商品清单”，并填制增值税专用发票交付受托方时，才能确认销售收入并结转销售成本。

受托方收到受托代销商品时，不能作商品购进处理，应按协议价在“受托代销商品”和“受托代销商品款”账户中同时反映，并不确认收入。受托方待受托代销商品出售后，才按实际售价确认收入，并结转成本；然后开具商品的“代销商品清单”给委托方，并按协议价支付受托代销商品的价税款给委托方。视同买断方式代销商品业务的核算过程如图 10-6 所示。

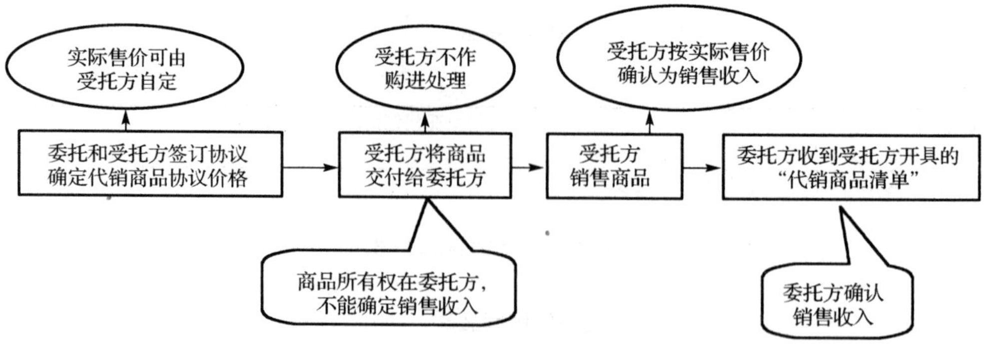

图 10-6　视同买断方式代销商品业务的核算过程

【例 10-2】　美达公司是从事电子产品批发业务的一家公司，2 月 2 日与凯越公司签订委托代销合同，采用视同买断方式委托其销售某品牌组装计算机 50 台，协议单价为 6 000 元/台，该商品成本价为 5 500 元/台。6 月 30 日，美达公司收到凯越公司开来的代销商品清单后，开具增值税专用发票，发票标明售价 300 000 元，增值税税额 51 000 元，款项尚未收到。凯越公司实际销售商品售价 350 000 元，增值税税额 59 500 元。10 月 1 日，收到凯越公司交来的全部款项，存入银行。

(1)委托方美达公司的账务处理

1)2 月 2 日，发运商品开出“委托代销商品发货单”时，做如下会计分录：

借：委托代销商品——凯越公司	275 000	
贷：库存商品——某品牌计算机		275 000

2)6 月 30 日，美达公司收到凯越公司开来的代销商品清单时，填制增值税专用发票，做如下会计分录：

借：应收账款——凯越公司	351 000	
贷：主营业务收入——某品牌计算机		300 000
应交税费——应交增值税(销项税额)		51 000

3)同时结转已售委托代销商品的销售成本 275 000 元，

借：主营业务成本	275 000	
贷：委托代销商品——凯越公司		275 000

4)10 月 1 日，收到凯越公司支付 50 台计算机货款的转账支票一张，金额为 351 000 存入银行，做如下会计分录：

借：银行存款	351 000	
贷：应收账款——凯越公司		351 000

(2)受托方凯越公司的账务处理

1)2 月 2 日，收到美达公司交来的受托代销商品，做如下会计分录：

借：受托代销商品——美达公司	300 000	
贷：受托代销商品款——美达公司		300 000

2)6 月，凯越公司实际销售某品牌计算机 50 台，开具的增值税专用发票上注明：每台售价 6 500 元，增值税税额 1 105 元，总价款及税款已收妥入账，做如下会计分录：

借：银行存款	380 250	

贷：主营业务收入——某品牌计算机　　325 000
　　应交税费——应交增值税(销项税额)　　55 250

3)同时结转销售成本 300 000 元，做如下会计分录：

借：主营业务成本　　300 000
　贷：受托代销商品——美达公司　　300 000

4)6 月 30 日，确认应支付给美达公司的款项，开具代销商品清单，做如下会计分录：

借：受托代销商品款——美达公司　　300 000
　　应交税费——应交增值税(进项税额)　　51 000
　贷：应付账款——美达公司　　351 000

5)10 月 1 日，开出转账支票支付受托代销商品的价税款，做如下会计分录：

借：应付账款——美达公司　　351 000
　贷：银行存款　　351 000

2. 收取手续费方式

批发企业采取收取手续费方式代销商品，委托方批发企业的业务程序和核算方法，与视同买断方式基本相同。所不同的是，由于受托方是商品购销双方的中介人，委托方要根据合同的规定，按销售额的一定比例，支付受托方代销手续费，借记“销售费用”账户。

受托方收到委托方代销商品的处理与视同买断方式也基本相同。在受托代销商品出售后，不能确认为受托方的收入，而是按出售的价款和税款转销受托代销商品款，最后按合同或协议约定收取的手续费确认劳务收入，或直接将手续费从销售货款中扣除，余额归还给委托方。作为受托方的批发企业，采取收取代销手续费方式与视同买断方式相比，其主要特点是受托方应按照委托方规定的价格销售代销商品，不得随意变动。收取手续费方式代销商品业务的核算过程如图 10-7 所示。

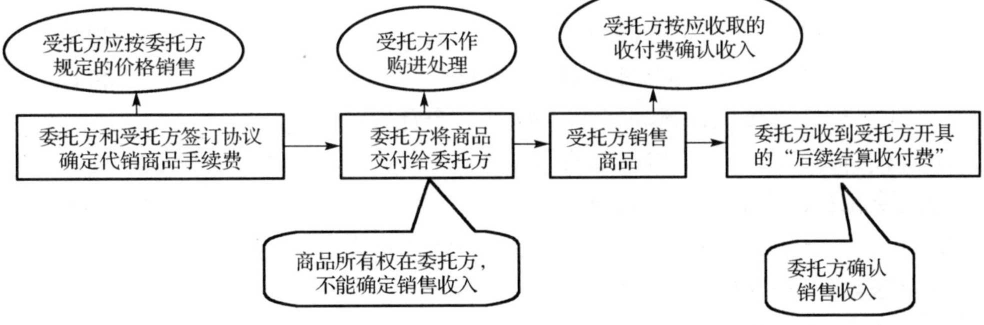

图 10-7　收取手续费方式代销商品业务的核算过程

【例 10-3】 美田电器公司将 200 台立式台扇委托三洋公司代销，该台扇购进单价 90 元/台，合同规定销售单价为 120 元，增值税税率为 17%，每月月末受托方向委托方开具代销商品清单，据以结算货款，代销手续费率为 10%。

(1)委托方美田电器公司的账务处理

1)3 月 1 日，将台扇交付三洋公司时，做如下会计分录：

借：委托代销商品——三洋公司　　18 000
　贷：库存商品——立式台扇　　18 000

2)3 月 31 日，三洋公司转来代销商品清单，据以填制增值税专用发票，列明立式台扇 110 台，每台 120 元，计货款 13 200 元，增值税税额 2 244 元，做如下会计分录:

借：应收账款——三洋公司　　15 444

　　贷：主营业务收入——立式台扇　　13 200

　　　　应交税费——应交增值税(销项税额)　　2 244

3)同时结转已售委托代销商品成本，做如下会计分录:

借：主营业务成本——立式台扇　　18 000

　　贷：委托代销商品——三洋公司　　18 000

4)结算代销手续费，做如下会计分录:

借：销售费用——手续费　　1 320

　　贷：应收账款——三洋公司　　1 320

5)3 月 31 日，三洋公司扣除代销手续费 1 320 元后，付来已售代销的 110 台立式台扇的货款及增值税税额，存入银行，做如下会计分录:

借：银行存款　　14 124

　　贷：应收账款——三洋公司　　14 124

(2)受托方三洋公司的账务处理

1)收到美田电器公司交来的受托代销商品，做如下会计分录:

借：受托代销商品——立式台扇　　24 000

　　贷：受托代销商品款——美田电器公司　　24 000

2)3 月 25 日，销售立式台扇 110 台，每台 120 元，计货款 13 200 元，增值税税额 2 244 元。

① 三洋公司开具增值税专用发票，并将收到的转账支票存入银行，做如下会计分录:

借：银行存款　　15 444

　　贷：应付账款——美田电器公司　　13 200

　　　　应交税费——应交增值税(销项税额)　　2 244

② 同时结转已售受托代销商品成本，做如下会计分录:

借：受托代销商品款——美田电器公司　　13 200

　　贷：受托代销商品——立式台扇　　13 200

3)3 月 31 日，开出代销手续费发票，做如下会计分录:

借：应付账款——美田电器公司　　1 320

　　贷：其他业务收入　　1 320

4)3 月 31 日，收到美田电器公司转来的增值税专用发票，扣除手续费后，签发转账支票 14 124 元，支付美田电器公司已售代销商品货款及增值税，做如下会计分录:

借：应付账款——美田电器公司　　11 880

　　应交税费——应交增值税(进项税额)　　2 244

　　贷：银行存款　　14 124

5)计提代销手续费应交的相关税费。

借：营业税金及附加　　72.60

　　贷：应交税费——应交营业税　　66

——应交城市维护建设税　　4.62

——应交教育费附加　　1.98

四、零售企业委托代销业务的核算

零售企业为了扩大商品销售，可以委托其他单位或个人为企业代销商品，也可以受托为其他单位代销商品。零售企业代销商品的核算和批发企业基本相似，也有视同买断和收取手续费两种方式。

由于零售企业是按售价进行核算，因此“库存商品”“委托代销商品”和“受托代销商品”等账户均按售价核算，平时的收入和成本也均按售价核算，并且在月末需从含税收入中分解出销售税额，并分摊已销商品中应分摊的商品进销差价。

1. 视同买断方式

视同买断方式是指委托方和受托方之间的协议明确表明，受托方在取得代销商品后，无论是否能够卖出和获利，均与委托方无关。因此，视同买断方式下，委托代销方式交易实质上就等于委托方直接将商品交给受托方销售。零售企业委托代销业务中的委托方业务为批发企业委托代销，上面已阐述，此处不再赘述，这里只介绍受托方代销业务。

【例 10-4】 华邑眼镜店受大光眼镜公司的委托，代销 100 副隐形眼镜。每副协议价为 300 元，单位含税售价为 500 元。合同规定每月月末结算一次货款。

(1)2 月 5 日，第一小组收到 100 副隐形眼镜，已验收入库。

借：受托代销商品——大光眼镜公司　　50 000

　贷：受托代销商品款——大光眼镜公司　　30 000

　　　商品进销差价——第一小组　　20 000

(2)2 月 20 日，第一小组销售隐形眼镜 50 副，收到销货款，已送存银行。

借：银行存款　　25 000

　贷：主营业务收入——第一小组　　25 000

同时结转销售成本：

借：主营业务成本——第一小组　　25 000

　贷：受托代销商品——大光眼镜公司　　25 000

(3)2 月 28 日，华邑眼镜店开出代销商品清单交委托方，收到对方开来的增值税专用发票，标明已销隐形眼镜 50 副，价款为每副 300 元，增值税税率为 17%。

借：受托代销商品款——大光眼镜公司　　15 000

　　应交税费——应交增值税(进项税额)　　2 550

　贷：应付账款——大光眼镜公司　　17 550

(4)3 月 1 日，开出转账支票支付代销的 50 副隐形眼镜的价税款。

借：应付账款——大光眼镜公司　　17 550

　贷：银行存款　　17 550

2. 收取手续费方式

收取手续费方式是指受托方根据所代销的商品数量向委托方收取手续费的销售方式。该代销方式下，委托方应在受托方将商品销售后，并向委托方开具代销商品清单时，确认收入。受托方则在商品销售后，按应收取的手续费确认收入。

【例 10-5】 华日建材商店接受钢材总公司委托，代销钢制角架 200 个，双方签订委托代销协议，华日建材商店以每件含税售价 600 元对外销售，按不含税售价的 8% 收取代销手续费，每月月末结算一次货款。

(1)3 月 4 日，华日建材商店收到钢材总公司发来的 200 个钢制角架，由销售一组验收。

借：受托代销商品——钢材总公司　　120 000

　　贷：受托代销商品款——钢材总公司　　120 000

(2)3 月 15 日，销售一组钢制角架 50 个，销货款已送存银行。

借：银行存款　　30 000

　　贷：应付账款——钢材总公司　　25 641.03

　　　　应交税费——应交增值税(销项税额)　　4 358.97

同时结转受托代销商品成本。

借：受托代销商品款——钢材总公司　　30 000

　　贷：受托代销商品——钢材总公司　　30 000

(3)3 月 31 日，华日建材商店开出代销商品清单及代销手续费发票，开列手续费 2 051.28 元。

借：应付账款——钢材总公司　　2 051.28

　　贷：其他业务收入——代销手续费　　2 051.28

(4)4 月 1 日，华日建材商店开出代销商品清单交钢材总公司后，收到对方开来的增值税专用发票，标明销售钢制角架 50 个，价款 25 641.03 元，增值税税额 4 358.97 元。扣除代销手续费后，签发转账支票 27 948.72 元，支付给钢材总公司。

借：应付账款——钢材总公司　　23 589.75

　　应交税费——应交增值税(进项税额)　　4 358.97

　　贷：银行存款　　27 948.72

(5)计提代销手续费应交的相关税费。

借：营业税金及附加　　112.82

　　贷：应交税费——应交营业税　　102.56

　　　　　　　　——应交城市维护建设税　　7.18

　　　　　　　　——应交教育费附加　　3.08

第三节　出租商品业务的核算

商品流通企业为了扩大经营，稳定客户源，经常会采用销售与出租结合的方式来经营。

出租商品业务是将商品出租，收取租金以取得租赁收入的业务。商品流通企业出租商品时，应与承租企业或个人签订协议，或由承租人签字确认。若有必要还应签订合同，同时收取押金。收回出租商品时，商品流通企业要计入租金收入，同时退还押金。对收回的出租商品，业务员应进行验收，若发现损坏，应由承租人赔偿。

一、出租商品时的核算

出租商品的核算应与销售商品分别核算，出租商品其所有权并未转移。为加强出租商品管理，应设“库存商品——出租商品”账户进行核算，并按出租商品的品名、规格设置明细账或备查账簿，以反映出租及收回情况。出租商品应按进价入账。

【例 10-6】 乐松百货商场皮包组兼营皮箱出租业务，本月由仓库拨出拉杆皮箱 100 件作为出租使用。该拉杆皮箱的单位进价为 350 元，零售价为 420 元。

财务部门根据“商品内部调拨单”等凭证编制会计分录。

借：库存商品——出租商品	35 000	
商品进销差价——皮包组	7 000	
贷：库存商品——皮包组		42 000

二、出租商品押金的核算

商品流通企业出租商品时，应向租户收取押金，商品收回时退还押金。押金的收取或退还，通过“其他应付款”账户处理。所收取的租金在“其他业务收入”账户核算。

【例 10-7】 承上例，根据租赁协议规定，每个拉杆皮箱收取押金 300 元，押金总额 30 000 元，款项已收并存入银行。

借：银行存款	30 000	
贷：其他应付款		30 000

三、出租商品租金的核算

商品流通企业出租商品的租金收入时，借记“银行存款”或“应收账款”账户，贷记“其他业务收入”账户。“其他业务收入”账户核算商品流通企业除商品销售以外的其他销售或业务收入，如材料物资及包装物销售、无形资产转让、固定资产出租、商品出租、包装物出租、运输和废旧物资出售等。该账户的贷方登记收入的增加，借方登记收入的减少；将收入结转“本年利润” 账户后，本账户无余额。其明细账应按其他业务种类设置。

【例 10-8】 仍沿用【例 10-6】资料，收到出租拉杆皮箱的租金收入 6 000 元，款项已收并存入银行。

借：银行存款	5 000	
贷：其他业务收入		5 000

四、出租商品摊销的核算

出租商品在使用过程中，其价值因磨损不断减少。因此，商品流通企业应对出租商品进行摊销，摊销价值将从当期收入中得到补偿，即记入“其他业务成本”账户等成本费用类账户。出租商品摊销额的计算方法可采用分期(次)摊销法，即按出租商品的类别或品种，分别估计其使用期限(或次数)和预计残值，将其原进价与预计残值的差额分期(次)平均摊销。出租商品除摊销外，也可能会发生修理、废弃等业务，这些业务也会通过“其他业务成本”账户核算。

【例 10-9】 资料承【例 10-6】乐松百货商场出租拉杆皮箱的成本按 5 个月进行分摊，每月的摊销额为 6 000 元(30 000 ÷ 5)。

借：其他业务成本	5 000	
贷：库存商品——出租商品(皮包组)		5 000

【例 10-10】 五福婚纱商店为一般纳税人，从库存商品中调出白色婚纱 50 件用以出租，

每件进价 1 008 元，售价 1 800 元，该商店采用售价金额核算法(城市维护建设税和教育费附加忽略不计)。

【解析】 营业税改增值税之前，有形动产租赁服务业务应交营业税，现改为交增值税。

(1)根据内部商品调拨单，编制会计分录。

借：库存商品——出租商品(白色婚纱)	50 400	
商品进销差价	39 600	
贷：库存商品——白色婚纱		90 000

(2)月内收到出租商品租金 5 000 元。

借：库存现金	5 000	
贷：其他业务收入		4 273.5
应交税费——应交增值税(销项税额)		726.5

(3)假设摊销期为 1 年，月末进行摊销。

借：其他业务成本	4 200	
贷：库存商品——出租商品摊销		4 200

(4)出租时收取押金 5 000 元。

借：库存现金	5 000	
贷：其他应付款——押金		5 000

(5)退回出租商品的押金 5 000 元。

借：其他应付款——押金	5 000	
贷：库存现金		5 000

复习思考题

1. 简述委托加工商品业务的一般程序。
2. 什么是委托代销商品？其突出特点是什么？
3. 委托代销商品和受托代销商品销售时有哪两种不同的处理方法？它们在核算上有何不同？
4. 简述批发企业采取视同买断方式代销商品时，委托代销商品的业务程序。
5. 批发企业采取收取手续费方式代销商品时，与视同买断方式有哪些不同？
6. 委托代销商品业务采用收取手续费方式核算时，委托方和受托方分别如何进行账务处理？
7. 简述视同买断方式下，零售企业与批发企业的委托代销业务的不同处理方式。
8. 简述收取手续费方式下，零售企业与批发企业的委托代销业务的不同处理方式。
9. 什么是出租商品核算？出租商品核算时应如何处理？
10. 如何对出租商品押金和租金的核算业务进行处理？

第十一章

商场、超市、网络销售及其促销业务的核算

【学习目标】

1. 掌握商品流通企业各种常见销售业态的会计处理。
2. 了解商品流通企业各种常见促销方式。

2010 年，中国连锁经营协会完成了对《零售业态分类》的修订工作，将业态分为 16 类，总体上可划分为有店铺零售和无店铺零售。有店铺零售包括百货商场、超市、便利店、购物中心、仓储超市等；无店铺零售包括电视购物、邮购、网上商店等。无论何种业态，每一个商业经营主体都要面对产业链中的上下游企业战略合作模式的选择，即商场业主与品牌供应商之间经营合作模式的选择。本章主要介绍百货商场、超市、网购、团购的会计处理。

目前，商品促销活动形式多样，最常见的促销方式有打折销售、满减活动、买赠活动、会员积分、低价换购、有奖销售、返券活动、回赠现金等（见图 11-1），归纳起来不是打折就是送礼品。无论哪种促销活动，只要实施都会涉及商品原定销售价格的变动或数量变动，从而引起会计收入和计税收入的确认。

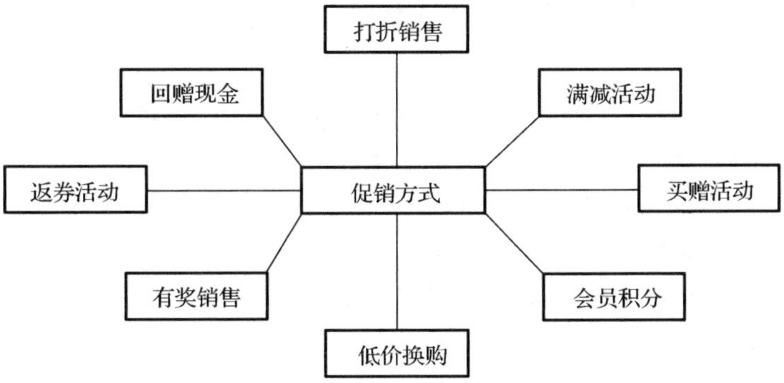

图 11-1　商品促销方式

本章主要介绍商品流通企业常见销售业态经济业务的会计处理，如百货商场、超市、网购、团购，以及一些促销方式，如返利促销、折扣促销、送现金券、赠礼品、捆绑销售、积分销售等。

第一节　百货商场业务的核算

百货商场与供应商之间的经营合作模式大致可分为自营、代销、联营和租赁四类。

租赁经营模式是指百货商场作为出租方，将其部分店面出租给品牌供应商，供应商以自营店铺或柜台的方式经营，包括装修、存货和收银。租赁经营模式下供应商需单独办理分支

机构的工商和税务登记，而商场作为业主只提供相应的物业管理，并按供应商店铺或柜台的销售额的一定比例收取租金。租赁经营业务不涉及商品的会计处理。为此，本节重点介绍自营、代销、联营的会计处理。

一、自营经营模式下的会计处理

自营即商场从各品牌供应商处购进商品，在未销售前已获得商品的所有权，并纳入其库存管理，商场自己定价，并根据季节变化安排打折促销以处理过季旧货。该模式下未售出的商品不能退回供货商。

【例 11-1】 2017 年 4 月 15 日，联华百货商场自营某服饰，从甲公司购进男装 100 件（含税单价 1 170 元），甲公司代垫运费 2 000 元，已验收入库。

（1）购进商品。结算通常分为预付制或货到付款。假设联华百货商场是货到付款，则该商场以收到商品验收入库后作为存货的入账时间。

借：库存商品——男装　　102 000
　　应交税费——应交增值税（进项税额）　　17 000
　贷：应付账款——甲公司　　119 000

（2）与供应商结算。联华百货商场收到甲公司的商品销售发票和垫付的运输费发票于付款日付款。

借：应付账款——甲公司　　119 000
　贷：银行存款　　119 000

（3）销售商品。商场自营模式基本上都采取统一收银方式，会计人员根据商场收银系统每日汇总信息，核对系统销售数据和银行收账记录后，通过销售系统将数据导入会计处理系统。

（4）计提存货跌价准备。过季商品一般采取打折销售，有时会低于成本，因此，在资产负债表日，存货要按照成本与可变现净值孰低计量。

【例 11-2】 接【例 11-1】，联华百货商场有 50 件男装过季，需要打至二折才能售出，此时存货的单位可变现净值为 200 元[1 170×0.2/（1+17%）]，即 50 件存货的总可变现净值为 10 000 元，相比其原账面价值 51 000 元减值 41 000 元。

借：资产减值损失　　41 000
　贷：存货跌价准备　　41 000

二、代销经营模式下的会计处理

受托代销是指受托方（百货商场）按照委托方（供应商）的要求销售委托方的商品，并收取手续费（扣点）的经营活动。代销商品在销售前所有权归供应商，卖不出去的存货可以退还给供应商。代销商品无须计提存货跌价准备。

根据代销商品收货单，按商场规定的含税零售价，借记“受托代销商品”账户；按不含税接收价，贷记“受托代销商品款”账户；按两者的差额，贷记“商品进销差价”账户。代销商品售出时，按含税零售价，借记“银行存款”账户，贷记“主营业务收入”账户。定期向委托方开出代销清单，根据代销清单转销受托代销商品成本，借记“主营业务成本”账户，贷记“受托代销商品”账户。收到委托方开来的增值税专用发票，借记“应交税费——应交增值税(进项税额)”账户，按已销售商品的不含税接收价，借记“受托代销商品款”账户，同时按委托方开具的增值税专用发票上的价款和税款之和，贷记“应付账款”账户。支付代销商品款时，借记“应付账款”账户，贷记“银行存款”账户。月末计算并结转代销商品的销项税额时，借记“主营业务收入”账户，贷记“应交税费——应交增值税(销项税额)”账户。月末计算分摊代销商品的进销差价，调整受托代销商品成本时，借记“商品进销差价”账户，贷记“主营业务成本”账户。

【例 11-3】 北京京华百货商场为增值税一般纳税人，增值税税率为 17%，2017 年 4 月接收代销甲商品 4 000 件，含税接收价为 23.4 元/件，不含税接收价为 20 元/件。该商场规定该商品的含税零售价为 29.25 元/件。

北京京华百货商场的会计处理如下。

接收代销商品时：

借：受托代销商品　　117 000
　贷：受托代销商品款　　80 000
　　　商品进销差价　　37 000

商品销售时(销售代销商品和自营商品共计货款 65 000 元)：

借：银行存款　　65 000
　贷：主营业务收入　　65 000

月末商品全部售完时(根据各部、组填报的代销商品分户盘存计销表所列代销商品销售 2 400 件，向委托方开出代销清单，共计货款 56 160 元(2 400×23.4)。一方面索要增值税专用发票，一方面转销其销售成本)：

借：主营业务成本　　70 200 (2 400×29.25)
　贷：受托代销商品　　70 200

在实际工作中，自营商品和代销商品不易区分，可以把“受托代销商品”账户作为“库存商品”的二级账户处理。这样，在月末结转代销商品进销差价时，就不必区分是代销商品还是自营商品。如果将“受托代销商品”作为“库存商品”的二级账户，会计处理如下。

借：主营业务成本　　70 200
　贷：库存商品——受托代销商品　　70 200

收到委托单位开来的增值税专用发票时(增值税专用发票列明：销售货款 48 000 元，增值税额 8 160 元)：

借：应交税费——应交增值税(进项税额)　　8 160
　　受托代销商品款　　48 000
　贷：应付账款　　56 160

支付代销商品款时：

借：应付账款　　56 160
　贷：银行存款　　56 160

月末计算并结转代销商品销项税额时(若本月包括代销商品销售在内的价税金额为 440 000 元)：

应计销项税额=440 000×17%÷(1+17%)=63 932(元)

借：主营业务收入　　63 932

　　贷：应交税费——应交增值税（销项税额）　　63 932

月末计算分摊代销商品进销差价时（由于"商品进销差价"不分自营商品和代销商品，所以，已销代销商品与自营商品应一并分摊进销差价，经计算，本月"综合差价率"为30.45%）：

应分摊的进销差价=440 000×30.45%=133 980（元）

借：商品进销差价　　133 980

　　贷：主营业务成本　　133 980

对于"受托代销商品"和"受托代销商品款"的列示方法目前存在两种意见：一种是在计算存货项目时加上"受托代销商品"的期末借方余额，同时扣除"受托代销商品款"的期末贷方余额。这样一加一减的结果实质上是在资产负债表中未留下代销商品的任何"痕迹"，掩盖了部分会计信息，特别对于受托业务较多的企业，就会造成其披露的信息不充分、不完整。另一种是受托方将"受托代销商品"作为一项资产列示，将"受托代销商品款"作为一项负债列示。这种方法的缺陷也非常明显：对于同一件商品，委托方和受托方同时作为自己的资产进行列示，显然虚增了资产总额，并且受托代销商品上的风险和报酬并未转移给受托方，依据实质重于形式的原则，其不属于受托方的资产，"代销商品款"也不属于受托方的负债。

受托代销企业为代销商品发生的运费、装卸费、检验费、保管费、广告费、保险费、商品损耗支出等，有如下两种会计处理方法。

（1）根据代理协议由受托方负担，会计处理方法与自营商品相同，费用发生后，直接记入受托代销企业的"销售费用""管理费用"账户。

（2）根据代理协议，由委托方负担。

① 在佣金代理方式下，费用发生时：

借：其他应收款

　　贷：银行存款

收回代垫费用时：

借：银行存款

　　贷：其他应收款

② 在购销代理方式下，费用发生时：

借：应付账款

　　贷：银行存款

结算货款时，直接从"应付账款"中扣除代垫费用。

对于代理业务在税法上只承认是"视同买断"的形式，而不承认收取手续费的形式，因此，对代理销售货物的行为，要征收增值税，但对收取的手续费要征收营业税。

三、联营经营模式下的会计处理

联营模式是指经销商负责联系货源，组织进货，并达到商场要求的保底销售额，商场提供销售的经营场所；销售活动由商场统一管理，开具商场发票，商品的销货款由商场统一收取的一种经营模式。

1. 联营的基本流程

随着市场竞争的加剧，企业迫切需要加快自身资金周转速度、提高资金使用效率。商场希望尽可能减少资金占用，而供应商更需要扩大销售量、抢占市场份额，因此产生了联营商品经营方式，其基本流程如下。

第一，选择合作方。商场在市场分析的前提下，综合考虑商品品牌、质量、口碑及价格等各方面因素后选择意向供应商，然后进行谈判确定，并签订联营合同，确定合作双方权利和义务关系，明确联营商品的种类、规格、保底销售额、收益分成比例以及货款结算方式等事项。对商场来说，商品供应商的选择适当与否将直接决定其联营商品经营效益，而对供应商来说则直接决定其营销战略的成败。

第二，商品销售。商品进驻商场场地后，商场只提供门面货架和商品仓库，但商场要的不是出租货架和仓库的租金，而是联营商品的销售额分成。而供应商要派人负责联营商品的运送、保管和销售等日常活动，相应的费用由供应商承担，这一点与商场受托代销商品不同。商品销售后由商场统一收取货款。

第三，联营对账。一般情况下，商场于每月月末汇总当期全部商品销售额，并与供应商对账，以确保联营商品销售数量和销售额准确无误。

第四，计算商场留利和供应商返款。联营商品销售额核对无误后，商场根据联营合同约定的比例计算应返还供应商的款项。

第五，结算联营商品销售款。确定商场和供应商分别应得销售款项金额后，商场须在合同约定的时间内向供应商支付返还款。

商场根据联营协议中约定的销售额抽点比例来确定商场自身和各经销商的销售收入份额，经销商按应享有的销售收入份额为商场提供增值税专用发票，作为与商场结算的凭据，商场记为进货成本，并进行进项税抵扣。联营模式与自营模式在会计处理方面最大的区别是，商场不需要占用自己的资金组织进货，没有真正意义上的库存，节约了库存商品管理的成本，因此不需要设置“库存商品”账户。联营方式下，所有商品的购进、储存、销售都由供应商负责，商场负责销售场所的管理和商品销售后货款的结算工作。另外，目前计算机使用比较普遍，借助软件完全可以满足商场单品进行会计处理的需求，因此，商场联营通常不采用售价金额会计处理法，而是直接核算与供应商结算的进货成本，不设置“商品进销差价”账户，月末也不进行进销差价的分摊，会计处理大大简化了。联营模式下，商场先销售，后结算。在商场与供应商签订联营协议时，说明商场与供应商联营合作关系已存在，商场应当核算联营商品销售后应与供应商结算的价款及可以抵扣的进项税，但商场在货款结算之前，没有取得供应商提供的增值税专用发票，不能直接确定商品的增值税进项税额。

2. 联营返点及其税务处理

“联营扣点”或“联营返点”是一种在生产商与零售店之间进行的经营合作方式，其操作形式很多，但从实质上讲，主要有以下三种基本模式。

模式一：零售店给生产厂商提供柜台或者其他经营场所，零售店仅在生产厂商将商品入店时进行核查和登记数量，统计其销售价格，销售和收款等经营活动都由生产厂商自己负责，生产厂商的商品销售结束后，零售店按一定的比例，计算收取柜台或者其他经营场所的租金。

模式二：双方的业务运行流程与上述相同，但在租金的收取上，零售店实行“保底定额加扣点(返点)”或“定额与扣点孰高确定租金”的形式，即零售店出租柜台或者其他经营场所时，先收取一定数额的租金，期末再根据厂商的销售额计算收取一定的租金；或者先行确定一个定额基数，如果期末按销售额乘以一个商定的比例(扣点)计算出来的结果小于先行确定的基数，厂商则按先行确定的基数向零售店支付租金，如果根据扣点计算的结果高于基数，厂商则按扣点计算的结果支付租金。

模式三：零售店给生产厂商提供柜台或者其他经营场所，零售店在生产厂商将商品入店时不核查和登记数量，生产厂商派人参与商品的销售，但销售活动由商场统一管理，商品销售的款项也由商场统一收取，生产厂商的商品销售结束后(或者双方约定一个结算期间)，零售店按一定的比例，计算收取柜台或者其他经营场所的租金。

在模式一和模式二两种模式下，零售商场所取得的租金收入应通过“其他业务收入”账户进行会计处理，按租赁业务收入计算缴纳营业税。

对于模式三，其运行活动是一种代销行为，即“联营扣点”或“联营返点”的实质是一种代销行为。从商场的角度来看，商场为厂商完成了销售的过程，商品销售成为商品销售收入的组成部分，从业务合同(形式)上看，商场取得的收入是场地使用权价值的实现，而从实际经济运行过程(内容)上看，商场取得的收入却是商品销售的差价，也就是商品在流转环节的增值额。对于这样的经营业务，商场按销售收入额计算缴纳增值税，而不是按租赁收入计算缴纳营业税。

例如，某大型零售企业按最终销售价格计算合计 6 500 万元的货物，生产厂家取得该企业的返还款 5 100 万元(增值税专用发票也是按此开具的)，共收取进场费和宣传费 120 万元。该企业应该就其 6 500 万元和返还款 5 100 万元的差额 1 400 万元缴纳增值税 238 万元；收取的进场费和宣传费 120 万元缴纳营业税。同时应就 1 400 万元和 120 万元缴纳企业所得税。

3. 联营业务的基本会计处理

由于经营品种繁多、交易次数频繁，商场为简化会计处理、减少工作量，主要采用售价金额法核算商品流通业务，其会计处理过程归纳如下。

(1) 日常会计处理。销货凭证由商品供应商配备的销售人员填写，一式三联，消费者持销货凭证去商场的收银台付款，经收银员盖有“付讫”字样的销货凭证分别由顾客、收银员和专柜销售人员各执一联，专柜销售人员凭此凭证发货。收银员每日终了汇总当日全部收款记录并编制收款汇总表，与留存的销货凭证和实收款项核对无误后交给商场的出纳汇总核对，出纳将全天的所有款项送存企业开户银行。出纳再根据收银员交来的相关资料分柜组编制销货日报表与销售人员的实物台账进行核对，核对无误后由销售人员签字、盖章确认。会计根据销货日报表和收款汇总表等原始凭证进行确认收入的会计处理，借记“银行存款”或“应收账款”账户，贷记“主营业务收入”账户。

(2) 每月月末会计处理。商场编制销售收入月汇总表并与销售人员核对，审核无误后据此计算增值税销项税额并进行会计处理，借记“主营业务收入”账户，贷记“应交税费——应交增值税(销项税额)”账户。商场编制联营商品返款明细表并与商品供应商核对，审核无误后补作商品购进入库业务的会计处理，借记“库存商品”账户，贷记“应付账款”账户。同时，结转主营业务成本，借记“主营业务成本”账户，贷记“库存商品”账户。

(3) 每月月初会计处理。根据核对无误的款项结算单办理结算，借记“应付账款”账户，贷记“银行存款”账户，并根据商品供应商开来的增值税专用发票补记增值税进项税额，借记“应交税费——应交增值税(进项税额)”账户，贷记“商品进销差价”账户。同时，计提城市维护建设税、教育费附加，借记“税金及附加”账户，贷记“应交税费——应交消费税、应交城市维护建设税、应交教育费附加”账户。

【例 11-4】 联华百货商场与供货商丙公司以联营方式销售女士皮包，双方商定以销售额的 25%为扣点。

① 商品进场时。商场只通过其信息管理系统与中央收银系统记录供应商的销售额。

② 销售商品时。假设商场通过其收银系统记录到丙公司本月销售女士皮包共计收入 56 000 元。商场形式上作商品销售处理。这时，发生的与供应商直接相关的费用，如银行 POS 刷卡手续费、清洁费等，商场会以综合管理费的形式向供应商收回该部分成本。

借：银行存款　　56 000
　　贷：主营业务收入　　47 863.25[56 000 ÷ (1+17%)]
　　　　应交税费——应交增值税(销项税额)　　8 136.75[56 000×17% ÷ (1+17%)]

同时根据协议扣点(25%)计算销售成本。

借：主营业务成本　　35 897.44[56 000×75% ÷ (1+17%)]
　　应交税费——应交增值税(进项税额)　　6 102.56(35 897.44×17%)
　　贷：应付账款——丙公司　　42 000(56 000×75%)

同时计算收取综合管理费(假设为销售款的 2%)，税金及附加为管理费收入的 5.5%。

借：应付账款——丙公司　　1 120
　　贷：其他业务收入　　1 120

借：其他业务成本　　61.6
　　贷：应交税费——应交营业税　　51.6

③ 与供应商结算。销售次月，双方对账无误后，供应商开出金额为 42 000 元的增值税发票给商场，同时商场开出 1 120 元的服务费发票给供应商，然后把 40 880 元支付给供应商。

借：应付账款——丙公司　　40 880
　　贷：银行存款　　40 880

④ 存货的跌价准备。商场不对联营商品记账，因此也不计提跌价准备。

在联营商品经营方式下，商品流通企业一般是不进行赊销的，这也保证了销售资金的及时回收。商品流通企业不仅不需要将大量的资金积压在商品上，避免了资金周转不畅现象的出现，而且还可以保证企业经营成果的实现。

4. 联营商品促销的会计与税务处理

(1) 直接打折促销。打折是最传统、最常见的促销方式。按税法规定，折扣销售的税务处理，关键看销售额与折扣额是否在同一张发票上注明。税法规定，纳税人采取折扣方式销售货物，如果销售额和折扣额在同一张发票上分别注明的，可按折扣后的销售额征收增值税。纳税人采取折扣方式销售货物，销售额和折扣额在同一张发票上分别注明是指销售额和折扣额在同一张发票上的“金额”栏分别注明的，可按折扣后的销售额征收增值税。未在同一张发票“金额”栏注明折扣额，而仅在发票的“备注”栏注明折扣额的，折扣额不得从销售额中减除。如果将折扣额另开发票，无论会计上如何处理，计税时均不得从销售额中减除折扣额。

这种促销方式的会计处理相对比较简单，入账金额按扣除商业折扣后的金额确定。降价、特价促销方式的会计处理与此类似。

【例 11-5】 云龙百货商场的专柜都是以签订联营合同的方式经营的，抽成率为 20%。商场举办让利活动，将甲品牌的商品打 9 折销售，某顾客购买了标价为 1 200 元的商品，支付了 1 080 元现金；将乙品牌的商品按满 300 元减 60 元销售，某顾客购买了标价为 1 280 元的商品，支付了 1 040 元现金。抽成率不变，销售额和折扣额在同一张发票上分别注明，商场各柜组销货款统一由收银台收取，商场与各供应商均为增值税一般纳税人，增值税税率为 17%，商品的标价为含税价。

① 商场与供应商签订联营协议时，没有促销约定，按各专柜的标价与抽点比例计算出与供应商的结算额，会计处理如下：

借：受托代销商品——甲品牌	820.51	
——乙品牌	875.21	
提取进项税	288.28	
贷：受托代销商品款——甲品牌		960
——乙品牌		1 024

② 商场实现销售时，根据销售发票确定增值税销项税额=[1 080/(1+17%)]×17%+[1040/(1+17%)]×17%=308.03(元)

	借方	贷方
借：银行存款	2 120	
贷：主营业务收入——甲品牌		923.08
——乙品牌		888.89
应交税费——应交增值税(销项税额)		308.03

③ 甲、乙柜组促销，商场按实销现货和联营协议的扣点比例与供应商进行了货款结算。

	借方	贷方
借：受托代销商品款——甲品牌	864(1 080×80%)	
——乙品牌	832(1 040×80%)	
贷：银行存款		1696

④ 商场取得了供应商依据结算款开具的增值税专用发票。商场以经销商提供的增值税专用发票作为进货成本，进行进项税抵扣。

	借方	贷方
借：应交税费——应交增值税(进项税额)	246.43	
贷：提取进项税		246.43
借：主营业务成本——甲品牌	738.46	
——乙品牌	711.11	
贷：受托代销商品——甲品牌		738.46
——乙品牌		711.11

⑤ 冲销联营协议确定的结算款与促销实际结算款的差额。

	借方	贷方
借：受托代销商品款——甲品牌	96	
——乙品牌	192	
贷：受托代销商品——甲品牌		82.05
——乙品牌		164.10
提取进项税		41.85

(2)返券促销。返券促销是指为刺激消费者进行大额购买，在顾客购买了一定金额的商品

后，商场给予顾客一定金额的返利券，如商场“买 100 送 80 现金券”的活动等就属于此类促销方式。

采用返券的促销方式，只是商家给予消费者在再次消费时的一种折扣承诺，商场在收回返利券后开票时只要在发票上注明商品总价和收取现金以及回收的返利券金额(折扣额)，其实质仍然是打折销售，符合税法在同一张发票上注明销售额和折扣额的规定，可以按照实际收入计税。

在联营商品返券促销过程中，商场与各供应商之间的往来都与分类会计处理密切相关。在联营商品返券促销过程中，顾客可能在第一次买了某专柜的商品后，再用获得的购物券购买另一专柜的商品，这就出现了不同专柜对销售额和折扣额的分配问题。

在促销活动结束后商场首先计算出当期促销活动的总折扣率，计算公式如下：

当期促销活动的总折扣率=当期促销活动的总现金收入(含刷卡转账收入)÷当期促销活动的总销售额(含回收的返利券收入)

商场再按当期促销活动的总折扣率将折扣额在各专柜之间进行分摊，计算出各专柜的实际销售折扣，然后用各专柜的总销售额(现金和回收的返利券合计)扣除分配给各专柜的实际销售折扣后的金额入账。

如商场与供应商即厂家事前约定由厂家承担一定比例的返券促销金额，则当期促销活动的总折扣率的计算公式为：

当期促销活动的总折扣率=[当期促销活动的总现金收入(含刷卡转账收入)+按约定比例厂家对返券促销承担的金额]÷当期促销活动的总销售额(含回收的返利券收入)

此外，联营经营模式下，商场的促销活动如会员奖励积分、“满额即减”“满额即赠”等，都属于商场的一种让利行为，均可以比照上述方法进行会计和税务处理。

商场的返券行为是一种赠送行为，但不同于无偿赠送行为。根据《合同法》的规定，无偿赠送的财产有瑕疵，赠送人不承担责任。而顾客用返券购买的商品如果出现了质量问题，商场必然承担相应的责任。因此，返券销售不能视同销售计算增值税，应该比照商业折扣，按实际销售收入计算增值税。为了反映购物券的发放与回收，并且考虑会计信息质量的谨慎性要求，设置“递延收益”账户，在送赠券时，应将归属赠券的货款计入“递延收益”，待使用赠券消费时再由“递延收益”转入收入。

消费者在一个柜台购买商品后，很可能用返还的购物券在另一柜台消费，可见，返券销售不同于商业折扣，各柜组销售必然存在联系，商场为了与各柜组进行货款结算，就需要将销货现款在涉及现金与购物券交易的柜组之间进行分割。

【例 11-6】云龙百货商场五一期间举行联营专柜全场“满 300 送 238”的返券促销活动，购物券由商场统一赠送，对联营专柜按含券销售额结款，抽成率由原来的 20%提高至 45%。各柜组都收取返还的购物券，假设顾客消费 1 146 元购入甲品牌的商品，返还 714 元购物券，顾客恰好用购物券购买了 714 元乙品牌的商品。商场与各供应商均为增值税一般纳税人，增值税税率为 17%，商品的标价为含税价。此例为返利券与所购商品金额相同。

(1)签订联营协议时，按各专柜的售价与抽点比例计算出与供应商的结算额，做如下会计处理：

借：受托代销商品——甲品牌　　　　538.72

——乙品牌　　335.64

提取进项税　　148.64

贷：受托代销商品款——甲品牌　　630.30

——乙品牌　　392.70

(2)销售商品并发放购物券时：

借：银行存款　　1 146

贷：主营业务收入　　369.23

应交税费——应交增值税(销项税额)　　62.77

递延收益　　714

(3)收回购物券时：

借：递延收益　　714

贷：主营业务收入　　510.26

应交税费——应交增值税(销项税额)　　103.74

(4)活动结束，商场与各品牌柜组结算货款。收银台只收取了1 146元的现金，而对于商场而言，卖出去1 860元商品，按照45%的抽成率，联营专柜结算款为1 023元(1 860 × 55%)，其中现金为630.3元(1 146×55%)，商场需要将630.3元现金按两柜组销售商品的公允价值比例在两柜组之间进行分割。

在联营协议中约定，商场对联营专柜按含券销售额结款，因而实际支付给各专柜的现款少于联营协议中约定的结算款，两者之间的差额冲销各品牌的成本。

借：受托代销商品款——甲品牌　　630.30

——乙品牌　　392.70

贷：银行存款　　630.30

主营业务成本——甲品牌　　241.97

——乙品牌　　150.73

(5)各品牌柜组开出税票时：

借：应交税费——应交增值税(进项税额)　　148.64

贷：提取进项税　　148.64

借：主营业务成本——甲品牌　　538.72

——乙品牌　　335.64

贷：受托代销商品——甲品牌　　538.72

——乙品牌　　335.64

【例 11-7】 按【例 11-6】，若用购物券购买零售价为800元的乙品牌的商品，又多消费了86元现金，收银台共收取1 232元现金。此例为返利券小于所购商品金额。活动结束，销货现款分割过程为：

甲品牌柜组分割的销货款=(1 146+86)×55%×1 146/(1 146+800)=399.04(元)

乙品牌柜组分割的销货款=(1 146+86)×55%×800/(1 146+800)=278.56(元)

借：受托代销商品款——甲品牌　　630.30

——乙品牌　　440

贷：银行存款　　677.60

主营业务成本——甲品牌　　231.26

——乙品牌　　161.44

其余会计处理同【例 11-6】。

【例 11-8】 按【例 11-6】，若用购物券购买零售价为 700 元的乙品牌的商品，剩余 14 元的购物券不再消费，收银台共收取 1 146 元现金。此例为返利券大于所购商品金额。活动结束，销货现款分割过程为：

甲品牌柜组分割的销货款=(1 146+86)×55%×1 146/(1 146+700)=391.29(元)

乙品牌柜组分割的销货款=(1 146+86)×55%×700/(1 146+700)=239.01(元)

借：受托代销商品款——甲品牌　　630.30

——乙品牌　　385

贷：银行存款　　630.30

主营业务成本——甲品牌　　239.01

——乙品牌　　145.99

活动结束，消费者弃用 14 元的购物券，将“递延收益”账户余额转为收入。

借：递延收益　　14

贷：主营业务收入　　11.97

应交税费——应交增值税(销项税额)　　2.03

其余会计处理同【例 11-6】。

满额立减又称“满减”，是指当消费达到一定金额时，在原价基础上减免一部分价款的促销方式。因销售额与满减额在同一张销售发票上反映，在会计处理上视同“商业折扣”，所以“满减”称得上是折扣促销的一种变形。

“加 1 元多一件”是指顾客购买某指定商品时，加 1 元可多得一件产品的促销模式。这种销售方式，“多一件”付出了相应的价格，属于折价购买，因此，只要销售额与折扣额在同一张发票上分别注明的，可按折扣后的销售额征收增值税。

“赠送”返利券实际上仅是商场的一种促销手段，是商场以顾客消费一定金额的商品为前提，以告示顾客的折扣比例(或限额)为标准给予顾客的折扣额，所以，这种行为从本质上讲就是折扣销售，是商家为了鼓励顾客再次前来购物而采取的促销手段，不能定性为“赠送”。

企业所得税法虽然没有明确返利券的列支渠道，但在《所得税税前扣除办法》准予企业所得税税前扣除的项目中，没有支付给顾客返利券或购物券等内容，所以，支付给顾客的返利券不得从所得税税前扣除。商场给予顾客的折扣额没有在同一张发票上注明的，不仅不可以扣减销售收入计缴增值税和所得税的问题，而且，也不可以将折扣额计入销售费用税前扣除。

第二节　超市业务的核算

一、超市供应商货款的结算方式

超市能给各供应商提供一个销售其商品的场所，其销售的各种商品一般情况下无须超市外出采购，而是由供应商送货上门。依据各供应商所售商品货款的结算方式的不同，超市供应商分为以下三种。

⑴经销商品供应商。经销商品供应商是依据其商品的送货数量予以结算，即供应商送多少货，超市就付多少款。经销商品供应商依据付款时间的不同又分为现款结算和账期结算两种。现款结算指供应商送货后，超市依据送货数量及合同约定的价格付款，该类供应商所送的商品多为紧俏商品或名牌商品；账期结算指供应商送货后不当即付款，而是对一个期间(30天、45天或60天不等)内的送货按合同约定的价格集中付款。经销商品的售价由超市决定。

⑵代销结算的供应商。代销结算的供应商是依据其商品一个期间(账期结算，账期有30天、45天、60天不等)内的销货数量按合同约定的价格集中付款。该种结算方式下超市对于代销供应商所送的货并不全部付款，只对在超市销售的部分按合同价格付款。所以代销不会占用超市资金，而经销商品如采购商品出现滞销，就会占用超市资金。

⑶联营结算的供应商。超市对供应商所售商品的进货数量、进价、售价一般不予干涉，而只是按其售价的一定比例提取扣点，即依据其一个期间内的销货金额，按合同约定扣率扣除后予以付款。

例如，一服装供应商在合同约定的账期内共销售3万元，合同约定扣率20%，结算时超市与该供应商的结算金额是2.4万元[3×(1–20%)]。该种结算方式与经销、代销结算方式的不同之处在于：经销、代销结算方式的商品的售价由超市决定，而联营结算方式的商品的售价由供应商决定。

二、超市发售购物卡的会计处理

《中华人民共和国增值税暂行条例》及其实施细则规定，销售货物或者应税劳务的，增值税纳税义务发生时间为收讫销售款项或者取得索取销售款项凭据的当天；先开具发票的，为开具发票的当天。其中，采取直接收款方式销售货物，无论货物是否发出，均为收到销售款或者取得索取销售款凭据的当天；采取预收货款方式销售货物，为货物发出的当天。

从2011年8月1日开始，纳税人生产经营活动中采取直接收款方式销售货物，已将货物移送对方并暂估销售收入入账，但既未取得销售款或取得索取销售款凭据也未开具销售发票的，其增值税纳税义务发生时间为取得销售款或取得索取销售款凭据的当天；先开具发票的，为开具发票的当天。

在实践中，超市确认销售收入和申报纳税的主要依据不是开出的发票，而是POS机实际收到的货款数额。一般超市不主动给顾客开具发票，如果顾客购物后需要发票，可以凭POS机打出的小票要求开票。

办理购物卡的客户通常会在交费办卡时要求开具发票。虽然这种情况形式上符合“先开具发票的，增值税纳税义务发生时间为开具发票的当天”这一规定，但考虑到超市经营的实际特征，将这部分款项作为“预收账款”进行会计处理，实际确认收入和纳税义务成立时点仍以POS机确认收到款项为准，即税法所称“采取预收货款方式销售货物的，销售货物或者应税劳务的纳税义务发生时间为货物发出的当天”。

这种处理方式存在一定的财务和税收征收管理漏洞，需要企业加强管理，并与主管税务机关取得一致认识。对发票的开具以及所有已开具的发票都应该严格控制和管理，谨防恶意虚开发票情况，避免不良后果发生。

三、超市进销的会计处理

超市进销的会计处理方面采用进价金额会计处理法，同时反映售价信息，改变了以往传统零售业采用的售价金额会计处理法。这一方面简化了会计处理程序，另一方面也保留了售价金额会计处理法的优点。

1. 超市进货的会计处理

(1)账户设置。

①“应付账款”账户。超市供应商的录入由采购人员在物流系统上录入，然后由物流系统将供应商信息导入账务系统，而超市购买资产、接受劳务未付款项的单位由财务部门在账务系统录入。在“应付账款”账户下设置“资产供应商”和“商品供应商”两个二级账户；为反映超市供应商所供商品进货、销货、结存及货款结算情况，在二级账户“商品供应商”下增设“商品结算户”“商品进货户”两个三级账户。

②“资产供应商”明细账户。核算超市购买资产、接受劳务应付未付的款项。

③“商品供应商(商品进货户)”明细账户。贷方核算经销、代销供应商送货总额，借方核算供应商的销售金额(所售商品的合同价)，每月月底将供应商的销售金额由该账户借方转入“商品供应商(商品结算户)”明细账户的贷方，该账户余额反映供应商送货未销售库存商品的成本。

④“商品供应商(商品结算户)”明细账户。该账户贷方反映供应商的销售金额(所售商品的合同价)，借方核算超市付款金额。对代销、联营供应商结算后该账户余额应为零；经销商品供应商结算后该账户余额应为借方余额，与“商品供应商(商品进货户)”明细账户的贷方金额应相等。

⑤“库存商品”账户。设置“经销库存商品”“联营库存商品”两个二级账户。核算经销商品进货及联营商品进货。

⑥“受托代销商品”账户。核算代销商品进货。

(2)会计处理。

① 经销商品进货的处理。

借：库存商品——经销库存商品

　　贷：应付账款——商品供应商(商品进货户)

② 代销商品进货的处理。

借：受托代销商品

　　贷：应付账款——商品供应商(商品进货户)

③ 联营商品的处理。请参照联营业务的基本会计处理。

2. 超市销售的会计处理

超市的收款方式有：现金、支票、银联卡、储值卡(超市内部发行)、代金券(超市内部发行)。

为便于会计处理，“银行存款”账户下除按开户行设置二级账户外，增设“支票”“银联卡”两个二级账户。具体处理程序是：收银员收款时，依据顾客的交款方式，在POS上选择收款方式(现金、储值卡等)，下班时填写收银员交款单，将款项连同交款单上交会计部，收款人员收款时与物流系统记录的每位收款员的收款金额及收款项目逐一核对，相符后签字确认，并将实际收款金额录入系统。收款人员收款后将收银员交款单及款项交给处理收入的会计，处理收入的会计将收银员交款单与物流系统逐一复核，生成收入凭证。

借：库存现金——营业现金(实际收取金额)

　　银行存款——支票(按收到支票的票面金额)

　　　　　　——银联卡(按收到顾客签字的银联回单)

　　预收账款——储值卡(按收到顾客签字的银联回单)

　　　　　　——代金券(按收到代金券的票面金额)

　　营业外收入——收银长、短款(实际收取金额与贷方差额)

　　贷：主营业务收入——收银差异(系统生成尾差)

　　　　　　　　　　——代销(系统生成)

　　　　　　　　　　——联营(系统生成)

　　　　　　　　　　——经销(系统生成)

① 处理收入的会计将现金、支票存入银行时：

借：银行存款——××银行

　　贷：库存现金——营业现金

　　　　银行存款——支票

② 处理收入的会计将现金转给出纳时：

借：库存现金——出纳现金

　　贷：库存现金——营业现金

③ 收到银行转来的银联进账单时：

借：银行存款——××银行(进账单金额)

　　财务费用——手续费(按进账单金额计算)

　　贷：银行存款——银联卡

3. 销售成本结转

销售收入每天依据收银员交款单进行结转处理，月底结转销售成本，同时将各经销、代销供应商已售商品成本从“应付账款——商品供应商(商品进货户)”账户转入“应付账款——商品供应商(商品结算户)”账户，并倒挤“联营库存商品”。

借：主营业务成本——联营

　　　　　　　　——经销

　　　　　　　　——代销

　　贷：库存商品——联营库存商品

　　　　　　　　——经销库存商品

　　　　　　　　——受托代销商品

借：库存商品——联营库存商品

　　应付账款——商品供应商——商品进货户——经销

　　　　　　　　　　　　　　　　　　　　——代销

　　贷：应付账款——商品供应商——商品结算户——联营

　　　　　　　　　　　　　　　　　　　　　——经销

　　　　　　　　　　　　　　　　　　　　　——代销

连锁经营超市是我国近年发展起来的重要流通形式，其在商流和物流方面开通了新的流通渠道和运作方式。连锁超市的主要经营商品为食品和日常消费品，具有数量大、种类多、购买频繁等特点，其产品的价格也相对比较敏感。通过低价来吸引众多消费者是连锁经营超市的主要经营手段。对连锁超市来说，促销费用直接关系到商品的利润，是重要的变动的期间费用。促销费用就是企业为了开拓市场，扩大销售，提高销售量等而额外提供给市场运作的专项资金。超市期望通过促销获得更多的利润，但是如果促销搞得很成功，而利润没有变化，这是没有做好促销费用的会计处理和控制的结果。因此连锁超市对促销费用的控制也采取了很多措施，严格控制促销费用的发生，如连锁超市的限货量、限门店、赠品置换等。

第三节 网络销售的业务核算

网络销售，是指借助网络实现商品或服务从卖家转移到消费者的过程。在整个销售的过程中，资金流、物流和信息流任何一个环节有网络的参与，也称为网络购物。直观地说，就是把传统的商店直接“搬”回家。网络销售是电子商务的一个重要组成部分，主要有B2C和C2C两种形式。

除此之外，最近还兴起了O2O模式，O2O电子商务的交易流程如下。

线上撮合：消费者通过线上获取商品或服务信息，作出选择并进行评估，作出购买决策。

线上支付：经线上撮合后，消费者通过网络银行或第三方支付等在线支付工具进行在线支付或在线预付购买商品或服务，支付成功后，领取数字凭证。

线下消费：消费者凭借数字凭证或优惠券到线下实体店去消费所购买的商品或服务，实现线下消费。

消费反馈：消费完成后，与交易相关的数据进行实时处理，平台把分析的消费数据提供给商家，并把商品信息和消费反馈信息准确推送给消费者，这些准确的信息为消费者再次购买商品或服务提供依据。

网络销售的交易模式主要分为三种：一是有担保方的先付款后发货模式，二是无担保方的先付款后发货模式，三是先发货后付款模式。网络促销也是商家常用的营销手段。本节主要介绍网络销售的会计处理和网络促销的会计处理。

一、网络销售的会计处理

1. 有担保方的先付款后发货模式的会计处理

有担保方的先付款后发货模式是客户先付款至担保方，担保方收款后通知商家发货，客户确认收货后通知担保方付款，其网购交易流程及会计处理如下。

第一步，接收客户订单。此步为交易协调阶段，买卖双方交流沟通，协商确定交易价格，无须进行会计处理。

第二步，客户付款至担保方。由于网购交易的不确定性，此款项是否最终流入企业存在未知数，故在买家付款至担保方时，无须作会计处理。

第三步，组织发货。虽然货物已经发出，但由于网购交易的不确定性，不能确认收入和成本。发货时，先从库存商品转为发出商品处理，借记“发出商品”账户，贷记“库存商品”

账户；货物由物流公司配送，支付的物流费用，借记“销售费用”账户，贷记“应付账款”或“库存现金”账户。

第四步，客户确认收货。标志网购交易成功，此时可以进行收入和成本确认。网购交易收入确认时，借记“应收账款”账户，贷记“主营业务收入”“应交税费——应交增值税(销项税额)”账户；结转销售成本时，借记“主营业务成本”账户，贷记“发出商品” 账户。

第五步，担保方清算货款。客户确认付款，收到经担保方扣除手续费后的货款时，借记“银行存款”、“财务费用”账户，贷记“应收账款”账户。

在交易过程中，若客户不收货，作退货处理时，借记“库存商品”账户，贷记“发出商品”账户。

【例 11-9】 某客户网购 A 商品 2 件，协商价格为每件 234 元(含税)，客户通过购物网站订货后，付款至支付宝。支付宝通知网店配发货物，网店通过甲物流公司将货物发出(发生物流费用 30 元)。客户验货，发现商品有问题只收取 1 件，另 1 件退货。客户通知支付宝支付 1 件的货款(支付宝按货款的 0.5%收取手续费)，余款退回。A 商品每件成本为 150 元，增值税税率为 17%。

发出商品时，会计处理如下：

借：发出商品——A 商品　　　　300

　　贷：库存商品——A 商品　　　　300

商品通过物流公司进行配送，购物网站需要向物流公司支付物流运输费等费用，若以现金支付，则会计处理如下：

借：销售费用　　　　30

　　贷：库存现金　　　　30

若购物网站与物流公司签有费用定期结算协议，则会计处理如下：

借：销售费用　　　　30

　　贷：应付账款——甲物流公司　　　　30

商品运达，客户验货，根据客户对货物的接收情况，进行会计处理。客户接收 1 件商品，确认销售收入，并结转销售成本；拒收 1 件商品作退货处理。

确认收入时，会计处理如下：

借：应收账款——支付宝　　　　234

　　贷：主营业务收入　　　　200

　　　　应交税费——应交增值税(销项税额)　　　　34

确认成本时，会计处理如下：

借：主营业务成本　　　　150

　　贷：发出商品　　　　150

退货时，会计处理如下：

借：库存商品　　　　150

　　贷：发出商品　　　　150

购物网站收到支付宝结算货款时，作收款处理，其中支付宝扣除的手续费作“财务费用”入账，会计处理如下：

借：银行存款　　　　232.83

财务费用　　　　1.17

　　贷：应收账款——支付宝　　　　234

对于客户拒收商品的退款与购物网站无关，是客户与支付宝之间的业务，无须进行会计处理。

2. 无担保方的先付款后发货模式的会计处理

无担保方的先付款后发货模式是客户通过相关支付方式付款至商家，商家收款后发货，其网购交易流程及会计处理如下。

第一步，接收客户订单。此步不作会计处理。

第二步，客户付款到账。款项流入企业，作为预收账款处理，有结算手续费时作费用处理，借记“银行存款”“财务费用”等账户，贷记“预收账款”账户。

第三步，组织发货。会计处理同有担保方的先付款后发货模式。

第四步，客户确认收货。标志交易成功，此时可以进行收入和成本确认。确认收入时，借记“预收账款”账户，贷记“主营业务收入”“应交税费——应交增值税(销项税额)”账户。结转销售成本时，借记“主营业务成本”账户，贷记“发出商品”账户。

在交易过程中，若客户不收货并取消交易，则作退货、退款处理。退货时，借记“库存商品”账户，贷记“发出商品”账户；退款时，借记“预收账款”账户，贷记“银行存款”或其他账户。

【例 11-10】 某客户网购 A 商品 2 件，协商价格为每件 234 元(含税)，客户通过购物网站订货后，直接付款至购物网站。购物网站收到货款后配发货物，通过甲物流公司将货物发出(发生物流费用 30 元)。客户验货，发现商品有问题只收取 1 件，另 1 件退货。A 商品每件成本为 150 元，增值税税率为 17%。

收到货款时，会计处理如下：

借：银行存款　　　　468

　　贷：预收账款　　　　468

在网站发货时，只是改变商品的状态，由在库改为发出，并按商品成本进行计量，故发出商品时，会计处理如下：

借：发出商品——A 商品　　　　300

　　贷：库存商品——A 商品　　　　300

商品通过物流公司进行配送，购物网站需要向物流公司支付物流运输费等费用，若以现金支付，则会计处理如下：

借：销售费用　　　　30

　　贷：库存现金　　　　30

若购物网站与物流公司签有费用定期结算协议，则会计处理如下：

借：销售费用　　　　30

　　贷：应付账款——甲物流公司　　　　30

商品运达，客户验货，根据客户对货物的接收情况，进行会计处理。客户接收 1 件商品，确认销售收入，并结转销售成本；拒收 1 件商品作退货处理，并需进行退款处理。

确认收入时，会计处理如下：

借：预收账款　　　　234

贷：主营业务收入　　　　200

应交税费——应交增值税（销项税额）　　　　34

确认成本时，会计处理如下：

借：主营业务成本　　　　150

贷：发出商品　　　　150

退货时，会计处理如下：

借：库存商品　　　　150

贷：发出商品　　　　150

退款时，会计处理如下：

借：预收账款　　　　234

贷：银行存款　　　　234

3. 先发货后付款模式的会计处理

先发货后付款模式是商家根据订单先发货，客户收货后同时付款，其网购交易流程及会计处理如下。

第一步，接收客户订单。此步不作会计处理。

第二步，组织发货。会计处理同有担保方的先付款后发货模式。

第三步，客户确认收货并付款。标志交易成功，此时可以进行收入和成本确认。确认收入时，借记“银行存款”或“库存现金”账户。若为物流公司代收，则借记“应收账款”账户，贷记“主营业务收入”“应交税费——应交增值税（销项税额）”账户。结转销售成本时，借记“主营业务成本”账户，贷记“发出商品”账户。

在交易过程中，若客户不收货并取消交易，则作退货处理，借记“库存商品”账户，贷记“发出商品”账户。

二、网购促销的会计处理

“红包”是支付宝等网络支付工具为卖家提供的一项增值服务，也是网络商家的一种促销方式，由卖家批量发送给用户，用于支付宝等网络支付交易中的虚拟优惠券。红包所抵用金额，由发送红包的卖家承担。支付宝等网络支付红包为现金红包，又分为礼仪红包和促销红包。

1. 商家发行红包的会计处理

商家发行促销红包以支付宝等网络支付账户为平台，其发行方式有三种：①定向发行；②红包按钮发行；③获取码发行。用户可凭获得的卡号、验证码登录支付宝等网络支付平台领取红包。商家发行红包不需要向支付宝等网络支付平台支付手续费等交易费用。但是发行红包消耗的支付宝等网络支付平台账户里的资金在交易之前和交易正在进行时都会被冻结。为清晰反映商家银行存款账户的发生明细，便于账务管理，将发行红包冻结的金额纳入专户管理。即借记“其他货币资金——红包冻结款”账户，贷记“银行存款”账户。

【例 11-11】 A 淘宝商家 2016 年 11 月 1 日发行 10 个 50 元的促销红包，用于回馈本月来店铺购物的买家。买家使用支付宝单笔消费满 200 元送 50 元的红包，买家可以使用红包购买本商家的任何一种商品，赠送的红包可以合并使用。红包自发行之日起 15 天内有效，过期作废。会计处理如下：

借：其他货币资金——红包冻结款　　500
　　贷：银行存款　　500

2. 商家赠送红包的会计处理

① 商家在销售商品或提供劳务的同时按其金额授予买家一定数额的促销红包。商家红包销售所收取的款项包含两部分：一部分是该项交易所售出的商品的价值，另一部分是促销红包的价值。商家将收到的与该项交易相关的那部分价款确认为收入，而赠送的红包是买家为下一次以优惠的价格购买商品或服务预先支付的款项。即商家收取红包款在先，提供商品或服务在后。因此与红包相关的部分收入应予以递延，待买家实际使用时再确认。即借记"银行存款"账户，贷记"主营业务收入""递延收益"等账户；同时结转售出商品的实际成本。②若商家当前交易金额超过免费交易流量，根据支付宝等网络支付平台当前收费(优惠期)标准：每笔交易按照0.5%收取服务费，不足1元按1元收费，25元封顶。该项服务手续费是随销售交易而发生的从属性费用，应计入销售费用。即借记"销售费用"账户，贷记"银行存款"账户。

【例 11-12】 承【例 11-11】，2016年11月3日该商家销售各类商品共计2 000元(不包括顾客使用红包购买的商品)，送出的红包共计500元。假定当前该商家交易金额超出本月免费交易流量标准，需按每笔交易额的0.5%缴纳服务费，不足1元按1元收费，25元封顶。不考虑增值税及其他因素。会计处理如下：

借：银行存款　　2 000
　　贷：主营业务收入　　1 500
　　　　递延收益　　500
借：销售费用　　10
　　贷：银行存款　　10

3. 买家兑换红包的会计处理

持有促销红包的买家满足商家规定的兑付条件时，有权利取得授予商家的商品或服务。在买家兑换促销红包时，授予商家应将原计入递延收益、与所兑换红包相关的部分确认为收入，确认收入的金额为此次消耗的红包数额。即借记"递延收益"账户，贷记"主营业务收入"等账户；同时解冻与所兑换红包相关的部分金额，解冻金额为实际付出的红包数额，即借记"销售费用"，贷记"其他货币资金——红包冻结款"。

4. 未兑换红包的会计处理

失效的红包结转计入当期损溢。即借记"递延收益"账户，贷记"主营业务收入"账户。同时根据支付宝等网络支付平台红包的使用规则——"发行红包时被冻结的资金如果交易失败(买家在有效期内未使用红包)，则对应的红包金额将退还给红包使用者(商家)"——借记"银行存款"账户，贷记"其他货币资金——红包冻结款"账户。

【例 11-13】 承【例 11-11】和【例 11-12】，2016年"双十一"那天某顾客在该商家购买了200元的裤子和500元的毛呢大衣，以11月1日在该商家领取的红包抵付100元的价款，其余价款以现金支付。不考虑增值税及其他因素。会计处理如下：

借：银行存款　　600
　　递延收益　　100
　　贷：主营业务收入　　700

借：销售费用　　　　　　　　　　　　　　　　　　　　100
　　贷：其他货币资金——红包冻结款　　　　　　　　　　　100

若剩余的红包买家没有在有效期内使用，会计处理如下：

借：递延收益　　　　　　　　　　　　　　　　　　　　400
　　贷：主营业务收入　　　　　　　　　　　　　　　　　400

借：银行存款　　　　　　　　　　　　　　　　　　　　400
　　贷：其他货币资金——红包冻结款　　　　　　　　　　　400

兑现阶段：

借：递延收益
　　贷：主营业务收入

若客户按期兑换积分还得做如下会计处理：

借：主营业务成本
　　贷：库存商品

第四节　网络团购的业务核算

团购，可以定义为团体购买，根据薄利多销、量大价优的原理，使消费者以低于零售价格的折扣价从商家获取商品或服务。网络团购则借助互联网，将具有相同购买意向的零散消费者集合起来，向商家大批量购买，求得最优惠的价格。网站向消费者提供同城商家的优惠商品和服务，并从中抽取佣金，消费者得到优惠的价格，而商家也从中赚取利润。网络团购的交易一般涉及三方当事人，包括团购网站、商户和消费者。团购网站本质上是为商家及消费者提供一个网络团购服务平台。

网络团购根据团购标的物的不同分为实物和电子券两种方式。

实物团购，即消费者以团购的方式购买实物。实物团购主要涉及有形商品的交易。消费者若对实物感兴趣可以点击购买，在通过支付宝、财付通等网上支付工具付清货款后，直接填写所购实物的快递送达地址，所购实物最终由物流公司送至消费者手中。在这一过程中，团购网站则从商品的货款中获取了一定比例的佣金收入。

电子券团购主要涉及餐饮、娱乐等服务行业。消费者在团购网站上付款之后会收到团购网站发的电子消费券，消费者即可凭电子券到商户实地消费。在这一过程中，团购网站除了在商品的货款中获取了一定比例的佣金收入外，还从消费者团购开始到实际消费的这一段时间内获取了资金沉淀的收益。

网络团购是由委托方将商品直接交付给消费者，商品售出前主要风险报酬的承担方为委托方，因此在团购网站进行团购活动时，委托方不符合收入确认条件，而在委托方向消费者交付产品时，委托符合收入确认条件，且收入金额可以准确计量，因此可确认收入。收取手续费的团购业务是在团购活动开始时，商品并未交给团购网站进行销售，商品的所有权凭证也没有发生转移，所售商品的所有权的主要风险和报酬亦未随之转移。团购活动结束后，若团购数量达到团购协议最低数量，则团购活动成功，委托方与团购网站结算款项并收取手续费，反之则由团购网站向消费者退款，确认负债的减少，作相反的会计处理。

团购网站交给商家代销清单时确认收入，将消费者支付的款项转付给委托方，同时，按事先与商家约定的手续费费率收取手续费。商家在向消费者发出商品或提供服务时，确认收入。

评价返利是团购网站为吸引消费者重复消费的营销手段，一方面可作为销售费用处理，另一方面形成团购网站潜在的负债。团购网站给予消费者返利时，借记“销售费用”账户，贷记“递延收益”账户。消费者使用返利时，借记“递延收益”账户，贷记“主营业务收入”账户。评价返利实际上是顾客第一次团购消费时，团购网站给予消费者的优惠协议，当顾客再次团购时可使用这项返利，冲抵现金。

一、实物方式的会计处理

我国目前对网络团购模式下收入的确认，在理论上没有单独的标准，实物团购收入本质上是商品的销售，可以商品销售收入确认条件为参考依据。

对于商户而言，实物团购方式与传统商品销售方式基本相同，都会经历合约——交货——收款——售后的过程。

首先，消费者点击付款订购商品，对于商户而言实物商品订单生成，消费者通过网络第三方支付平台支付货款给团购网站，款项尚未到达商户的账户，此时实物商品所有权上的风险和报酬尚未转移给消费者，故不能确认收入。

其次，商户发出商品，如果不考虑其他情况的话，商户在发货之后即满足了商品销售收入确认的条件，即可按发出商品的数量以及团购的单价来确认收入。

如果该实物团购存在消费者退货方面的合约条款，即使商品已经发出，但商品所有权上的风险和报酬依然影响商户，那么这样的实物团购方式与传统附退货条件的商品销售相似，具体的会计处理可以比照附有退货条件的传统销售来处理，由商户是否可以合理估计退货比例来决定是否在发货时确认收入以及金额。

最后，团购网站根据订单和商户提供的发货凭据进行资金结算。目前主流的做法是分批进行结算，比如第一次结算一半的款，3 个月后结算另一半。团购网站从商品的货款中获取了一定比例的佣金收入。故对于商户而言，收到货款后可以冲减债权，同时将支付给团购网站的佣金计入销售费用。

【例 11-14】 某团购网站有一款团购旅行背包产品，原价每件 200 元，团购价每件 160 元，A 公司提供背包 1 000 件，成本为每件 90 元。A 公司要求团购数量最少为 100 件。截至团购活动结束，已有 680 人参加了团购，有 200 人参与了评价返利活动，团购网站给予评价的人 5 元/人的抵用券供下一次团购使用，团购网站共收到消费者支付的 108 800 元。商家与团购网站约定的佣金率为 3%。

(1) 该团购网站的会计处理如下：

收到消费者在线支付的购销款时：

借：银行存款　　108 800

　　贷：应付账款——A 公司　　108 800

消费者收到团购的背包，支付给 A 公司款项，同时向其收取 3%佣金，将佣金确认收入：

借：应付账款——A 公司　　108 800

　　贷：银行存款　　105 536

　　　　主营业务收入　　3 264

团购活动结束，给予消费者返利时：

借：销售费用　　1 000

　　贷：递延收益　　1 000

(2)A 公司的会计处理如下：

A 公司发出背包时，可视作委托代销：

借：委托代销商品　　108 800

　　贷：库存商品　　108 800

消费者收到背包后，团购网站将款项支付给 A 公司，并确认销售收入：

借：银行存款　　108 800

　　贷：销售费用　　3 264

　　　　主营业务收入　　105 536

同时结转已销售背包的成本：

借：主营业务成本　　61 200

　　贷：委托代销商品　　61 200

二、电子券方式的会计处理

电子券团购的销售主要在餐饮、娱乐等服务业，向消费者提供餐饮或者娱乐服务，而劳务的提供没有所有权的问题，故其可以运用提供劳务收入确认条件为参考依据。

对于电子券团购方式，其经历的过程为合约—订单—提供服务—收款。

第一，消费者在团购网站上点击支付款项后，团购网站会将电子券券号和密码发到顾客的手机上，顾客凭借该短信信息即可在未来的一定时间段内去商户消费。这个过程对商户而言只是形成服务订单，真正的服务尚未提供，故不能确认收入的实现。

第二，消费者到商户消费，此时真正的劳务刚开始提供，符合劳务收入确认的条件，商户根据实际消费的数量确认劳务收入的实现。

第三，商户与团购网站进行资金结算通常采用预付模式。目前主流的做法是，商户在订单生成服务未提供前将收到一部分的款项，通常为 50%，一半的消费者实现消费时，商户将收到第二部分的款项，通常为 30%，服务期结束后，商户会收到剩余的款项。商户按照实际消费量来确认每个期间的收入，而预收的款项应该作为一项负债来进行处理。

【例 11-15】 D 团购网站推出一种自助餐团购，市场价格为 150 元/人，团购价为 100 元/人。 餐饮商 E 限量供应 300 份。F 公司开展活动，为其员工团购该自助餐 300 份：D 团购网站收取 2%的手续费。假设不考虑相关税费。

(1)D 团购网站的会计处理如下。

F 公司在线支付款项后，D 团购网站做如下会计处理：

借：银行存款　　30 000

　　贷：应付账款　　30 000

待 F 公司员工到 E 餐饮商消费后，D 团购网站将款项支付给餐饮商 E，并收取手续费确认收入：

借：应付账款　　30 000

　　贷：银行存款　　29 400

主营业务收入　　　　　　　　　　　　　　600

(2)E 餐饮商的会计处理如下。

待 F 公司员工消费后，确认收入：

借：应收账款　　　　　　　　　　　　30 000

　　贷：主营业务收入　　　　　　　　　　30 000

收到 D 团购网站的扣除手续费后的款项：

借：银行存款　　　　　　　　　　　　29 400

　　销售费用　　　　　　　　　　　　　600

　　贷：应收账款　　　　　　　　　　　30 000

第五节　商品促销业务的核算

本节主要介绍一些商品促销方式的会计处理，部分促销方式已在前几节介绍过，其他促销方式的会计处理在本节介绍。

一、返利促销的会计处理

市场经济下的营销方式多变，返利销售是厂家为占领市场，对商家经营本厂产品低于市场价格的利益补偿，是新产品占领市场的有效手段，是市场营销策略的组成部分。其形式主要有两种：一是商家销售厂家一定数量的产品，并按时付完货款，厂家按一定比例返还现金；二是返还实物、产品或者配件。在实际工作中，出现以下情形：商家接到这些现金、实物后，现金不入账也不作价外收入，更不作“进项税额转出”，形成账外经营。

对返利促销方式，目前税收要求按实物折扣视同销售处理，缴纳增值税。对于返利支出和返利收入，销货方应作销售费用处理，购货方应冲减商品购买成本。

【例 11-16】　华商公司为完成年度目标销售任务，扩大和抢占销售市场，在同类竞品中胜，制订了一系列销售计划及营销推广方案，其方案为：月度完成销售任务的，给予 2%的返利，季度给予 1.5%的返利，年度给予 1%的返利，在完成任务后的下月进行结算。假设华商公司适用的增值税税率为 17%，2016 年对甲客户进行了重点促销，促销的是 W 商品。该商品正常销售定价为 10 元/件，销售成本为 8 元/件。甲客户各月均完成了促销所要求的销售额指标。其销售额和应返利额计算如表 11-1 所示。

表 11-1　甲客户产品销售汇总表

产品销售时间	销售数量(件)	计算返利(元)
1 月	10 000	200
2 月	20 000	400
3 月	20 000	400
第一季度	50 000	750
第二季度	30 000	450
第三季度	40 000	600
第四季度	35 000	525
年度	155 000	1 550

1月确认收入时，会计处理如下：

借：银行存款　　117 000

　　贷：主营业务收入　　100 000（10 000×10）

　　　　应交税费——应交增值税（销项税额）　　17 000

月末结转销售成本：

借：主营业务成本　　80 000

　　贷：库存商品　　80 000

2月以现金支付返利款时，会计处理如下：

借：销售费用　　200

　　贷：银行存款　　200

如果以赠送实物的方式返利，则视同销售确认会计收入和计税收入。

2月、3月确认销售收入和结转成本及纳税义务、支付返利的会计处理同上。

【例 11-17】 假设某经销商2017年1月共向某供应商采购打印机10次，每次100台，每台含税价1 170元，均已取得增值税专用发票，款项已通过银行转讫。根据双方的协议，经销商每月进货超过200台后，可享受供应商1%的现金返利，同时还享受1%的实物返利，实物为供应商生产的打印机墨盒。假设其生产成本为售价的80%，返利于每月5日兑现。

2017年1月，每次进货，供应商给经销商开具增值税专用发票时，会计处理如下：

借：应收账款　　117 000

　　贷：主营业务收入　　100 000

　　　　应交税费——应交增值税（销项税额）　　17 000

2017年2月5日，经销商凭折扣协议，向主管税务机关审核确认后，出具《开具红字增值税专用发票通知单》，供应商收到经销商送达的通知单后，开具红字增值税专用发票，价税合计金额为23 400元（100×1 170×10×2%），会计处理如下：

借：主营业务收入　　20 000

　　应交税费——应交增值税（销项税额）　　3 400

　　贷：应收账款　　23 400

转让支付现金返利11 700元（100 ×1 170×10×1%）时，会计处理如下：

借：应收账款　　11 700

　　贷：银行存款　　11 700

实物返利的金额为11 700元（100 ×1 170×10×1%），供应商开具增值税专用发票后，作为销售处理，冲减原来的应收账款。

确认收入和结转成本的会计处理如下：

借：应收账款　　11 700

　　贷：主营业务收入　　10 000

　　　　应交税费——应交增值税（销项税额）　　1 700

借：主营业务成本　　9 360（11 700 × 80%）

　　贷：库存商品　　9 360

二、赠送礼品、免费试用的会计处理

赠送礼品、免费试用也是常见的促销方式。其礼品来源可能是厂家提供，也可能是商家提供。对赠送的礼品，税收法规规定视同销售，按正常销售价格确认计税收入缴纳增值税。其会计处理可分三种情况进行。

(1)对厂家提供的赠品，商家准备随商品同进同出。这种情况由厂家视同销售处理，商家只作备查登记，不作会计处理。

(2)厂家提供的赠品，商家准备作为商品出售。这种情况除了厂家要视同销售外，商家作为正常的商品销售，按出售价格确认收入，但该收入的销售成本为零，因为赠品进来时其成本为零。

(3)赠品由商家提供。商家为促销有时候会无条件赠送一些物品给顾客，此类赠品多属低值物品，如手帕、笔、杯子等，它们随商品的售出而赠送，赠品数量确定，送完即止。这种销售是最常见实用的促销方式，它通过赠送低值的物品吸引消费群体，对于所有的企业普遍适用。这种情况视为商家的一项宣传活动，税务上按计税价格确认计税收入，但会计处理不确认收入，而是按赠送商品的成本加增值税销项税额记入“销售费用”账户，同时贷记“库存商品”“应交税费——应交增值税(销项税额)”。

随货赠送与无偿赠送相比，存在以下两点本质差异。

第一，无偿赠送应按《增值税暂行条例实施细则》的规定：单位或个体经营者将自产、委托加工或购买的货物无偿赠送他人的行为，视同销售货物。而销售主货物、赠送从货物行为不属于无偿赠送，应属于附有条件、义务的有偿赠送，类似于成套、捆绑或降价销售，只不过没有将主货物与赠品包装到一起，而是分开包装，有时还会允许消费者选择等值赠品，因此应将此行为界定为销售前的实物折扣，不适用《增值税暂行条例实施细则》的上述规定，即不能作为视同销售处理，对赠品不能再次征税，对赠送赠品的价值应作为销售成本的组成部分在所得税前扣除。

第二，对于赠送财产的质量，根据《合同法》的规定，赠送的财产有瑕疵的，赠送人不承担责任。受赠人对受赠商品的质量问题不能完全得到赔偿。而销售主货物时赠送的从货物即赠品如果出现质量问题，根据《合同法》的规定，受损害方根据标的的性质以及损失的大小，可以合理选择要求对方承担修理、更换、重作、退货、减少价款或者报酬等违约责任，即赠送人应承担完全责任，消费者能够得到完全赔偿。

【例 11-18】 某家电商场为促销某种微波炉，2017 年 1 月推出了买一台微波炉送一台电磁炉的促销方式。电磁炉进价是 140 元/台，销售价是 180 元/台。2017 年 1 月 1 日当天共销售微波炉 100 台，送出电磁炉 100 台。该家电商场适用的增值税税率为 17%。

对于正价销售的微波炉按照正常销售商品处理，对于赠送的电磁炉，会计处理如下：

借：销售费用　　16 615.38

　贷：库存商品　　14 000

　　应交税费——应交增值税(销项税额)　　2 615.38[180×100 ÷ (1+17%) ×17%]

有偿赠送的会计处理，根据《国家税务总局关于企业处置资产所得税处理问题的通知》(国税函〔2008〕828 号)可区分以下三种情形。

(1) 如果主货物和从货物均为自制，将总销售金额按各项商品的公允价值的比例来分摊确认各项的销售收入。

(2) 如果主货物为自制，但从货物为外购，则从货物的销售收入按照采购价格计算，主货物的销售收入按照总销售额扣除从货物的销售收入后的余额计算。

(3) 如果主货物和从货物均为外购，则从货物的销售收入按照采购价格计算，主货物的销售收入按照总销售金额扣除从货物的销售收入后的余额计算。

【例 11-19】 为扩大销售的需要，飞诺公司对外宣传购买手机一个，赠送品牌电池一个，手机对外含税售价 3 300 元。

(1) 假定手机、品牌电池均属于自制产品，若单独销售，手机含税售价 3 510 元，成本 2 500 元，电池含税售价 35.1 元，成本 20 元。相关会计处理如下：

手机不含税收入=3 300 ÷ (1+17%) ×3 000 ÷ [(3 510+35.1) ÷ (1+17%)]=2 792 (元)

电池不含税收入=3 300 ÷ (1+17%) –2 792=28 (元)

借：库存现金	3 300	
贷：主营业务收入——手机		2 792
——品牌电池		28
应交税费——应交增值税(销项税额)		480
借：主营业务成本	2 520	
贷：库存商品——手机		2 500
——电池		20

(2) 假定手机属于自制产品，品牌电池属于外购产品，手机成本 2 500 元，电池的不含税采购成本 20 元，则相关会计处理如下：

手机不含税收入=3 300 ÷ (1+17%) –20=2 800 (元)

借：库存现金	3 300	
贷：主营业务收入——手机		2 800
——品牌电池		20
应交税费——应交增值税(销项税额)		480
借：主营业务成本	2 520	
贷：库存商品——手机		2 500
——电池		20

(3) 假定手机、品牌电池均属于外购产品，手机成本 2 500 元，电池的不含税采购成本 20 元，则相关会计处理如下：

手机不含税收入=3 300 ÷ (1+17%) –20=2 800 (元)

借：库存现金	3 300	
贷：主营业务收入——手机		2 800
——品牌电池		20
应交税费——应交增值税(销项税额)		480
借：主营业务成本	2 520	

贷：库存商品——手机　　2 500

——电池　　20

从增值税的链条来说，企业生产(销售)手机有对应的进项税额和销项税额，但生产（销售)电池只有进项税额而没有销项税额，表面上不合理，其实电池的销项税额隐含在手机的销项税额当中，只是没有剥离出来而已。因此对于赠品的进项税额应允许其申报抵扣，赠送赠品时也不应该单独再次计算销项税额。

【例 11-20】 北京华联超市举行促销活动，推出“买一赠一”的销售方式，购买一大瓶花生油赠送一小瓶同品牌花生油。大瓶进价 30 元/瓶，售价 45.20 元/瓶；小瓶进价 7 元/瓶，售价 11.30 元/瓶(以上售价为含税价，税率 13%)。

根据《中华人民共和国增值税暂行条例实施细则》第四条提到的“视同销售”规定，按税法将自产、委托加工或购买的货物无偿赠送他人，按视同销售缴纳增值税。因此，会计处理如下。

确认收入时：

借：库存现金　　45.20

贷：主营业务收入　　40

应交税费——应交增值税(销项税额)　　5.20

结转成本时：

借：主营业务成本　　30

贷：库存商品　　30

赠品的会计处理：

借：销售费用　　8.3

贷：库存商品　　7

应交税费——应交增值税(销项税额)　　1.3

在税务处理上，对于上述实现的销售收入，北京华联超市只确认大瓶花生油 40 元收入，不确认小瓶花生油的收入，并将小瓶花生油的 7 元成本作为促销费用列入销售费用管理。

根据《国家税务总局关于确认企业所得税收入若干问题的通知》(国税函〔2008〕875 号)规定，企业以“买一赠一”等方式组合销售本企业商品的，不属于捐赠，将总的销售金额按各项商品的公允价值的比例来分摊确认各项的销售收入。税法上则以大瓶和小瓶花生油的公允价值 56.50 元(45.20+11.30)之比为基础，来分摊实际销售收到的 40 元，确认大瓶和小瓶花生油各自应实现的销售收入，如大瓶花生油应实现 32 元，小瓶花生油应实现 8 元。

【例 11-21】 某商场举办让利活动，凡是购物满 100 元者，均可获赠价值 20 元的商品。某顾客购买了 1 000 元的商品，支付了 1 000 元现金，商品的含税进价为 700 元。

正价销售商品的会计处理如下：

借：库存现金　　1 000

贷：主营业务收入　　854.70[1 000 ÷ (1+17%)]

应交税费——应交增值税(销项税额)　　145.30(854.70×17%)

借：主营业务成本　　598.29[700 ÷ (1+17%)]

贷：库存商品　　598.29

价值 200 元的赠品的会计处理如下：

若赠品为厂家提供给商场，赠品不记库存，随商品同进同出即可。赠品不需进行相应的会计处理。

应纳增值税=(1 000–700) ÷ (1+17%) ×17%=43.59(元)

应纳企业所得税=(1 000–700) ÷ (1+17%) ×25%=64.10(元)

税后利润=(1 000–700) ÷ (1+17%) × (1–25%) =192.31(元)

若赠品为商场自己提供，价值200元赠品的含税进价为140元。

在企业所得税法中，是将随货赠送的赠品视同捆绑销售看待的。该笔交易中，商家所取得的含税收入1 000元是“销售商品”与“赠品”的总和，对应的含税成本是840元。“买一赠一”的行为实质上属于降价销售，按照实际取得的销售收入计算缴纳增值税。

结转赠品成本的会计处理如下：

借：主营业务成本　　119.66

　　贷：库存商品　　119.66

应纳增值税=(1 000–700–140) ÷ (1+17%) ×17%=23.25(元)

应纳企业所得税=(1 000–700–140) ÷ (1+17%) ×25%=34.19(元)

税后利润=(1 000–700–140) ÷ (1+17%) × (1–25%) =102.56(元)

三、捆绑销售的会计处理

捆绑销售实际上也是商家促销商品的一种形式，它是一种附带特定条件的折扣销售商品行为，其特定的条件就是客户必须对捆绑的商品一起购买，不可以拆分。对捆绑销售商品的价格小于商品正常销售价格的部分，仍然属于商业折扣，只是这个折扣是一个综合折扣而已，会计与税务都按扣除商业折扣后的金额确定销售商品收入。

【例 11-22】 某商场春节促销活动中，将部分化妆品和护肤护发品组成套装，共销售套装产品2 000盒，每盒含税价格498元(单独销售时价格分别为化妆品468元，护肤护发品117元)。化妆品消费税税率为30%。

计算应交税费：

应税销售额=498 ÷ (1+17%) ×2 000=851 282.05(元)

应纳增值税=851 282.05×17%=144 717.95(元)

应纳消费税=851 282.05×30%=255 384.62(元)

根据以上计算，会计处理如下：

确认销售收入：

借：银行存款　　996 000

　　贷：主营业务收入　　851 282.05

　　　　应交税费——应交增值税(销项税额)　　144 717.95

计提消费税：

借：营业税金及附加　　255 384.62

　　贷：应交税费——应交消费税　　255 384.62

四、积分卡促销方式的会计处理

积分卡促销方式就是当积分卡的积分达到某一总数时，商家会按当初的承诺返还消费者相应的现金或商品。对于积分卡促销方式，因承诺返还的现金或商品是要求达到某一积分总数，因销售商品时折扣并未发生，按正常的销售价格确认商品销售收入，在达到某一积分总数返回现金或商品时，作为一项营销支出，将其价值记入“销售费用”账户。

奖励积分销售，会计上根据《财政部关于做好执行会计准则企业2008年年报工作的通知》（财会函〔2008〕60号）的规定，企业在销售产品或提供劳务的同时授予客户奖励积分的，应当将销售取得的货款或应收账款在商品销售或劳务提供产生的收入与奖励积分之间进行分配，与奖励积分相关的部分应首先作为递延收益。①配送积分阶段。奖励积分是有价的，按奖励积分换取商品或服务的公允价值作为积分的公允价值，计入递延收益，将销售取得的货款或应收账款扣除积分的公允价值，确认主营业务收入。②兑现阶段。待客户兑换积分或期满失效时，将递延收益转入主营业务收入，同时结转实际发生的成本。奖励积分销售，虽有预先销售的性质，但有很大的不同，即最终都能确认收入。税法上规定，增值税纳税人销售货物，其纳税义务发生时间为收讫销售款或者取得索取销售款项凭据的当天。因此，销项税额应在销售取得货款或应收账款的时候确认。具体的会计处理如下。

配送积分阶段：

借：应收账款（或库存现金）

　　贷：主营业务收入

　　　　应交税费——应交增值税（销项税额）

　　　　递延收益

借：主营业务成本

　　贷：库存商品

【例 11-23】 京津百货超市公司发放奖励积分卡，购物满10元可获赠积分10分，授予率为100%，积分公允价值为0.05元/分（以下折算均按此公允价值折算），顾客积分满20 000分可免费获得百货超市公司指定标价为1 000元手机1部，或以10 000分入住关联星级酒店500元/天的客房1天，或以6 000分兑换一台价值300元的微波炉。顾客从第一次购物付款时起开始积分累计，两年内有效，过期未兑现者失效。

某日，京津百货超市公司促销总额为50万元，同时送出奖励积分50万分，折算金额为2.5万元（其中包含某特价促销商品赠送的10万分，计0.5万元，限定只能参加兑换入住该公司关联星级酒店的促销活动）。顾客兑换奖励积分76万分，折算金额为3.8万元，其中2万元兑换该公司指定的手机（40万分折算）；1.8万元兑现入住公司关联星级酒（36万分折算）。该百货超市公司销售部统计有20万分到期尚未兑现已过期失效，折算金额为1万元，与关联星级酒店（第三方）的参与协议应支付1.62万元（该公司按照协议拿到的实际房价为九折）。递延收益累计余额为30万元。

（1）赠送奖励积分时的会计处理。通过上述处理可以看出，积分卡是有价的，以奖励积分换取商品或服务的公允价值对价作为积分的公允价值。在销售时，47.5万元确认为收入，所赠奖励积分折算金额2万元确认为递延收益，会计处理如下：

① 借：应收账款（或银行存款）	400 000	
贷：主营业务收入		380 000
递延收益		20 000（40万分×0.05元/分）
② 借：应收账款（或银行存款）	100 000	

贷：主营业务收入　　95 000

其他应付款——酒店　　5 000（10 万分×0.05 元/分）

(2) 兑现奖励积分时的会计处理。

① 顾客用 40 万分积分兑换本公司指定手机 20 部，折算金额 2 万元，会计处理如下：

借：递延收益　　20 000

贷：主营业务收入　　20 000

② 顾客用 36 万分兑换入住该公司关联星级酒店，折算金额 1.8 万元。在兑换入住酒店时，将与收回积分相关的递延收益 1.8 万元转为收入，将应支付给该酒店（第三方）的金额 1.62 万元确认为销售费用，会计处理如下：

借：递延收益　　18 000

贷：主营业务收入　　18 000

借：销售费用　　16 200（1.8 万元×90%）

贷：其他应付款——酒店　　16 200

(3) 奖励积分过期的会计处理。顾客所持积分到期未兑现，依据促销规定该奖励积分失效，上述该积分的对价金额 1 万元已随兑现失效而归零，百货超市公司无须再承担该部分积分兑现义务，所以将这 1 万元转为收入，会计处理如下：

借：递延收益　　10 000

贷：主营业务收入　　10 000

五、推出特价商品的会计处理

推出特价商品的目的是带动其他商品销售。一般而言，特价商品的价格会大大低于成本，对于特价让利商品所形成的亏损，由其他商品所实现的销售利润弥补。对特价出售的商品，会计与税务都无须进行特别处理，仍视为商业折扣，且都以让利后的销售价格确认收入。

六、低价换购的会计处理

低价换购是超市比较常用的一种促销手段，通常规定单张小票满多少元就可以低廉的价格换购某商品。如某超市规定，顾客在儿童节当日，消费满 61 元，可以加 3 元换购一个售价为 10 元的塑料盆（成本 5 元）。一名顾客消费 90 元，并加 3 元换购了一个塑料盆，则商家对顾客正常购买的价值 90 元的商品按照正常程序确认收入，结转成本，对于低价换购的塑料盆，按照换购价确认收入 3 元，同时，按照历史成本结转相应的成本 5 元。

复习思考题

1．代销经营模式下，如何进行会计处理？

2．联营的基本流程是什么？

3．联营返点有哪三种基本模式？

4．O2O 电子商务的交易流程是什么？

5．商品促销有哪些方式？

第十二章

商品流通企业日常费用支出的核算

【学习目标】

1. 掌握商品流通企业的日常费用支出包括的内容。
2. 重点掌握商品流通企业管理费用、销售费用和财务费用的会计处理。
3. 重点掌握商品流通企业应付职工薪酬的会计处理。
4. 重点掌握商品流通企业出租、摊销包装物的会计处理。

第一节　费用报销的核算

商品流通企业的费用有广义和狭义之分，广义的费用泛指商品流通企业在日常活动发生的所有耗费。在日常费用报销过程中，主要涉及购买办公用品、交通费、差旅费、误餐费、银行手续费等费用，这些费用支出属于期间费用。期间费用主要包括管理费用、销售费用和财务费用。表 12-1 列示了管理费用、销售费用和财务费用的定义及内容。

表 12-1　管理费用、销售费用和财务费用的定义及内容一览表

项　目	定　　义	内　　容
管理费用	商品流通企业为组织和管理企业日常活动而发生的各项费用，包括企业的董事会和行政管理部门在企业的经营管理中发生，或由企业统一负担的公司经费	管理人员的薪酬、差旅费、办公费、劳动保险费、职工待业保险费、业务招待费、董事会会费、工会经费、职工教育经费、咨询费、聘请中介机构费、诉讼费、折旧费、车船税、印花税及其管理费用等
销售费用	商品流通企业在销售商品和材料、提供劳务的过程中发生的各项费用	包括由商品流通企业负担的运输费、装卸费、整理费、包装费、保险费、销售佣金、差旅费、展览费、委托代销手续费、检验费、广告费、租赁费、商品损耗、销售人员的薪酬以及专设销售机构的费用等
财务费用	商品流通企业为筹集日常经营所需资金等而发生的各项费用	包括作为期间费用的利息净支出、汇兑损溢、金融机构手续费以及筹资发生的其他财务费用等

在利润表上，“财务费用”项目所反映的是利息收支、手续费以及汇兑损失的净额，因而其数额可能是正数，也可能是负数。如果是正数，表明为利息支出、融资净支出；如果为负数，则表明为利息收入、融资净收入。

一、管理费用的核算

商品流通企业发生的管理费用，在“管理费用”账户进行会计处理，并在“管理费用”账户中按照费用项目设置明细账户，进行会计处理。期末，“管理费用”账户的余额结转“本年利润”账户后，无余额。

【例 12-1】 2016 年 12 月 15 日，德宝公司管理人员李某，填列借款凭证，借差旅费 1 500 元。德宝公司的会计处理如下：

借：其他应收款——李某　　　　　　　　　　　　　　　1 500

　　贷：银行存款　　　　　　　　　　　　　　　　　　　　1 500

10 日后管理人员李某报销凭证 1 250 元并交回现金 250 元，德宝公司的会计处理如下：

借：库存现金　　　　　　　　　　　　　　　　　　　　250

　　管理费用　　　　　　　　　　　　　　　　　　　1 250

　　贷：其他应收款——李某　　　　　　　　　　　　　　　1 500

期末，将“管理费用”账户的余额转入“本年利润”账户，借记“本年利润”账户，贷记“管理费用”账户。

如果管理费用不多，可不设置“管理费用”账户，“管理费用”账户的会计处理内容可并入“销售费用”账户进行会计处理。

商品流通小企业的管理费用包括在筹建期间发生的开办费、行政管理部门发生的费用(包括固定资产折旧费、修理费、办公费、水电费、差旅费、管理人员的薪酬等)、业务招待费、相关长期待摊费用摊销、财产保险费、聘请中介机构费、咨询费(含顾问费)、诉讼费等费用。

房产税、车船税、印花税等不在“管理费用”账户中列示，而是记入“营业税金及附加”账户。

二、销售费用的核算

商品流通企业发生的销售费用，在“销售费用”账户进行会计处理，并在“销售费用”账户中按照费用项目设置明细账进行会计处理。期末，“销售费用”账户的余额结转“本年利润”账户后，无余额。

(1)在销售商品过程中发生的运输费、装卸费、包装费、保险费、展览费和广告费是最为常见的销售费用，发生的频率较高，在日常会计处理中一定要注意及时、准确入账。

【例 12-2】 德宝公司 2016 年 12 月为促销而支付展览费 5 000 元现金，又接到供货方转来运输费单据 300 元。德宝公司的会计处理如下：

借：销售费用　　　　　　　　　　　　　　　　　　　5 300

　　贷：应付账款　　　　　　　　　　　　　　　　　　　　300

　　　　库存现金　　　　　　　　　　　　　　　　　　　5 000

(2)发生的为销售本企业商品而专设的销售机构的职工薪酬、业务费等费用也是商品流通企业销售费用的重要内容。

【例 12-3】 德宝公司为销售 W 商品于 2016 年 12 月开始租用门市部，有销售人员 5 名，计算当月工资 5 000 元。另外，12 月应计提的包括本部在内全部销售人员福利费 3 000 元。德宝公司的会计处理如下：

借：销售费用　　　　　　　　　　　　　　　　　　　8 000

　　贷：应付职工薪酬——工资　　　　　　　　　　　　　5 000

　　　　　　　　　　——职工福利　　　　　　　　　　　3 000

(3)期末，将“销售费用”账户的余额转入“本年利润”账户。结转后，无余额。

【例 12-4】 德宝公司到 2016 年 12 月月底“销售费用”账户的余额总计为 880 000 元，转入“本年利润”账户。德宝公司的会计处理如下：

借：本年利润　　880 000

　　贷：销售费用　　880 000

商品流通小企业的销售费用包括销售人员的职工薪酬、商品维修费、运输费、装卸费、包装费、保险费、广告费、业务宣传费、展览费等费用。

小批发企业或小零售企业在购买商品过程中发生的费用(包括运输费、装卸费、包装费、保险费、运输途中的合理损耗和入库前的挑选整理费等)也构成销售费用。

三、财务费用的核算

商品流通企业发生的财务费用，在“财务费用”账户进行会计处理，并在“财务费用”账户中按照费用项目设置明细账进行会计处理。期末，“财务费用”账户的余额结转“本年利润”账户后，无余额。

(1)发生财务费用并以库存现金或银行存款予以支付，借记“财务费用”账户，贷记“库存现金”或“银行存款”账户。

【例 12-5】 德宝公司按照债券发行合同的规定，2016 年 12 月 31 日按设定利率 8%发放给投资人现金利息。原债券的总面值为 300 000 元，一年付息一次。

付息时，德宝公司的会计处理如下：

借：财务费用　　24 000

　　贷：银行存款　　24 000

(2)发生的利息收入、汇兑收益以现金或银行存款收回，借记“库存现金”或“银行存款”账户，贷记“财务费用”账户；库存现金或银行存款未收回，则借记“应收利息”账户，贷记“财务费用”账户。

【例 12-6】 德宝公司收到银行发来的活期存款账户利息结算单，利息金额 45 000 元。德宝公司的会计处理如下：

借：银行存款　　45 000

　　贷：财务费用　　45 000

商品流通小企业的财务费用包括利息费用(减利息收入)、汇兑损失、银行相关手续费、小企业给予的现金折扣(减享受的现金折扣)等费用。

商品流通小企业发生的汇兑收益，记入“营业外收入”账户。

第二节　应付职工薪酬的核算

一、职工薪酬的构成

职工薪酬，是指商品流通企业为获得职工提供的服务或解除劳动关系而给予的各种形式的报酬或补偿。职工薪酬包括短期薪酬、离职后福利、辞退福利和其他长期职工福利。商品流通企业提供给职工配偶、子女、受赡养人、已故员工遗属及其他受益人等的福利，也属于职工薪酬。

职工，是指与商品流通企业订立劳动合同的所有人员，含全职、兼职和临时职工，也包括虽未与商品流通企业订立劳动合同但由企业正式任命的人员。未与企业订立劳动合同或未由其正式任命，但向企业所提供服务与职工所提供服务类似的人员，也属于职工的范畴，包括通过企业与劳务中介公司签订用工合同而向企业提供服务的人员。

短期薪酬，是指商品流通企业在职工提供相关服务的年度报告期间结束后12个月内需要全部予以支付的职工薪酬，因解除与职工的劳动关系给予的补偿除外。短期薪酬具体包括：职工工资、奖金、津贴和补贴，职工福利费，医疗保险费、工伤保险费和生育保险费等社会保险费，住房公积金，工会经费和职工教育经费，短期带薪缺勤，短期利润分享计划，非货币性福利以及其他短期薪酬。

带薪缺勤，是指商品流通企业支付工资或提供补偿的职工缺勤，包括年休假、病假、短期伤残、婚假、产假、丧假、探亲假等。利润分享计划，是指因职工提供服务而与职工达成的基于利润或其他经营成果提供薪酬的协议。

离职后福利，是指商品流通企业为获得职工提供的服务而在职工退休或与企业解除劳动关系后，提供的各种形式的报酬和福利，短期薪酬和辞退福利除外。

辞退福利，是指商品流通企业在职工劳动合同到期之前解除与职工的劳动关系，或者为鼓励职工自愿接受裁减而给予职工的补偿。

其他长期职工福利，是指除短期薪酬、离职后福利、辞退福利之外所有的职工薪酬，包括长期带薪缺勤、长期残疾福利、长期利润分享计划等。

商品流通企业为了便于归集职工薪酬，设置"应付职工薪酬"总账户，同时下设"工资""职工福利""社会保险费""住房公积金""工会经费""职工教育经费""累积带薪缺勤""非累积带薪缺勤""非货币性福利""辞退福利""股份支付"等各明细账户进行统一会计处理。

二、短期薪酬的会计处理

1. 一般短期薪酬

商品流通企业在职工为其提供服务的会计期间，将除辞退福利外的应付职工薪酬确认为负债，并计入销售费用。

计算应付职工薪酬时，国家规定了计提基础和计提比例的，按照国家规定的标准计提。比如，向社会保险经办机构缴纳的医疗保险费、工伤保险费、生育保险费等保险经费，向住房公积金管理机构缴存的住房公积金以及工会经费和职工教育经费等。

没有规定计提基础和计提比例的，商品流通企业根据历史经验数据和实际情况合理预计当期应付职工薪酬。当期实际发生金额大于预计金额的，补提应付职工薪酬；当期实际发生金额小于预计金额的，冲回多提的应付职工薪酬。

2. 带薪缺勤

带薪缺勤分为累积带薪缺勤和非累积带薪缺勤。

(1) 累积带薪缺勤。累积带薪缺勤，是指带薪缺勤权利可以结转下期的带薪缺勤，期尚未用完的带薪缺勤权利可以在未来期间使用。

商品流通企业应当在职工提供服务从而增加了其未来享有的带薪缺勤权利时，确认与累积带薪缺勤相关的职工薪酬，并以累积未行使权利而增加的预期支付金额计量。

【例 12-7】 甲公司从2015年1月1日起实行累积带薪缺勤制度，制度规定，该公司每名职工每年有权享受12个工作日的带薪休假，休假权利可以向后结转2个日历年度。在第2

年年末，公司将对职工未使用的带薪休假权利支付现金。假定该公司每名职工平均每月工资2 000元，每名职工每月工作日为20个，每个工作日平均工资为100元。以公司一名直接参与生产的职工为例。

① 假定2015年1月，该名职工没有休假。公司应当在职工为其提供服务的当月，累积相当于1个工作日工资的带薪休假义务，并做如下会计处理：

借：销售费用　　2 100

　　贷：应付职工薪酬——工资　　2 000

　　　　　　　　　——累积带薪缺勤　　100

② 假定2015年2月，该名职工休了1天假。公司应当在职工为其提供服务的当月，累积相当于1个工作日工资的带薪休假义务，反映职工使用累积权利的情况，并做如下会计处理：

借：销售费用　　2 100

　　贷：应付职工薪酬——工资　　2 000

　　　　　　　　——累积带薪缺勤　　100

借：应付职工薪酬——累积带薪缺勤　　100

　　贷：销售费用　　100

第1笔会计分录反映的是公司因职工提供服务而应付的工资和累积的带薪休假权利，第2笔分录反映的是该名职工使用上期累积的带薪休假权利。

③ 假定第2年年末(2016年12月31日)，该名职工有5个工作日未使用的带薪休假，公司以现金支付了未使用的带薪休假。

借：应付职工薪酬——累积带薪缺勤　　500

　　贷：库存现金　　500

(2)非累积带薪缺勤。非累积带薪缺勤，是指带薪缺勤权利不能结转下期的带薪缺勤，本期尚未用完的带薪缺勤权利将予以取消，并且职工离开企业时也无权获得现金支付。

商品流通企业应当在职工实际发生缺勤的会计期间确认与非累积带薪缺勤相关的职工薪酬。

【例12-8】 某公司2016年6月有2名销售人员放弃15天的假期，假设每名员工每个工作日工资为200元，月工资为6 000元。

① 假设公司未实行非累积带薪缺勤货币补偿制度，会计处理为：

借：销售费用　　12 000

　　贷：应付职工薪酬——工资　　12 000

② 假设公司实行非累积带薪缺勤货币补偿制度，补偿金额为放弃带薪休假期间日平均工资的2倍，会计处理为：

借：销售费用　　24 000

　　贷：应付职工薪酬——工资　　12 000

　　　　　　　　　——非累积带薪缺勤　　12 000

3. 非货币性职工薪酬的会计处理

商品流通企业以外购商品作为非货币性福利提供给职工的，按该商品的公允价值和相关税费计入销售费用，同时确认应付职工薪酬；实际购买时冲销应付职工薪酬。

三、离职后福利的会计处理

1. 离职后福利的划分

商品流通企业应当将离职后福利计划分类为设定提存计划和设定受益计划。

离职后福利计划，是指商品流通企业与职工就离职后福利达成的协议，或者商品流通企业为向职工提供离职后福利制定的规章或办法等。

设定提存计划，是指向独立的基金缴存固定费用后，商品流通企业不再承担进一步支付义务的离职后福利计划；设定受益计划，是指除设定提存计划以外的离职后福利计划。

设定提存计划和设定受益计划区分的主要依据是商品流通企业义务、支付方式和风险承担主体。设定提存计划下，商品流通企业向固定基金缴费金额固定，不负进一步支付的义务，不承担与基金资产有关的风险，不承担精算风险和投资风险，如养老保险和失业保险。设定受益计划下，职工退休时一次或分期支付一定金额的养老金，商品流通企业向固定基金缴费金额以满足未来养老给付义务的顺利进行为限，负进一步支付的义务，承担与基金资产有关的风险，承担精算风险和投资风险。

2. 设定提存计划的会计处理

商品流通企业应当在职工为其提供服务的会计期间，将根据设定提存计划计算的应缴存金额确认为负债，并计入当期损溢或相关资产成本。

根据设定提存计划，预期不会在职工提供相关服务的年度报告期结束后 12 个月内支付全部应缴存金额的，商品流通企业应当将全部应缴存金额以折现后的金额计量应付职工薪酬。

折现时所采用的折现率应当根据资产负债表日与设定受益计划义务期限和币种相匹配的国债或活跃市场上的高质量公司债券的市场收益率确定。

3. 设定受益计划的会计处理

商品流通企业对设定受益计划的会计处理通常包括下列四个步骤。

(1) 计量设定受益计划所产生的义务，并确定相关义务的归属期间。

根据预期累计福利单位法，采用无偏且相互一致的精算假设对有关人口统计变量和财务变量等做出估计，计量设定受益计划所产生的义务，并确定相关义务的归属期间。商品流通企业应当将设定受益计划所产生的义务予以折现，以确定设定受益计划义务的现值和当期服务成本。

折现时所采用的折现率应当根据资产负债表日与设定受益计划义务期限和币种相匹配的国债或活跃市场上的高质量公司债券的市场收益率确定。

预期累计福利单位法下，每一服务期间会增加一个单位的福利权利，并且对每一个单位单独计量，形成最终义务。

【例 12-9】 某人在年初满 45 岁，进入 A 公司，年薪 6 万元，以后年均增长 5%。假设养老金计算公式为：养老金支付单位=最后年薪×2%。假设员工福利计算规则是：工资增长从次年开始计算；退休年龄指领取养老金起始年，该年度不缴费；养老金月缴费和月支付均计算期初值。60 岁退休，计算该企业月养老金支付金额。

$$月养老金支付金额=最后年薪×2\%=60\ 000×(1+5\%)^{14}×2\%$$
$$=60\ 000×1.9799×2\%=2\ 376(元)$$

(2) 设定受益计划存在资产的，确定设定受益计划净负债或净资产。

设定受益计划存在资产的，商品流通企业应当将设定受益计划义务现值减去设定受益计划资产公允价值所形成的赤字或盈余确认为一项设定受益计划净负债或净资产。

设定受益计划存在盈余的，商品流通企业应当以设定受益计划的盈余和资产上限两项的较低者计量设定受益计划净资产。其中，资产上限，是指商品流通企业可从设定受益计划退款或减少未来对设定受益计划缴存资金而获得的经济利益的现值。

(3) 根据服务成本与设定受益计划净负债或净资产的利息净额之和，确定应当计入当期损溢的金额。

报告期末，商品流通企业应当将设定受益计划产生的职工薪酬成本确认为下列组成部分：

① 服务成本，包括当期服务成本、过去服务成本和结算利得或损失。其中，当期服务成本，是指职工当期提供服务所导致的设定受益计划义务现值的增加额；过去服务成本，是指设定受益计划修改所导致的与以前期间职工服务相关的设定受益计划义务现值的增加或减少。

② 设定受益计划净负债或净资产的利息净额，包括计划资产的利息收益、设定受益计划义务的利息费用以及资产上限影响的利息。

③ 重新计量设定受益计划净负债或净资产所产生的变动。

(4) 确定计入其他综合收益的金额。

重新计量设定受益计划净负债或净资产所产生的变动包括下列部分：

① 精算利得或损失，即由于精算假设和经验调整导致之前所计量的设定受益计划义务现值的增加或减少。

② 计划资产回报，扣除包括在设定受益计划净负债或净资产的利息净额中的金额。

③ 资产上限影响的变动，扣除包括在设定受益计划净负债或净资产的利息净额中的金额。

设定收益计划产生的职工薪酬成本=服务成本+设定受益计划净负债或净资产的利息净额+重新计量设定受益计划净负债或净资产所产生的变动

四、辞退福利的会计处理

辞退福利包括：一是职工劳动合同到期前，无论职工本人是否愿意，商品流通企业决定解除与职工的劳动关系而给予的补偿；二是职工劳动合同到期前，为鼓励职工自愿接受裁减而给予的补偿，职工有权选择继续在职或接受补偿离职。辞退福利通常采取在解除劳动关系时一次性支付补偿的方式，也有通过提高退休后养老金或其他离职后福利的标准，或者将职工工资支付至辞退后未来某一期间的方式。辞退福利同时满足下列条件的，确认因解除与职工的劳动关系给予补偿而产生的预计负债，同时计入当期损溢。

(1) 商品流通企业已经制订正式的解除劳动关系计划或提出自愿裁减建议，并即将实施。该计划或建议包括拟解除劳动关系或裁减的职工所在部门、职位及数量；根据有关规定按工作类别或职位确定的解除劳动关系或裁减补偿金额；拟解除劳动关系或裁减的时间。

(2) 商品流通企业不能单方面撤回解除劳动关系计划或裁减建议。

正式的辞退计划或建议应当经过董事会或类似权力机构的批准。辞退工作一般在一年内实施完毕，但因付款程序等原因使部分款项推迟至一年后支付的，视为符合应付职工薪酬（辞退福利）的确认条件。满足辞退福利确认条件、实质性辞退工作在一年内完成但付款时间超过一年的辞退福利，商品流通企业选择恰当的折现率，以折现后的金额计量应付职工薪酬。

商品流通企业严格按照辞退计划条款的规定，合理预计并确认辞退福利产生的应付职工薪酬。对于职工没有选择权的辞退计划，根据辞退计划条款规定的拟解除劳动关系的职工数量、每一职位的辞退补偿标准等计提应付职工薪酬。商品流通企业依据自愿接受裁减的建议，预计将会接受裁减建议的职工数量，根据预计的职工数量和每一职位的辞退补偿标准等计提应付职工薪酬。

【例 12-10】 华都公司由于其生产的产品不再适应市场的需要，因此，2015 年 5 月公司管理层制订了一项辞退计划。辞退计划规定，自 2016 年 1 月 1 日起，以职工自愿的方式辞退 100 名生产工人，每人补偿 30 000 元。辞退计划已经与职工协商一致。该辞退计划于 2015 年 8 月 20 日经董事会正式批准，于 2016 年实施完毕。

华都公司的会计处理如下：

借：管理费用　　　　3 000 000

　　贷：应付职工薪酬——辞退福利　　　　3 000 000

五、长期职工福利的会计处理

符合设定提存计划条件的，按照设定提存计划的有关规定进行处理；不符合的，按照设定受益计划的有关规定，确认和计量其他长期职工福利净负债或净资产。

在报告期末，商品流通企业应当将其他长期职工福利产生的职工薪酬成本确认为下列组成部分：

(1) 服务成本。

(2) 其他长期职工福利净负债或净资产的利息净额。

(3) 重新计量其他长期职工福利净负债或净资产所产生的变动。

为简化相关会计处理，上述项目的总净额应计入当期损溢。

第三节　包装物的核算

包装物，是指为包装产品而提供的各种包装容器，如桶、箱、瓶、坛、袋等用于储存和保管产品或使得产品美观的材料。包装物在商品流通企业经营活动中发挥着相当重要的作用，既能够保护商品不受损害，又便于向消费者传递商品的相关信息，还能够吸引消费者购买被包装的产品。

一、发出包装物的会计处理

商品流通企业发出包装物，根据其用途不同，分别进行会计处理。

1. 随商品出售的包装物

随商品出售的包装物，分单独计价和不单独计价两种情况，会计处理方式不同。随同商品出售而单独计价的包装物，在随同商品出售时要单独计价，单独反映其收入，相应地也应单独反映其销售成本。因此，在商品出售时，视同材料销售处理。

借：其他业务成本

贷：包装物

随同商品出售不单独计价的包装物，在包装物发出时，按其实际成本计入销售费用中。

借：销售费用

贷：包装物

2. 出租的包装物

企业多余的包装物可以出租，在第一次领用时，按出租包装物的实际成本处理：

借：其他业务成本

贷：包装物

收取出租包装物的租金：

借：银行存款

贷：其他业务收入

期满收回残余价值或变价收入冲减“其他业务成本”账户：

借：原材料等

贷：其他业务成本

商品流通小企业收取出租包装物的租金，记入“营业外收入”账户，不结转成本。即借记“银行存款”账户，贷记“营业外收入”账户。

3. 出借的包装物

出借包装物一般都是为了销售的需要，按出借包装物的实际成本记入“销售费用”账户。

借：销售费用

贷：包装物

期满收回残余价值或变价收入冲减“销售费用”账户：

借：原材料等

贷：销售费用

二、包装物摊销的会计处理

包装物的摊销方法主要包括一次转销法和分次摊销法。金额较大的周转材料，采用分次摊销法，领用时按照其成本，借记“包装物——在用”账户，贷记“包装物——在库”账户；按照使用次数摊销时，应按照其摊销额，借记“管理费用”“其他业务成本”等账户，贷记“包装物——摊销”账户。

【例 12-11】 2016 年 5 月 1 日，达利公司因业务需要向科健公司出租全新的包装物一批，价值 12 000 元，租期三个月，租金 4 000 元/月。7 月 31 日科健公司归还包装物，达利公司报废该包装物，残值变价收入 1 000 元。包装物采用分次摊销。

达利公司的会计处理如下：

(1)5 月 1 日包装物领用时：

借：包装物——出租　　12 000

贷：包装物——库存　　12 000

5 月收取租金及包装物摊销时：

借：银行存款　　　　4 000

　　贷：其他业务收入　　　　4 000

借：其他业务成本　　　　4 000

　　贷：包装物——摊销　　　　4 000

(2)6月、7月收取租金及包装物摊销，会计处理同5月。

(3)对于变价收入的处理。

借：银行存款　　　　1 000

　　贷：其他业务成本　　　　1 000

复习思考题

1. 商品流通企业的管理费用、财务费用和销售费用分别包括哪些内容？
2. 职工薪酬包括哪些内容？
3. 包装物押金如何进行会计处理？
4. 包装物摊销有哪些方法？

第十三章

商品流通企业融资与利润分配的核算

【学习目标】

1. 掌握短期借款、长期借款、发行公司债券等负债融资的会计处理。
2. 掌握发行股票、资本公积转增资本、盈余公积转增资本等权益融资的会计处理。
3. 掌握提取盈余公积、分配股利等利润分配的会计处理。

第一节　负债融资的核算

一、外部借款

1. 短期借款

短期借款是指企业用来维持正常的生产经营所需的资金或为偿付某项短期债务而向银行或其他金融机构等外单位借入的、还款期限在 1 年以下(含 1 年)的各种借款。

商品流通企业的短期借款主要有经营周转借款、临时借款、结算借款、票据贴现借款、卖方信贷、预购定金借款和专项储备借款等。

(1) 经营周转借款。经营周转借款也称生产周转借款或商品周转借款，是商品流通企业因流动资金不能满足正常生产经营需要，而向银行或其他金融机构取得的借款。办理该项借款时，商品流通企业应按有关规定向银行提出年度、季度借款计划，经银行核定后，在借款计划中根据借款借据办理借款。

(2) 临时借款。商品流通企业因季节性和临时性客观原因，正常周转的资金不能满足需要，超过生产周转或商品周转的款额划入的短期借款。临时借款实行“逐笔核贷”的办法，借款期限一般为 3～6 个月，按规定用途使用，并按核算期限归还。

(3) 结算借款。在采用托收承付结算方式办理销售货款结算的情况下，商品流通企业为解决商品发出后至收到托收货款前所需要的在途资金而借入的款项。企业在发货后的规定期间(一般为 3 天，特殊情况最长不超过 7 天)内向银行托收的，可申请托收承付结算借款。借款金额通常按托收金额和商定的折扣率进行计算，大致相当于发出商品销售成本加代垫运杂费。企业的货款收回后，银行将自行扣回其借款。

(4) 票据贴现借款。持有银行承兑汇票或商业承兑汇票的，发生经营周转困难时，申请票据贴现的借款，期限一般不超过 3 个月。贴现借款额一般是票据的票面金额扣除贴现息后的金额，贴现借款的利息即为票据贴现息，由银行办理贴现时先行扣除。

(5) 卖方信贷。产品列入国家计划，质量在全国处于领先地位的企业，经批准采取分期收款销售引起生产经营资金不足而向银行申请取得的借款。这种借款应按货款收回的进度分次归还，期限一般为 1～2 年。

(6)预购定金借款。商品流通企业为收购农副产品发放预购定金而向银行借入的款项。这种借款按国家规定的品种和批准的计划指标发放，实行专户管理，借款期限最多不超过 1 年。

(7)专项储备借款。批发企业为了国家批准的储备商品而向银行借入的款项。这种借款必须实行专款专用，借款期限根据批准的储备期确定。

短期借款的会计处理包括如下内容：

(1)取得借款。商品流通企业根据借入的本金，借记“银行存款”账户，贷记“短期借款”账户。

(2)借款利息。商品流通企业按照短期借款应计的利息金额，借记“财务费用”账户，贷记“银行存款”等账户。

(3)归还借款。短期借款到期时，商品流通企业对偿付的本金，借记“短期借款”账户；对同时偿付的利息，借记“财务费用”账户；按偿付的本息之和贷记“银行存款”等账户。

【例 13-1】 2015 年 9 月 1 日，华龙公司向银行借款 120 万元，借款期限为 1 年，借款利率为 5%，借款合同规定按照季度支付利息，假设不考虑 2015 年 12 月 31 日结账的会计处理。

华龙公司的会计处理如下。

(1)2015 年 9 月 1 日，取得借款时：

借：银行存款　　1 200 000

　　贷：短期借款　　1 200 000

(2)月末计提利息：

借：财务费用　　5 000(1 200 000×5% ÷ 12)

　　贷：应付利息　　5 000

(3)每季度末支付利息：

借：应付利息　　10 000

　　财务费用　　5 000(1 200 000×5% ÷ 12)

　　贷：银行存款　　15 000

(4)2016 年 9 月 1 日，归还本金：

借：短期借款　　1 200 000

　　贷：银行存款　　1 200 000

2. 长期借款

长期借款是指商品流通企业向银行或其他金融机构借入的、偿还期限在 1 年或一个营业周期以上的借款。

长期借款的会计处理包括借款本金的会计处理、借款利息的会计处理、外币借款发生的外币折合差额的会计处理等。

商品流通企业借入各种长期借款时，按实际收到的款项，借记“银行存款”账户，贷记“长期借款本金”账户；按借贷双方之间的差额，借记或贷记“长期借款——利息调整”账户。

在资产负债表日，商品流通企业按长期借款的摊余成本和实际利率计算确定的长期借款的利息费用，借记“在建工程”“财务费用”等账户；按借款本金和合同利率计算确定的应付未付利息，贷记“应付利息”账户；按其差额，贷记“长期借款——利息调整”账户。对于商品流通企业而言，“在建工程”“研发支出”账户用得比较少，“财务费用”账户用得比较多。

当实际利率和合同利率差异较小时，也可采用合同利率来计算确定利息费用。

当归还长期借款时，如果同时存在调整余额的，借记或贷记“在建工程”“财务费用”“研发支出”等账户，贷记或借记“长期借款——利息调整”账户。

商品流通小企业的利息费用计算，按照借款本金和借款合同利率计提利息费用；非筹建期利息费用记入“财务费用”“在建工程”账户；不存在利息调整问题。

二、发行公司债券

公司债券，是指商品流通企业发行的用于筹集长期、大量资金的有价证券，它是举债企业承诺在未来向债权人偿还债券本息的书面证明，具有法律效力，可以在证券市场上自由转让。公司发行债券首先应由股东大会通过，再经政府有关部门批准，符合法定条件后，方可印制和发行。

商品流通企业发行的公司债券，一般要列明的内容有债券面值、票面利率、付息日和到期日。

1. 公司债券的发行价格

公司债券发行时的实际价格往往与面值不同，主要是由于债券发行时的票面利率与市场利率不同所致。债券发行的实际价格是由将来应支付的利息和债券面值按发行时的市场利率折算的现值决定的。

【例 13-2】 2016 年 1 月 1 日，金运公司发行公司债券，每张面值为 1 000 元，5 年期，每年付息两次，分别为 6 月 30 日和 12 月 31 日，票面利率为 14%，共发行 10 000 张。

假设金运公司发行债券时的市场利率分别为 14%(票面利率)、16%、12%，债券面值的现值、各期利息的现值、债券发行的现值如表 13-1 所示。

表 13-1　各种发行情况下的价格

单位：元

项　　目	各种发行情况下的价格		
	按面值发行（i=14%）	折价发行（i=16%）	溢价发行（i=12%）
按市场利率折算的债券面值的现值	10 000 000×（P/F，7%，10）= 5 083 500	10 000 000×（P/F，8%，10）= 4 632 000	10 000 000×（P/F，6%，10）= 5 583 900
按市场利率折算的各期利息的现值	10 000 000×7%×（P/A，7%，10）= 4 916 500	10 000 000×7%×（P/A，8%，10）= 4 697 000	10 000 000×7%×（P/A，6%，10）= 5 152 000
债券发行的现值	5 083 500+4 916 500=10 000 000	4 632 000+4 697 000=9 329 000	5 583 900+5 152 000=10 735 900
比较	10 000 000–10 000 000=0	10 000 000–9 329 000=671 000	10 735 900–10 000 000=735 900

可见，当市场利率高于票面利率时，公司债券将以低于面值的价格发行，其发行价格低于面值的部分(671 000 元)称为债券折价。折价的实质是债券发行公司因票面利率低于市场利率而预先给予债券购买者的额外利息补偿(预付利息)，这部分折价将在债券有效期内逐期摊销，增加各计息期的利息费用。

当市场利率低于票面利率时，公司债券将以高于面值的价格发行，其发行价格高于面值的部分(735 900 元)称为债券溢价。债券溢价的实质是债券发行公司因票面利率高于市场利率而向债券购买者预先收回的利息(预收利息)，这部分溢价将在债券有效期内逐期摊销，冲减各计息期的利息费用。

2. 公司债券发行的会计处理

商品流通企业发行的一般公司债券，无论是按面值发行，还是按溢价或折价发行，均按债券面值记入“应付债券”账户的“面值”明细账户，实际收到的款项与面值的差额，记入“利息调整”明细账户。发行债券时，按实际收到的款项，借记“银行存款”“库存现金”等账户；按债券票面价值，贷记“应付债券——面值”账户；按实际收到的款项与票面价值之间的差额，贷记或借记“应付债券——利息调整”账户。

折价发行时，按照实际利息法摊销利息调整，债券账面价值是逐期增加的，以此乘以实际利率，实际利息费用逐期增加，从递增的利息费用中减去每期支付的固定利息（票面利息），得出的摊销利息调整额则逐期递增。

溢价发行时，按照实际利息法摊销利息调整，债券账面价值是逐期减少的，以此乘以实际利率，实际利息费用逐期减少，从每期支付的固定利息（票面利息）中减去递减的利息费用，得出的摊销利息调整额则逐期递增。

资产负债表日，对于分期付息、一次还本的债券，商品流通企业按应付债券的摊余成本和实际利率计算确定的债券利息费用，借记“在建工程”“财务费用”等账户；按票面利率计算确定的应付未付利息，贷记“应付利息”账户；按其差额，借记或贷记“应付债券——利息调整”账户。对于一次还本付息的债券，在资产负债表日，按摊余成本和实际利率计算确定的债券利息费用，借记“财务费用”等账户；按票面利率计算确定的应付未付利息，贷记“应付债券——应计利息”账户；按其差额，借记或贷记“应付债券——利息调整”账户。

如果实际利率与票面利率差异较小的，可以采用票面利率计算确定利息费用。

【例 13-3】 承【例 13-2】，分别说明各种情况下公司发行债券时的会计处理，如表 13-2 所示。

表 13-2 各种情况下公司发行债券的会计处理

按面值发行（i=14%）	折价发行（i=16%）	溢价发行（i=12%）
借：银行存款 10 000 000 贷：应付债券——面值 10 000 000	借：银行存款 9 329 000 应付债券——利息调整 671 000 贷：应付债券——面值 10 000 000	借：银行存款 10 735 900 贷：应付债券——面值 10 000 000 ——利息调整 735 900

长期债券到期，支付债券本息时，会计处理如下：

借：应付债券（包括面值、应计利息明细账户）
　　应付利息
　　贷：银行存款

同时，把“应付债券——利息调整”账户中的余额转出去：

借：财务费用
　　贷：应付债券——利息调整（或作相反会计处理）

【例 13-4】 2013 年 12 月 31 日，凌云公司经批准发行 5 年期一次还本、分期付息的公司债券 10 000 000 元，债券利息在每年 12 月 31 日支付，票面利率为年利率 6%。假定债券发行时的市场利率为 5%。

凌云公司该批债券实际发行价格=10 000 000×(P/F, 6%, 5)+10 000 000×6%×(P/A, 6%, 5)

=10 000 000×0.783 5+10 000 000×6%×4.329 5

=10 432 700(元)

凌云公司根据上述资料，采用实际利率法和摊余成本计算确定的利息费用，如表 13-3 所示。

表 13-3 利息费用一览表

单位：元

付息日期	支付利息	利息费用	摊销的利息调整	应付债券摊余成本
2013 年 12 月 31 日				10 432 700
2014 年 12 月 31 日	600 000	521 635	78 365	10 354 335
2015 年 12 月 31 日	600 000	517 716.75	82 283.25	10 272 051.75
2016 年 12 月 31 日	600 000	513 602.59	86 397.41	10 185 654.34
2017 年 12 月 31 日	600 000	509 282.72	90 717.28	10 094 937.06
2018 年 12 月 31 日	600 000	505 062.94	94 937.06①	10 000 000

注：①尾数调整。

根据表 13-3 的资料，凌云公司的会计处理如下： 2013 年 12 月 31 日发行债券时：

借：银行存款　　10 432 700

　　贷：应付债券——面值　　10 000 000

　　　　　　　　——利息调整　　432 700

2014 年 12 月 31 日计算利息费用时：

借：财务费用　　521 635

　　应付债券——利息调整　　78 365

　　贷：应付利息　　600 000

借：应付利息　　600 000

　　贷：银行存款　　600 000

2015 年、2016 年、2017 年确认利息费用的会计处理同 2014 年。

2018 年 12 月 31 日归还债券本金及最后一期利息费用时：

借：财务费用　　505 062.94

　　应付债券——面值　　10 000 000

　　　　　　——利息调整　　94 937.06

　　贷：银行存款　　10 600 000

3. 可转换公司债券

商品流通企业发行的可转换公司债券，在初始确认时将其包含的负债成分和权益成分进行分拆，负债成分确认为应付债券，权益成分确认为资本公积。在进行分拆时，先对负债成分的未来现金流量进行折现确定负债成分的初始确认金额，再按发行价格总额扣除负债成分初始确认金额后的金额确定权益成分的初始确认金额。发行可转换公司债券发生的交易费用，在负债成分和权益成分之间按照各自的相对公允价值进行分摊。

发行的可转换公司债券，按实际收到的金额，借记“银行存款”等账户；按该项可转换公司债券包含的负债成分的面值，贷记“应付债券——可转换公司债券(面值)”账户；按权益成分的公允价值，贷记“资本公积——其他资本公积”账户；按其差额，借记或贷记“应付债券——可转换公司债券(利息调整)”账户。

对于可转换公司债券的负债成分，在转换为股份前，其会计处理与一般公司债券相同，即按照实际利率和摊余成本确认利息费用，按照面值和票面利率确认应付债券，差额作为利息调整进行摊销。可转换公司债券持有者在债券存续期间行使转换权利，将可转换公司债券转换为股份时，对于债券面额不足转换 1 股股份的部分，商品流通企业以现金偿还。

【例 13-5】 2015 年 1 月 1 日，三合公司经批准，按面值发行 5 年期一次还本分期付息的可转换公司债券 2 000 000 元，款项已收存银行，债券票面年利率为 6%。债券发行 1 年后可转换为普通股股票，初始转股价为每股 10 元，股票面值为每股 1 元。假定按转换日的账面价值转股，假定 2017 年 1 月 1 日债券持有人将持有的可转换公司债券全部转换为普通股股票，三合公司发行可转换公司债券时二级市场上与之类似的没有附带转换权的债券市场利率为 9%。

三合公司的会计处理如下：

(1)2015 年 1 月 1 日发行可转换公司债券：

借：银行存款　　2 000 000
　　应付债券——可转换公司债券(利息调整)　　233 436
　　贷：应付债券——可转换公司债券(面值)　　2 000 000
　　　　资本公积——其他资本公积　　233 436

可转换公司债券负债成分的公允价值=2 000 000×(P/F, 9%, 5)+2 000 000×6%×(P/A, 9%, 5)
=2 000 000×0.649 9+2 000 000×6%×3.889 7
=1 766 564(元)

可转换公司债券权益成分的公允价值=2 000 000–1 766 564=233 436(元)

(2)2016 年 12 月 31 日确认利息费用：

借：财务费用　　158 991
　　贷：应付债券——可转换公司债券(应计利息)　　120 000
　　　　　　　　——可转换公司债券(利息调整)　　38 991

(3)2017 年 1 月 1 日债券持有人行使转换权：

转换的股份数=(1 766 564+120 000+38 991) ÷ 10=192 555.5(股)

不足 1 股的部分支付现金 1 元。

借：应付债券——可转换公司债券(面值)　　2 000 000
　　　　　　——可转换公司债券(应计利息)　　120 000
　　资本公积——其他资本公积　　233 436
　　贷：股本　　192 555
　　　　应付债券——可转换公司债券(利息调整)　　194 445
　　　　资本公积——资本溢价　　1 966 435
　　　　库存现金　　1

商品流通企业发行附有赎回选择权的可转换公司债券，在赎回日可能支付的利息补偿金，即债券约定赎回期届满日应当支付的利息减去应付债券票面利息的差额，在债券发行日至债券约定赎回届满日期间计提应付利息，计提的应付利息，分别计入相关资产成本或财务费用。

第二节　权益融资的核算

商品流通企业的实收资本是投资者按照企业章程或合同、协议的约定，作为资本投入到商品流通企业中的各种资产的价值。实收资本一般情况下无须返还给投资者，它是商品流通企业持续经营的最稳定的物质基础。

投资者可以用现金投资，也可以用现金以外的其他有形资产投资，符合规定比例的，还可以用无形资产投资。

一、股权融资

商品流通企业设置“实收资本”或“股本”账户，进行实收资本的会计处理，贷方反映实际收到的投资者交付的注册资本，借方反映按法定程序减资时所减少的注册资本数额，贷方余额为实收注册资本总额。“实收资本”或“股本”账户按投资者设置明细账户。

1．股东以现金投资

股东以现金投入的资本，以实际收到或者存入商品流通企业开户银行的金额作为实收资本入账。

【例 13-6】 2016 年 12 月 31 日，安华公司收到股东投入的货币资金 500 000 元，款项已收入账。

安华公司的会计处理如下：

借：银行存款	500 000	
贷：实收资本		500 000

2．股东以非现金出资

股东除了以货币资金投资外，还可以用实物资产或无形资产投资。商品流通企业接受的实物资产和无形资产投资，按评估或双方确认的价值(或实物的发票价值)及相关的税费作为实收资本入账，同时借记“库存商品”“固定资产”“无形资产”等账户。

【例 13-7】 康利、中冠两个公司共同投资设立兴华有限责任公司，公司注册资本为 200 万元，双方各占 50%的股权。其中，康利公司以仓库作价投入，其账面原值 150 万元，已提折旧 40 万元，评估确认的固定资产原值为 160 万元，净值为 100 万元；中冠公司投入一批商品，评估价值为 30 万元，该批商品的增值税税率为 17%，余额以银行存款投入。

兴华有限责任公司的会计处理如下。

(1) 实际收到康利公司投资时：

借：固定资产	1 600 000	
贷：实收资本——康利公司		1 000 000
累计折旧		600 000

(2) 实际收到中冠公司投资时：

借：库存商品	300 000	
应交税费——应交增值税(进项税额)	51 000	

银行存款　　649 000
贷：实收资本——中冠公司　　1 000 000

3. 股票发行的会计处理

商品流通企业可以按照证监会的相关要求，在深圳证券交易所或上海证券交易所上市融资，也可以在中国香港或海外上市。以发行股票方式筹集的股本，通过“股本”账户进行会计处理；既发行普通股又发行优先股时，“股本”账户下分设明细账对普通股和不同类型的优先股分别登记。因发行股票、可转换债券转换成股票、发放股票股利等原因取得股本时，记入“股本”账户贷方；按法定程序报经批准减少注册资本的公司在实际发还股款时，记入“股本”账户借方；“股本”账户贷方余额，表示公司所拥有的股本总额。

【例 13-8】 2016 年 12 月 31 日，深发公司发行普通股 6 000 万股，同时发行优先股 800 万股，普通股和优先股的每股面值均为 1 元，上述两种股票均按面值发行，不计算其他费用，全部股款已收讫入账。

深发公司的会计处理如下：

借：银行存款　　68 000 000
贷：股本——普通股　　60 000 000
——优先股　　8 000 000

4. 可转换债券转为股本的会计处理

可转换债券转为股本的会计处理，请参阅本章的“可转换公司债券”部分。

二、资本公积转增资本

资本公积的主要用途是转增资本金，即通常所说的转增股份。商品流通企业按法定程序将资本公积中的有关内容转增资本金，只会引起所有者权益内部结构的变化，不会改变所有者权益总额，也不会改变每位投资者在所有者权益总额中所占的份额。

经股东大会或类似机构决议，用资本公积转增资本，借记“资本公积”账户，贷记“实收资本”或“股本”账户。

【例 13-9】 丰源公司将 400 000 元的资本公积转增资本。在原来的注册资本中 A、B、C 和 D 四位投资者的投资比例分别为 36%、16%、28%和 20%，资本公积转增资本后每位投资者增加的实收资本数额分别为 144 000 元、64 000 元、112 000 元和 80 000 元。

丰源公司按法定程序办完增资手续后，会计处理如下：

借：资本公积　　400 000
贷：实收资本——A　　144 000
——B　　64 000
——C　　112 000
——D　　80 000

三、盈余公积转增资本

盈余公积转增资本对商品流通企业的资产、负债及所有者权益总额均不产生影响，只改变所有者权益内部的结构。

【例 13-10】 时风商贸公司经股东大会同意并按规定办完增资手续后，将法定盈余公积中的 12 000 元用于增加资本。

时风商贸公司的会计处理如下：

借：盈余公积——法定盈余公积　　12 000

　贷：实收资本　　12 000

商品流通企业为股份有限公司时，经股东大会决议，用盈余公积派送新股时，按派送新股计算的金额减少盈余公积，按股票面值和派送新股总数计算的金额增加股本，两者差额计入资本公积。

【例 13-11】 时风商贸公司按 10 送 1 的方案用盈余公积派送新股，参照股票市价确定的派送价格为每股 13 元，股票面值为 1 元，派送前的普通股总数为 100 000 股，本次派送新股总数为 10 000 股。在派送新股所需的资金中，80 000 元来源于法定盈余公积，而另 50 000 元来源于任意盈余公积。

时风商贸公司的会计处理如下：

借：盈余公积——法定盈余公积　　80 000

　　　　　　——任意盈余公积　　50 000

　贷：股本——普通股　　10 000

　　　资本公积——股本溢价　　120 000

第三节　利润分配的核算

一、提取盈余公积

商品流通企业提取法定盈余公积和任意盈余公积时，通过“盈余公积”账户及相关明细账户的贷方进行会计处理。商品流通企业提取盈余公积的过程属于净收益的分配过程. 同时还通过“利润分配”账户及其相关明细账进行会计处理。因此，提取盈余公积时借记“利润分配”账户及相应明细账户，贷记“盈余公积”账户及相应明细账户。

【例 13-12】 惠丰公司 2016 年的税后净收益为 5 000 000 元，分别按 10%和 8%的比例提取法定盈余公积和任意盈余公积。

$$法定盈余公积提取额=5\,000\,000\times10\%=500\,000(元)$$

$$任意盈余公积提取额=5\,000\,000\times8\%=400\,000(元)$$

惠丰公司的会计处理如下：

借：利润分配——提取法定盈余公积　　500 000

　　　　　　——提取任意盈余公积　　400 000

　贷：盈余公积——法定盈余公积　　500 000

　　　　　　　——任意盈余公积　　400 000

二、弥补亏损

1. 利润补亏的会计处理

商品流通企业发生的亏损，可以用以后年度实现的税前净利润弥补。商品流通企业当年实现的利润，从“本年利润”账户转入“利润分配——未分配利润”账户，将本年实现的利润结转到“利润分配——未分配利润”账户的贷方，贷方发生额与“利润分配——未分配利润”账户的借方余额自然抵补。

以前年度未弥补完的亏损，可以用当年实现的税前利润弥补，有的则用税后利润弥补。在用税前利润弥补时，弥补的数额可以抵扣当期应纳税所得额；用税后利润弥补时，则不能抵扣当期应纳税所得额。

【例 13-13】 爱德公司 2012 年的应纳税所得额为−1 000 万元；2013 年该公司的应纳税所得额为 500 万元；2014 年该公司的应纳税所得额为 1 200 万元。假定 2012—2014 年无其他暂时性差异，公司在未来期间很可能获得足够的应纳税所得额抵扣递延所得税资产，公司按税后利润的提取法定盈余公积，适用的企业所得税税率为 25%。

2012 年 12 月 31 日，由于当年亏损 1 000 万元，公司提取的盈余公积为零。公司确认的递延所得税资产=1 000×25%=250（万元）。

爱德公司的会计处理如下：

借：递延所得税资产　　　　2 500 000

　贷：所得税费用　　　　　　2 500 000

2013 年公司应纳税所得额为 500 万元，不足以弥补 2012 年发生的 1 000 万元亏损，提取的盈余公积为零。转回的递延所得税资产=500×25%=125（万元）。

爱德公司的会计处理如下：

借：所得税费用　　　　1 250 000

　贷：递延所得税资产　　　　1 250 000

2014 年 12 月 31 日，公司应交所得税=（1 200−500）×25%=175（万元），提取的盈余公积=（1 200−175−500）×10%=52.5（万元），转回的递延所得税资产=（1 000−500）×25%=125（万元）。

爱德公司的会计处理如下：

借：利润分配——提取盈余公积　　　　525 000

　贷：盈余公积　　　　525 000

借：所得税费用——当期所得税费用　　　　1 750 000

　　　　　　——递延所得税费用　　　　1 250 000

　贷：递延所得税资产　　　　1 250 000

　　应交税费——应交所得税　　　　1 750 000

假定公司 2014—2016 年均无应纳税所得额和其他暂时性差异。2017 年应纳税所得额为 800 万元，当年适用的企业所得税税率为 25%，其他条件不变。

2017 年 12 月 31 日，公司应交所得税=（800−500）×25%=75（万元），提取的盈余公积=（800−75−500）×10%=22.5（万元），转回的递延所得税资产=（1 000−500）×25%=125（万元）。

爱德公司的会计处理如下：

借：利润分配——提取盈余公积　　　　225 000

　贷：盈余公积　　　　225 000

借：所得税费用——当期所得税费用　　　　750 000

　　　　　　——递延所得税费用　　　　1 250 000

　贷：递延所得税资产　　　　1 250 000

应交税费——应交所得税　　　　　　　　　　　　　　750 000

假定公司 2014—2016 年均无应纳税所得额和其他暂时性差异。2017 年应纳税所得额为 300 万元，当年适用的企业所得税税率为 25%，其他条件不变。

2017 年 12 月 31 日，当年应纳税所得额不足以弥补以前年度的亏损，公司不用缴纳企业所得税；提取的盈余公积为零；所得税费用=300×25%=75（万元）；转回的递延所得税资产=（1 000–500）×25%=125（万元）。

爱德公司的会计处理如下：

借：所得税费用——递延所得税费用　　　　　　　　　750 000
　　营业外支出　　　　　　　　　　　　　　　　　　500 000
　　贷：递延所得税资产　　　　　　　　　　　　　　　1 250 000

2. 盈余公积弥补亏损的会计处理

商品流通企业未弥补的亏损表现为“利润分配——未分配利润”账户借方余额，因此，用盈余公积弥补亏损，借记“盈余公积”账户，贷记“利润分配”账户。但在会计处理上并不直接贷记“利润分配”账户下的“未分配利润”明细账户，而是记入“利润分配”账户下的“盈余公积补亏”明细账户的贷方，结转“利润分配”账户时再从“盈余公积补亏”明细账的借方转入“未分配利润”明细账的贷方。

【例 13-14】 强盛公司 2016 年用任意盈余公积 800 000 元弥补以前年度亏损。

强盛公司的会计处理如下：

记入“利润分配——盈余公积补亏”明细账：

借：盈余公积——任意盈余公积　　　　　　　　　　800 000
　　贷：利润分配——盈余公积补亏　　　　　　　　　　800 000

结转“利润分配——未分配利润”明细账：

借：利润分配——盈余公积补亏　　　　　　　　　　800 000
　　贷：利润分配——未分配利润　　　　　　　　　　　800 000

三、分配股利

股东有权分享商品流通企业的净收益，股利分派是商品流通企业向股东分配收益的常用形式。尽管在董事会宣布分派股利之前，商品流通企业并不承担向股东分派股利的责任。但一旦宣布分派股利，向股东分派股利便成为商品流通企业要履行的责任。

商品流通企业向股东分派股利通常有两种形式：现金股利和股票股利。

（1）现金股利。现金股利的会计处理通常涉及宣告和支付两个环节。

在现金股利宣告日，商品流通企业董事会向公众宣布分派股利即成为企业产生应付股利责任的标志。为此，会计人员在股利宣告日，按宣布发放现金股利的金额记录应付股利的发生，同时减少留存收益。

在现金股利支付日，只需记录应付股利的清偿即可。

【例 13-15】 2016 年 12 月 20 日，乐扣商贸公司宣布发放现金股利 5 000 000 元，于 2017 年 2 月 1 日向股东支付。

2016 年 12 月 20 日股利宣告日的会计处理如下：

借：利润分配——应付普通股股利　　　　　　　　5 000 000

贷：应付股利　　5 000 000

2017 年 2 月 1 日股利支付日的会计处理如下：

借：应付股利　　5 000 000

贷：库存现金　　5 000 000

(2)股票股利。商品流通企业分派股票股利时，不需要发生实际的资产流出，仅需将留存收益(未分配利润)转作实收资本。

【例 13-16】 2016 年 12 月 17 日，沪宁商贸公司宣布并发放股票股利，比例为 10 送 1(即10%的比例)，公司原有股份为 1 000 000 股，每股面值 1 元，股价为每股 50 元。会计处理如下：

借：利润分配——转作股本的股利　　5 000 000

贷：股本——普通股　　100 000

资本公积——资本溢价　　4 900 000

若沪宁商贸公司发放股票股利的比例为 10 送 1，股价为 1 元，则会计处理如下：

借：利润分配——转作股本的股利　　100 000

贷：股本——普通股　　100 000

由此可见，无论大量或少量分派股票股利，都不会影响股东权益总额，也不会改变原有股东的持股比例。但在外流通的股票数量会因股票股利的发放而增加，导致每股账面价值和每股利润的下降，最终股票价格会因此而下降。但多数情况下，股票价格与每股账面价值和每股利润不会同比例下降，为此总市值仍会上升。同时分派股票股利毕竟是利好消息，每股市价在短暂下跌之后会重新攀升，最终使股东受益。在某些情况下，分派股票股利不但不会使股票价格下降反而会使其上升。

(3)盈余公积分配股利。商品流通企业为股份有限公司时，经股东大会决议，可用盈余公积分派现金股利或股票股利。分配现金股利时，借记“盈余公积”账户，贷记“应付股利”账户；分配股票股利时，借记“盈余公积”账户，贷记“股本”账户。

四、未分配利润

未分配利润是指截止到本年度的累计未分配利润，包括商品流通企业以前年度累计的尚未分配的利润，以及本年度的未分配利润数额。这一数额体现为“利润分配——未分配利润”账户的贷方余额，若该账户为借方余额，则反映历年累计的未弥补亏损。商品流通企业各期的经营成果，即税后净利润经过分配后留存在商品流通企业中的部分，逐渐在该账户中得以累计。该数据钩稽了资产负债表和利润表，利润表中的净利润被分配之后的余额，形成当期的未分配利润，当期的未分配利润加上期初的未分配利润，就形成了资产负债表中的未分配利润。

【例 13-17】 迎铎公司用实现的净利润弥补亏损已经有 3 年，第 4 年尚未弥补的亏损有30 万元，第 4 年实现的净利润为 15 万元，第 5 年的利润总额为 40 万元。假设公司没有纳税调整，所得税税率为 25%。

迎铎公司的会计处理如下。

第 4 年年末，弥补以前年度亏损：

借：本年利润　　150 000

贷：利润分配——未分配利润　　150 000

第 5 年年末：

应交所得税=400 000×25%=100 000(元)

借：所得税费用　　100 000

　　贷：应交税费——应交所得税　　100 000

借：本年利润　　100 000

　　贷：所得税费用　　100 000

借：本年利润　　300 000

　　贷：利润分配——未分配利润　　300 000

第 5 年年末，用税后利润弥补亏损 15 万元，“利润分配——未分配利润”账户贷方余额为：30–(30–15)=15(万元)。

五、每股收益

每股收益是衡量商品流通企业盈利能力的一个重要财务指标。在财务分析中，将每股收益和其他指标相结合，可以对商品流通企业的经营业绩进行深入而广泛的分析预测，如市盈率(每股市价/每股收益)和股息支付率(每股股息/每股收益)。前者说明商品流通企业的成长前景；后者则表明分配和再投资的比例。

每股收益包括基本每股收益和稀释每股收益。

基本每股收益，是指商品流通企业应当按照属于普通股股东的当前净利润，除以发行在外普通股的加权平均数从而计算出的每股收益。如果商品流通企业有合并财务报表，则以合并财务报表为基础计算和披露每股收益。

基本每股收益可按以下公式计算：

每股收益=(净收益–优先股应享股利)÷当期发行在外普通股加权平均数

当期发行在外普通股加权平均数=期初发行在外普通股股数+当期新发行普通股股数×发行在外时间÷报告期时间–当期回购普通股股数×已回购时间÷报告期时间

【例 13-18】华德公司 2016 年 1 月 1 日外发给股东持有普通股为 200 000 股，于 7 月 1 日又增发 20 000 股，10 月 1 日又购回库存股份 10 000 股。当年的净收益为 253 000 元。华德公司同时拥有在外流通的优先股 50 000 股，每股股利率为 8%，面值为 1 元。

当年外发普通股的加权平均数为：

200 000+20 000×6/12–10 000×3/12=207 500(股)

优先股股利=1×50 000×8%=4 000(元)

每股收益=(253 000–4 000)÷207 500=1.2(元/股)

稀释每股收益，是指假设公司所发行的可更换为普通股的证券及可履行认购普通股的证券，在当年年初时全部更换及全部履行后的普通股每股净收益，目的是让普通股股东了解他们将享有的每股净收益的最低限额。

在计算稀释每股收益时，在原先的每股净收益的基础上，分子、分母都应进行相应的调整，分母会因在外流通的普通股的数量的增加而增加，分子会因优先股股利的减少（假定可转换优先股转换为普通股）或债券利息的减少（假定可转换公司债转换为普通股）而发生变动。举例说明如下。

【例 13-19】 承【例 13-18】，假设的优先股为可更换的优先股，每股可更换为 2 股普通股，那么 50 000 股的优先股可更换为 100 000 股普通股。同时该公司还拥有可转换公司债券，面值为 120 000 元，利率为 6%，可转换为普通股 1 200 股。华德公司的稀释每股收益为：

$$(253\ 000+120\ 000\times6\%)\div(207\ 500+100\ 000+1\ 200)=0.84（元/股）$$

计算表明，如果可转换优先股和可转换债券均在当年年初转换为普通股，将使普通股每股净收益由原先的 1.2 元减少到 0.84 元。

复习思考题

1．商品流通企业的短期借款有哪些途径？

2．请解释公司债券折价发行和溢价发行的经济实质。

3．商品流通企业发行可转换公司债券时，如何进行会计处理？

第十四章

商品流通企业投资、固定资产与长期待摊费用的核算

【学习目标】

1. 掌握交易性金融资产的会计处理。
2. 掌握持有至到期投资的会计处理。
3. 掌握可供出售金融资产的会计处理。
4. 掌握成本法和权益法下长期投权投资的会计处理。
5. 掌握通过外购、盘盈、接受捐赠等途径取得固定资产的会计处理。
6. 掌握固定资产折旧方法及其会计处理。
7. 掌握固定资产减值的会计处理。
8. 掌握处置固定资产的会计处理。
9. 掌握出租、报废、出售无形资产的会计处理。
10. 掌握长期待摊费用的会计处理。

第一节　投资的核算

商品流通企业的投资包括金融资产投资和长期股权投资，金融资产包括交易性金融资产、持有至到期投资、可供出售金融资产等，本节主要介绍这些业务的会计处理。

一、交易性金融资产

商品流通企业的金融资产包括以公允价值且其变动计入当期损溢的金融资产、持有到期投资、可供出售金融资产和应收款项等。

以公允价值且其变动计入当期损溢的金融资产在初始确认时，按照公允价值进行计量，相关交易费用直接计入当期损溢，即记入“投资收益”账户，不计入初始确认金额。交易费用是指可直接归属于购买、发行、处置金融工具的新增的外部费用，通常包括中介机构的手续费和佣金等，不包括债券溢价、折价及融资费用，债券溢价、折价及融资费用通常构成债券的初始成本。

【例 14-1】 2015 年 1 月 1 日，华商公司取得交易性金融资产(债券：面值 100 万元，利率 3%)，支付价款 103 万元(含已宣告发放利息 3 万元)，另支付交易费用 2 万元。2015 年 1 月 10 日收到最初支付价款中所含利息 3 万元。2015 年 12 月 31 日债券公允价值为 110 万元。2016 年 1 月 10 日收到 2015 年的利息 3 万元。2016 年 5 月 1 日将该债券处置，售价 112 万元。

华商公司的会计处理如下。

(1)2015 年 1 月 1 日取得交易性金融资产：

借：交易性金融资产——成本　　1 000 000
　　应收利息　　30 000
　　投资收益　　20 000
　　贷：银行存款　　1 050 000

(2) 2015 年 1 月 10 日收到最初支付价款中所含利息 3 万元：

借：银行存款　　30 000
　　贷：应收利息　　30 000

(3) 2015 年 12 月 31 日，债券公允价值为 110 万元：

借：应收利息　　30 000
　　贷：投资收益　　30 000

借：交易性金融资产——公允价值变动　　70 000
　　贷：公允价值变动损溢　　70 000

借：公允价值变动损溢　　70 000
　　贷：本年利润　　70 000

(4) 2016 年 1 月 10 日收到 2015 年的利息：

借：银行存款　　30 000
　　贷：应收利息　　30 000

(5) 2016 年 5 月 1 日将该债券处置（售价 112 万元）：

借：银行存款　　1 120 000
　　贷：交易性金融资产——成本　　1 000 000
　　　　　　　　　　　——公允价值变动　　70 000
　　　　投资收益　　50 000

交易性金融资产，在商品流通小企业会计处理中通过短期投资进行。短期投资，是指商品流通小企业购入的能随时变现并且持有时间不准备超过 1 年（含 1 年）的投资。如小企业以赚取差价为目的从二级市场购入的股票、债券、基金等。

短期投资采用历史成本计量。取得短期投资，按照实际支付的购买价款作为成本进行计量。实际支付价款中包含的已宣告但尚未发放的现金股利或已到付息期但尚未领取的债券利息，单独确认为应收股利或应收利息，不计入短期投资的成本。

短期投资在持有期间，被投资单位宣告发放的现金股利或在资产负债表日按分期付息、一次还本债券投资的票面利率计算的利息收入，计入投资收益。

出售短期投资，将实际取得的价款与短期投资账面余额之间的差额计入投资收益。

二、持有至到期投资

持有至到期投资，是指到期日固定、回收金额固定或可确定，且商品流通企业有明确意图和能力持有至到期的非衍生金融资产。一般来讲，能够划分为持有至到期投资的金融资产，主要是指债券型投资，如从二级市场上购入的固定利率国债、浮动利率金融债券等。持有至到期投资通常具有长期性质，但期限较短（1 年以内）的债券投资，符合持有至到期投资条件的，也可以将其划为持有至到期投资。

1. 持有至到期投资的初始计量

商品流通企业在进行持有至到期投资的会计处理时，主要解决该项金融资产实际利率的计算、摊余成本的确定、持有期间的收益确认，以及处置该金融资产时的损溢处理等问题。

持有至到期投资初始确认时，按照公允价值计量和交易费用之和作为入账金额，计算确定其实际利率，并在该持有至到期投资预期存续期间保持不变。持有至到期投资取得时发生的交易费用，按照规定计入初始确认金额。持有至到期投资取得时的交易费用在发生时，先记入“持有至到期投资——利息调整”账户，在以后的持有期间内与持有至到期投资发生的溢折价一并按实际利率法进行摊销，计入当期损溢。实际利率，是指将金融资产或金融负债在预期存续期间内的未来现金流量，折现为金融资产或金融负债当前账面价值所使用的利率。

【例 14-2】2015 年 1 月 1 日，长远公司从活跃市场上购入京金公司当日发行的 5 年期债券作为持有至到期投资，债券面值 20 000 元，购入价 20 400 元，另发生交易费用 437 元，票面利率 7%，该债券为每年付息、到期还本债券。不考虑其他相关因素，则该持有至到期投资的初始确认金额为 20 837 元，如表 14-1 所示。

表 14-1 持有至到期投资利息收益一览表

单位：元

年　份	应收利息 （a=面值×票面利率）	实际利息 （b=dx 实际利率）	利息调整 （c=a−b）	摊余成本 d
2015 年 1 月 1 日				20 837
2015 年年末	1 400	1 250	150	20 687
2016 年年末	1 400	1 241	159	20 528
2017 年年末	1 400	1 232	168	20 360
2018 年年末	1 400	1 222	178	20 182
2019 年年末	1 400	1 218①	182	20 000

注：①尾数调整。

计算实际利率 i:

$$20\,000\times(P/F,\ i,\ 5)+20\,000\times7\%\times(P/A,i,5)=20\,837$$

通过插值法，计算出 i=6%。

(1) 2015 年 1 月 1 日购入债券：

借：持有至到期投资——成本　　20 000

　　　　　　　　——利息调整　　837

　贷：银行存款　　20 837

(2) 2015 年 12 月 31 日，确认实际利息收入：

借：应收利息　　1 400

　贷：持有至到期投资——利息调整　　150

　　　投资收益　　1 250

收到利息时：

借：银行存款　　　　　　　　　　　　　　　　　　　　1 400

　　贷：应收利息　　　　　　　　　　　　　　　　　　　　1 400

2．持有至到期投资的后续计量

商品流通企业采用实际利率法，按摊余成本对持有至到期投资进行后续计量。实际利率法，是指按照金融资产或金融负债的实际利率计算其摊余成本及各期利息收入的方法。摊余成本，是指金融资产的初始金额经过下列调整后的结果。

(1)扣除已偿还的本金。

(2)加上或减去采用实际利率法将该初始金额与到期日金额之间的差额进行摊销形成的累计摊销额。

(3)扣除已发生的减值损失。

摊余成本的计算公式为：

摊余成本=初始确认金额−已偿还的本金−累计摊销额−减值损失(或无法收回的金额)

商品流通企业在持有至到期投资持有期间，采用实际利率法，按照摊余成本和实际利率计算利息收入，计入投资收益。

【例 14-3】 2015 年 1 月 1 日，万通公司以 95 083 元的价格(包括买价和交易费用)购入京金公司面值为 100 000 元、3 年期、利率为 10%的公司债券，准备持有至到期。该债券每半年(1 月 1 日和 7 月 1 日)付息一次。根据计算，可知该债券投资的实际利率为 12%。按实际利率法摊销折价及计算各期利息，如表 14-2 所示。

表 14-2　持有至到期投资利息收益一览表

单位：元

付息日期	借：银行存款 (或应收利息) (1)=面值×5%	贷：投资收益(利息收入) (2)=实际利率(6%)×上期(4)	贷：持有至到期投资 (利息调整) (3)=(2)−(1)	摊余成本 (40)=上期 (4)+(3)
2015 年 1 月 1 日				95 083
2015 年 6 月 30 日	5 000	5 705	705	95 788
2015 年 12 月 31 日	5 000	5 747	747	96 535
2016 年 6 月 30 日	5 000	5 792	792	97 327
2016 年 12 月 31 日	5 000	5 840	840	98 167
2017 年 6 月 30 日	5 000	5 890	890	99 057
2017 年 12 月 31 日	5 000	5 943	943	100 000
合　计	30 000	34 917	4 917	—

万通公司的会计处理如下：

借：持有至到期投资——成本　　　　　　　　　　　　100 000

　　贷：持有至到期投资——利息调整　　　　　　　　　　4 917

　　　　银行存款　　　　　　　　　　　　　　　　　　95 083

2015 年 6 月 30 日：

借：应收利息　　　　　　　　　　　　　　　　　　5 000

　　持有至到期投资——利息调整　　　　　　　　　　705

　　贷：投资收益　　　　　　　　　　　　　　　　　　5 705

2015 年 7 月 1 日：

借：银行存款　　5 000

　　贷：应收利息　　5 000

2015 年 12 月 31 日：

借：应收利息　　5 000

　　持有至到期投资——利息调整　　747

　　贷：投资收益　　5 747

2016 年 1 月 1 日：

借：银行存款　　5 000

　　贷：应收利息　　5 000

假定万通公司经过计算，发现所持有的京金公司的债券在 2015 年 12 月 31 日的现值只有 90 000 元，则万通公司计提减值准备 6 535 元(96 535−90 000)。

借：资产减值损失　　6 535

　　贷：持有至到期投资减值准备　　6 535

3. 持有至到期投资转换

商品流通企业因持有至到期投资部分出售或重新分类的金额较大，且不属于例外情况，使该投资的剩余部分不再适合划分为持有至到期投资，商品流通企业将该投资剩余部分重新分类为可供出售金融资产。持有至到期投资采用实际利率法以摊余成本计量，而可供出售金融资产则是以公允价值计量。因此，企业需由原摊余成本改为公允价值计量。摊余成本与公允价值之间的差额计入所有者权益，待该金融资产发生减值或终止确认时转出，计入当期损溢。

【例 14-4】 假设大华股份公司是一家上市的商品流通企业，2015 年 1 月 2 日购入华凯公司 2015 年 1 月 1 日发行的 5 年期债券，票面利率为 14%，债券面值为 1 000 元。公司按 105 359 元的价格购入 100 份，支付有关交易费 2 000 元。该债券于每年 6 月 30 日和 12 月 31 日支付利息，最后一年偿还本金并支付最后一次利息。持有一年后即 2016 年 1 月 2 日，由于管理层投资意图改变，不再打算将其持有至到期而改为可出售债券投资。由于市场利息变动，华凯公司债券每份市场价格，即公允价值为 1 050.14 元，总投资公允价值为 105 014 元，而此时大华公司该项投资的摊余成本为 106 208.57 元。

大华股份公司的会计处理如下：

借：可供出售金融资产　　105 014

　　其他综合收益　　1 194.57

　　贷：持有至到期投资——成本　　100 000

　　　　　　　　　　——利息调整　　6 208.57

假设大华公司于 2016 年 6 月 1 日出售该债券投资，收取现金 106 100 元，此时将计入所有者权益的差额转出，计入当期损溢。会计处理如下：

借：银行存款　　106 100

　　投资收益　　108.57

　　贷：可供出售金融资产　　105 014

　　　　其他综合收益　　1 194.57

持有至到期投资按照实际利率法确认的利息收入，可计入当期应纳税所得额。

持有至到期投资，在商品流通小企业会计处理中通过长期债券投资进行。长期债券投资，是指商品流通小企业购入的在 1 年内(不含 1 年)不能变现或不准备随时变现的债券投资。长期债券投资按照实际支付的购买价款作为成本进行计量。实际支付价款中包含的已到付息期但尚未领取的债券利息，单独确认为应收利息，不计入长期债券投资的成本。

长期债券投资在持有期间，按月计算的应收利息应当确认为投资收益。分期付息、一次还本的长期债券投资，按月计算的应收未收利息确认为应收利息，不增加长期债券投资的账面余额。一次还本付息的长期债券投资，按月计算的应收未收利息增加长期债券投资的账面余额。

长期债券投资损失于实际发生时计入营业外支出，同时冲减长期债券投资账面余额。

处置长期债券投资，实际取得价款与其账面余额之间的差额，计入投资收益。

三、可供出售金融资产

1. 取得的可供出售金融资产为股票投资

商品流通企业取得的可供出售金融资产为股票投资的，按其公允价值与交易费用之和，借记“可供出售金融资产——成本”账户；按支付的价款中包含的已宣告但尚未发放的现金股利，借记“应收股利”账户；按实际支付的金额，贷记“银行存款”等账户。在这种情况下，虽然可供出售金融资产也是股票投资，但与交易性金融资产中的股票投资不同，交易性金融资产中的交易费用冲减投资收益，可供出售金融资产中的交易费用计入投资成本。

【例 14-5】 2016 年 4 月 10 日，万商公司购入华航公司股票 2 万股，作为可供出售金融资产，每股 10 元(含已宣告但尚未发放现金股利 1 元)，另支付交易费用 0.1 万元。

万商公司的会计处理为：

借：可供出售金融资产——成本　　181 000(20 000×9+1 000)

　　应收股利　　20 000(20 000×1)

　　贷：银行存款　　201 000

2. 取得的可供出售金融资产为债券投资

商品流通企业取得的可供出售金融资产为债券投资的，按债券的面值，借记“可供出售金融资产——成本”账户；按支付的价款中包含的已到付息期但尚未领取的利息，借记“应收利息”账户，一次还本付息债券支付价款中包含的应计利息，借记“可供出售金融资产——应计利息”账户；按实际支付的金额，贷记“银行存款”等账户；按差额，借记或贷记“可供出售金融资产——利息调整”账户。处置金融资产时产生的交易费用直接冲减处置资产的收益，即减少投资收益的账面余额。

【例 14-6】 2014 年 12 月 3 日，方大公司以 100 万元购入京金公司发行的债券(到期一次还本付息)，并划为可供出售金融资产。该项债券当年年末的公允价值为 105 万元：2015 年 12 月 31 日，该项债券的公允价值为 98 万元，由于京金公司出现了财务困难，不能足额支付到期本息，根据测算，该债券的未来现金流量折现值为 80 万元：2016 年 4 月 26 日，方大公司出售了该项债券，取得净收入 95 万元。

方大公司的会计处理如下。

(1)取得投资：

借：可供出售金融资产——成本　　1 000 000

贷：银行存款　　　　　　　　　　　　　　　　　　　　　　1 000 000

(2)2014 年 12 月 31 日，按公允价值调整该投资的账面价值：

借：可供出售金融资产——公允价值变动　50 000(1 050 000–1 000 000)

　贷：其他综合收益　　　　　　　　　　　　　　　　　　　　50 000

(3)2015 年 12 月 31 日，计提可供出售金融资产减值准备：

借：资产减值损失　　　　　　　　　　250 000(1 050 000–800 000)

　贷：可供出售金融资产——公允价值变动　　　　　　　　　200 000

　　其他综合收益　　　　　　　　　　　　　　　　　　　　50 000

(4)2016 年 4 月 26 日，出售该项债券投资时：

借：银行存款　　　　　　　　　　　　　　　　　　950 000

　可供出售金融资产——公允价值变动　　　　　　　　200 000

　贷：可供出售金融资产——成本　　　　　　　　　　　　1 000 000

　投资收益　　　　　　　　　　　　　　　　　　　　　　150 000

如果可供出售金融资产发生减值，按应减记的金额，借记“资产减值损失”账户；按应从所有者权益中转出原计入其他综合收益的累计损失金额，贷记“其他综合收益”账户；按其差额，贷记“可供出售金融资产减值准备”账户。

【例 14-7】 2015 年 12 月 3 日，翠微公司以 100 万元购入华软公司发行的债券(到期一次还本付息)，并划为可供出售投资。该项债券 2015 年 12 月 31 日的公允价值为 105 万元。2016 年 12 月 31 日，该项债券的公允价值为 98 万元。由于华软公司出现了财务困难，不能足额支付到期本息，根据测算，该债券的未来现金流量折现值为 80 万元。

2016 年 12 月 31 日，计提可供出售金融资产减值准备：

借：资产减值损失　　　　　　　　　　200 000(1 000 000–800 000)

　贷：可供出售金融资产减值准备　　　　　180 000(980 000–800 000)

　　其他综合收益　　　　　　　　　　　　　　　　　　　　20 000

已确认减值损失的可供出售金融资产为债权投资的，在随后会计期间内公允价值已上升且客观上和确认原减值损失事项有关的，应在原已计提的减值准备金额内，按恢复增加的金额，借记“可供出售金融资产减值准备”账户，贷记“资产减值损失”账户。已确认减值损失的可供出售金融资产为股票等权益工具投资的，在随后会计期间内公允价值已上升且客观上和确认原减值损失事项有关的，应在原已计提的减值准备金额内，按恢复增加的金额，借记“可供出售金融资产减值准备”账户，贷记“其他综合收益”账户。

四、长期股权投资

根据《企业会计准则第 2 号——长期股权投资》(2014)，商品流通企业的长期股权投资，是指投资方对被投资单位实施控制、重大影响的权益性投资，以及对其合营企业的权益性投资。

为了计算长期股权投资，商品流通企业设置“长期股权投资”账户；利用权益法计算长期股权投资时，商品流通企业还要设置“成本”“损溢调整”“其他权益变动”等明细账户，进行明细会计处理。

1. 长期股权投资的成本法

商品流通企业的长期股权投资，分不同情况采用成本法或权益法进行会计处理，确定期末账面余额。投资方能够对被投资单位实施控制的长期股权投资，采用成本法进行会计处理。投资方对联营企业和合营企业的长期股权投资，采用权益法进行会计处理。长期股权投资成本法的会计处理分为投资时、持有期间和处置时的会计处理。

（1）投资时的会计处理。初始投资或追加投资时，按照初始投资或追加投资时的初始投资成本或追加投资后的初始投资成本，作为长期股权投资的账面价值。

（2）持有期间的会计处理。

1）现金股利的处理。被投资单位宣告分派的利润或现金股利，投资企业按应享有的部分，确认为当期投资收益。

【例 14-8】 中商公司 2017 年 1 月 1 日，以银行存款购入华为公司 10%的股份，并准备长期持有，采用成本法进行会计处理。华为公司于 2017 年 5 月 2 日宣告分派 2016 年年度的现金股利 100 000 元。

2017 年 5 月 2 日宣告发放现金股利时，中商公司按投资持股比例计算的份额确认为投资收益。中商公司的会计处理如下：

借：应收股利	10 000	
贷：投资收益		10 000

2）期末计提减值。商品流通企业长期股权投资的减值准备，可以通过“长期股权投资减值准备”账户进行会计处理。“长期股权投资减值准备”期末贷方余额，反映商品流通企业已计提但尚未转销的长期股权投资减值准备。

资产负债表日，长期股权投资发生减值的，按应减记的金额，借记“资产减值损失”账户，贷记“长期股权投资减值准备”账户。

处置长期股权投资时，同时结转已计提的长期股权投资减值准备。

（3）处置时的会计处理。处置长期股权投资，其账面价值与实际取得价款的差额，计入当期损溢（投资收益）。

借：银行存款（收到的价款）
　　长期股权投资减值准备
　　贷：长期股权投资
　　　　投资收益（亏损在借方）

2．长期股权投资的权益法

权益法，是指投资以初始投资成本计量后，在投资持有期间根据投资企业享有被投资单位所有者权益份额的变动对投资的账面价值进行调整的方法。

长期股权投资权益法的会计处理也分为三部分：投资时、持有期间和处置时的会计处理。

（1）投资时的会计处理。投资时的会计处理先确定初始投资成本，然后对初始投资成本进行调整。

【例 14-9】 中商公司支付 200 万元取得建峰公司 30%的股权，取得投资时被投资单位可辨认净资产的公允价值为 600 万元。假设中商公司能够对建峰公司施加重大影响。

中商公司的会计处理如下：

借：长期股权投资——建峰公司（投资成本）	2 000 000	
贷：银行存款		2 000 000

假设投资时建峰公司可辨认净资产的公允价值为 700 万元，中商公司的会计处理如下：

借：长期股权投资——建峰公司（投资成本）　　2 100 000
　　贷：银行存款　　2 000 000
　　　　营业外收入　　100 000

（2）持有期间的会计处理。采用权益法，持有期间的会计处理有确认损溢、期末计提减值。

1）确认损溢。

① 由于被投资企业净利润的变动，商品流通企业确认投资收益，同时调整长期股权投资。一般情况下，商品流通企业取得长期股权投资后，按照应享有或应分担的被投资单位实现的净损溢的份额，确认投资损溢并调整长期股权投资的账面价值。商品流通企业按照被投资单位宣告分派的利润或现金股利计算应分得的部分，相应减少长期股权投资的账面价值。其会计处理如下：

借：长期股权投资——××公司（损溢调整）
　　贷：投资收益

借：应收股利
　　贷：长期股权投资——××公司（损溢调整）

② 商品流通企业确认被投资单位发生的净亏损，以长期股权投资的账面价值及其他实质上构成对被投资单位净投资的长期权益减记至零为限。如果以后各期被投资单位实现净利润，商品流通企业在计算的收益分享额超过未确认的亏损分担额以后，按超过未确认的亏损分担额的金额，恢复投资的账面价值。

需要注意的是，采用权益法时，如果投资合同或协议中约定在被投资单位出现超额亏损，商品流通企业需要分担额外损失的，在“长期股权投资”账户及其他实质上构成投资的长期权益的账面价值均减记至零的情况下，对于按照投资合同或协议规定仍然需要承担的损失金额，借记“投资收益”账户，贷记“预计负债”账户。商品流通企业在按照合同或协议确认了应承担的超额损失后，对于仍存在被投资单位的额外亏损，不再进行确认。

③ 被投资企业净利润以外的权益变动，商品流通企业确认其他综合收益，同时调整长期股权投资，记入“长期股权投资——其他权益变动”账户。

商品流通企业对于被投资单位除净损溢以外所有者权益的其他变动，在持股比例不变的情况下，按照持股比例计算应享有或承担的部分，调整长期股权投资的账面价值，记入“长期股权投资——其他权益变动”账户，同时增加或减少其他综合收益。会计处理如下：

借：长期股权投资——××公司（其他权益变动）
　　贷：其他综合收益

2）期末计提减值。长期股权投资采用权益法进行会计处理时，计提减值的会计处理如下：

借：资产减值损失
　　贷：长期股权投资减值准备

（3）处置时的会计处理。采用权益法在处置长期股权投资时，按投资成本比例结转原记入“其他综合收益”账户的金额，借记或贷记“其他综合收益”账户，贷记或借记“投资收益”账户。会计处理如下：

借：银行存款
　　长期股权投资减值准备
　　其他综合收益

贷：长期股权投资——成本
　　　　　　　　——损溢调整
　　　　　　　　——其他权益变动
　　投资收益

此外，根据《关于企业股权投资损失所得税处理问题的公告》，企业对外进行股权投资所发生的损失，在经确认的损失发生年度，作为企业损失在计算企业应纳税所得额时一次性扣除。

企业取得短期投资、长期债券投资、长期股权投资等转让收入，无论是以货币形式还是非货币形式体现，除另有规定外，均应一次性计入确认收入的年度计算缴纳企业所得税。

商品流通小企业的长期股权投资按照成本进行计量。长期股权投资采用成本法进行会计处理。被投资单位宣告分派的现金股利或利润，按照应分得的金额确认为投资收益。

处置长期股权投资，实际取得的价款与其成本之间的差额，计入投资收益。

长期股权投资损失应当于实际发生时计入营业外支出,同时冲减长期股权投资账面余额。

从上述规定可以看出，商品流通小企业在进行长期股权投资会计处理时，采用实际成本进行初始计量，采用成本法进行后续计量，并且不计提长期股权投资减值准备。

第二节　固定资产的核算

商品流通企业的固定资产，是指商品流通企业为提供劳务、出租或经营管理而持有的，使用寿命超过一个会计年度的有形资产。

一、固定资产的初始计量

固定资产的来源渠道不同，取得成本的具体构成内容不同，其初始计量方法也不尽相同。

1. 外购的固定资产

商品流通企业外购的固定资产的成本包括买价、进口关税、运输和保险等相关费用，以及为使固定资产达到预计可使用状态所发生的可直接归属于该资产的所有必要支出，如场地整理费、运费、装卸费、安装费和专业人员服务费等。

增值税一般纳税人购进(包括接受捐赠、实物投资)固定资产发生的进项税额，凭增值税专用发票、海关进口增值税专用缴款书和运输费用结算单据从销项税额中抵扣。房屋建筑物等不动产，不允许纳入增值税抵扣范围，小汽车、摩托车和游艇也不纳入增值税改革范围，即商品流通企业购入以上固定资产，不允许抵扣其所含的增值税。以建筑物或者构筑物为载体的附属设备和配套设施，无论在会计处理上是否单独记账与核算，均作为建筑物或者构筑物的组成部分，其进项税额不得在销项税额中抵扣。附属设备和配套设施包括：给排水、采暖、卫生、通风、照明、通信、煤气、消防、中央空调、电梯、电气、智能化楼宇设备和配套设施。

外购的固定资产有两种分类：一种是按照付款方式，分为正常支付和延期支付的固定资产；另一种是按照外购后是否需要安装，分为需要安装和不需要安装的固定资产。

(1)延期支付的固定资产。正常信用条件下支付的固定资产，按照一般购买业务进行会计处理即可，此处不做介绍，重点介绍延期支付的固定资产。

商品流通企业购买固定资产的价款超过正常信用条件延期支付，实质上是具有融资性质的，固定资产的成本以购买成本的现值为基础确定；实际支付的价款以购买价款的现值为基础确定。实际支付的价款与购买价款的现值之间的差额，在信用期间内采用实际利率法进行摊销，摊销金额除满足借款费用资本化条件，计入固定资产成本外，均在信用期间内确认为财务费用，计入当期损溢。

商品流通小企业分期付款购入的固定资产，按照合同约定的付款总额和在签订合同过程中发生的相关税费等，借记“固定资产”账户或“在建工程”账户，贷记“长期应付款”等账户，如果发生增值税，借记“应交税费——应交增值税(进项税额)”账户。

(2)需要安装的固定资产。商品流通企业购入的固定资产分为不需要安装的固定资产和需要安装的固定资产两种情形。不需要安装的固定资产的会计处理比较简单，此处主要介绍需要安装的固定资产的会计处理。

需要安装的固定资产是指购入后需要经过安装才能交付使用的固定资产。这类固定资产，以购入时实际支付的价款及相关税费，且包括安装过程中的安装成本，作为固定资产的入账价值。为了汇总反映固定资产的购进和安装过程，购入需要安装的固定资产，先通过“在建工程”账户归集固定资产的购入成本和安装成本，待固定资产安装完毕交付使用后，再从“在建工程”账户转入“固定资产”账户。

需要注意的是，根据《关于企业手续费及佣金支出税前扣除政策的通知》(财税〔2009〕29 号)的规定，商品流通企业已计入固定资产等相关资产的手续费及佣金支出，通过折旧方式分期扣除，不得在发生当期直接扣除。

2. 盘盈的固定资产

对盘盈的固定资产，作为前期差错进行更正处理。商品流通企业在盘盈固定资产时，首先确定盘盈固定资产的原值、累计折旧和固定资产净值。在按管理权限报经批准处理前，根据确定的固定资产原值，借记“固定资产”账户，贷记“累计折旧”账户；两者的差额，贷记“以前年度损溢调整”账户。

(1)存在同类或类似固定资产活跃市场。盘盈的固定资产，按同类或类似固定资产的市场价格(重置成本)，减去按该项资产的新旧程度估计的价值损耗后的余额，作为入账价值。

【例 14-10】 华利公司于 2016 年 1 月 8 日对公司全部的固定资产进行清查，盘盈一台七成新的运输设备，该设备同类产品市场价格为 500 000 元。

会计处理如下:

借：固定资产	500 000	
贷：累计折旧		150 000
以前年度损溢调整		350 000

(2)不存在同类或类似固定资产活跃市场。盘盈的固定资产，若不存在市场价格，按该固定资产的预计未来现金流量的现值，作为入账价值。

【例 14-11】 2016 年 12 月，丽华公司盘盈一台运输设备，将其出租每年扣除税费后可得净收入 20 000 元，估计尚可使用 3 年，3 年后报废清理时净收入 2 000 元，假设折现率为 6%。

$$该项固定资产的入账价值=20\,000 \div (1+6\%)+20\,000 \div (1+6)^{2}+(20\,000+2\,000) \div (1+6\%)^{3}$$

$$=55\,140(元)$$

商品流通企业在取得固定资产时，要在购买和租赁之间进行权衡。如果选择购买，在付款方式上要在正常支付和延期支付之间进行权衡；如果选择租赁，要在经营租赁和融资租赁之间进行权衡。例如，某企业需要增加一台运输设备来满足日常进货和销货的运输需要。此时，该企业就需要根据运输设备的使用频率、购买价款、相关税费、日常维护设备和自身资金周转程度等决定是购买还是租赁。

商品流通小企业盘盈的固定资产，按照同类或类似固定资产的市场价格或评估价值扣除按照新旧程度估计的折旧后的余额，借记“固定资产”账户，贷记“待处理财产损溢——待处理非流动资产损溢”账户。不用进行以前年度损溢调整，小商品流通企业一般不使用“以前年度损溢调整”账户。

3. 接受捐赠的固定资产

商品流通企业取得捐赠的固定资产，按入账价值，借记“固定资产”账户；捐赠方开具了增值税专用发票的，按照增值税专用发票金额，借记“应交税费——应交增值税(进项税额)”账户，贷记“营业外收入”账户；按企业因接受捐赠资产支付或应付的金额，贷记“银行存款”等账户。

该资产附带有关协议、发票、报关单等凭证注明的价值与公允价值差异不大的，以有关凭证中注明的价值为公允价值；如果没有注明价值或注明价值与公允价值差异较大但有活跃市场的，根据有确凿证据表明的同类或类似资产市场价格作为公允价值；如果没有注明价值且没有活跃市场、不能可靠取得公允价值的，以资产未来预计的现金流量的现值计量。

财政部下发的《关于做好执行会计准则企业2008年年报工作的通知》，其中对接受捐赠的会计处理做出了规定：如果接受控股股东或控股股东的子公司直接或间接的捐赠，从经济实质上判断属于控股股东对企业的资本性投入，作为权益性交易，相关利得计入所有者权益(资本公积)。

【例14-12】 2016年2月，龙德公司接受控股股东捐赠的运输车辆一台，判断其经济实质属于控股股东对公司的资本性投入。根据捐赠运输车辆的发票等有关单据确定其价值为10万元，估计折旧额为2万元，适用的企业所得税税率为25%。龙德公司的会计处理如下。

收到捐赠时：

借：固定资产　　80 000

　　贷：营业外收入——捐赠利得　　80 000

接受捐赠资产作为营业外收入处理，而营业外收入是利润总额的组成部分，因此此笔捐赠需要缴纳企业所得税20 000元(80 000×25%)。

按照上述通知，龙德公司收到捐赠时：

借：固定资产　　80 000

　　贷：应交税费——应交所得税　　20 000[(100 000−20 000)×25%]

　　　　资本公积——其他资本公积　　60 000

公司的当期损溢和所有者权益产生了较大的差异：当期损溢减少了8万元，所有者权益增加了6万元。

二、固定资产的后续计量

商品流通企业固定资产的后续计量主要包括固定资产折旧、减值、复核、处置和报废等业务，此处主要介绍商品流通企业的固定资产折旧、后续支出和减值的会计处理。

1. 固定资产折旧

固定资产参与商品流通企业的日常经营活动，一方面会为企业带来收益，另一方面其价值因为使用或技术进步等原因而逐渐损耗和贬值。折旧，是指在固定资产使用寿命内，按照确定的方法对应计折旧额进行系统分摊。应计折旧额，是指计提折旧的固定资产的原价扣除其预计净残值后的金额。已计提减值准备的固定资产，还应当扣除已计提的固定资产减值准备累计金额。

会计实务中的每月计提折旧，一般是通过编制“固定资产折旧计算表”来完成的。商品流通企业按月计提固定资产折旧时，借记“销售费用”“管理费用”“其他业务成本”等账户，贷记“累计折旧”账户。“累计折旧”账户是固定资产的备抵账户，当计提固定资产折旧额时，记入“累计折旧”账户的贷方；因出售、报废清理、盘亏、转出等原因减少固定资产而相应转销其所提折旧额时，记入“累计折旧”账户的借方；“累计折旧”账户的余额在贷方，反映商品流通企业现有固定资产的累计折旧额。在此，只介绍不存在弃置费用的固定资产折旧。

计算不存在弃置费用的固定资产折旧时，按照固定资产的原价减去预计残值、减值准备来计算固定资产的应计折旧额。

2. 固定资产后续支出

固定资产后续支出是指固定资产使用过程中发生的更新改造支出、修理费用等，其会计处理方法是：与固定资产有关的修理费用等后续支出，不符合固定资产确认条件的，计入当期损溢；与固定资产有关的更新改造等后续支出，符合固定资产确认条件的，计入固定资产成本，同时将被替换部分的账面价值扣除。

(1)费用化的后续支出。固定资产在其使用过程中，由于各个组成部分耐用程度不同或者使用的条件不同，因而往往发生固定资产的局部损坏。为了保持固定资产的正常运转和使用，充分发挥其使用效能，就必须对其进行必要的修理。固定资产修理的目的是恢复固定资产的原有性能，一般不会延长固定资产的使用年限或提高其预计的服务能力。因此，会计上通常将发生的修理支出，均直接计入当期费用，根据不同情况分别在发生时计入管理费用或销售费用。

(2)资本化的后续支出。固定资产发生可资本化的后续支出时，商品流通企业一般将该固定资产的原价、已计提的累计折旧和减值准备转销，将固定资产的账面价值转入在建工程，并在此基础上重新确定固定资产原价。因已转入在建工程，因此停止计提折旧。在固定资产发生的后续支出完工并达到预定可使用状态时，再从在建工程转为固定资产，并按重新确定的固定资产原价、使用寿命、预计净残值和折旧方法计提折旧。固定资产发生的可资本化的后续支出，通过“在建工程”账户进行会计处理。

固定资产改良亦称为固定资产改建、扩建。固定资产改良支出一般数额较大，受益期较长(超过 1 年)，而且通常会延长固定资产的预计使用年限，或提高固定资产的使用质量。因此，固定资产的改良支出计入固定资产的账面价值，同时将被替换部分的账面价值扣除，但其增计后的金额不应超过该固定资产的可收回金额。

固定资产进行更换后的原价=该项固定资产进行更换前的账面价值+发生的后续支出−该项固定资产被更换部件的账面价值

【例 14-13】 韩通公司的一台设备，原价 400 万元，已提折旧 50 万元，未计提减值准备。2017 年 1 月 1 日对该设备的某一部件进行更换(原价 120 万元)经过 5 个月，2017 年 6 月 1 日完成了该设备的改建工程，共发生支出 150 万元。假设不考虑该部件更换前的折旧额。改建后的设备功能大幅提高，使用寿命延长了 5 年，假设改建过程中没有发生其他相关税费。韩通公司的会计处理如下。

(1)2017 年 1 月 1 日的会计处理。

借：在建工程　　3 500 000

　　累计折旧　　500 000

　　贷：固定资产　　4 000 000

(2)改建过程中发生的支出。

借：在建工程　　1 500 000

　　贷：银行存款　　1 500000

(3)2017 年 6 月 1 日，该设备达到预定可使用状态。

借：固定资产　　3 800 000(3 500 000+1 500 000–1 200 000)

　　贷：在建工程　　3 800 000

商品流通企业对房屋、建筑物等固定资产在未足额提取折旧前进行改扩建的，如属于推倒重置的，该资产原值减除提取折旧后的净值，并入重置后的固定资产计税成本，并在该固定资产投入使用后的次月起，按照税法规定的折旧年限，一并计提折旧；如属于提升功能、增加面积的，该固定资产的改扩建支出，并入该固定资产计税基础，并从改扩建完工投入使用后的次月起，重新按税法规定的该固定资产折旧年限计提折旧，如该改扩建后的固定资产尚可使用的年限低于税法规定的最低年限的，可以按尚可使用的年限计提折旧。

固定资产后续支出，要费用化还是资本化，在实际工作中的界限比较模糊，这就给商品流通企业进行自主判断提供了很大的空间，也给企业一个机会来利用资本化或费用化的会计政策选择调整资产规模和利润。

3. 固定资产减值

固定资产是按照“项”或“资产组”来计量的，在进行固定资产减值的判断和会计处理时，也分为单项固定资产减值和固定资产组减值。本书主要介绍单项固定资产减值的会计处理，固定资产组减值的会计处理可以参考单项固定资产减值的会计处理。

固定资产的可收回金额低于其账面价值的，将固定资产的账面价值减记至可收回金额，减记的金额确认为资产减值损失，计入当期损溢，同时计提相应的固定资产减值准备。商品流通企业提取的固定资产减值准备，设置“固定资产减值准备”账户进行会计处理，提取固定资产减值准备。该账户是固定资产的备抵账户，其贷方反映固定资产减值准备的提取，借方反映处置固定资产时注销的减值准备，期末贷方余额反映商品流通企业已提取的固定资产减值准备。

期末，商品流通企业将固定资产的可收回金额与账面价值比较，如果其可收回金额大于账面价值，不进行任何处理；如果其可收回金额小于账面价值，意味着固定资产发生了减值，计提减值准备。

固定资产减值损失一经确认，在以后会计期间不得转回。但是，遇到资产处置、出售、对外投资、以非货币性资产交换方式换出、在债务重组中抵偿债务等情况，同时符合固定资产终止确认条件的，可将相关资产减值准备予以转销。

商品流通小企业固定资产的会计处理与本章介绍的内容基本一致,但存在以下不同之处：

(1)固定资产折旧年限，主要依据规定的固定资产计提折旧的最低年限，不需要考虑其他因素。

(2)固定资产折旧影响因素不包括固定资产减值准备,因为小企业会计准则不要求资产计提减值准备。

(3)固定资产后续支出的会计处理方法与税法的规定一致。

三、固定资产处置

固定资产清理是指固定资产因出售、使用期满发生报废或技术进步、管理不善发生的提前报废，以及因各种不可抗拒的自然灾害而遭到毁损，按规定程序办理固定资产出售、报废手续并进行清理的过程。

商品流通企业因调整经营方针或因考虑技术进步等因素，可以将不需要的固定资产出售给其他企业。按照我国税法的有关规定，企业出售不动产，还应按销售额计算缴纳营业税。

【例 14-14】 海沧商贸公司出售一座库房，原始价值为 3 000 000 元，已计提折旧 500 000 元，并已计提固定资产减值准备 100 000 元，支付清理费用 40 000 元，出售收入为 2 800 000 元，营业税税率为 5%。

海沧商贸公司的会计处理如表 14-3 所示。

表 14-3　固定资产清理的会计处理

单位：元

固定资产转入清理	支付清理费用	收到出售价款，并计算应缴纳的营业税	结转固定资产清理后的净收益
借：固定资产清理 2 400 000 累计折旧 500 000 固定资产减值准备 100 000 贷：固定资产 3 000 000	借：固定资产清理 40 000 贷：银行存款 40 000	借：银行存款 2 800 000 贷：固定资产清理 2 800 000 借：固定资产清理 140 000(2 800 000×5%) 贷：应交税费——应交营业税 140 000	借：固定资产清理 220 000 贷：营业外收入——处置固定资产净收益 220 000

《财政部、国家税务总局关于实施增值税转型改革若干问题的通知》(财税〔2008〕170 号)规定，自 2009 年 1 月 1 日开始，纳税人销售自己使用过的固定资产，应区分以下几种不同情形征收增值税：

(1)销售自己使用过的 2009 年 1 月 1 日以后购进或自制的固定资产，按照适用税率征收增值税。

(2)2008 年 12 月 31 日前未纳入扩大增值税抵扣范围试点的纳税人，销售自己使用过的 2008 年 12 月 31 日以前购进或自制的固定资产，按照的征收率减半增收增值税。

(3)2008 年 12 月 31 日前已纳入扩大增值税抵扣范围试点的纳税人，销售自己使用过的在本地区扩大增值税抵扣范围试点以前购进或自制的固定资产，按照 4%的征收率减半征收增值税；销售自己使用过的在本地区扩大增值税抵扣范围试点以后购进或自制的固定资产，按照适用税率征收增值税。

【例 14-15】 朝批公司出售一台使用过的设备，原价为 200 000 元(不含增值税)，购入时间为 2014 年 2 月，2017 年 2 月出售，售价为 210 600 元(含增值税)。假设该设备折旧年限为 10 年，采用直线法折旧，不考虑残值，增值税税率为 17%。

朝批公司的会计处理如下。

借：固定资产清理　　　　140 000

　　累计折旧　　　　60 000(200 000 ÷ 10×3)

　　贷：固定资产　　　　200 000

收到款项时:

借：银行存款　　　　210 600

　　贷：固定资产清理　　　　180 000

　　　　应交税费——应交增值税(销项税额)　　　　30 600

[210 600 ÷ (1+17%) ×17%]

借：固定资产清理　　　　40 000

　　贷：营业外收入　　　　40 000

固定资产毁损是指由于自然灾害或责任事故造成的固定资产的毁坏和损失。固定资产发生毁损时，必须查明原因、明确责任，并办理有关的清理手续。其会计处理方法与固定资产报废的处理基本相同，但由于责任事故或非正常原因造成的损失而应由个人赔款或应由保险公司赔款的部分，视同固定资产清理收入。

当固定资产盘亏时，原已抵扣的进项税额应转出，转出的金额计算公式同固定资产报废或毁损。

借：待处理财产损溢——待处理固定资产损溢

　　累计折旧

　　固定资产减值准备

　　贷：固定资产

　　　　应交税费——应交增值税(进项税额转出)

值得注意的是，根据《财政部、国家税务总局关于全国实施增值税转型改革若干问题的通知》(财税〔2008〕170 号)第五条规定，已抵扣固定资产因非正常损失(被盗)报废转出进项额，应在当月按下列公式计算：不得抵扣的进项税额=固定资产净值×适用税率。固定资产净值，是指纳税人计提折旧后计算的固定资产净值。

第三节　长期待摊费用的核算

商品流通企业的长期待摊费用，是指商品流通企业已经支出，但摊销期限在 1 年以上(不含 1 年)的各项费用，由本期负担的借款利息、租金等，不作为长期待摊费用。股份有限公司委托其他单位发行股票支付的手续费或佣金等相关费用，减去股票发行冻结期间的利息收入后的余额，从发行股票的溢价中不够抵销的，或者无溢价的，若金额较小，可以直接计入当期损溢；若金额较大的，可作为长期待摊费用，在不超过 2 年的期限内平均摊销，计入损溢。

此外，除购建固定资产以外，筹建期间发生的费用，先在长期待摊费用中归集，待商品流通企业开始经营当月起一次计入开始经营当月的损溢。

商品流通企业设置“长期待摊费用”账户，对长期待摊费用进行会计处理。“长期待摊费用”账户的借方记入长期待摊费用的发生，贷方记入对长期待摊费用的摊销，期末借方余额反映尚未摊销的各项长期待摊费用的摊余价值。商品流通企业按照长期待摊费用的种类设置明细账户，进行会计处理。

商品流通企业发生长期待摊费用时，借记“长期待摊费用”账户，贷记“银行存款”账户；摊销长期待摊费用时，借记“销售费用”“管理费用”等账户，贷记“长期待摊费用”账户。

商品流通企业在财务报表附注中，按照长期待摊费用的具体项目披露其余额、摊销期限和摊销方式等。

复习思考题

1．交易性金融资产的会计处理包括哪些内容？

2．持有至到期投资有哪些特点？

3．如何计算金融资产的摊余成本？

4．长期股权投资是如何界定的？权益法下，长期股权投资的会计处理有哪些原则？

第十五章

商品流通企业财务报表的编制

【学习目标】

1. 掌握资产负债表的编制。
2. 掌握利润表的编制。
3. 掌握现金流量表的编制。
4. 掌握所有者权益变动表的编制。

商品流通企业财务报告，是指商品流通企业对外提供的反映企业某一特定日期的财务状况和某一会计期间的经营成果、现金流量等会计信息的文件。商品流通企业财务报告包括财务报表及其附注和其他应当在财务报告中披露的相关信息和资料。

财务报表至少包括资产负债表、利润表、现金流量表和所有者权益变动表等。

附注是对在资产负债表、利润表、现金流量表和所有者权益变动表中列示项目的文字描述或明细资料，以及对未能在这些报表列示项目的说明等。附注是财务报表不可或缺的组成部分。

商品流通小企业的财务报表至少应当包括下列组成部分：资产负债表；利润表；现金流量表；附注。

第一节　资产负债表的编制

资产负债表是反映商品流通企业在某一特定日期的财务状况的会计报表，它是依据“资产=负债+所有者权益”平衡等式编制的，是一张静态的时点报表。它揭示了商品流通企业拥有或控制的经济资源(资产)的总体规模及具体的分布形态。

一、资产负债表的列报格式

资产负债表的列报格式一般有两种：报告式资产负债表和账户式资产负债表。报告式资产负债表是上下结构，上半部分列示资产，下半部分列示负债和所有者权益。账户式资产负债表是左右结构，左边列示资产，右边列示负债和所有者权益。我国采用账户式资产负债表。

资产负债表各项目分为“年初余额”和“期末余额”两栏分别填列。

二、资产负债表的填列方法

1. 期末余额栏的填列方法

商品流通企业资产负债表各项目数据，主要通过以下几种方式获得：

(1)直接根据总账户的余额填列。有的直接根据有关总账户的余额填列，有的根据几个总账余额的合计数填列。

(2)根据有关明细账户的余额计算填列。

(3)根据总账户和明细账户的余额分析计算填列。

(4)根据有关账户余额减去其备抵账户余额后的净额填列。

(5)综合上述填列方法分析填列。

2. 年初余额栏的填列方法

商品流通企业资产负债表中的“年初余额”栏内各项数字，根据上年年末资产负债表“期末余额”栏内所列数字填列。如果本年度资产负债表各个项目的名称和内容同上年度不一致，则对上年年末资产负债表各项目的名称和数字按照本年度的口径进行调整，填入报表中的“年初余额”栏内。

【例 15-1】华懋商业公司 2015 年 12 月 31 日的资产负债表(年初余额略)及 2016 年 12 月 31 日的账户余额如表 15-1 和表 15-2 所示。假设华懋商业公司 2016 年度除计提固定资产减值准备导致固定资产账面价值逾期计税基础存在可抵扣暂时性差异外，其他资产和负债的账面价值均等于其计税基础。

表 15-1 资产负债表

编制单位：华懋商业公司　　　　2015 年 12 月 31 日　　　　单位：元

资　产	期末余额	年初余额	负债和所有者权益(或股东权益)	期末余额	年初余额
流动资产：			流动负债：		
货币资金	2 812 600		短期借款	600 000	
以公允价值计量且变动计入当期损溢的金融资产	30 000		以公允价值计量且其变动计入当期损溢的金融负债	0	
衍生金融资产	0		衍生金融负债	0	
应收票据	492 000		应付票据	400 000	
应收账款	598 200		应付账款	1 907 600	
预付账款	200 000		预收账款	0	
应收利息	0		应付员工薪酬	220 000	
应收股利	0		应交税费	73 200	
其他应收款	10 000		应付利息	2 000	
存货	5 160 000		应付股利	0	
划分为持有待售的资产	0		其他应付款	100 000	
一年内到期的非流动资产	0		划分为持有待售的负债	0	
其他流动资产	200 000		一年内到期的非流动负债	2 000 000	
流动资产合计	9 502 800		其他流动负债	0	
非流动资产：			流动负债合计	5 302 800	
可供出售金融资产	0		非流动负债：		
持有至到期投资	0		长期借款	1 200 000	
长期应收款	0		应付债券	0	
长期股权投资	500 000		长期应付款	0	
固定资产	2 200 000		预计负债	0	
在建工程	3 000 000		递延所得税负债	0	
工程物资	0		其他非流动负债	0	
固定资产清理	0		非流动负债合计	1 200 000	
无形资产	1 200 000		负债合计	6 502 800	
商誉	0		所有者权益(或股东权益)：		

续表

资　产	期末余额	年初余额	负债和所有者权益（或股东权益）	期末余额	年初余额
长期待摊费用	0		实收资本（或股本）	10 000 000	
递延所得税资产	0		资本公积	0	
其他非流动资产	400 000		其他综合收益	0	
非流动资产合计	7 300 000		盈余公积	200 000	
			未分配利润	100 000	
			所有者权益（或股东权益）合计	10 300 000	
资产总计	16 802 800		负债和所有者（或股东权益）合计	16 802 800	

表 15-2　账户余额表

单位：元

账户名称	借方余额	账户名称	贷方余额
库存现金	4 000	短期借款	100 000
银行存款	1 601 918	应付票据	200 000
其他货币资金	14 600	应付账款	1 907 600
交易性金融资产	0	其他应付款	100 000
应收票据	132 000	应付职工薪酬	360 000
应收账款	1 200 000	应交税费	443 718
坏账准备	–3 600	应付利息	0
预付账款	200 000	应付股利	64 431.7
其他应收款	10 000	一年内到期的非流动负债	0
周转材料	76 100	长期借款	2 320 000
库存商品	4 893 300	股本	10 000 000
其他流动资产	200 000	盈余公积	249 540.8
长期股权投资	500 000	未分配利润	436 027.5
固定资产	4 802 000		
累计折旧	–340 0000		
固定资产减值准备	–60 000		
工程物资	600 000		
在建工程	856 000		
无形资产	1 200 000		
累计摊销	–120 000		
递延所得税资产	15 000		
其他非流动资产	400 000		
合计	16 181 318		

根据表 15-1 和表 15-2，2016 年底华懋商业公司编制资产负债表，如表 15-3 所示。

表 15-3　资产负债表

编制单位：华懋商业公司　　　　2016 年 12 月 31 日　　　　单位：元

资　产	期末余额	年初余额	负债和所有者权益（或股东权益）	期末余额	年初余额
流动资产：			流动负债：		
货币资金	1 620 518	2 812 600	短期借款	100 000	
以公允价值计量且变动计入当期损溢的金融资产	0	30 000	以公允价值计量且其变动计入当期损溢的金融负债	0	

续表

资　产	期末余额	年初余额	负债和所有者权益（或股东权益）	期末余额	年初余额
衍生金融资产	0	0	衍生金融负债	0	
应收票据	132 000	492 000	应付票据	200 000	
应收账款	1 196 400	598 200	应付账款	1 907 600	
预付账款	200 000	200 000	预收账款	0	
应收利息	0	0	应付员工薪酬	360 000	
应收股利	0	0	应交税费	443 718	
其他应收款	10 000	10 000	应付利息	0	
存货	4 969 400	5 160 000	应付股利	64 431.7	
划分为持有待售的资产	0	0	其他应付款	100 000	
一年内到期的非流动资产	0	0	划分为持有待售的负债	0	
其他流动资产	200 000	200 000	一年内到期的非流动负债	0	2 000 000
流动资产合计	8 328 318	9 502 800	其他流动负债	0	0
非流动资产：			流动负债合计	3 175 749.7	5 302 800
可供出售金融资产	0	0	非流动负债：		
持有至到期投资	0	0	长期借款	2 320 000	1 200 000
长期应收款	0	0	应付债券	0	0
长期股权投资	500 000	500 000	长期应付款	0	0
固定资产	4 402 000	2 200 000	预计负债	0	0
在建工程	856 000	3 000 000	递延所得税负债	0	0
工程物资	600 000	0	其他非流动负债	0	0
固定资产清理	0	0	非流动负债合计	2 320 000	1 200 000
无形资产	1 080 000	1 200 000	负债合计	5 495 749.7	6 502 800
商誉	0	0	所有者权益（或股东权益）：		
长期待摊费用	0	0	实收资本（或股本）	10 000 000	10 000 000
递延所得税资产	15 000	0	资本公积	0	0
其他非流动资产	400 000	400 000	其他综合收益	0	0
非流动资产合计	7 853 000	7 300 000	盈余公积	249 540.8	200 000
			未分配利润	436 027.5	100 000
			所有者权益（或股东权益）合计	10 658 568.3	10 300 000
资产总计	16 181 318	16 802 800	负债和所有者（或股东权益）合计	16 181 318	16 802 800

由于业务比较简单，所以相对于大中型商品流通企业的资产负债表而言，商品流通小企业资产负债表的内容比较少。其差别主要体现在以下方面。

资产方面：

（1）没有以公允价值计量且其变动计入当期损溢的金融资产、衍生金融资产和划分为持有待售资产等项目，商品流通小企业资产负债表列示了短期投资项目。

（2）没有持有至到期投资项目，商品流通小企业资产负债表列示了长期债券投资项目。

（3）没有长期应收款、可供出售金融资产、商誉、递延所得税资产等项目。

（4）商品流通小企业资产负债表列示了部分项目的明细，如存货要求列示库存商品、周转材料等，固定资产要求列示原值、累计折旧、固定资产账面价值。

负债方面：

(1)商品流通小企业资产负债表没有以公允价值计量且其变动计入当期损溢的金融负债、衍生金融负债、划分为持有待售负债、应付债券、预计负债、递延所得税负债等项目。

(2)商品流通小企业资产负债表增加了递延收益项目。

(3)没有应付股利项目，商品流通小企业资产负债表列示了应付利润项目。

所有者权益方面：

商品流通小企业资产负债表没有其他综合收益项目。

第二节 利润表的编制

利润表是反映商品流通企业在一定会计期间经营成果的会计报表，各项目间的关系可用“利润=收入–费用”会计等式来表述。

一、利润表的列报格式

在实际编制利润表时，有两种方法可供选择：一是以商品流通企业一定时期的全部收入总和减去全部费用支出总和；二是根据商品流通企业收入和费用的性质分类，尽可能相互配比，以计算出不同业务所取得的利润，将各种利润相加即利润总额，然后再减去所得税费用，即净利润。相应地，利润表的格式也有两种：按照第一种方法计算净损溢的格式称为单步式利润表；按照第二种方法计算净利润的格式称为多步式利润表。

单步式利润表将本期所有收入、费用分别汇总，然后两者相减，一次计算出商品流通企业当期的净损溢。

多步式利润表的结构是根据商品流通企业利润形成的主要环节，按照营业收入、营业利润、利润总额、净利润、每股收益和综合收益六个层次来分步计算，以详细地揭示商品流通企业利润和收益的形成过程。我国商品流通企业利润表采用多步式结构。

二、利润表的填列方法

(1)“营业收入”项目，反映商品流通企业主营业务和其他业务所取得的收入总额。本项目根据“主营业务收入”账户和“其他业务收入”账户的发生额分析填列。

(2)“营业成本”项目，反映商品流通企业主营业务和其他业务所发生的成本总额。本项目根据“主营业务成本”账户和“其他业务成本”账户的发生额分析填列。

(3)“营业税金及附加”项目，反映商品流通企业经营业务应负担的消费税、城市维护建设税、资源税、土地增值税和教育费附加等。本项目根据“营业税金及附加”账户的发生额分析填列。

(4)“销售费用”项目，反映商品流通企业在购入商品、储存商品和销售等过程中发生的费用。本项目根据“销售费用”账户的发生额分析填列。

(5)“管理费用”项目，反映商品流通企业发生的管理费用。本项目根据“管理费用”账户的发生额分析填列。

(6)“财务费用”项目，反映商品流通企业发生的财务费用。本项目根据“财务费用”账户的发生额分析填列。

(7)“资产减值损失”项目，反映商品流通企业各项资产发生的减值损失。本项目根据“资产减值损失”账户的发生额分析填列。

(8)“公允价值变动收益”项目，反映商品流通企业计入当期损溢的资产或负债公允价值变动收益。本项目根据“公允价值变动损溢”账户的发生额分析填列。如为净损失，以“-”号填列。

(9)“投资收益”项目，反映商品流通企业以各种方式对外投资所取得的收益。本项目根据“投资收益”账户的发生额分析填列。如为投资损失，以“-”号填列。

(10)“营业利润”项目，反映商品流通企业在正常经营业务上所获得的利润，如为亏损，以“-”号填列。

(11)“营业外收入”项目和“营业外支出”项目，反映商品流通企业发生的与其生产经营无直接关系的各项收入和支出。这两个项目分别根据“营业外收入”账户和“营业外支出”账户的发生额分析填列。

(12)“利润总额”项目，反映商品流通企业实现的税前利润总额，是由上述各项目计算填列的。如为亏损，以“-”号填列。

(13)“所得税费用”项目，反映商品流通企业按规定从本期损溢中扣除的所得税费用。本项目根据“所得税费用”账户的发生额分析填列。

(14)“净利润”项目，反映商品流通企业实现的净利润，是利润总额和所得税的差额。如为净亏损，以“-”号填列。

(15)“基本每股收益”和“稀释每股收益”项目的填报，请参阅第 13 章的相关内容。

(16)“其他综合收益税后净额”项目，反映商品流通企业未在损溢中确认的各项利得和损失扣除所得税影响后的净额。

(17)“综合收益总额”项目，反映商品流通企业净利润和其他综合收益的合计金额。商品流通企业利润表的“本期金额”栏反映各项目的本期实际发生数；“上期金额”栏内各数字，根据上年该期利润表“本期金额”栏内所列数字填列。如果上年度利润表与本年度利润表的项目名称和内容不一致，对上年度利润表项目的名称和数字按本年度的规定进行调整，填入本表“上期金额”栏。

【例 15-2】 华懋商业公司 2016 年度有关损溢类账户本年累计发生净额如表 15-4 所示，假设该公司不存在未在损溢中确认的利得和损失。

表 15-4　华懋商业公司损溢类账户 2016 年度累计发生净额

单位：元

账户名称	借方发生额	贷方发生额
主营业务收入		2 500 000
主营业务成本	1 500 000	
税金及附加	4 000	
销售费用	40 000	
管理费用	314 200	
财务费用	83 000	
资产减值损失	61 800	
投资收益		63 000
营业外收入		100 000
营业外支出	39 400	
所得税费用	170 600	

根据表 15-4，2016 年年底，华懋商业公司编制利润表，如表 15-5 所示。

表 15-5 利润表

编制单位：华懋商业公司　　2016 年 1—12 月　　单位：元

项　　目	本期金额	上期金额(略)
一、营业收入	2 500 000	
减：营业成本	1 500 000	
税金及附加	4 000	
销售费用	40 000	
管理费用	314 200	
财务费用	83 000	
资产减值损失	61 800	
加：公允价值变动收益(损失以“-”号填列)	0	
投资收益(损失以“-”号填列)	63 000	
其中：对联营企业和合营企业的投资收益	0	
二、营业利润(亏损以“-”号填列)	560 000	
加：营业外收入	100 000	
减：营业外支出	39 400	
其中：非流动资产处置损失	(略)	
三、利润总额(亏损以“-”号填列)	620 600	
减：所得税费用	170 600	
四、净利润(净亏损以“-”号填列)	450 000	
五、每股收益	(略)	
(一)基本每股收益		
(二)稀释每股收益		
六、其他综合收益的税后净额		
(一)以后会计期间不能重分类进损溢的其他综合收益		
1.重新计量设定收益计划净负债或净资产导致的变动		
2.权益法核算的在被投资单位以后会计期间不能重分类进损溢的其他综合收益中所享有的份额		
(二)以后会计期间在满足规定条件时将重分类进损溢的其他综合收益		
1.权益法核算的在被投资单位以后会计期间将重分类进损溢的其他综合收益中所享有的份额		
2.可供出售金融资产公允价值变动形成的利得或损失		
3.持有至到期投资重分类为可供出售金融资产形成的利得或损失		
4.现金流量套期公积产生的利得或损失中属于有效套期的部分		
5.外币财务报表折算差额		
6.其他		
七、综合收益总额	450 000	

由于业务比较简单，所以相对于大中型商品流通企业的利润表而言，商品流通小企业利润表的内容比较少。和表 15-5 相比，差别主要体现在以下方面。

(1)商品流通小企业利润表没有每股收益、综合收益总额、其他综合收益、资产减值损失、公允价值变动损溢等项目。

(2)商品流通小企业列示了部分项目的明细，如营业税金及附加、销售费用、管理费用、财务费用、营业外收入等项目。

(3)尽管大中型和小型商品流通企业的利润表都列示了营业外支出项目的明细，但两者列示的内容不同。前者列示了非流动资产处置损失的金额；后者列示了坏账损失、无法收回的长期债券投资损失、无法收回的长期股权投资损失、自然灾害等不可抗力因素造成的损失、税收滞纳金等的金额等。

商品流通小企业的利润表如表 15-6 所示。

表 15-6　利润表

编制单位：　　　　　　　　　　　　年　月　　　　　　　　　　　　单位：元

项　目	本年累计金额	本月金额
一、营业收入		
减：营业成本		
营业税金及附加		
其中：消费税		
城市维护建设税		
资源税		
土地增值税		
城镇土地使用税、房产税、车船税、印花税		
教育费附加、矿产资源补偿费、排污费		
销售费用		
其中：商品维修费		
广告费和业务宣传费		
管理费用		
其中：开办费		
业务招待费		
研究费用		
财务费用		
其中：利息费用(收入以“-”号填列)		
投资收益(损失以“-”号填列)		
二、营业利润(亏损以“-”号填列)		
加：营业外收入		
其中：政府补助		
减：营业外支出		
其中：坏账损失		
无法收回的长期债券投资损失		
无法收回的长期股权投资损失		
自然灾害等不可抗力因素造成的损失		
税收滞纳金		
三、利润总额(亏损以“-”号填列)		
减：所得税费用		
四、净利润(净亏损以“-”号填列)		

第三节　现金流量表的编制

现金流量表中的“现金”概念,指的是商品流通企业可以随时用于支付的货币资金(包括库存现金、银行存款、其他货币资金等)及现金等价物(主要指期限短、流动性强、易于转化成已知金额现金、价值变动风险很小的投资项目)。

一、现金流量概述

现金流量是指商品流通企业某一期间内现金和现金等价物的流入和流出的数量。现金流量划分为经营活动产生的现金流量、投资活动产生的现金流量和筹资活动产生的现金流量三大类。

1. 经营活动产生的现金流量

经营活动是指商品流通企业投资活动和筹资活动以外的所有交易和事项。就商品流通企业而言，经营活动主要包括销售商品、经营租赁、购买商品、接受劳务、广告宣传、推销产品、缴纳税款等。

2. 投资活动产生的现金流量

投资活动是指包括商品流通企业购建固定资产、无形资产、其他长期资产和进行不包括在现金等价物范围内的投资及其处置活动。长期资产是指固定资产、在建工程、无形资产、其他资产等持有期限在一年或一个营业周期以上的资产。投资活动产生的现金流量主要包括取得和收回投资、购建和处置固定资产、无形资产和其他长期资产等。

3. 筹资活动产生的现金流量

筹资活动是指导致商品流通企业资本及债务规模和构成发生变化的活动。其中的资本，包括实收资本(股本)和资本溢价(股本溢价)。商品流通企业发生与资本有关的金流入和流出项目，一般包括吸收投资、发行股票、分配利润、支付股利等。其中，债务是指企业对外举债所借入的款项，如发行债券、向金融企业借入款项及偿还债务等。

二、现金流量表的编制方法

商品流通企业经营活动产生的现金流量是一项重要的指标，它可以说明企业在不动用外部筹得资金的情况下，通过经营活动产生的现金流量是否足以偿还负债、支付股利和对外投资。编制现金流量表时，列报经营活动现金流量的方法有两种：一是直接法，二是间接法。这两种方法通常也称编制现金流量表的方法。对投资和筹资两部分现金流量的编制均采用直接法。

所谓直接法，是指通过现金收入和现金支出的主要类别反映商品流通企业经营活动的现金流量。采用直接法编制经营活动的现金流量时，一般以利润表中的营业收入为起算点，按照利润表项目自上而下逐项分析，并调整和经营活动有关的项目的增减变动，然后分别计算出经营活动各现金流量。

所谓间接法，是指以本期净利润为起算点，按照利润表项目自下而上逐项分析，调整不涉及现金的收入、费用、非营业活动损溢以及应收、应付等项目的增减变动，据此计算并列示经营活动的现金流量。

此外，在具体编制现金流量表的正表时，可以采用工作底稿法或T形账户法编制，也可以直接根据有关账户记录分析填列。在此不详细介绍。

三、现金流量表各项目的内容及填列方法

现金流量表主要由正表和补充资料两大部分构成。

1. 正表

在正表中包括五项内容：一是经营活动产生的现金流量；二是投资活动产生的现金流量；

三是筹资活动产生的现金流量：四是汇率变动对现金及等价物的影响；五是现金及现金等价物的净增加额。在前三类现金流量中，又分别列示现金流入和现金流出各项目及其小计。

(1)经营活动产生的现金流量。

① “销售商品、提供劳务收到的现金”项目。该项目反映商品流通企业销售商品、提供劳务实际收到的现金(含销售收入和应向购买者收取的增值税额)，包括本期销售商品、提供劳务收到的现金，以及前期销售商品、前期提供劳务本期收到的现金和本期预收的账款，扣除本期退回本期销售的商品和前期销售本期退回的商品支付的现金。商品流通企业销售材料和代购供销业务收到的现金，也在本项目内反映。该项目可参考下列公式计算得出：

销售商品、提供劳务收到的现金=本期主营业务收入+本期销项税额+(应收账款期初余额–应收账款期末余额)+(应收票据期初余额–应收票据期末余额)+(预收账款期末余额–预收账款期初余额)+当期收回前期核销的坏账–当期核销的坏账–票据贴现的利息–以非现金资产抵偿债务而减少的应收账款和应收票据

例如，大华公司2016年销售收入5 000万元，增值税销项税额为850万元。应收账款期初余额为500万元，期末余额为800万元；应收票据期初余额为400万元，期末余额为200万元。大华公司销售商品、提供劳务收到的现金=5 000+850+(500–800)+(400–200)=5 750(万元)。

② “收到的税费返还”项目。该项目反映商品流通企业收到返还的各种税费，如收到的增值税、消费税、所得税、教育费附加返还等。

③ “收到其他与经营活动有关的现金”项目。该项目反映商品流通企业除了上述各项目外，收到的其他与经营活动有关的现金流入，如罚款收入、流动资产损失中由个人赔偿的现金收入等。其他现金流入如价值较大的，则单列项目反映。

④ “购买商品、接受劳务支付的现金”项目。该项目反映商品流通企业购买商品、接受劳务实际支付的现金，包括本期购入商品、接受劳务支付的现金(包括增值税进项税额)，以及本期支付前期购入商品、接受劳务的未付款项和本期预付款项。本期发生的购货退回收到的现金应从本项目内扣除。该项目可参考下列公式计算得出：

购买商品、接受劳务支付的现金=本期商品销售成本+本期进项税额+(商品存货期末余额–商品存货期初余额)+(应付账款期初余额–应付账款期末余额)+ (应付票据期初余额–应付票据期末余额)+(预付账款期末余额–预付账款期初余额)

⑤ “支付给职工以及为职工支付的现金”项目。该项目反映商品流通企业实际支付给职工薪酬和为职工支付的其他现金。不包括支付的离退休人员的各项费用和支付给在建工程人员的职工薪酬等。企业支付给离退休人员的各项费用，包括支付的统筹退休金及未参加统筹的退休人员的费用，在“支付的其他与经营活动有关的现金”项目中反映；支付的在建工程人员的职工薪酬，在“购建固定资产、无形资产和其他长期资产所支付的现金”项目中反映。

⑥ “支付的各项税费”项目。该项目反映商品流通企业按国家有关规定于当期实际上缴税务部门的各项税费，包括本期发生并支付的税费，以及本期支付以前各期发生的税费和预交的税金，如支付的教育费附加、矿产资源补偿费、印花税、房产税、土地增值税、车船税等，不包括计入固定资产价值、实际支付的耕地占用税等。

⑦ “支付其他与经营活动有关的现金”项目。该项目反映商品流通企业除上述各项目外，支付的其他与经营活动有关的现金流出，如罚款支出、差旅费支出、业务招待费现金支

出、支付的保险费等，其他现金流出如价值较大的，则单列项目反映。

(2)投资活动产生的现金流量。

①“收回投资所收到的现金”项目。该项目反映商品流通企业出售、转让或到期收回除现金等价物以外的交易性金融资产、持有至到期投资、可供出售金融资产、长期股权投资、投资性房地产而收到的现金，不包括债权性投资收回的利息、收回的非现金资以及处置子公司及其他营业单位收到的现金净额。

②“取得投资收益所收到的现金”项目。该项目反映商品流通企业因股权性投资而分得的现金股利、利润、利息，以及从子公司、联营企业和合营企业分回利润收到的现金等，不包括股票股利。

③“处置固定资产、无形资产和其他长期资产收回的现金净额”项目。该项目反映商品流通企业处置固定资产、无形资产和其他长期资产所取得的现金，扣除为处置这些资产而支付的有关费用后的净额。由于自然灾害所造成的固定资产等长期资产损失而收到的保险赔偿收入，也在本项目反映。

④“处置子公司及其他营业单位收到的现金净额”项目。本项目反映商品流通企业处置子公司及其他营业单位收到的现金减去子公司或其他营业单位持有的现金和现金等价物后的净额。

⑤“收到其他与投资活动有关的现金”项目。该项目反映商品流通企业除了上述各项以外，收到的其他与投资活动有关的现金流入。其他现金流入如价值较大的，则单列项目反映。

⑥“购建固定资产、无形资产和其他长期资产所支付的现金”项目。该项目反映商品流通企业购买、建造固定资产，取得无形资产和其他长期资产所支付的现金，不包括为购建固定资产而发生的借款利息资本化的部分及融资租入固定资产支付的租赁费。借款利息和融资租入固定资产支付的租赁费，在筹资活动产生的现金流量中单独反映。商品流通企业以分期付款方式购建的固定资产，其首次付款支付的现金作为投资活动的现金流出，以后各期支付的现金作为筹资活动的现金流出。

⑦“投资支付的现金”项目。该项目反映商品流通企业进行各种性质的投资所支付的现金，包括商品流通企业取得的除现金等价物以外的交易性金融资产、持有至到期投资、可供出售金融资产而支付的现金及支付的佣金、手续费等交易费用。

商品流通企业购买股票和债券时，实际支付的价款中包含的已宣告但尚未领取的现金股利或已到付息期但尚未领取的债券的利息，在投资活动的“支付其他与投资活动有关的现金”项目中反映；收回购买股票和债券时支付的已宣告但尚未领取的现金股利或已到付息期但尚未领取的债券的利息，在投资活动的“收到其他与投资活动有关的现金”项目中反映。

⑧“支付其他与投资活动有关的现金”项目。该项目反映商品流通企业除了上述各项目以外，支付的其他与投资活动有关的现金流出。其他现金流出如价值较大的，则单列项目反映。

(3)筹资活动产生的现金流量。

①“吸收投资收到的现金”项目。该项目反映商品流通企业收到的投资者投入的现金，包括以发行股票方式筹集的资金实际收到股款净额(发行收入减去支付的佣金等发行费用后的净额)、发行债券实际收到的现金(发行收入减去支付的佣金等发行费用后的净额)等。以发行股票方式筹集资金而由企业直接支付的审计、咨询等费用及发行债券支付的发行费用在“支付其他与筹资活动有关的现金”项目中反映，不从本项目内扣除。

② “取得借款收到的现金”项目。该项目反映商品流通企业举借各种短期、长期借款所收到的现金。

③ “收到其他与筹资活动有关的现金”项目。该项目反映商品流通企业除上述各项目外，收到的其他与筹资活动有关的现金流入，如接受现金捐赠等。其他现金流入如价值较大的，则单列项目反映。

④ “偿还债务支付的现金”项目。该项目反映商品流通企业以现金偿还债务的本金，包括偿还金融企业的借款本金、偿还债券本金等。商品流通企业偿还的借款利息、债券利息在“分配股利、利润和偿付利息支付的现金”项目中反映，不包括在本项目内。

⑤ “分配股利、利润或偿付利息支付的现金”项目。该项目反映商品流通企业实际支付的现金股利、支付给其他投资单位的利润或用现金支付的借款利息、债券利息。

⑥ “支付其他与筹资活动有关的现金”项目。该项目反映商品流通企业除了上述各项外，支付的其他与筹资活动有关的现金流出，如捐赠现金支出等。其他现金流出如价值较大的，则单列项目反映。

(4) 汇率变动对现金及等价物的影响。该项目反映商品流通企业外币现金流量及境外子公司的现金流量折算为人民币时，所采用的现金流量发生日的汇率或平均汇率折算的人民币金额，与“现金及现金等价物净增加额”中外币现金净增加额按期末汇率折算的人民币金额之间的差额。

(5) 现金及现金等价物净增加额。该项目反映商品流通企业本期现金的净增加或净减少，是上述前 3 类现金流量净额与汇率变动对现金影响额的合计数。

【例 15-3】 承【例 15-1】和【例 15-2】，华懋商业公司其他相关资料如下。

(1) 管理费用的组成：职工薪酬 34 200 元，无形资产摊销 120 000 元，折旧费 40 000 元，支付其他费用 120 000 元。

(2) 财务费用的组成：计提借款利息 23 000 元，支付应付票据贴现利息 60 000 元。

(3) 资产减值损失的组成：计提坏账准备 1 800 元，计提固定资产减值准备 60 000 元。上年末坏账准备余额为 1 800 元。

(4) 投资收益的组成：收到股息收入 60 000 元，和本金一起收回的交易性股票 1 000 元，自公允价值变动损溢结转投资收益 2 000 元。

(5) 营业外收入的组成：处置固定资产净收益 100 000 元，其中，所处置的固定资产原价为 800 000 元，累计折旧 300 000 元，收到处置收入 600 000 元，假定不考虑相关税费。

(6) 营业外支出的组成：报废固定资产净支出 39 400 元，其中，所报废固定资产原价 400 000 元，累计折旧为 360 000 元，支付清理费 1 000 元，收到残值收入 1 600 元。

(7) 所得税费用的组成：当期所得税费用 185 600 元，递延所得税收益 15 000 元。

(8) 利润表中的销售费用 40 000 元至期末已经支付。

(9) 本期收回交易性股票投资本金 30 000 元、公允价值变动 2 000 元，同时实现投资收益 1 000 元。

(10) 存货中生产成本、制造费用的组成项目：职工薪酬 649 800 元，折旧费 160 000 元。

(11) 应交税费的组成：本期增值税进项税额 84 932 元，增值税销项税额 425 000 元，已交增值税 200 000 元；应交所得税期末余额为 30 450 元，应交所得税期初余额为 0，应交税费期末数中应由在建工程负担的部分为 200 000 元。

(12)应付职工薪酬的期初数无应付在建工程人员部分，本期在建工程人员薪酬 400 000 元。应付职工薪酬的期末数中应付在建工程人员的部分为 56 000 元。

(13)应付利息均为短期借款利息，其中本期计提利息 23 000 元，支付利息 25 000 元。

(14)本期用现金购买固定资产 202 000 元，购买工程物资 600 000 元。

(15)本期用现金偿还短期借款 500 000 元，偿还 1 年内到期的长期借款 2 000 000 元，借入长期借款 1 120 000 元。

根据上述资料，用分析填列方法，编制华懋商业公司 2016 年度的现金流量表。

1)华懋商业公司 2016 年度现金流量表各项目金额：

①销售商品、提供劳务收到的现金=本期主营业务收入+本期销项税额+(应收账款年初余额–应收账款期末余额)+(应收票据年初余额–应收票据期末余额)–当期计提的坏账准备–票据贴现的利息=2 500 000+425 000+(598 200–1 196 400)+(492 000–132 000)–1 800–60 000=2 625 000(元)

② 购买商品、接受劳务支付的现金=本期主营业务成本+本期进项税额–(存货年初余额–存货期末余额)+(应付账款年初余额–应付账款期末余额)+(应付票据年初余额–应付票据期末余额)+(预付账款期末余额–预付账款年初余额)–当期列入存货中的职工薪酬–当期列入费用的折旧费和固定资产修理费=1 500 000+84 932–(5 160 000–4 969 400)+(1 907 600–1 907 600)+(400 000–200 000)+(200 000–200 000)–649 800–160 000=784 532(元)

③ 支付给职工以及为职工支付的现金=职工薪酬+(应付职工薪酬年初余额–应付职工薪酬期末余额)–[应付职工薪酬(在建工程)年初余额–应付职工薪酬(在建工程)期末余额]=649 800+34 200+(220 000–360 000)–(0–56 000)=600 000(元)

④ 支付的各项税费=当期所得税费用+营业税金及附加+应交税费(应交增值税–已交税金)–(应交所得税期末余额–应交所得税年初余额)=185 600+4 000+200 000–30 450=359 150(元)

⑤ 支付其他与经营活动有关的现金=其他管理费+销售费用=120 000+40 000= 160 000(元)

⑥ 收回投资收到的现金=交易性金融资产贷方发生额+和交易性金融资产一起收回的投资收益=32 000+1 000=33 000(元)

⑦ 取得投资收益所收到的现金=收到股息收入=60 000(元)

⑧ 处置固定资产收回的现金净额=600 000+(1 600–1 000)=600 600(元)

⑨ 购建固定资产支付的现金=用现金购买的固定资产、工程物资+支付给在建工程人员的薪酬=202 000+600 000+400 000=1 202 000(元)

⑩ 取得借款所收到的现金=1 120 000 (元)

⑪ 偿还债务支付的现金=2 500 000(元)

⑫ 偿还利息支付的现金=25 000(元)

2)将净利润调节为经营活动现金流量：

① 资产减值准备=1 800+60 000=61 800(元)

② 固定资产折旧=40 000+160 000=200 000(元)

③ 无形资产摊销=120 000(元)

④ 处置固定资产、无形资产和其他长期资产的损失(收益以“–”号填列)=–100 000(元)

⑤ 固定资产报废损失=39 400(元)

⑥ 财务费用=23 000(元)

⑦ 投资损失=–63 000(元)

⑧ 递延所得税资产减少=0–15 000=–15 000(元)

⑨ 存货的减少=5 160 000–4 969 400=190 600(元)

⑩ 经营性应收项目的减少=(492 000–132 000)+(598 200+1 800–1 196 400–3 600)=–240 000(元)

⑪ 经营性应付项目的增加=(200 000–400 000)+(200 000–200 000)+[(360 000–56 000)– 220 000]+[(443 718–200 000)–73 200]=54 518(元)

3)根据上述数据，编制现金流量表如表 15-7 所示。

表 15-7 现金流量表

编制单位：华懋商业公司　　2016 年 1—12 月　　单位：元

项　目	本期金额	上期金额
一、经营活动产生的现金流量：		略
销售商品、提供劳务收到的现金	2 625 000	
收到的税费返还	0	
收到其他与经营活动有关的现金	0	
经营活动现金流入小计	2 625 000	
购买商品、接受劳务支付的现金	784 532	
支付给职工以及职工支付的现金	600 000	
支付的各项税费	359 150	
支付其他与经营活动有关的现金	160 000	
经营活动现金流出小计	1 903 682	
经营活动产生的现金流量净额	721 318	
二、投资活动产生的现金流量：		
收回投资收到的现金	33 000	
取得投资收益收到的现金	60 000	
处置固定资产、无形资产和其他长期资产收回的现金净额	600 600	
处置子公司及其他营业单位收到的现金净额	0	
收到其他与投资活动有关的现金	0	
投资活动现金流入小计	693 600	
购建无形资产、无形资产和其他长期资产支付的现金	1 202 000	
投资支付的现金	0	
取得子公司及其他营业单位支付的现金净额	0	
支付其他与投资活动有关的现金	0	
投资活动现金流出小计	1 202 000	
投资活动产生的现金流量净额	–508 400	
三、筹资活动产生的现金流量：		
吸收投资收到的现金	0	
取得借款收到的现金	1 120 000	
收到其他与筹资活动有关的现金	0	
筹资活动现金流入小计	1 120 000	
偿还债务支付的现金	2 500 000	
分配股利、利润或偿付利息支付的现金	25 000	
支付其他与筹资活动有关的现金	0	

续表

项　目	本期金额	上期金额
筹资获得现金流出小计	2 525 000	
筹资获得产生的现金流量净额	−1 405 000	
四、汇率变动对现金及等价物的影响	0	
五、现金及现金等价物净增加额	−1 192 082	
加：期初现金及现金等价物余额	2 812 600	
六、期末现金及现金等价物余额	1 620 518	

2. 补充资料

现金流量表补充资料包括将净利润调节为经营活动的现金流量、不涉及现金收支的投资和筹资活动、现金及现金等价物净变动情况等项目。在企业的财务报告中，现金流量表补充资料在附注部分列示。

(1)将净利润调节为经营活动的现金流量。补充资料中的“将净利润调节为经营活动的现金流量”，实际上是以间接法编制的经营活动的现金流量。采用间接法将净利润调节为经营活动的现金流量时，需要调整的项目可分为三大类：一是实际没有支付现金的费用和没有收到现金的收益；二是不属于经营活动的损溢；三是经营性应收应付项目的增减变动。此外，和增值税有关的现金流量没有包括在净利润中，但属于经营活动的现金流量，所以须进行调整。

间接法下“将净利润调节为经营活动的现金流量”具体包括以下几个项目：

① “资产减值准备”项目。该项目反映商品流通企业本期计提的各项资产的减值准备。本项目可根据“资产减值损失”账户分析填列。

② “固定资产折旧”项目。固定资产折旧，计入当期费用的部分，作为期间费用在计算利润时被扣除，但没有发生现金流出，所以，需要加回。本项目可以根据“累计折旧”“累计折耗”账户的贷方发生额分析填列。

③ “无形资产摊销”和“长期待摊费用摊销”项目。这两个项目分别反映商品流通企业本期累计摊入成本费用的无形资产的价值及长期待摊费用。这两个项目根据“无形资产”“长期待摊费用”账户的贷方发生额分析填列。

④ “处置固定资产、无形资产和其他长期资产的损失(减：收益)”项目。该项目反映商品流通企业本期由于处置固定资产、无形资产和其他长期资产而发生的净损失。可以根据“营业外收入”“营业外支出”“其他业务收入”“其他业务成本”账户所属有关明细账户的记录分析填列；如为净收益，则以“−”号填列。

处置固定资产、无形资产和其他长期资产，不属于经营活动，而属于投资活动。其所产生的收益，从净利润中转出。如果处置固定资产、无形资产和其他长期资产产生损失，则在调整净利润时加回。

例如，建安公司年内曾处置设备 1 台，原价 100 000 元，累计已提折旧 60 000 元，收到现金 50 000 元。此项处置产生收益 10 000 元[50 000−(100 000−60 000)]，已计入当期利润表，在调整净利润时应减去。而该笔交易产生的现金流量 50 000 元应计入投资活动产生的现金流量。

为了能取得这一项目的资料，商品流通企业平时可以在“营业外收入”“营业外支出”账户下设置相应的明细账户，并及时计算累计额，以便编制现金流量表时使用。

⑤ “固定资产报废损失”项目。该项目反映商品流通企业本期固定资产盘亏(减盘盈)后的净损失。可以根据“营业外支出”“营业外收入”账户所属有关明细账户中固定资产盘亏损失减去固定资产盘盈收益后的差额填列。

固定资产盘亏、报废损失，均计入营业外支出，列入利润表。这部分损失既没有发生现金流出，也不属于经营活动的现金流量，所以在调节净利润时加回。如果发生固定资产盘盈和报废清理收益，则在调节净利润时减去。

⑥ “公允价值变动损失”项目。该项目反映商品流通企业在初始确认时划分为以公允价值计量且变动计入当期损溢的交易性金融资产或金融负债、衍生工具、套期等业务中公允价值变动形成的应计入当期损溢利得或损失。本项目根据“公允价值变动损溢”账户的发生额填列。如为持有损失，则加回；如为持有利得，则扣除。

⑦ “财务费用”项目。该项目反映商品流通企业本期发生的应属于投资活动或筹资活动的财务费用。可以根据“财务费用”账户的本期借方发生额分析填列；如为收益，则以“–”号填列。

商品流通企业发生的财务费用可以分别归属于经营活动、投资活动和筹资活动。例如，应收票据贴现、销售产品和购买原材料所产生的汇兑损溢属于经营活动；购买固定资产所产生的汇兑损溢属于投资活动；支付的利息属于筹资活动等。调整净利润时，把属于投资活动和筹资活动的部分调整出去。

例如，建安公司 2016 年共发生财务费用 350 000 元，其中属于经营活动的为 150 000 元，均以现金支付，属于筹资活动的为 130 000 元，属于投资活动的为 70 000 元。在调节净利润时，加回 200 000 元(130 000+70 000)。

在实务中，商品流通企业的“财务费用”明细账一般是按费用项目设置的，为了编制现金流量表，商品流通企业可在此基础上，再按“经营活动”“投资活动”“筹资活动”分设明细分类账。每一笔财务费用发生时，即将其归入“经营活动”“投资活动”或“筹资活动”中。

⑧ “投资损失(减：收益)”项目。该项目反映商品流通企业本期投资所发生的损失减去收益后的净损失。可以根据利润表“投资收益”项目的数字填列；如为投资收益，则以“–”号填列。

投资损溢是因投资活动所引起的，不属于经营活动，在调节净利润时，将这部分损溢从净利润中转出。若为投资收益，则调节净利润时减去；若为投资损失，则调节净利润时加回。

⑨ “递延所得税资产减少”项目。如果递延所得税资产减少使计入所得税费用的金额大于当期应交的所得税金额，其差额没有发生现金流出，在计算净利润时已经扣除，则加回。如果递延所得税资产减少使计入所得税费用的金额小于当期应交的所得税金额，其差额没有发生现金流入，在计算净利润时已经包括在内，则扣除。本项目可以根据“递延所得税资产”项目期初、期末余额分析填列。

⑩ “递延所得税负债增加”项目。如果递延所得税负债增加使计入所得税费用的金额大于当期应交的所得税金额，其差额没有发生现金流出，在计算净利润时已经扣除，则加回。如果递延所得税负债增加使计入所得税费用的金额小于当期应交的所得税金额，其差额没有发生现金流入，在计算净利润时已经包括在内，则扣除。本项目可以根据“递延所得税负债”项目期初、期末余额分析填列。

⑪ “存货的减少(减：增加)”项目。该项目反映商品流通企业本期存货的减少(减：增加)。可以根据资产负债表“存货”项目的期初、期末余额的差额填列；如期末数大于期初数的差额，则以“-”号填列。

存货的增减变动属于经营活动。在不存在赊购的情况下，如果某一期间期末存货比期初存货增加，则说明当期购入的存货除耗用或销售外，还余留了一部分，即除了当期销货成本包含的存货发生现金支出外，还为增加的存货发生了现金支出，故在调节净利润时减去。反之，如果某一期间期末存货比期初存货减少，则说明本期经营过程耗用的存货有一部分是期初的存货，本期耗用这部分存货并没有发生现金支出，所以加回到净利润中。简言之，存货增加，说明现金减少；存货减少，说明现金增加。所以，在调节净利润时，减去存货的增加数或加上存货的减少数。

在存在赊购的情况下，除仍按上述原则对存货进行调整外，还要通过调整应付账款、应付票据等的增减变动来反映赊购对现金的影响。

⑫ “经营性应收项目的减少(减：增加)”项目。该项目反映商品流通企业本期经营性应收项目的减少(减：增加)。经营性应收项目主要指应收账款、应收票据和其他应收款中与经营活动有关的部分以及应收的增值税销项税额等。如果某一期间期末应收账款或应收票据余额大于期初应收账款或应收票据余额，则说明本期销售收入中有一部分没有收到现金，但在利润表中已将销售收入全数列入，所以在调整时将应收账款和应收票据的增加额从净利润中减去。反之，如果某一期间期末应收账款或应收票据余额小于期初应收账款或应收票据余额，则说明本期从客户处收到的现金大于利润表中所确认的销售收入，所以在调整时将应收账款和应收票据的减少额加回到净利润中。

例如，建安公司年初余额资料为：应收账款 750 000 元，应收票据 230 000 元。年末余额为：应收账款 950 000 元，应收票据 200 000 元。其他应收款中和经营活动有关的金额年初年末均没有发生变动。则经营性应收项目年末比年初增加 170 000 元，调整时从净利润中减去。

⑬ “经营性应付项目的增加(减：减少)”项目。该项目反映商品流通企业本期经营性应付项目的增加(减：减少)。经营性应付项目主要是指应付账款、应付票据、应付职工薪酬、应交税费、其他应付款中和经营活动有关的部分，以及应付的增值税进项税额等。如果某一期间期末应付账款或应付票据余额大于期初应付账款或应付票据余额，则说明本期购入的存货中有一部分没有支付现金，但在利润表中已将销售成本全部列入，所以在调整时将应付账款和应付票据的增加额加回到净利润中。反之，如果某一期间期末应付账款或应付票据余额小于期初应付账款或应付票据余额，则说明本期还支付了以前期间的购货款，即本期支付给供货单位的现金大于利润表中所确认的销售成本，所以在调整时将应付账款和应付票据的减少额在净利润中减去，以反映这部分现金支出。

例如，建安公司年初余额资料为：应付账款 600 000 元，应付票据 390 000 元，应交税费 60 000 元。年末余额为：应付账款 850 000 元，应付票据 300 000 元，应交税费 40 000 元。则经营性应付项目年末比年初增加 140 000 元，调整时加回到净利润中。

(2)不涉及现金收支的投资和筹资活动。补充资料中的“不涉及现金收支的投资和筹资活动”项目，反映商品流通企业一定期间内影响资产或负债但不形成该期现金收支的所有投资和筹资活动的信息。这些投资和筹资活动虽然不涉及当期现金收支，但对以后各期的现金流量将产生重大影响。如融资租入设备，记入“长期应付款”账户，当期并不支付或支付较少的设备款及租金，但以后各期必须为此支付大量的现金，从而在一定期间内形成了一项固定的现金支出。不涉及现金收支的投资和筹资活动各项目的填列方法如下：

① “债务转为资本”项目。该项目反映商品流通企业本期转为资本的债务金额。

② “一年内到期的可转换公司债券”项目。该项目反映企业一年内到期的可转换公司债券的本息。

③ “融资租入固定资产”项目。该项目反映商品流通企业本期融资租入固定资产记入“长期应付款”账户的金额。

(3) 现金及现金等价物净变动情况。补充资料中的“现金及现金等价物净变动情况”项目，主要根据库存现金、银行存款、其他货币资金以及现金等价物账户的期初余额和期末余额计算填列，并和正表中的“现金及现金等价物净增加额”的金额相等。

【例 15-4】 承【例 15-3】，编制现金流量表补充资料如表 15-8 所示。

表 15-8 现金流量表补充资料

单位：元

补充资料	本期余额	上期余额
1.将净利润调节为经营活动现金流量：		略
净利润	450 000	
加：资产减值准备	61 800	
固定资产折旧、油气资产折耗、生产性生物资产折旧	200 000	
无形资产摊销	120 000	
长期待摊销费用摊销	0	
处置固定资产、无形资产和其他长期资产的损失（收益以“–”号填列）	–100 000	
固定资产报废损失（收益以“–”号填列）	39 400	
公允价值变动损失（收益以“–”号填列）	0	
财务费用（收益以“–”号填列）	23 000	
投资损失（收益以“–”号填列）	–63 000	
递延所得税资产减少（增加以“–”号填列）	–15 000	
递延所得税负债增加（减少以“–”号填列）	0	
存货的减少（增加以“–”号填列）	190 600	
经营性应收项目的减少（增加以“–”号填列）	–240 000	
经营性应付项目的增加（减少以“–”号填列）	54 518	
其他	0	
经营活动产生的现金流量净额	721 318	
2.不涉及现金收支的重大投资和筹资活动		
债务转为资本	0	
一年内到期的可转换公司债券	0	
融资租入固定资产	0	
3.现金及现金等价物净变动情况：		
现金的期末余额	1 620 518	
减：现金的期初余额	2 812 600	
加：现金等价物的期末余额		
减：现金等价物的期初余额		
现金及现金等价物净增加额	–1 192 082	

由于业务比较简单，所以相对于大中型商品流通企业的现金流量表而言，商品流通小企

业现金流量表的内容比较少。差别主要体现在以下方面。

(1)商品流通小企业在附注中不列示附表(见表15-8)。

(2)商品流通小企业在现金流量表中没有列示经营活动、投资活动、筹资活动等的现金流入小计和现金流出小计。

(3)商品流通小企业在列示经营活动、投资活动、筹资活动等的具体项目的现金流量时，项目比表15-7的内容少。但是，在列示借款支付的现金时，要求分别列示偿还借款本金支付的现金和偿还借款利息支付的现金，而表15-7中将两者合二为一，要求列示偿还债务支付的现金。

第四节　所有者权益变动表的编制

一、所有者权益变动表概述

商品流通企业的所有者权益变动表是反映构成所有者权益的各组成部分当期的增减变动情况的报表。该表全面反映一定时期所有者权益变动的情况，让报表使用者准确理解所有者权益增减变动的原因。

商品流通企业的所有者权益变动表以矩阵的形式列示，如表15-9所示。表15-9的纵列，列示导致所有者权益变动的交易或事项，按所有者权益变动的根源对一定时期所有者权益变动情况进行全面反映；表15-9的横行，按照所有者权益各组成部分包括实收资本(或股本)、其他权益工具、资本公积、其他综合收益、专项储备、盈余公积、未分配利润和库存股及其总额列示交易或事项对所有者权益的影响。而且，所有者权益变动表还要就各项目在“本期金额”和“上期金额”两栏分别填列。

二、所有者权益变动表的列报方法

1. 所有者权益变动表各项目的列报

(1)“上年期末余额”项目。反映商品流通企业上年资产负债表中实收资本(或股本)、其他权益工具、资本公积、其他综合收益、专项储备、盈余公积、未分配利润的年末余额。

(2)“会计政策变更”“前期差错更正”项目。两个项目分别反映商品流通企业采用追溯调整法处理的会计政策变更的累计影响金额和采用追溯重述法处理的会计差错更正的累积影响金额。这两个项目根据“盈余公积”“利润分配”“以前年度损溢调整”等账户分析填列。

(3)“本年增减变动金额”项目。

①“综合收益总额”项目,反映企业当年实现净利润金额和当年计入其他综合收益的合计金额。

②“所有者投入和减少资本”项目，反映商品流通企业当年所有者投入和减少资本。

“股东投入的普通股”项目，反映商品流通企业接受投资者投入形成的实收资本和资本溢价或股本溢价，并对应列在“实收资本”和“资本公积”栏。

“股份支付计入所有者权益的金额”项目，反映商品流通企业处于等待期中的权益结算的股份支付当年计入资本公积的金额，并对应列在“资本公积”栏。

③“利润分配”项目,反映商品流通企业当年对所有者分配的利润的金额和按照规定提

取的盈余公积金额，并对应列在“未分配利润”和“盈余公积”栏。

“提取盈余公积”项目，反映商品流通企业按照规定提取的盈余公积。

“对所有者的分配”项目，反映商品流通企业对所有者分配的利润的金额。

④ “所有者权益内部结转”项目，反映不影响商品流通企业当年所有者权益总额的所有者权益各组成部分之间当年的增减变动。

“资本公积转增资本（或股本）”项目，反映商品流通企业以资本公积转增资本或股本的金额。

“盈余公积转增资本（或股本）”项目，反映商品流通企业以盈余公积转增资本或股本的金额。

“盈余公积弥补亏损”项目，反映商品流通企业以盈余公积弥补亏损的金额。

2. 上期金额栏的填列

商品流通企业所有者权益变动表中的“上期金额”栏内各项数字，根据上年度所有者权益变动表“本期金额”栏内所列数字填列。如果上年度所有者权益变动表的各个项目的名称和内容同本年度不一致，则对上年度所有者权益变动表的各个项目的名称和内容同本年度的规定进行调整，填入报表中的“上期金额”栏内。

3. 本期金额栏的填列

所有者权益变动表“本期金额”栏内所列数字一般应根据“实收资本（或股本）”“资本公积”“专项储备”“盈余公积”“未分配利润”“库存股”“以前年度损溢调整”等账户发生额分析填列。

商品流通企业的净利润及其分配情况作为所有者权益变动表的组成部分，无须单独设置利润分配表列示。

三、所有者权益变动表编制举例

【例 15-5】 承【例 15-1】、【例 15-2】、【例 15-3】，华懋商业公司其他资料：提取盈余公积 49 540.8 元，向投资者分配现金股利 64 430.7 元。

根据上述资料，华懋商业公司编制 2016 年度的所有者权益变动表，如表 15-9 所示。

在利润表和所有者权益变动表中的其他综合收益，是指商品流通企业根据其他会计准则规定未在当期损溢中确认的各项利得和损失。其他综合收益项目应当根据其他相关会计准则的规定分为以下两类列报：

（1）以后会计期间不能重分类进损溢的其他综合收益项目，主要包括重新计量设定受益计划净负债或净资产导致的变动、按照权益法核算的在被投资单位以后会计期间不能重分类进损溢的其他综合收益中所享有的份额等。

（2）以后会计期间在满足规定条件时将重分类进损溢的其他综合收益项目，主要包括按照权益法核算的在被投资单位以后会计期间在满足规定条件时将重分类进损溢的其他综合收益中所享有的份额、可供出售金融资产公允价值变动形成的利得或损失、持有至到期投资重分类为可供出售金融资产形成的利得或损失、现金流量套期工具产生的利得或损失中属于有效套期的部分、外币财务报表折算差额等。

表 15-9　所有者权益变动表

编制单位：华懋商业公司　　　　2016 年 1—12 月　　　　单位：元

项　目	本　期												
	归属于母公司所有者权益											少数股东权益	所有者权益合计
	实收资本（或股本）	其他权益工具			资本公积	减：库存股	其他综合收益	专项储备	盈余公积	一般风险准备	未分配利润		
		优先股	永续债	其他									
一、上年期末余额	10 000 000				0	0			200 000		100 000		10 300 000
加：会计政策变更													
前期差错更正													
同一控制下企业合并													
其他													
二、本年期初余额	10 000 000				0	0			200 000		100 000		10 300 000
三、本年增减变动金额（减少以“–”号填列）													
（一）综合收益总额											450 000		450 000
（二）所有者投入和减少资本													
1.股东投入的普通股													
2.其他权益工具持有者投入资本													
3.股份支付计入所有者权益的金额													
4.其他													
（三）利润分配													
1.提取盈余公积									49 540.8		–49 540.8		0
2.提取一般风险准备													
3.对所有者的分配											–64 431.7		–64 431.7
4.其他													
（四）所有者权益内部结转													
1.资本公积转增资本（或股本）													
2.盈余公积转增资本（或股本）													
3.盈余公积弥补亏损													
4.其他													
（五）专项储备													
1.本期提取													
2.本期使用													
（六）其他													
四、本年年末余额	10 000 000				0	0			249 540.8		436 027.5		10 630 976.3

商品流通企业应当在附注中披露下列关于其他综合收益各项目的信息：

(1) 其他综合收益各项目及其所得税影响。

(2) 其他综合收益各项目原计入其他综合收益、当期转出计入当期损溢的金额。

(3) 其他综合收益各项目的期初和期末余额及其调节情况。

华懋商业公司按表 15-10 的格式和内容进行披露其他综合收益的信息。

表 15-10　其他综合收益

项　目	期初余额	本期发生额					期末余额
		本期所得税前发生额	减：前期计入其他综合收益当期转入损溢	减：所得税费用	税后归属于母公司	税后归属于少数股东	
一、以后会计期间不能重分类进损溢的其他综合收益							
1.重新计量设定受益计划净负债或净资产导致的变动							
2.权益法核算的在被投资单位以后会计期间不能重分类进损溢的其他综合收益中所享有的份额							
二、以后会计期间在满足规定条件时将重分类进损溢的其他综合收益							
1.权益法核算的在被投资单位以后会计期间将重分类进损溢的其他综合收益中所享有的份额							
2.可供出售金融资产公允价值变动形成的利得或损失							
3.持有至到期投资重分类为可供出售金融资产形成的利得或损失							
4.现金流量套期工具产生的利得或损失中属于有效套期的部分							
5.外币财务报表折算差额							
6.其他							
其他综合收益合计							

复习思考题

1. 与大中型商品流通企业的资产负债表相比，商品流通小企业的资产负债表有哪些不同？

2. 会计人员应该如何填列资产负债表的期初余额和期末余额？

3. 与大中型商品流通企业的利润表相比，商品流通小企业的利润表有哪些不同？

4. 现金流量划分为哪三大类？各自的含义是什么？

5. 如何计算销售商品、提供劳务收到的现金？

6. 如何计算购买商品、接受劳务支付的现金？

7. 间接法下“将净利润调节为经营活动的现金流量”具体包括哪些项目？

8. 如何列示其他综合收益？

9. 商品流通企业现在编制的资产负债表、利润表和所有者权益变动表，与 2014 年之前编制的相关报表有何不同？

参考文献

[1] 魏永宏. 行业会计比较[M]. 北京：电子工业出版社，2017.
[2] 史玉光. 商品流通企业会计[M]. 北京：电子工业出版社，2016.
[3] 倪明辉. 商品流通企业会计[M]. 北京：机械工业出版社，2016.
[4] 李尚越，等. 商品流通企业会计[M]. 北京：北京理工大学出版社，2016.
[5] 财政部会计司. 企业会计准则讲解[M]. 北京：人民出版社，2010.
[6] 中国注册会计师协会. 会计[M]. 北京：中国财政经济出版社，2016.
[7] 魏永宏，高祥晓. 中级财务会计[M]. 北京：人民邮电出版社，2017.
[8] 魏永宏，苑浩畅. 国际贸易理论与实务[M]. 北京：电子工业出版社，2016.